UNE RÉFLEXION DU MAÎTRE SUR L'HISTOIRE DE L'HUMANITÉ

PREMIÈRE PARTIE
LA CIVILISATION HUMAINE

Les origines et l'évolution.

RAMTHA

Traduit par
Chantal Lafont

Titre original anglais : A master's reflection on the history of humanity - Part I Human Civilization.
Copyright ©2001 JZK, Inc.
Publication autorisée en langue française : Éditions AdA Inc., 2005

Cette traduction est approuvée par RSE.

Cette traduction a été effectuée d'après l'édition en langue anglaise révisée qui est l'enseignement original délivré par Ramtha ; il est inévitable que le message puisse en partie être perdu lors de la traduction.

Traduction : Chantal Lafont
Révision : Nancy Coulombe
Révision linguistique : Nicole Demers, André St-Hilaire
Graphisme : Sébastien Rougeau
ISBN 10 : 2-89565-206-6
ISBN 13 : 978-2-89565-206-9
Première impression : 2004
Dépôt légal : premier trimestre 2004
Bibliothèque Nationale du Québec
Bibliothèque Nationale du Canada

Éditions AdA Inc.
1385, boul. Lionel-Boulet
Varennes, Québec, Canada, J3X 1P7
Téléphone : 450-929-0296
Télécopieur : 450-929-0220
www.ada-inc.com
info@ada-inc.com

Diffusion

Canada : Éditions AdA Inc.
France : D.G. Diffusion
            Rue Max Planck, B. P. 734
            31683 Labege Cedex
            Téléphone : 05.61.00.09.99
Suisse : Transat - 23.42.77.40
Belgique : D.G. Diffusion - 05.61.00.09.99

Imprimé au Canada

Participation de la SODEC. SODEC
Nous reconnaissons l'aide financière du gouvernement du Canada par l'entremise du Programme d'aide au développement de l'industrie de l'édition (PADIÉ) pour nos activités d'édition.

Catalogage avant publication de Bibliothèque et Archives Canada

Ramtha, the enlightened one (Esprit)

    Une réflexion du maître sur l'histoire de l'humanité
    Traduction de : Master's reflexion on the history of humanity.

ISBN 2-89565-206-6

1. Nouvel Âge (Mouvement). 2. Spiritisme. 3. Écrits spirites. 4. Civilisation. 5. Sagesse. I. Titre.

BP605.N48R3514 2005   299'.93   C2004-942137-9

« Eh bien, Socrate, que pensez-vous du plan que nous avons prévu en guise de cadeau pour vous notre hôte ? Nous avons pensé que Timaeus qui est notre expert en astronomie et dont l'intérêt principal est de connaître la nature de l'univers devrait être le premier à parler, qu'il devrait commencer par l'origine de l'univers et conclure sur la nature des êtres humains. »

— *Platon*, Timaeus

ESPRIT

Un même mot français : « esprit » traduit deux mots de la langue
anglaise de sens très différents : mind et spirit.
« mind » réfère à l'intellect, au psychisme. Nous l'avons traduit par
« esprit » avec une minuscule.
« spirit » réfère aux réalités spirituelles. Nous l'avons traduit par
« Esprit » avec une majuscule.

PENSÉE COMMUNE

« Pensée commune » est la traduction de « Common thought ».
Pensée commune = pensée ordinaire, de tous les jours.

TABLE DES MATIÈRES

REMERCIEMENTS

Nos sincères remerciements et notre reconnaissance à toutes les personnes ayant prêté leur concours à la création de ce livre. Il s'est agi d'un intense travail d'équipe inspiré par le même amour que nous partageons tous pour notre Maître Enseignant Ramtha et son enseignement.

Nous souhaitons remercier Debbie Christie, Jane Capezio et Jan Ferrari pour avoir rendu possible la transcription de la parole de Ramtha. Notre appréciation également pour le travail d'édition de Pat Richker et pour ses scrupuleux efforts pour conserver la pureté du discours du Maître. Nos remerciements particuliers à son équipe, Diane Munoz et July Vawter, pour avoir mis la parole de Ramtha sous forme écrite. Mille remerciements à Jeannette Rogge pour son travail de correction soigné et son professionnalisme. Une reconnaissance particulière à Jaime Leal-Anaya qui a assuré l'édition littéraire de ce livre, l'élaboration du Glossaire de Ramtha, de l'Index ainsi que des présentations sous forme de commentaires ou d'introductions aux différents chapitres du livre. Ce fut un travail passionnant de traduire l'essence du message de Ramtha sous une forme visuelle grâce à l'inspiration des artistes Noel Sagrera et Melissa Peizer. Remerciements particuliers à Greg Simmons pour son soutien et son inspiration de même qu'à Elio Serra qui apporta son soutien total à ce projet.

Et pour terminer, nous souhaitons manifester notre gratitude à Madame JZ Knight qui se consacre de façon indéfectible au Grand Œuvre et qui rend les enseignements de Ramtha accessibles à toute personne qui souhaite les entendre et se conquérir elle-même jusqu'à l'illumination.

NOTE DE L'ÉDITEUR

Il y a de cela peu de temps, lors d'une session d'étude avec Ramtha, je partageai avec ma partenaire la leçon qu'il venait de nous enseigner. Je lui dis que j'étais las de vivre ma vie en tant que philosophe, ce qui dut être également le cas pour moi dans bien d'autres vies auparavant. Je lui dis que je voulais faire l'expérience de la connaissance, vivre la vérité des enseignements, cesser d'être un hypocrite qui a la clef en mains mais n'entre pas. Je me souviens de lui avoir dit : « Je ne veux pas prêcher quoi que ce soit à quiconque ni écrire de livre. Je ne veux plus écrire des mots imaginaires sur quelque sujet que ce soit. Je veux simplement être un véritable maître. » Je remarquai que Ramtha avait écouté notre conversation et qu'il souriait tel un soleil radieux.

Peu après cet incident, Ramtha me confia le projet de mettre sous forme écrite une collection complète de ses enseignements. Je ne pus m'empêcher de me souvenir de mon affirmation faite à ma partenaire lors de la session d'enseignement précédente. Je compris que la meilleure manière de mener à bien cette tâche n'était pas de le faire de l'extérieur en tant que théologien, anthropologiste ou théoricien mais en tant qu'étudiant du Grand Œuvre ayant le désir de faire l'expérience et de mettre en pratique la vérité et le contenu de ces enseignements. Ce n'est qu'après avoir exploré sincèrement la philosophie que l'on commence à saisir et à percevoir la profondeur de ton, la luminosité et l'éclat de cette perle de sagesse. Il s'agit en vérité d'un chemin de découverte personnelle qui ne peut être totalement rendu en mots. Il doit faire l'objet d'une expérience grâce à une application pratique.

Quelques temps après, lors de notre retraite annuelle de 2001, Ramtha me demanda d'écrire des commentaires d'introduction pour chacun des chapitres de nos livres. Le but de ces commentaires est de montrer comment Ramtha répond aux questions les plus fondamentales que l'homme se soit posées à propos de son existence tout au cours de l'histoire jusqu'à aujourd'hui. Le modèle offert par Ramtha ainsi que sa compréhension de la nature de la réalité s'avèrent être le maillon manquant qui permet l'interprétation complète et exacte de nombreux rituels, religions, philosophies anciens et même de la science. Ces commentaires d'introduction se veulent être un point de départ, une ligne d'approche suggérée pour ceux qui souhaitent poursuivre une étude plus approfondie des enseignements de Ramtha et qui en articulent les implications dans leur propre champ d'étude. Les enseignements de Ramtha se suffisent à eux-mêmes et doivent être lus depuis leur contexte spécifique. Les commentaires se veulent être un outil supplémentaire pour ceux qui s'y intéressent. Leur objectif est de permettre au lecteur de pouvoir identifier l'importance énorme des enseignements de Ramtha et la contribution de ces derniers à l'ensemble de la connaissance ainsi qu'à la sagesse de la race humaine.

Les enseignements de Ramtha constituent un système de pensée métaphysique unique. Une étude et un examen très rigoureux sont nécessaires pour saisir toute la signification et l'impact de son contenu. Nous disons que les enseignements de Ramtha sont de nature métaphysique car ils posent les questions fondamentales sur l'existence humaine et la personne humaine, sur notre destinée et nos origines, sur la nature du bien et du mal, l'âme, la mort et la vie, le monde et nos relations avec les autres.

La forme sous laquelle les enseignements de Ramtha sont transmis est intrinsèque au message lui-même. Les enseignements ne sont pas simplement une dissertation sur des sujets spécifiques ou leur analyse intellectuelle. Ils ne sont pas non plus une forme de vérité révélée qui requiert l'allégeance aveugle de la foi. Les enseignements de Ramtha ne sont ni une nouvelle religion ni les fondements d'une nouvelle église. Ils constituent un système de pensée qui comporte, dans son approche de la réalité, les éléments et les mécanismes qui permettent à l'individu d'embrasser la philosophie de Ramtha, de vérifier et de faire l'expérience directe de son contenu. En d'autres termes, l'aspect unique des enseignements nous permet de faire l'expérience de la philosophie ou des *concepts de la réalité*, qui se transforment ainsi en *sagesse quant à la nature de la réalité.*

Cet aspect particulier du système de pensée de Ramtha ressemble aux initiations à la connaissance sacrée pratiquées dans les écoles de mystère anciennes de la Grèce, de l'Égypte et du Moyen-Orient ainsi que dans les écoles gnostiques anciennes du Moyen-Orient et de l'Europe. Il est important de remarquer que cette caractéristique distingue les enseignements de Ramtha des écoles philosophiques traditionnelles du monde occidental.

La compréhension occidentale traditionnelle de la connaissance objective et de la vérité repose sur une hypothèse fondamentale concernant l'humain et la nature de la réalité. La méthode scientifique limite l'acquisition de nouvelles connaissances aux seuls phénomènes qui peuvent être observés et vérifiés par les sens du corps physique. Tout ce qui se situe en dehors de ces paramètres est considéré comme relevant du mythe et du folklore. En d'autres termes, la nature de l'humain et de la réalité ne sont rien de plus que leur état physique et leur matérialité. La psychanalyse de Sigmund Freud et son profil de la psyché humaine en sont un exemple évident.

Dans la pensée de Ramtha, le corps physique et le monde matériel ne sont qu'un aspect du monde réel. En fait, ils ne sont que le produit et l'effet du monde réel qui est constitué par la conscience et l'énergie. Le meilleur moyen de décrire la personne humaine est de la définir comme étant la conscience et l'énergie créant la nature de la réalité. Le monde physique n'est qu'un des sept niveaux où s'expriment la conscience et l'énergie. Ramtha utilise le concept d'Observateur issu de la théorie quantique pour expliquer son concept de conscience et d'énergie. Il utilise aussi le concept de Dieu créateur et souverain pour décrire la personne humaine en tant que conscience et énergie.

Aujourd'hui, nombreux sont ceux, dans de nombreux secteurs de la société, qui rejettent *a priori* les enseignements de Ramtha du fait de la manière fort inhabituelle selon laquelle ils sont transmis. Malheureusement, juger un message sur la forme selon laquelle il est présenté, plutôt que sur son contenu, est devenu chose par trop usuelle. Le marketing, les communications et les techniques utilisées par la publicité, le commerce et la propagande en sont d'excellents exemples.

La formule inhabituelle utilisée par Ramtha pour livrer ses enseignements n'est ni arbitraire ni artificielle. Il a clairement expliqué les raisons d'une telle méthode et l'importance, pour bien saisir son message, d'être conscient des paradigmes de pensée, des racines des idées préconçues, des préjugés inconscients et des modèles d'après lesquels nous percevons et évaluons normalement la réalité.

Le but visé par les techniques d'enseignement de Ramtha est souvent de défier l'individu tout en lui offrant les outils lui permettant de prendre conscience de ces idées préconçues qui façonnent et définissent les frontières de notre perception normale de la réalité. Le but en est de permettre, en conséquence, l'émergence d'une perspective d'esprit plus vaste qui nous permettrait de faire l'expérience de la réalité de manière plus significative, illimitée, avec une conscience accrue et de façon plus extraordinaire tout en nous offrant un spectre de potentialités beaucoup plus large qu'auparavant pour nos expériences.

Un des aspects des enseignements de Ramtha qui porte le plus à controverse est la forme qu'il a choisie d'emprunter pour livrer son message. En présentant sa philosophie comme étant le fruit de sa propre vérité et de son expérience personnelle, Ramtha veut souligner le fait qu'il est lui-même l'incarnation de la philosophie, la représentation et la manifestation vivante de sa pensée. Il déclare qu'il est un Dieu immortel, conscience et énergie et qu'il a vécu il y a trente cinq mille ans sur le continent de la Lémurie, disparu depuis longtemps. Il explique que, durant sa vie, il s'interrogea sur l'existence humaine et sur le sens de la vie et que, grâce à son observation, à sa réflexion et à sa contemplation, il atteignit l'illumination et parvint à conquérir le monde physique et la mort. Il a enseigné qu'il était parvenu à amener son corps jusqu'à un niveau d'esprit où son essence véritable, en tant que conscience et énergie, pouvait demeurer consciente, complètement libre et illimitée pour vivre l'expérience de tous les aspects de la création et continuer de faire connaître l'inconnu. Il fait référence à ce processus comme étant son ascension.

Le fait qu'il ne soit plus limité par son corps physique permet à sa conscience et à son énergie d'interagir avec le monde physique sous d'autres formes. Il se décrit souvent lui-même comme étant le vent qui pousse les nuages, par exemple, ou comme étant le matin, ou comme un inconnu, un mendiant dans la rue qui observe passer les civilisations ou encore comme toute autre chose que la conscience oserait imaginer.

La forme sous laquelle il communique ses enseignements est le phénomène que l'on appelle le « channel ». En fait, c'est Ramtha lui-même qui a fait connaître le terme. Il utilise le corps de JZ Knight comme channel et enseigne sa philosophie en personne.

Un channel est différent d'un médium du fait qu'un channel n'est pas l'intermédiaire entre la conscience dont il est le véhicule et le public. Un channel ne demeure pas dans un état altéré, comme neutralisé, lorsqu'il channelle. Au contraire, il quitte son corps complètement et permet à la conscience qu'il exprime d'utiliser pleinement ses fonctions et ses mouvements corporels. Lorsqu'il se présente à travers le channel qu'est JZ Knight, Ramtha a la faculté d'ouvrir les yeux, de marcher, de danser, de manger et de boire, de rire, de parler, de converser et d'enseigner à ses étudiants de manière personnelle. JZ Knight est le seul et unique channel qu'il ait choisi et qu'il utilise pour transmettre son message.

Le choix de Ramtha de faire connaître son message par le biais du corps d'une femme plutôt que d'utiliser son propre corps physique est une façon d'affirmer que Dieu et le divin ne sont pas la prérogative unique des hommes et que les femmes aussi sont de riches manifestations du divin, capables de génie et d'être Dieu réalisé. C'est également une façon de démontrer que l'important dans sa philosophie n'est pas d'adorer le messager ou un visage ou une image — ce qui a anéanti une grande partie des efforts fournis dans le passé pour éclairer les hommes — mais d'écouter le message lui-même. C'est également une façon de déclarer que la véritable essence de la personne humaine ne se limite pas au simple corps physique ou à un sexe spécifique. Le phénomène du « channelling » trouve par conséquent sa place dans le cadre du système de pensée de Ramtha. En d'autres termes, le phénomène de channel tel qu'il se produit dans la personne de JZ Knight n'est possible que si les enseignements de Ramtha sont vrais.

La véracité de ce phénomène souligne la vérité du message de Ramtha. Il est important de prendre ceci en considération car les progrès réalisés par la science ont permis le développement de tests et d'équipements capables d'analyser ce phénomène et de l'étudier du point de vue de la physiologie, de la neurologie et de la psychologie. Il existe aujourd'hui des techniques scientifiques permettant d'étudier le phénomène du channelling tel que réalisé par JZ Knight et d'éliminer tout risque de supercherie. Ces études scientifiques eurent lieu en 1996 lorsqu'un distingué comité composé de douze érudits — des scientifiques, des psychologues, des sociologues et des experts religieux — étudia JZ Knight avant, pendant et après le channelling de Ramtha.

À la fin de leurs recherches scientifiques à l'aide des techniques et des équipements les plus récents qui soient disponibles, les résultats obtenus lors des tests effectués sur le système nerveux autonome de JZ Knight furent si stupéfiants qu'ils en arrivèrent à la conclusion qu'était exclue toute possibilité de supercherie volontaire, de schizophrénie ou de désordres dus à un phénomène de personnalités multiples.

Ramtha utilise tous les moyens imaginables pour s'assurer que les gens présents dans l'assistance évoluent tous au même rythme de compréhension. Il insiste continuellement sur l'importance, pour les étudiants, de prononcer eux-mêmes et de s'expliquer les uns aux autres chaque segment de l'enseignement. Cela permet à l'auditoire de bien saisir l'enseignement et à Ramtha de s'adresser aux gens présents avec une efficacité plus grande, tenant compte de leur provenance et de leur niveau de compréhension. Il entraîne parfois son auditoire dans la contemplation philosophique profonde d'un sujet spécifique et il peut aussi jouer la comédie si cela peut rendre son message plus efficace.

Une fois l'aspect philosophique de l'enseignement donné, Ramtha initie l'étudiant à cette connaissance afin qu'elle puisse se transformer en expérience personnelle et en sagesse. Ces initiations prennent la forme de diverses disciplines conçues par lui-même qui offrent à l'étudiant l'opportunité de mettre la connaissance en pratique. Ramtha diffère en cela des autres enseignants. Il joue le rôle du Maître Enseignant et du Hiérophante, enseignant qui a le pouvoir de manifester ce dont il parle et ce qu'il veut. Cet aspect important des enseignements s'apparente au mouvement philosophique gnostique et aux écoles de mystère anciennes. Néanmoins, un examen approfondi du système de pensée de Ramtha révèle une distinction claire, aussi bien dans la forme que dans le contenu, avec ce qui est traditionnellement connu comme le Gnosticisme et la philosophie des écoles de mystère. Ramtha lui-même ne se réfère pas à son système de pensée en ces termes. Il préfère l'appeler l'École de Sagesse de Ramtha, l'École de Sagesse Ancienne dédiée au Grand Œuvre. Le Grand Œuvre est l'application pratique des enseignements de Ramtha. Il permet à la personne de se connaître elle-même et d'atteindre l'illumination.

Toutes ces considérations étant données, le lecteur doit être conscient que la transcription écrite des enseignements de Ramtha ne rend que partiellement compte de leur présentation car elle n'en rend pas le dynamisme, les inflexions de voix, l'enseignement au-delà des mots et sa mise en application.

Ramtha redéfinit le langage qu'il utilise en inventant des mots nouveaux. La signification de ces mots inventés est clarifiée dans le cadre de l'enseignement de la même manière que l'enseignement particulier se trouve clarifié par l'usage de ces mots inusités. Nous avons établi un Glossaire de termes et de concepts que Ramtha utilise de manière spécifique afin de permettre une interprétation correcte de ses enseignements. Nous fournissons également un index détaillé en sorte de permettre au lecteur de faire référence aux sujets abordés dans ce livre, les encourageant à étudier ces questions plus à fond.

Au cours de sa dissertation, Ramtha désigne parfois un dessin et dit « ici », « ceci », « ceux-ci » ou « cela ». Nous avons indiqué ces références entre parenthèses dans le texte. L'objectif de l'éditeur est de donner aux lecteurs l'opportunité de participer aux enseignements et d'en faire l'expérience comme s'ils étaient présents.

Il est important que le lecteur tienne compte de ces considérations à la lecture des enseignements de Ramtha. Dans quelques cas, son usage de la langue anglaise peut sembler plutôt archaïque à première vue ou manquer de raffinement. Ramtha est très vigilant et très minutieux en ce qui a trait à la présentation de sa pensée. Tout ce qu'il fait — chaque terme qu'il utilise — a un sens et un but spécifiques, est cohérent et représentatif de la totalité de son message.

Le souci majeur lors de la préparation des enseignements de Ramtha pour leur publication a été de les présenter, autant que faire se peut, dans leur contexte et leur forme initiale. Grand soin a été pris d'éviter d'altérer et de changer la signification des enseignements en les sortant de leur contexte ou même en y introduisant un système de ponctuation qui pourrait en modifier le sens. Néanmoins, nous sommes conscients que l'élément humain de perception et de compréhension limitées est inévitable. La seule manière d'assurer que le message sera livré et reçu dans sa beauté virginale et son originalité sera lorsque le lecteur le percevra comme un véritable paradigme. C'est alors qu'il portera les fruits de vérité et de sagesse qu'il promet.

Les enseignements de Ramtha couvrent un grand nombre de sujets qui servent tous à exposer les concepts fondamentaux de son propre système de pensée. En de multiples occasions, il insista sur le fait que la totalité de son message pourrait se résumer à cette phrase : « Vous êtes Dieu. » Mais comment devons-nous interpréter cette affirmation ? Il existe probablement autant de définitions du terme « Dieu » qu'il y a de personnes sur la terre. Afin de comprendre les enseignements de Ramtha correctement, il est crucial que nous prenions conscience à la fois de notre propre concept de Dieu et du contraste qu'il représente avec l'explication et la définition de Dieu et de la nature de la réalité données par Ramtha.

Quelle est l'essence de toutes choses ? Quelle en est la source ? Quelle en est la nature ? Quelle en est la destinée ? Ramtha aborde ces questions en commençant avec le concept du Néant. Le Néant est la source d'où provient tout ce qui existe. Il décrit le Néant comme un vaste rien matériel mais toutes choses potentielles. Dans le Néant, il n'y a rien. Ni mouvement ni action. En ce qui a trait à la question de Dieu, de nombreux courants philosophiques, y compris les théologies des religions monothéistes, ont conçu Dieu comme un être d'une intelligence suprême, infini, absolu, transcendent et immuable. Dans le système de Ramtha, les attributs de l'absolu, de l'infini et de l'immuable sont les caractéristiques du Néant. Le Néant est complet en lui-même, il se suffit à lui-même, il est dans un état de repos et sans aucuns besoins. Même si le Néant est considéré comme une immensité qui englobe tout, dans son état original il ne sait rien de lui-même, car la connaissance est une action.

Le concept de Dieu créateur, « cause première » et instigateur immobile du mouvement que nous retrouvons dans la philosophie d'Aristote et dans la théologie de Thomas d'Aquin est décrit par Ramtha comme le Néant se contemplant lui-même et se connaissant lui-même. Cet acte de contemplation représente un mouvement unique dans le Néant qui produisit un point d'éveil — de conscience — et de connaissance de soi. On fait référence à ce point d'éveil comme étant le Point Zéro, l'Observateur, la conscience primaire, la conscience et l'énergie, et Dieu. Le Point Zéro porte en lui l'intention primordiale de faire connaître et de faire l'expérience de tout ce qui est inconnu et de toutes choses potentielles au sein de l'immensité du Néant. C'est la base de l'évolution. Le Néant se contemplant lui-même est la source et l'origine de la personne humaine. L'affirmation de Ramtha : « Vous êtes Dieu » fait référence à la personne en tant qu'Observateur, l'incarnation de Point Zéro et en tant que conscience et énergie créatrices.

Le Point Zéro accomplit sa nature, faire connaître l'inconnu et évoluer, en imitant l'acte de contemplation du Néant. Ce faisant, le Point Zéro produisit un point d'éveil — de conscience — comme référence qui lui servit de miroir et grâce auquel il pourrait devenir conscient de lui-même. Ramtha réfère à cette conscience miroir comme étant la conscience secondaire. Le Point Zéro repose au sein du Néant et il n'existe aucune limite à ce qu'il peut connaître. La réflexion entre le Point Zéro et la conscience miroir crée un environnement, un plan tangible d'existence dans le temps et l'espace. L'Esprit est l'aspect dynamique du Point Zéro. C'est la volonté ou l'intention qui désire connaître et faire l'expérience de l'inconnu. La création des sept niveaux de conscience et des sept niveaux correspondants de temps et d'espace, ou fréquence, est le résultat de l'exploration des potentialités du Néant par le Point Zéro et la conscience miroir. Ce cheminement et cet acte de création lors de la descente de ces sept niveaux de conscience et d'énergie sont connus comme le cheminement de l'involution. Le cheminement de retour vers Dieu et le Néant est appelé le cheminement de l'évolution. L'âme est différente de l'Esprit. Ramtha parle de l'âme comme étant le Livre de Vie. L'âme enregistre toutes les expériences et la sagesse gagnée au cours du voyage dans l'involution et l'évolution.

La condition de l'être humain est décrite en termes d'oubli, d'amnésie et d'ignorance de ses origines et de sa destinée. Le voyageur ou conscience miroir, s'est tellement identifié au plan d'existence le plus dense et le plus lent qu'il en a oublié son immortalité et sa propre divinité. L'humanité est devenue une inconnue pour elle-même, pour le Dieu qui vit en nous et que nous sommes et elle a recherché assistance, signification et rédemption dans une source extérieure. En agissant ainsi, l'humanité renie sa propre divinité et prévient toute chance de libération de sa condition présente.

Il est important de noter que, dans le système de pensée de Ramtha, le monde matériel — le plan d'existence le plus dense — et le corps physique ne sont jamais considérés comme néfastes, indésirables ou intrinsèquement mauvais. L'interprétation dualiste de la réalité, typique des traditions gnostiques — qui souligne la lutte entre le bien et le mal, le bon et le mauvais, la lumière et l'obscurité, le péché et la vertu — est totalement exclue du système de pensée de Ramtha. Ce qui devient une condition indésirable est de demeurer dans un état d'ignorance et de reniement quant à notre nature et à notre destinée véritables. Il est absurde de défendre nos limites quand nous en sommes, en tant que conscience et énergie, les créateurs.

La voie de l'illumination passe par le chemin de l'évolution qui nous ramène au Point Zéro. En accomplissant cette tâche, la personne remplit le mandat de faire connaître l'inconnu et apporte au Néant son expérience personnelle afin que celle-ci se transforme en sagesse perpétuelle.

Toutes les disciplines du Grand Œuvre conçues et utilisées par Ramtha pour initier ses étudiants aux enseignements sont forgées selon le processus — qu'elles imitent d'une certaine manière — du Néant se contemplant lui-même, donnant naissance à la conscience et à l'énergie, créant à son tour la nature de la réalité.

En conclusion, les quatre pierres angulaires de la philosophie de Ramtha sont le concept du Néant, la conscience et l'énergie qui créent les sept niveaux de la réalité, l'affirmation : « Vous êtes Dieu » et le mandat de faire connaître l'inconnu. On retrouve de nombreuses traces de la pensée de Ramtha dans les traditions anciennes. Cependant, dans la plupart des cas ce ne sont que de faibles échos qui ont très mal résisté au passage du temps et à la disparition du contexte qui aurait permis leur interprétation. Parmi ces traditions se retrouvent les philosophies des anciens Égyptiens et du pharaon Akhenaton, la description que Bouddha fit de lui-même en tant qu'être éveillé, la notion de Socrate sur la vertu et l'immortalité de l'âme, le concept des formes universelles de Platon, la vie et les enseignements de Yeshua ben Joseph, les œuvres de l'apôtre saint Thomas, l'Hymne de la Perle, l'Hymne de la Parole Divine dans l'Évangile selon saint Jean, Apollonius de Tyane, Origène, les Cathares et les Albigeois, François d'Assise, les mystiques juifs et chrétiens, le dessin de l'ascension du mont Carmel par saint Jean de la Croix, où le sommet de la pyramide se trouve placé au sommet de la tête du sujet, les œuvres d'art de divers artistes comme Michel Ange et Léonard de Vinci, les écrits et les expériences mystiques de sainte Thérèse d'Avila, les œuvres de Fray Luis de Leon, les humanistes du mouvement de la Renaissance en Europe, les Rosicruciens, les maîtres de l'Extrême-Orient et plusieurs autres.

Les enseignements de Ramtha nous offrent une perspective unique pour considérer le mystère de la vie. Les questions auxquelles la philosophie, la science et la religion n'ont pu répondre y trouvent une nouvelle signification. Ces enseignements peuvent élargir le champ de l'expérience humaine bien au-delà des frontières établies jusqu'à maintenant par la science et les diverses religions du monde. Le système de pensée de Ramtha n'est ni une religion ni une interprétation philosophique de la réalité. C'est la vérité acquise et confirmée par l'expérience d'un membre de la race humaine. C'est la connaissance de Ramtha, la science de Ramtha. Et maintenant que la route a été tracée, les portes sont ouvertes à ceux qui désirent l'explorer et s'aventurer dans l'inconnu.

Jaime F. Leal Anaya

Le contenu de ce livre est basé sur Ramtha Dialogues®, une série d'enregistrements magnétiques de Ramtha lors des sessions avec ses étudiants. Ramtha Dialogues® est une marque déposée au Bureau des brevets et marques de commerce des États-Unis d'Amérique, avec la permission de JZ Knight et JZK, Inc. Les extraits des diverses sessions d'enseignement qui furent utilisés dans les chapitres de cet ouvrage furent conservés sous leur forme originelle de dialogue, comme lors des sessions d'enseignement données par Ramtha.

Chapitre 1 : Introduction : La réalité n'est qu'un rêve fut tiré de *Yahweh – Jehovah*. Cassette 029 ed. Yelm : Ramtha Dialogues, 1982 ; *The Next Step – Superconsciousness, Part II*. Cassette 122B ed. Yelm : Ramtha Dialogues, 1986 ; *The New Heaven and Earth*. Cassette 337 ed. Yelm : Ramtha Dialogues, 1996 ; *A Return to the Garden : Creating a New Model of Truth*. Cassette 373 ed. Yelm : Ramtha Dialogues, 1998 ; *The Greatest History Lesson Ever Taught*. Cassette 388 ed. Yelm : Ramtha Dialogues,

1998 ; *Was Mary Really a Virgin*. Cassette 394 ed. Yelm : Ramtha Dialogues, 1998.

Chapitre 2 : L'Épopée de la Création fut tiré de Animals - Music - Crystals - Mythical Creatures. Cassette 001 ed. Yelm : Ramtha Dialogues, 1984 ; *Creation*. Cassette 005 ed. Yelm : Ramtha Dialogues, 1980 ; *Story of the First Soulmates*. Cassette 007 ed. Yelm : Ramtha Dialogues, 1980 ; *Soulmates*. Cassette 114 ed. Yelm : Ramtha Dialogues, 1986 ; *An Evening with Ramtha*. Cassette 219 ed. Yelm : Ramtha Dialogues, 1988.

Chapitre 3 : La Chute des Dieux fut tiré de *Animals - Music - Crystals - Mythical Creatures*. Cassette 001 ed. Yelm : Ramtha Dialogues, 1984 ; *Creation*. Cassette 005 ed. Yelm : Ramtha Dialogues, 1980 ; *Story of the First Soulmates*. Cassette 007 ed. Yelm : Ramtha Dialogues, 1980 ; *Yahweh – Jehovah*. Cassette 029 ed. Yelm : Ramtha Dialogues, 1982 ; *Consciousness and Energy*, the Basics. Cassette 331 ed. Yelm : Ramtha Dialogues, 1996.

Chapitre 4 : L'intervention des dieux il y a 455 000 ans fut tiré de *The Greatest History Lesson Ever Taught*. Cassette 388 ed. Yelm : Ramtha Dialogues, 1998 ; *Was Mary Really a Virgin*. Cassette 394 ed. Yelm : Ramtha Dialogues, 1998 ; *Revolution of the Spirit, and Mammy, the Goddess of Genesis*. Cassette 444 ed. Yelm : Ramtha Dialogues, 2000.

Chapitre 5 : Connaissance sacrée des écoles de sagesse ancienne fut tiré de *Tales of the Masters*. Cassette 045 ed. Yelm : Ramtha Dialogues, 1997 ; *Ignorance : The Mother of Devotion*. Cassette 188 ed. Yelm : Ramtha Dialogues, 1988 ; *Destruction of the Ancient Wisdom and Its Resurrection*. Cassette 192 ed. Yelm : Ramtha Dialogues, 1988 ; *A Return to the Garden : Creating a New Model of Truth*. Cassette 373 ed. Yelm : Ramtha Dialogues, 1998.

NOTE SUR LES TRADUCTIONS

Cet ouvrage est basé sur les « Ramtha Dialogues® », série d'enregistrements magnétiques de conférences et d'enseignements donnés par Ramtha. Ramtha a choisi JZ Knight, Américaine, comme son channel exclusif pour délivrer son message. La seule langue qu'il utilise pour communiquer ses enseignements est la langue anglaise. Sa manière de parler est tout à fait unique et inhabituelle et a souvent été considérée archaïque et étrange. Il a expliqué que son choix des mots et les altérations qu'il leur fait parfois subir, la construction des phrases et l'ordonnance des verbes et des noms, ses interruptions et pauses en milieu de phrases sont tous faits dans l'intention de toucher les couches multiples d'acceptation et d'interprétation existant dans un auditoire composé de personnes issues d'environnements culturels et sociaux très divers.

Dans le but de préserver l'authenticité du message de Ramtha, nous avons traduit ce livre en nous efforçant de rester aussi proche que possible des termes d'origine ; cela permettra au lecteur de faire l'expérience de l'enseignement comme s'ils étaient présents. Si certaines phrases vous paraissent incorrectes ou étranges par rapport à la structure linguistique courante de votre langue, nous vous encourageons à relire le passage en vous efforçant de saisir la signification au-delà des mots au lieu de critiquer la construction littéraire. Pour plus de clarté, nous vous encourageons également à vous référer à la source, la publication originale en Anglais par JZK Publishing, subdivision de JZK, Inc.

Vous souhaitant une agréable lecture.

QUI SOMMES-NOUS ?

COMMENTAIRE DU CHAPITRE I
INTRODUCTION : LA RÉALITÉ N'EST QU'UN RÊVE

LA VÉRITABLE ORIGINE DE L'HUMANITÉ

Les réflexions critiques de Ramtha sur l'histoire de la civilisation humaine cherchent à démontrer la nature et l'origine transcendantales de la personne humaine. Il pose les questions suivantes : « Qui sommes-nous ? D'où venons-nous ? » Sa thèse principale est que nous sommes des Dieux immortels en évolution dont le but est de nous connaître nous-mêmes. Selon Ramtha, le drame humain de l'évolution depuis le big-bang et jusqu'à notre époque présente est l'histoire de Dieux créateurs visant à explorer et à devenir leur potentiel total. La réflexion de Ramtha sur l'histoire reflète l'expérience de sa vie personnelle qui le conduisit à l'illumination. Il est le premier à dire que ses observations sont le résultat de sa sagesse et de sa vérité personnelles. Il insiste sans cesse, avec clarté et sans que cela puisse porter au moindre doute, pour que ses étudiants demeurent conscients qu'il s'agit de son approche personnelle spécifique. Afin d'être en mesure de percevoir l'impact total de son histoire, il est important d'étudier et d'identifier la définition et l'usage qu'il donne à des termes tels que Dieu, Dieux, soi, personne humaine, évolution, sagesse et vérité.

La raison pour laquelle son histoire a une telle valeur est qu'elle redéfinit la nature de la personne humaine d'une manière qui éclaire de manière spécifique le mystère de l'existence humaine. La validité de son message est directement proportionnelle à la validité de ce qu'il prétend connaître personnellement. S'il est en vérité un maître immortel qui, selon notre notion du temps, connut l'expérience de l'illumination il y a trente-cinq mille ans, nous pouvons imaginer qu'il puisse se souvenir personnellement d'événements dont les preuves archéologiques et historiques limitées que nous possédons aujourd'hui nous permettent seulement de tenter d'en élaborer une théorie très restreinte. S'il est en vérité un maître ayant fait l'expérience de l'ascension, ne connaissant pas les limites du temps et de l'espace, il doit posséder une source extraordinaire d'informations et de connaissances. Si nous devions vivre durant des milliers d'années en tant qu'êtres totalement conscients, la sagesse que nous aurions acquise depuis la simple observation et la contemplation serait véritablement merveilleuse.

Il est important de considérer de telles observations avant de dénigrer l'histoire de Ramtha en prétendant que la maîtrise et l'immortalité sont uniquement des réalités fictives. Il convient de reconnaître qu'ultimement toute position prise est notre propre opinion subjective, qui contient en elle-même un postulat fondamental et une supposition préalable sur la nature de ce que nous sommes. L'objectivité est chose fort mal comprise dans le monde scientifique. La méthode scientifique elle-même a couramment échoué à reconnaître le rôle inévitable de l'Observateur ou du sujet qui est l'auteur de l'étude dans toute expérience ou analyse scientifique quelle qu'elle soit. Dans le cadre d'une étude académique ou scientifique sérieuse, l'objectivité la plus grande consiste à énoncer des faits clairement et à être pleinement conscient de son approche et de ses suppositions préalables avant même de procéder à une analyse quelconque. Libre à nous d'argumenter que les maîtres immortels et l'illumination sont le produit d'une imagination créatrice et du mythe. Si nous prêtons foi à une telle supposition préalable — car voici ce que c'est —, nous devons nous poser la question de savoir dans quelle mesure ce postulat colore et façonne nos concepts de Dieu, du soi, de la moralité et de la signification de la vie. On en revient toujours aux questions les plus fondamentales. La valeur de l'histoire de Ramtha tient au fait qu'elle fournit une explication d'une manière cohérente et complète sur la nature de l'humanité et de toute transcendance, offrant une solution à de nombreux paradoxes tels que le problème du bien et du mal, de la vie et la mort, le problème corps/esprit et la réalité du libre arbitre humain en relation avec la transcendance divine ou l'existence d'un être supérieur. Le fait de demeurer conscient de l'approche prise par Ramtha permet d'identifier plus aisément le fil conducteur de l'histoire.

Vous êtes des Dieux créateurs en évolution

L'exposition que fait Ramtha de l'histoire de l'humanité démontre notre part active à la création du monde et de l'univers. Si nous sommes des Dieux, comment se fait-il que nous ne nous en souvenions pas ou ne le sachions pas ? Il explique la signification de son affirmation : « Vous êtes des Dieux, vous êtes conscience et énergie créant la nature de la réalité. » Il explique que l'on peut voir l'évolution de l'histoire humaine comme une lutte dans le but de trouver des réponses meilleures et plus adéquates visant à définir notre identité véritable.

Il existe trois questions fondamentales qui constituent la force motrice, les moteurs de la civilisation humaine sous toutes ses formes d'expression et d'exploration personnelles : qui, quoi et pourquoi. À travers l'histoire, les diverses cultures du monde tentent implicitement de répondre d'une manière ou d'une autre à ces trois questions fondamentales sur l'existence.

Les philosophes de l'Antiquité, les penseurs religieux, les politiciens célèbres de même que les anthropologues et scientifiques de notre époque ont toujours cherché de nouvelles manières d'expliquer la nature de qui et de ce que nous sommes. Pourquoi sommes-nous ici ? D'où venons-nous ultimement ? Quel est le but de la vie, de l'existence ? Qui a créé les problèmes dans lesquels nous nous trouvons actuellement ? Qui en est responsable ? Pourquoi le mal existe-t-il dans le monde ? Existe-t-il réellement un être ou une force essentiellement mauvais ? Qui l'a créé et pourquoi ? L'existence humaine est-elle plus que respirer, manger et dormir ? La vie après la mort existe-t-elle ? Avons-nous déjà vécu ? Sommes-nous notre condition biologique et physique ou sommes-nous plus que cela ? Si nous sommes plus que notre condition biologique, que sommes-nous donc ? Qu'est-ce que l'amour ? Pourquoi est-il si enivrant et si attirant, quelle qu'en soit notre définition ? Pourquoi tenons-nous tant, si désespérément, à notre vie, à notre souffle ?

Pourquoi chérissons-nous nos rêves les plus intimes avec un tel zèle ?

Voici quelques-unes des questions parmi toutes celles qui jaillissent de la triade fondamentale que nous avons mentionnée précédemment. Il est important de trouver une manière de réduire la myriade de questions que pose un problème à leur racine fondamentale sans tomber pour autant dans un réductionnisme simpliste qui crée plus de confusion que de clarté. Toutes ces questions comportent un sujet, un objet ou une action ; elles comportent également une direction et une intention les soutenant. À moins de ne définir tout d'abord *qui* est le sujet qui est à la recherche de l'objet — *qui* fait *quoi* et *pourquoi* —, toute réponse à ces questions fondamentales qui ont façonné et coloré le développement de la civilisation humaine jusqu'à aujourd'hui demeure illusoire.

Se pourrait-il que nous ne puissions découvrir l'origine, la source, le commencement de tout, parce que nous recherchons les réponses au mauvais endroit ? Se pourrait-il qu'être humain signifie de ne pas connaître toutes les réponses d'emblée et d'avoir à les découvrir progressivement ? Se pourrait-il que la vie et l'univers ne soient pas finis ni concrets mais en devenir permanent, éternel, comme l'équation de Mandelbrot[1]. Peut-être nous faudrait-il étudier le personnage actif de l'histoire, la personne, afin d'acquérir une compréhension de qui et ce que nous sommes réellement.

QUESTIONS ESSENTIELLES NON RÉSOLUES

Il est clair que l'humanité dans son ensemble n'est pas d'accord sur les réponses à apporter à ces questions. L'une des

---

1. L'équation de Mandelbrot, nommée d'après Benoit Mandelbrot, est un fractal très connu. Un fractal est une forme mathématique infiniment détaillée impliquant des nombres complexes, générés par la formule $z^2 + c$, qui sont programmés en sorte d'être surlignés par des couleurs générées informatiquement et qui font preuve de similarité à des échelles diverses. Bien que l'équation de Mandelbrot démontre une similarité à des échelles magnifiées, les détails révélés aux échelles inférieures ne sont pas identiques à la totalité. L'équation de Mandelbrot est en réalité infiniment complexe. Elle peut être magnifiée de multiples fois et conserver ses détails sans ne jamais se répéter. Cette caractéristique ressemble au concept de l'infinité, de l'éternité et de l'infini.

plus grandes tragédies jusqu'à ce jour est que nous argumentons toujours pour défendre la suprématie et l'infaillibilité de nos points de vue personnels. La vérité est que nous n'avons toujours pas les réponses. Dans le cas contraire, nos nations, nos cultures, nos races et nos sexes ne connaîtraient aujourd'hui ni oppression, ni faim, ni injustice, ni violence, ni maladie, ni mort. Les scientifiques eux-mêmes craignent de publier leurs recherches lorsque celles-ci remettent en question les vues traditionnelles de peur d'être mis au ban de la communauté scientifique. Les théologiens craignent de s'aventurer à penser selon de nouvelles avenues qui confronteraient les traditions de leur foi de peur d'être jugés d'avoir été dans l'erreur et de tomber en disgrâce. Les politiciens ne sont pas enclins à honorer les principes qui leur ont permis d'occuper une position de pouvoir de peur de perdre ce pouvoir.

Pourquoi amenuisons-nous et dénigrons-nous la vérité de ce diagnostic de la race humaine aujourd'hui ? Ceci est la vérité, et la preuve en est accessible à tous. Cette situation est plus grave qu'il ne semble *a priori* car c'est la capacité de l'individu à poser des questions et à trouver des réponses qui est perdue dans le seul but de maintenir le statu quo, dans le but de l'immobilisme au détriment de la poursuite du progrès et de l'évolution. Le message de Ramtha tente de nous rappeler ce que nous avons oublié en tant que race, en tant qu'espèce, en tant qu'être et en tant que conscience.

Si la seule constante dans un monde de chaos est le chaos de la diversité elle-même, c'est cela que nous devrions considérer comme postulat principal dans notre approche. Autrement dit, si toute approche que *nous* prenons contient en elle-même implicitement la conclusion de nos découvertes, nous devons affirmer que tout ce que le sujet observe et étudie colore et définit ce qu'il observe. C'est l'Observateur qui détermine son environnement selon ce sur quoi il fait porter son attention et la manière dont il le fait, non pas l'inverse.

Cela est une observation très importante. Les récits historiques sont le reflet d'un point de vue spécifique, entaché d'une intention ou de raisons spécifiques sous-jacentes. Une petite fille élevée dans la religion chrétienne apprendra l'histoire différemment d'une petite fille musulmane ou hindoue. Si une de ces trois petites filles en vient à dépasser les limites des traditions de sa famille et va à l'université, elle devra réconcilier et contraster ses études académiques futures avec ses croyances d'enfance. Il se peut que ces croyances s'avèrent être un obstacle ou un atout lui permettant d'extrapoler sur les concepts anciens et de découvrir de nouvelles intuitions à leur égard. Ce qui déterminera le niveau de son génie est sa faculté à synthétiser ses vieux concepts en des paradigmes permettant d'investiguer et de considérer les vieilles questions sous un jour nouveau. La clef est de ne pas craindre d'évoluer au-delà de l'acceptation courante du statu quo ou des traditions familiales. Comme le dit Ramtha, « Nous sommes ici pour faire connaître l'inconnu. Nous voulons ajouter à ce qui est connu, non pas le recycler. »

L'HABITUDE DE LA MANIPULATION ET DE LA SURVIE

L'étude que fait Ramtha de l'histoire met clairement en lumière que le récit historique fait par les vainqueurs diffère de celui des vaincus. Habituellement, les vaincus n'ont même jamais la possibilité d'exposer leur vision des événements. Ajoutons que les personnes qui tiennent des positions de pouvoir au sein de la communauté, que ce soit dans les domaines religieux ou politique, se souviennent de l'histoire d'une manière qui est favorable à la prolongation de leur position. Cela n'est pas nécessairement le fait d'une mauvaise intention mais simplement l'exercice de la loi de la survie.

Il est aisé de constater à quel point l'histoire du monde au cours des derniers six à sept mille ans, et en particulier au cours des derniers deux mille ans, a été l'objet de multiples omissions et manipulations dans le but d'être fidèle à un enchaînement de faits qui puisse être accepté par la population, assurant la continuation de son style de vie et de ses systèmes de croyances. Il est intéressant de constater que, malgré l'émergence de nouvelles preuves en déniant la véracité, les vues et croyances traditionnelles sont toujours demeurées les critères et les références de leur validité et la base de leur interprétation[2]. Par exemple, bien que les preuves archéologiques en soient fort nombreuses, personne n'aime entendre l'histoire selon laquelle la race humaine est issue d'une manipulation génétique accomplie par une race extraterrestre avancée[3]. Aucun archéologue ne veut admettre qu'il y a de cela quelques milliers d'années existaient des individus qui jouaient avec l'énergie nucléaire et des technologies qui n'ont pas leurs rivales aujourd'hui[4]. Aucun anthropologue traditionnel ne veut croire qu'il y a trente-cinq mille ans, l'homme de Cro-Magnon fut capable d'un discours sophistiqué[5], d'une pensée intellectuelle, encore moins de pensées éclairées, du fait que les cavités crâniennes de cette époque ne semblent permettre ni l'articulation de sons consonantiques ni de mots complexes. Aucun pasteur d'aucune religion ne veut admettre la possibilité qu'il n'existe aucun lieu quelconque dans l'univers dénommé l'enfer ou admettre que le Dieu d'Abraham et de Moïse fut un être aux humeurs changeantes, sanguinaire et brutal, totalement opposé au Dieu que prêcha Jésus-Christ et qu'il appelait aussi bien son Père que notre Père[6]. Il n'existe aucun physicien ni même aucun philosophe qui veuille clarifier ou envisager la possibilité que ce que nous considérons être la réalité, le continuum de l'espace temps, puisse être en fait un rêve ou une illusion créés non pas par une force extérieure ou une quelconque déité mais maintenus en existence par la conscience — l'Observateur de la mécanique quantique — dans le but de notre exploration personnelle et pour faire connaître l'inconnu.

---

2. Michael A. Cremo, *Forbidden Archeology's Impact* (Los Angeles : Bhaktivedanta Book Publishing, Inc., 1998).
3. *Enuma Elish, Epic of Gilgamesh* et autres manuscrits Sumériens, Babyloniens et Égyptiens.
4. La destruction de Sodome et Gomorrhe et la création de la Mer Morte, Baalbek et de nombreux autres sites anciens.
5. William A. Haviland, *Cultural Anthropology*, 9th ed. (New York : Harcourt Brace & Co., 1999).
6. Marcion de Sinope, environ 85 à 165 ans après Jésus-Christ, fut le fondateur de l'hérésie Marcioniste qui fut une des toutes premières versions Chrétiennes condamnées par l'Église. Le Marcionisme soutenait que le Dieu de l'Ancien Testament était un Dieu différent de celui que prêchait Jésus-Christ.

LE MYSTÈRE DE LA TRANSCENDANCE DIVINE ET LE SOI

Les théologiens ont expliqué que, par nature, l'essence de Dieu, la source ultime de tout être, la divinité et la transcendance elle-même ne peuvent être nommées, définies ou comprises en termes humains car elles seraient alors moins que Dieu pour devenir seulement humaines[7]. Un tel point de vue pose un problème, car il affaiblit et limite le pouvoir qu'a l'esprit humain pour la connaissance. La représentation que se font traditionnellement du concept de Dieu les théologiens sépare radicalement ce dernier du concept de la personne humaine au point où toute possibilité de réelle unité est exclue. Il est intéressant de noter que l'une des manières poétiques traditionnelles d'exprimer cette transcendance intégrale du divin par rapport à la nature humaine fournit en fait un aperçu de la nature divine de la personne non apparent à première vue. Il y est dit que le divin, le sacré, est un « *mysterium tremendum et fascinans* » — le divin est un mystère fascinant, enchanteur et absolument extraordinaire. Si l'on applique cette affirmation au mouvement de l'évolution, au déroulement de la vie, à l'expansion et à l'expression de la conscience et à l'esprit humain, il devient alors évident que le mystère de la conscience est innommable, indéfinissable, car il est en mouvement, en évolution. Il n'est ni statique ni fini mais dynamique et se manifeste perpétuellement en de nouvelles formes d'expression et d'exploration personnelles. Cela ne signifie pas que la nature de la conscience ne puisse pas porter à définition mais statue que la caractéristique fondamentale de la conscience et de l'existence est son dynamisme fascinant et extraordinaire — sa créativité, son devenir —, en bref, le fait qu'elle porte les traces de la réalité divine qu'elle est fondamentalement.

---

7. Martin Henry, *On Not Understanding God* (Maynooth : Columba Press, 1997).

L'IMPORTANCE DE SE SOUVENIR DE LA VÉRITÉ DE LA SAGESSE ANCIENNE

Dans ce chapitre d'introduction, Ramtha met l'accent sur le fait que la seule manière de recouvrer totalement notre pouvoir en tant qu'êtres humains, de surmonter la difficulté et la fragilité de notre condition humaine, est de connaître la vérité sur nos origines et son histoire. Lorsque nous savons la vérité, nos peurs et nos démons intérieurs perdent leur pouvoir sur nous et ne peuvent nous maintenir dans une servitude aveugle. Nos origines remontent aux éons, non pas à un événement singulier de manipulation génétique d'un récent passé ou à un big-bang cosmique sans cause intelligente apparente.

Ramtha se présente comme un être hors du temps qui s'est levé de la tombe de l'Antiquité, de l'oubli et de la désinformation pour créer un nouveau paradigme de sorte que les individus puissent célébrer non pas leur héritage mais leur histoire spirituelle, leur évolution suprême. De même que Ramtha qui vécut lors d'événements cataclysmiques qui jouèrent un rôle dans son illumination, l'humanité s'avance vers une période de changements cosmiques, le soulèvement de la nature et de la société. Les changements de la Terre qui ont été prophétisés[8] ne sont ni la rétribution des péchés de l'humanité par une force externe ou déité, ni la fin des temps ou du monde. Ces changements font partie du mouvement et de l'évolution de la création. Ils représentent une opportunité d'incorporer la sagesse gagnée dans le passé pour construire une nouvelle société qui soit plus alignée avec la Mère Nature et notre nature divine transcendantale.

L'élévation de la conscience spirituelle à l'époque de Ramtha donna naissance au concept des Écoles de Sagesse Ancienne. Il s'agit d'un élément très important qui a joué un rôle décisif dans l'évolution de l'humanité ; Ramtha l'intégra à sa réflexion sur notre histoire. La connaissance de notre véritable origine depuis

---

8. Les prophéties des Maya en Amérique Centrale, des Indiens Hopi, la Seconde Venue du Christ et autres.

le mouvement de contemplation sur soi du Néant et de notre nature de Dieux créant la réalité est ce qui est continuellement perdu au cours de l'histoire, ce qui a empêché l'évolution naturelle de la race humaine vers une totale conscience d'elle-même.

La guerre que mena Ramtha contre l'arrogance et la tyrannie des Atlantes fut une rébellion contre la difficulté de la condition dans laquelle s'est immergée l'humanité. Le corps physique ou l'intellect devinrent l'identité de la personne plutôt que le véhicule de l'exploration du monde matériel. La chute des Dieux dans la masse physique leur a fait oublier leur véritable origine et leur véritable nature au point où cette vie perdit son aspect sacré, où la technologie et l'intellect humain furent adorés comme une déité. Le Dieu Inconnu des ancêtres de Ramtha demeura un personnage distant, muet et inaccessible dans la vie des gens comme il l'est dans de nombreuses religions aujourd'hui. La haine qu'avait Ramtha pour le Dieu Inconnu fut le fil directeur de sa vie, le menant ultimement à comprendre ce Dieu d'une manière toute nouvelle. Il apprit que ce dernier n'était pas séparé de lui mais était le souffle de vie, le battement de son tambour intérieur, la scène de toute pensée et de toute existence.

Ramtha voulut enseigner à son peuple ces réalisations et ces idées en établissant les fondations des Écoles de Sagesse Ancienne. L'objet de l'enseignement n'était ni des lois ni des interdits mais un éveil, une ouverture vers le savoir et la compréhension de la simplicité de la vie de même que le lien existant entre toutes choses. Après son ascension, il continua à apporter sa connaissance à l'humanité par l'intermédiaire de diverses écoles, divers mouvements, poètes, philosophes et scientifiques qui en firent part dans leurs œuvres et leurs créations artistiques. En un mot, l'approche de Ramtha vise à mettre l'accent sur l'importance de la redéfinition de notre concept du soi. Il conclut que l'illumination est « la gloire de savoir qui et ce que nous sommes ».

Mais, vous voyez, la joie est un laisser-aller et c'est aussi une sagesse ; elle nous est donnée lorsque nous nous aimons suffisamment pour faire face à nos difficultés. Espérer que quelqu'un le fasse pour nous ne mène à rien. Moi-même, qui suis votre professeur, ne vous rendrai jamais heureux. Je suis ici pour vous dire qui vous êtes — à vous de faire vos choix en conséquence de cela —, pour vous fournir une excellente connaissance que vous pourrez commencer à intégrer et pour vous apporter l'espoir ; je suis ici pour vous rappeler sans relâche que je m'adresse à des Dieux ici. Je m'adresse à des immortels qui possèdent une puissance telle qu'ils peuvent, du fait de leurs croyances, se damner eux-mêmes à une mort éternelle. Tel est le degré de votre puissance. Je m'adresse à des Dieux.[9]

RÉFLEXIONS D'UN MAÎTRE SUR L'HISTOIRE DE L'HUMANITÉ EN QUATRE PARTIES

La Civilisation Humaine : origines et évolution, première partie de *Réflexions d'un Maître sur l'Histoire de l'Humanité,* raconte l'histoire de l'humanité avant la création de l'univers physique et la manière dont ce dernier évolua jusqu'à la création du premier homme et de la première femme. Cette première partie décrit également la manipulation génétique de la race humaine par d'autres races avancées et la manière dont la sagesse ancienne de nos origines véritables fut perdue et enterrée dans la superstition et l'ignorance. Les écoles anciennes préservèrent la connaissance sacrée pour une génération future qui serait équipée pour la déchiffrer et l'accepter.

La Redécouverte de la Perle de la Sagesse Ancienne, deuxième partie de *Réflexions d'un Maître sur l'Histoire de l'Humanité,* continue l'histoire de la saga humaine en commençant par la chute de l'Atlantide, la guerre de Ramtha, la destruction des royaumes anciens, l'asservissement des femmes et l'émergence de la superstition religieuse. Cette section décrit une civilisation cachée existant au centre de la Terre et explique le symbolisme

---

9. *Ramtha, Le Mystère de la Naissance et de la Mort : Le Soi Redéfini* (Yelm : JZK Publishing, une division de JZK, Inc., 2000), p. 173.

sacré des pyramides d'Égypte, monuments bâtis pour nous rappeler notre divinité oubliée. Un des tournants de l'histoire humaine fut l'avènement au Moyen-Orient de Jéhovah et la création de l'état d'Israël. Une grande partie de la corruption et des omissions perpétrées contre la sagesse ancienne eut lieu durant cette période et fut suivie par l'interprétation que firent le christianisme et d'autres religions du Moyen-Orient des enseignements de Yeshua ben Joseph. Le lien que chaque individu possède avec son sanctuaire intérieur fut totalement coupé et perdu. Ramtha décrit l'émergence de la conscience Christique dans l'individu comme l'illumination dans le contexte de la société moderne. En guise de conclusion, la deuxième partie présente la prochaine étape de l'évolution de l'humanité et une vision de l'aube d'une nouvelle illumination.

Ramtha : la Quête de l'Illumination, troisième partie de cette collection, traitera en profondeur de l'époque où vécut Ramtha et de sa quête personnelle pour l'illumination, événement déterminant dans l'histoire de la race humaine. Cet événement fut la base de la majeure partie de l'éveil spirituel et du mysticisme qui nous fut transmise à travers diverses traditions.

Enfin, la quatrième partie, *Yeshua ben Joseph, Professeur Occulte de Sagesse Ancienne*, présentera une interprétation radicalement nouvelle des enseignements de Jésus-Christ selon les notions de la sagesse ancienne ; ces enseignements constituent le fondement du cosmos tel qu'il a été tracé par Ramtha dans sa réflexion sur l'histoire et l'évolution de l'humanité.

Chapitre 1
Introduction : La Réalité n'est qu'un Rêve

Un rêve
est une réalité
qui n'existe pas encore
dans le monde matériel.
Un rêve
transcende
le temps et l'espace
mais tous ceux qui rêvent
vivent de telles réalités.
Est béni celui
dont le rêve de réalité final
atteint sa manifestation.
Je suis un être béni.
Qu'il en soit ainsi.

— Ramtha

Résurrection de la Tombe de l'Antiquité pour Révéler la Vérité

Ne renoncez jamais à vos rêves, jamais. Asseyez-vous. Je veux vous raconter une histoire. Voici ce que je veux que vous compreniez : afin d'être en possession de notre propre puissance dans son intégralité, nous devons être libres de notre passé. Nous devons être libres du cavalier[1], le démon intérieur qui est la source de tant de détresse, d'angoisse et de tristesse. Aucune véritable guérison des maladies du corps, aucun changement réel dans la vie, longévité incluse, ne peuvent survenir si l'on ne fait pas face à ces questions. Je veux que vous sachiez que chacune des cellules de votre corps fut créée pour vivre indéfiniment. Elle a la faculté de se régénérer, de recouvrer jeunesse et fraîcheur, et de pouvoir maintenir l'étendue de cette configuration jusqu'à l'infini. Cependant, toute personne qui souffre — souffrance personnelle, angoisse personnelle, chagrin personnel — vivant dans la crainte que quelqu'un ne découvre ses problèmes personnels, vivant dans la crainte que quelqu'un ne connaisse ses mensonges et obligée de vivre quotidiennement comme un hypocrite, cause le vieillissement de son corps. Cela est un fait.

Soyez assez aimable pour rester attentif car la connaissance de notre passé nous libère des événements de notre passé. Ce n'est plus un mystère ; il ne nous est plus caché par la tromperie perpétrée par les organisations politiques, religieuses et socioculturelles. Voici ce qu'il en fut.

Je suis un être en dehors du temps. En vérité, je le suis. Je suis un être qui vit un rêve fort ancien et éloigné. En conséquence, en sorte que vous puissiez comprendre, les mots que j'emploie sont choisis parmi ceux que vous utilisez vous-même, ceux-là mêmes qui vous stimulent, et ces mots sont loin d'être sophistiqués. Mais si je vous parlais dans la langue qui est la mienne, vous

---

1. L'image décrivant nos démons intérieurs est tirée des terribles chevaliers noirs de l'histoire du *Seigneur des Anneaux* de J.R.R Tolkien.

seriez déconcerté. Je suis un étranger au sens le plus large du terme.

De mon temps, je mesurais sept pieds. Ma peau était de couleur cannelle, mes yeux très noirs, et mes cheveux noirs et très longs. On ne me considère pas politiquement correct. Il n'exista jamais plus blanc que l'était mon peuple. C'était le peuple doré à la chevelure cuivrée et aux yeux couleur de roseau ; leurs lèvres pleines étaient rosées sur leur visage pâle et ils avaient des yeux bleus de glace avec une bouche mince, des cheveux fins, certes, mais aussi blancs que neige. Ils étaient aussi noirs que la nuit, d'une taille imposante, d'une grande beauté. C'étaient des Ioniens. C'étaient les Peaux-Rouges des Atlantes. C'étaient les Indiens des temps modernes qui, jadis, avaient tout. Ils sont maintenant réduits à la pêche et au jeu. Cela ne vous plaît pas ? Cela m'est égal. Vous savez pourquoi ? Parce que, si cette vie est celle où vous êtes un peau rouge, c'est que vous avez été un Ionien ; vous avez été un Égyptien, vous avez été un Atlante, vous avez été un million d'autres vies. Pourquoi accorderiez-vous davantage de crédit à celle-ci ?

Vous savez, Ramtha signifie le Ram qui descendit la montagne un jour de terreur. De toute antiquité, c'est de cela qu'il s'agit. Et, en Égypte ancienne, il y a une avenue dédiée au Ram, le grand conquérant, toujours empruntée dix mille, quinze mille ans après mon départ d'ici[2]. En outre, leur sagesse était telle qu'ils comprenaient que quiconque marcherait le long de cette avenue conquerrait le vent. C'est dans la mythologie.

---

2. L'avenue à laquelle Ram fait allusion aurait été bâtie aux alentours des années 18 000 avant Jésus-Christ et fut empruntée durant 10 000 ans. De nombreuses routes qui menaient au temple de Thèbes en Égypte (aujourd'hui nommé Luxor) étaient bordées de sphinx. Ceux qui sont flanqués à l'entrée du Premier Pylône du Temple de Karnak représentent un corps de lion et une tête de bélier. (Le mot *ram* veut dire bélier en anglais). Le bélier était le symbole du Dieu Amon pour qui le temple fut bâti. Chacun des sphinx protège entre ses pattes avant une statue du roi en position debout — Ramsès II (1279-1213 avant Jésus-Christ). Situé dans l'ombre du Premier Pylône du Temple d'Amon à Karnac, on est frappé par la longueur de l'axe est-ouest du temple et par la taille colossale de ses colonnes. Comme tous les autres temples d'Égypte, celui-ci symbolise le tertre de la création originale. Le sol s'élève graduellement depuis l'entrée jusqu'au sanctuaire. Les colonnes sont des répliques en pierre de la végétation qui poussait dans les terres marécageuses qui entouraient le tertre de la création.

Si vous trouvez un bas-relief représentant un bélier (*ram* en anglais), prenez-le. La plus grande civilisation, il y a quatre mille ans alors qu'elle était sur son déclin, reconnaissait ce qui était considéré une vérité même de son temps, à savoir l'importance de se souvenir de ce qui est réellement important. Le terrible jour du Ram, la Bible ne le mentionne pas. Mais on en parle dans les textes anciens car, il y a trente-cinq mille ans, cela faisait quinze à dix mille ans que Jéhovah et sa sœur apparurent sur la scène, eux qui créèrent une division au sein de l'humanité et une religion vous disant de croire en un Dieu en étant du côté du gagnant. Telle est la base de la religion elle-même et certainement du mythe de Moïse et d'Abraham.

Voici ce que je veux vous enseigner à propos de la religion. Aucune religion ne veut reconnaître l'existence de mon époque car c'était l'époque des Dieux, avant Jéhovah. Si Jéhovah avait vécu à mon époque, il n'aurait eu aucune chance. Quand fut venu le temps de l'évacuation et du départ de la Terre — à l'époque où les êtres humains étaient éduqués à être les esclaves des Dieux, leurs serviteurs —, une grande intelligence partit. Ce qui restait était la mémoire des Dieux, mais ces derniers n'étaient en réalité que des surhommes.

Et ce que vous êtes aujourd'hui, dans le corps que vous avez choisi, vous êtes des Dieux, non seulement des Dieux comme *Homo erectus* mais des Dieux appartenant à l'autre ligne génétique qui vous fut donnée il y a quarante mille ans et deux cent cinquante mille ans. Pourquoi avez-vous choisi ce corps ? Parce que vous êtes prêts à utiliser ce gros cerveau et vous êtes prêts à utiliser ce qui transcende la superstition. Êtes-vous des Dieux ? Oh ! oui. Mais que peut-on dire de vous si vous vivez toujours sous le joug de la culpabilité d'un régime politique ? Cela n'est pas d'ordre divin ; c'est ce que ferait un esclave.

Vous aimez donc quelque chose et vous écoutez quelque chose qui est plus ancien que Moïse et plus ancien qu'Abraham, vous écoutez le premier Dieu qui comprit comment faire l'ascension, un être humain qui ne fut jamais un croisement avec ce qu'on appelle les Atlantes mais une racine pure d'un groupe d'Atlantes qui nous utilisait comme esclaves, le véritable héritage étant Lémurien. Ceux qui vinrent d'au-delà de l'Étoile Polaire sont les géants qui sont enterrés dans le mythe afin qu'un jour ils se relèvent. Ne savez-vous pas que les géants qui sortent de la Terre font partie de moi ? Je suis un géant qui se lève de la tombe de l'antiquité pour révéler la vérité qui mènera le monde au chaos et permettra de créer un nouveau paradigme dans lequel les hommes puissent célébrer non pas leur héritage mais leur histoire spirituelle.

Nous allons parler de vos racines et de ce qui vous a peut-être amené au point où vous en êtes aujourd'hui ; nous répondrons aussi à quelques-unes de vos questions, pour ainsi dire. Écoutez attentivement car, que vous l'acceptiez ou non, entités, ce que vous allez entendre aujourd'hui est et fut. Et aucune autre source sur ce plan à cette présente époque ne peut vous donner cette information. Pourquoi ? Personne n'a encore été capable de la voir ou de la connaître.

LES LEÇONS D'UN TEMPS ANCIEN

Avant d'aller plus loin, je veux vous parler ce soir de votre vie spirituelle. Cette soirée est appropriée car, comme l'annonça la prophétie, nous avons eu une éclipse du soleil, une éclipse totale de lune durant cette décennie comme on dit[3]. La prophétie est la suivante : dans les derniers jours, il y aura un nouveau ciel et une nouvelle terre. Et ce qu'on appelle ces événements cosmiques, prévus par ce qu'on appelle de véritables prophètes qui virent les changements, se produiraient. Ces entités des temps anciens savaient que, lorsque l'amant de l'Enchanteresse la recouvrirait de son ombre, elle deviendrait un être nouveau. C'est ainsi que ces événements furent spirituellement compris à savoir que le soleil mourant en son cycle et renaissant de son éclipse, de même cela représentait le fait d'entrer dans une matrice cyclique et d'en ressortir avec une nouvelle destinée. Ces événements annonçaient la vision lointaine qu'il adviendrait un nouveau ciel, prophétie accomplie maintenant. Et il y aura une

---

3. Autour des années 1990.

nouvelle terre ; cela ne manquera pas de se produire, comme le promet la prophétie.

Vous devez garder à l'esprit qu'à l'époque où je vécus, il y a de nombreux, nombreux éons — il y a trente cinq mille ans et quelques jours — le cosmos et le plan terrestre avaient un aspect fort différent d'aujourd'hui et les forces dynamiques qui existaient entre deux lunes qui étaient en relation avec la terre créaient un environnement bien différent de celui dont vous jouissez aujourd'hui ; cependant, même dans ces temps-là, à cause du chaos créé par l'homme dû à son manque de sensibilité envers la nature et sa propre humanité, advint une condition des plus infortunées qui amena ce qu'on appelle une épuration du monde entier. Vous voyez, à mon époque, il y eut cette ère au cours de laquelle je naquis, parmi un peuple hautement spirituel dont l'hérédité était issue d'au-delà de l'Étoile Polaire qu'il ne pouvait pas voir. Et les lois des traditions populaires, comme vous le dites, étaient alors transmises oralement et grâce à des cartes stellaires extraordinaires inscrites sur les murs des palais bâtis à l'intérieur des montagnes. Celles-ci rapportaient l'aventure de la véritable hérédité de mon peuple telle qu'elle fut transmise à ce système stellaire-ci avec son soleil jaune de même que l'histoire de leur colonisation. Et, à l'époque où je naquis, la terre entière était recouverte d'une épaisse couche nuageuse — elle était dans une matrice d'eau —, exactement comme la grande planète Vénus l'est aujourd'hui ; Vénus est dans une matrice d'eau.

Et, à mon époque, il y avait des peuples différents venus de différentes régions du Néant[4] qui s'étaient retrouvés ici. À mon époque, les gens qui n'avaient pu voyager au-delà de la couche nuageuse n'avaient pas vu le soleil. Nous voyions la lumière comme à travers une masse d'eau profonde et pure. Imaginez-vous aller très profondément dans de l'eau et voir la lumière briller sur la surface de cette eau ; vous verriez cette lumière diffusée à travers l'eau. Vous ne pouvez pas voir la source de la lumière, mais seulement qu'elle est diffusée et répandue sur une

---

4. L'immensité de l'espace.

large surface. En ces temps-là, la gloire des rayons de Râ se trouvait répandue à travers la couche nuageuse, ce qui rendait la lumière diffuse et non directe et empêchait de voir les étoiles et les lunes. Nous ne pouvions les voir qu'à travers un voile, un voile épais, et la lumière nous apparaissait comme piégée à travers ce voile. Lorsque les deux lunes se trouvaient en même temps dans les cieux, si nous regardions le voile, nous pouvions voir de grandes lumières diffusées à différents points de l'horizon. C'est ce que voyaient les gens ordinaires, qui n'avaient pas la faculté d'aller au-delà de la couche nuageuse pour voir cette enfant extraordinaire de la terre dans ce qu'on appelle sa nouvelle matrice. Et, avant mon époque, elle avait déjà été dans des matrices, mais elle s'était émergée de nouveau dans une matrice, se purifiant avant de naître à nouveau.

Mais au cours de ma vie et en ces temps-là, il y eut une formidable révolte contre un groupe de gens, des gens dont la technologie était superbe. Lorsqu'ils firent la guerre avec leur technologie, ils déchirèrent le voile qui existait à mon époque. Lorsque ce voile se déchira, toutes les eaux se condensèrent, comme on dit, provoquant pluies, hivers et glace. Et de nombreuses belles choses qui existaient jadis sur de vastes régions de la terre où elles jouissaient d'un climat tempéré se retrouvèrent soudain en péril, n'étant pas préparées au contact ni d'un soleil ni d'un froid directs, résultant de l'éclairement du soleil dans ses régions les plus proches des Pôles. Nombreuses furent les choses qui périrent. Je les vis moi-même périr durant ma vie.

Nombreux sont les ossements encore figés, les ossements de créatures exotiques vivant sur des territoires qui déconcertent les scientifiques car il est impossible que de tels arbres, que cette flore, cette faune et ces bêtes, de même que ces insectes, aient pu survivre dans de telles régions. Mais ces gens n'ont pas la chance de comprendre que la cause n'a pas été un changement des pôles. Ils ne comprennent pas que la terre ressemblait jadis à Vénus et que, du fait de la couverture nuageuse, il n'y avait pas de glace. Lorsque la couche nuageuse se brisa et que la lumière du soleil et le rayonnement furent directs, l'eau gela car elle était plus éloignée de ce qu'on appelle la lumière solaire. Nous connaissions désormais les conditions hivernales qui, en un seul après-midi, figèrent jusqu'aux mammouths les plus grands dont vous ayez entendu parler, des créatures gigantesques, alors qu'ils étaient en train de paître dans d'exquises pâtures ; ils moururent de froid en un seul instant. Cela se produisit à mon époque, non pas il y a dix mille ans ni huit mille ans ou même quinze mille ans ; cela se produisit à mon époque.

Quel est donc le problème de la datation au carbone ? La datation au carbone n'est efficace que s'il existe un rayonnement solaire. Mais s'il n'existait pas de radiation solaire directe il y a trente-cinq mille ans, vous allez vous trouver devant un petit problème avec la datation au carbone. Combien d'entre vous comprennent cela ? Bien. Le fait est donc qu'à mon époque la négligence de gens très intelligents qui se faisaient la guerre les uns aux autres provoqua la déchirure de la protection nuageuse, cause de grands déluges, alors qu'ils tentaient d'écarter les bêtes sauvages[5] de leurs territoires avec des lasers chauds et directs. Mes ancêtres et les Anciens savaient que cela allait se produire ; ils l'avaient prévu. Je ne survécus que parce que ma mère, de même que de nombreux pèlerins de ce qu'on appelle la Lémurie, traversèrent les régions marécageuses de ce que vous appelez le Pacifique jusqu'à ce qu'on appelle l'isthme, les marécages du Mexique et du Yucatan qui étaient des forêts humides, pour atteindre le territoire d'Onai. Nous survécûmes à ce qui frappa notre patrie.

Dans mon temps, ce qu'on appelle le soleil apparut dans les années du Ram et il était brillant, magnifique, exquis. Et les pluies arrivèrent, le gel arriva, les montagnes qui languissaient dans le sein des nuages se retrouvèrent soudain vêtues d'un manteau blanc comme neige. Tels furent les temps au cours desquels je vécus mais peu étaient prêts aux changements de température si bien que nombreux furent ceux qui périrent. Les gens ordinaires périrent.

---

5. Les dinosaures.

Nous voici donc avec la chute de la technologie du fait de la chute de la civilisation qui possédait cette technologie. Et leurs frères aînés quittèrent la lune pour retourner sur la planète rouge où ils avaient leurs bases, laissant leurs cousins se débrouiller par eux-mêmes ici-bas. Et avec la chute de la technologie survint la montée du barbarisme. Telle fut mon époque.

Je pris la tête d'un groupe de gens, les faisant marcher alors que la terre se disloquait derrière nous, avançant à vive allure en direction de territoires, en direction de ce qu'on appelait le Nord, traversant des terres qui n'existent plus ; nous vîmes ce qu'on appelle des régions entières où coulaient jadis de placides rivières se remplir de l'eau qui tombait des cieux, recouvrant ces territoires qui n'avaient pas sombré. Ils étaient noyés par l'eau qui entourait la terre. Je les regardai aller et venir. Et, de concert avec mon peuple, je recherchai les lieux élevés de ces temps-là et nous survécûmes. Mais, avec mon peuple, je fus de ceux qui virent le soleil sur la Terre pour la première fois. Et cela demeura pour moi un enchantement non seulement toute ma vie mais jusqu'à ce jour sur ce plan. Et je peux décrire cela mieux que quiconque, comme le peut aussi mon peuple. Nous pouvions décrire la beauté des deux lunes comme personne ne pourrait jamais le faire, car elles étaient des merveilles d'une énorme et impressionnante proportion de même que les étoiles. Et qui aurait jamais pu penser que l'espace puisse être un jour appelé l'arrière-scène de l'infini ? Seul quelqu'un qui l'ait contemplé et se soit émerveillé à sa vue. Cela était une aventure à l'époque où je vécus.

La survie était quelque chose de réel en ces temps-là. La notion de survie existait car la nature préserve ce qui est en harmonie avec elle, ce qui demeure à l'unisson avec elle. La nature ne préserve pas ce qui n'est pas en harmonie avec elle, ce qui nous amène à ce soir et à l'éclipse de lune. C'est un nouveau ciel qui est rendu manifeste ici à la fin de ce siècle. C'est un nouveau ciel. Exactement comme les prophètes d'antan le virent, de manière comparable à ce dont je fus moi-même le témoin et à quoi je pris part, vous aussi allez être mêlés à des changements formidables, les plus formidables d'entre eux venant de l'arrière-scène de l'infini. Ce sera un événement formidable s'il en est : douze jours de lumière et une grande intimidation. Mais la nouvelle terre, qu'est-elle donc ? La nouvelle terre sera occupée par des entités qui ont le pouvoir en conscience de jeter un pont dans le temps. Tels sont ceux qui seront préservés. Cela paraît relativement métaphysique et simple, mais ça ne l'est pas. Ceux qui savent enjamber le pont du temps sont ceux qui vivront dans ces temps-là. Ceux qui ont la faculté de semer leur propre graine là-bas seront là-bas. Ceux qui se voient impliqués avec les monstres de l'avenir n'y seront pas.

Eh bien, je m'appelle Ramtha, l'Être Illuminé ; c'est ainsi que je fus appelé de mon temps et ainsi que j'existe dans les mémoires jusqu'à ce jour. Même les Égyptiens se souviennent de moi, les Perses se souviennent de moi et toutes les cultures anciennes se souviennent de moi, car mon peuple devint la race qui ensemença toutes les cultures. Leurs lois, ce dont ils avaient été les témoins, ils les apportèrent partout où ils s'établirent, car je représentais un haut point de l'histoire, pour ainsi dire un temps qui fut le siège non seulement de changements cataclysmiques mais également de la chute de l'arrogance et de l'orgueil, et la montée de ce qu'on appelle le barbarisme et de ce qu'on appelle l'illumination finale, la véritable illumination.

La Naissance de la Sagesse Ancienne

Eh bien, vous savez, les cultures qui vinrent ici n'avaient jamais eu une école ancienne. Ils n'en avaient jamais eu. Le concept d'école ancienne, bien qu'on le retrouve partout dans tous les univers, est originaire d'ici ; c'est ici qu'il existe réellement. Pourquoi donc ? Parce que les personnes de la terre sont dans une telle confusion par rapport à ce qui vaut d'être préservé du fait de leur mixage particulier entre les Dieux et la nature elle-même ; ils ne savent pas ce qui est désirable pour le voyage de l'Esprit dans un costume humain. Leurs pensées à ce sujet sont fort troubles ; elles sont emplies de confusion. Le voyage d'une école ancienne de sagesse est par conséquent important car les gens ici oublient réellement qu'ils sont des créatures spirituelles. Ils l'oublient. Ils sont davantage enivrés par l'enchantement de leur humanité que nulle part ailleurs.

C'est ainsi que de ces temps de chaos il y a trente-cinq mille ans naquit d'un barbare et de son peuple l'amorce du concept d'un enseignement spirituel, mystique, par exemple la notion de trouver la vérité sur le Dieu Inconnu non pas dans une machine mais dans les mécanismes de la nature et l'importance d'observer l'oiseau nocturne sur son nid près de moi et toutes les générations qui revenaient faire là leur nid. Grâce à la nature, j'appris ce qu'est la vie, non pas la vie fanatique mais la vie. Et, lorsque je fus descendu de mon rocher, je m'appliquai au cours de notre marche à donner à mes généraux cette connaissance. Et nous trouvâmes une grande forêt que je nommai Shambhala, avec un grand arbre en son centre. Et je pris mes généraux et les fis se tenir la main autour de ce géant. Et ils étaient si petits en comparaison avec cette créature magnifique. Et je les priai de répondre à cette énigme : cet arbre, que sait-il que vous ne savez pas ?

Cette grande et merveilleuse question marqua, il y a trente-cinq mille ans, le début de l'éveil spirituel car il s'agissait d'un éveil par rapport à la vie et du fait que nous sommes interconnectés avec elle. L'extase connue dans les bras du Seigneur de la Forêt, cela et ma blessure, firent que des cendres de la technologie et de fabuleuses créatures — l'espèce humaine issue de différentes régions du Néant —, que des cendres de cette convergence s'éleva cette question, que sait-il que vous ne savez pas, ce qui donna naissance à une quête spirituelle pour l'humanité. Cessez de vous battre, cessez vos récoltes assez longtemps pour méditer sur la valeur de la vie. Cessez vos divertissements assez longtemps pour méditer sur votre mortalité. Cessez tout ce que vous êtes en train de faire assez longtemps pour poser une question : « Lorsque je ne serai plus, le ciel et la lune seront-ils toujours ici ? » Oui. « Ces arbres seront-ils toujours ici ? » Quelques-uns. « Le sol sera-t-il toujours ici ? » Oui. Que sait-il donc que vous ne savez pas, vous qui êtes mortels face à l'immortalité ? Que sait-il que vous ne savez pas ?

Belle question à poser à des gens occupés qui n'ont jamais pris le temps de penser à leur vie.

Pourquoi suis-je si étrange ? Je suis étrange parce que je suis venu d'une époque de convergence et de véritables commencements de la quête du soi spirituel chez les êtres humains, hommes et femmes. Et à la fin de ma vie, ma conquête consista à rendre accessible à mon peuple cette prise de conscience, à faire en sorte qu'ils la rendissent accessible à leurs enfants car la marche était terminée. Le monde avait changé dans tous les domaines; la marche était terminée. Une nouvelle terre était en train d'être semée et je voulais que les graines de la nouvelle terre portent en elles la question de savoir ce que l'arbre sait que vous ne savez pas, de rendre cette question si simple et pourtant si pressante que les enfants iraient s'asseoir sous un arbre pour se demander ce que l'arbre sait qu'ils ne savent pas et qu'ils essaieraient de répondre à la question. Je trouve cette question bien plus belle que celle visant à savoir quel est le son émis par une seule main en train d'applaudir ? Eh bien, j'ai davantage de satisfaction à rencontrer un arbre qu'à entendre le son d'une main qui applaudit.

Eh bien, dans ma vie, à cause de cette époque de convergence, je réussis à jeter un pont dans le temps ; j'étais dans une situation me permettant de le faire. Je voulais le faire. Je voulais explorer — telle était la nature de mon être — et conquérir ce que je ne connaissais pas, mais je ne voulais plus le faire avec une épée ; je voulais le faire avec un esprit passionné qui était devenu l'ami des générations de l'oiseau nocturne et des lunes dans leur croissance et leur déclin. Et Râ, je le connaissais bien. Et les montagnes violettes, je les connaissais bien de même que ses verges d'or et la poussière de safran. Je l'avais vécu, ce qui assurément ne me diminuait pas en tant qu'être spirituel mais me rehaussait, car je ne l'avais pas vécu comme un destructeur mais comme un voyageur vers une totale appréciation. C'est parce que j'avais vécu cela si bien que j'ai découvert que la nature ne fermerait jamais la porte à celui qui y frappait avec une sincérité absolue et sans ne jamais abandonner — ce que je fis. Ce n'était pas dans ma nature d'abandonner.

J'aurais pu désespérer de la vie bien longtemps auparavant. J'avais assurément toutes les excuses de victime que vous avez tous. Et la seule manière dont vous auriez pu me parler en ces temps-là aurait été de tenter de parler de la tragédie qui toucha ma mère, mon frère, ma sœur et mon père inconnu. Vous auriez pu tenter d'analyser ma difficulté. C'est la seule manière dont vous auriez pu me parler, mais je n'aurais trouvé rien à vous dire car je n'avais pas vu cela comme une difficulté. Comprenez-vous ? Vous comprenez ? C'est cela qui fait que vous abandonnez l'idée de croître et êtes découragés vis-à-vis des gens également. J'avais toutes les raisons de ne pas faire confiance à quiconque. Mais je tiens à vous dire que, si j'avais eu un quelconque sentiment de blâme et de culpabilité, dans le marasme de l'époque à laquelle je vécus, je n'aurais jamais pu frapper à la porte de la nature ni été capable de quitter mon corps ; j'aurais été trop ancré dans ma propre misère personnelle. Eh bien, ce n'est pas ce que je suis. Cela n'existait même pas dans ma conscience à cette époque.

Rien ne m'empêcha de vouloir être un explorateur du Dieu Inconnu car je l'aimais de toute ma force et rien ne m'en empêcha. Remarquez bien ceci : plus vous avez pitié de vous-même — plus vous vous considérez comme une victime et plus vous vous attachez à l'idée de la traîtrise et de la trahison —, moins vous verrez Dieu. Les choses sont ainsi. Et vous êtes comme la terre en ces temps-là, recouverts d'un voile épais. Vous ne voyez même pas la lumière rayonnante qui essaie de le percer. Moi, je savais que j'étais un être divin et je savais que tous les miens étaient des êtres divins. C'est cet amour et les longues heures passées avec eux, et le fait de leur parler et de leur enseigner, qui sont à l'origine de la véritable école spirituelle dans ces régions anciennes du nord-est de l'Inde oubliées aujourd'hui. C'est là-bas, là-bas, que cela débuta. Et ce ne fut pas un enseignement selon lequel vous ne devez pas faire ceci ou vous ne devez pas faire cela. Cela n'est pas un enseignement spirituel. Un enseignement spirituel est un éveil, une prise de conscience et, lorsqu'ils avaient tellement éveillé leur cons-cience des choses, lorsqu'ils retournaient chez eux, lorsqu'ils retournaient à leurs filets de pêche et à leur pain, ils voyaient les choses différemment. Ils étaient devenus plus conscients, plus éveillés. Et si l'on devait décrire cela dans les termes d'aujourd'hui, on dirait que leurs bandes s'étaient agrandies[6].

J'enseignai donc à mon peuple comment vivre leur vie, non pas en s'en abstenant mais en s'éloignant de ce qui est ennuyeux et fastidieux — parce que nous fîmes cela en chemin ; nous levions le camp et marchions. Je leur appris à vivre d'une manière plus simple, car la simplicité contient en elle-même la promesse d'une conscience supérieure. Je leur enseignai à être conscients, à sentir le vent, à sentir les changements subtils de la terre, des saisons, à être à l'unisson avec la terre Ils devinrent ainsi à l'unisson avec la nature. Ils étaient dignes d'être préservés. Bien sûr, ils vivaient toujours leur vie mais ils étaient plus nobles, plus sages. Ils n'étaient pas hypocrites. Ils n'étaient pas fanatiques. Leur vie était magnifique et c'était leur choix de rester en arrière. Si tel est votre choix, si vous voulez avoir des enfants, ayez des enfants et soyez un père remarquable pour eux, une mère remarquable pour eux. Enseignez-leur la vérité, non pas la philosophie[7]. Si vous voulez rester ici et cultiver les champs, cultivez les champs mais faites-le dans la joie, pas comme un fardeau car vous imprégnez la terre de graines d'espoir ; telle est l'attitude que vous devez avoir. Et ne prenez jamais à quiconque rien qui ne soit pas à vous. Créez-le pour vous-même. Voici ce que je leur enseignai de même que le fait qu'ils étaient eux-mêmes l'élément divin et qu'ils devaient appliquer cette connaissance dans leur vie. Voilà une vie spirituelle, une vie où l'Esprit passe en premier, le corps en second.

Avant de partir, j'avais rêvé le voyage de vos vies à travers le temps. Je l'avais rêvé à travers le temps, lors de longues heures passées assis dans ma maisonnette où rares étaient ceux qui savaient que j'y habitais. Ils croyaient que je vivais dans le palais qu'ils avaient construit, où vivaient maintenant les singes. Ils

---

6. Les bandes, le champ de l'aura d'une personne, représentent leur esprit.
7. La vérité est la connaissance acquise par l'expérience plutôt que par une dissertation purement philosophique.

croyaient que le Ram y résidait. Cela était à mon goût parce qu'ils ne me recherchèrent jamais dans la simplicité où je vivais. C'est pourtant dans ma maisonnette où je faisais moi-même mon pain qu'assis près du feu je rêvai avec grande passion vos voyages et l'envol de la passion de l'homme pour la vérité spirituelle. Cette nuit où nous sommes ensemble dans un nouveau ciel et une nouvelle terre, je l'ai rêvée. Je suis une entité étranges car je viens avec de riches souvenirs d'un temps étrange et éloigné. Les scientifiques en doutent à l'exception de ceux qui ne craignent pas de regarder les choses telles qu'elles sont.

Et vous savez, j'existe ; je fus le champion d'un peuple remarquable et j'ai survécu. J'ai survécu à la terre, à ses changements, à sa technologie et à sa chute. J'ai survécu à la guerre et au barbarisme et j'ai survécu à mon illumination. Lorsque je revins ici, je choisis très attentivement la manière dont je voulais revenir et ce qui devait être enseigné. Je voulais revenir sous une apparence très commune, et c'est ce que j'ai fait. J'ai été capable d'enseigner à un groupe de gens qui vit sur cette planète où je suis allé — certains vivent sur d'autres planètes — et, alors que je leur enseigne, je fais en sorte que vous ayez à me regarder dans ce corps et à m'aimer pour ce que vous ne voyez pas, car ce n'est pas mon corps et la seule façon de faire la paix avec ce mystère est de dire que j'aime l'inconnu et que je suis l'inconnu. Vous ne me voyez pas mais vous m'aimez et vous m'écoutez, peut-être même plus que quiconque dans votre vie. Ceci est une bonne chose parce que j'en sais plus qu'aucun autre. Mais cette affirmation ne se rapporte-t-elle pas à vous-même ? Je suis un être spirituel, ce que vous ne voyez pas plus que vous ne voyez le vent. Vous n'en voyez que les effets. Eh bien, vous êtes mes effets. Je suis le vent qui se meut dans votre vie et affecte votre vie de ce fait. C'est ce qu'on appelle l'Esprit. C'est ce que je suis.

Eh bien, cela fait de nombreuses années dans votre temps que j'enseigne, rassemblant ici ce soir et à d'autres séminaires que nous avons prévus des gens du monde entier. Il ne vous a cependant pas frappé à quel point ceci est réellement merveilleux. Mais je vous dis que tout ce que je vous ai appris est une vérité et que cela marche. Lorsque les scientifiques vinrent et placèrent tous ces fils sur le corps de ma fille — c'est une femme courageuse de faire cela en présence de son école, mais elle n'avait rien à cacher car le fait est que je suis une énigme, je vous l'ai prouvé et leur ai prouvé à eux — afin qu'il puissent vérifier que le phénomène qui se produit ici est extraordinaire, pas normal ; eh bien, ce qui n'est pas normal, c'est moi. Ce qu'ils ont vérifié, ce que je suis sans le dire, c'est ce que je suis.

Eh bien, je veux que vous sachiez que cette femme est une entité hors du commun sur laquelle repose une bénédiction hors du commun, à savoir la faculté de permettre que le pouvoir de l'Esprit soit utilisé ici. Si la science dit que ceci est hors du commun et plutôt extraordinaire, ne serait-il pas sage d'écouter le message de l'extraordinaire plutôt que celui de l'ordinaire ? C'est précisément ce que je m'efforce de faire ici. L'apparence, de manière générale, a pour dessein de ne jamais vous porter ombrage car ceci serait une erreur. L'apparence ici est lorsque vous m'avez aimé en tant que votre professeur et comprenez que ce que la science reconnaît comme étant extraordinaire vous aime en retour suffisamment — au travers de nombreuses heures, de nombreux siècles, de nombreux temps éloignés — pour avoir d'avance conçu un plan, pour avoir ramené ces enseignements qui sont aussi simples que de dire « l'arbre, que sait-il que vous ne savez pas » et d'être déconcerté par la question ; je vous dis que les réponses existent et je les connais. Je veux que vous connaissiez les réponses, car vous allez être préservés dans la nouvelle terre. Et pourquoi ? Parce que vous êtes des personnes spirituelles ressuscitées, ayant bâti un pont entre ce temps-ci et le temps futur. Et pour ceux qui sont damnés à cause de leur esprit intellectuel qui questionne tout ce que vous faites, je veux que vous sachiez que je n'aurais pas effectué ce voyage dans le temps pour vous enseigner des concepts qui ne marchent pas. Je n'aurais pas effectué ce voyage dans le temps pour revenir s'il n'y avait pas un endroit où aller. Comprenez-vous ?

L'Évolution Spirituelle de l'Humanité

Voyons maintenant, je suis ici pour vous dire que tout ce que je vous ai enseigné, toutes les disciplines marchent. Et quelle est leur portée ? Définir ce qui sépare l'humanité et l'Esprit : définition claire, inviolable. La raison en est de vous permettre d'être de nouveau en possession de tout votre pouvoir, Esprit omniscient capable d'organiser et de vivre pleinement dans son corps physique, prenant pleinement part à la vie jusqu'à des frontières qui vous paraissent à vous-même infranchissables. C'est ce que vivre pleinement signifie pour moi. Vous ne savez pas encore de quoi il s'agit. Et ce n'est que lorsque l'être spirituel sera défini également, comme séparé de l'être physique, lorsqu'ils seront séparés l'un de l'autre, que nous serons entièrement dignes d'être préservés et incorruptibles. C'est alors que, dotés du pouvoir, vous serez capable de ne jamais mourir et de pouvoir aller voir les étoiles que vous avez regardées ce soir, voir toutes les choses que j'ai déjà vues moi-même, visitées, où j'ai moi-même séjourné au-delà de l'Étoile Polaire de mon peuple.

Mais écoutez la prophétie suivante : la prophétie dit que la chair et le sang — dans l'ancienne prophétie, la chair et le sang se réfèrent à une seule chose, le corps physique —, elle dit que la chair et le sang ne peuvent entrer dans le royaume des cieux, qu'afin d'entrer dans le royaume des cieux vous devez être vêtu d'un nouveau manteau, ce nouveau manteau étant le manteau de l'Esprit[8]. Cela est très clair. Cela ne signifie pas que vous soyez dans l'obligation de mourir pour entrer dans ce qu'on appelle le paradis. Cela signifie que le corps ne peut y aller. Le corps est condamné à son royaume aussi longtemps que l'Esprit n'est pas éveillé. Mais, lorsque l'Esprit est éveillé et qu'il possède un pouvoir clair, le royaume des cieux descend de l'Esprit dans le physique. Alors, nous quittons tout, nous quittons tout.

Même moi, le jour où je fus tenté par le vent et que j'ai pris la décision que c'était ce que je voulais être, il me fallut des années

---

8. Le *Livre de la Révélation* de saint Jean.

pour comprendre comment l'être car j'étais chair et sang face à une force invisible. Comment la chair et le sang peuvent-ils être la force invisible ? Et la première fois où je quittai mon corps, il me fallut sept ans pour le recréer de nouveau. Et je travaillai là-dessus tous les jours, tous les jours, pas seulement pendant les retraites à l'école, car il n'y avait pas de retraites à mon époque. Et savez-vous pourquoi je ne réussissais pas à le faire le jour suivant ? Parce que j'essayais de le réaliser en tant que chair et sang, en étant la personne de chair et de sang au lieu de l'Esprit. Il me fallut sept ans pour le comprendre. Et ce fut par accident que, sept ans plus tard, cela se produisit pour la seconde fois, alors que je n'y prêtais pas attention. Cela est très important. Le moment où je sus cela fut le commencement de mon grand voyage. Et je grandis en tant qu'être spirituel. Ramtha le Conquérant grandit pour devenir Ramtha l'Éclairé. Et ce fut la toute-puissance de l'illumination qui me permit de revenir et de prendre mon corps avec moi ; pas de cendres, pas de cadavre.

La chair et le sang ne peuvent entrer dans le royaume des cieux. Mais la raison pour laquelle je suis revenu ici avec toutes les difficultés que cela implique — mon aspect extraordinaire est à un certain degré aujourd'hui vérifié par la science qui dit que je suis une énigme ; en effet, je ne peux être pesé —, la raison est de vous enseigner méthodiquement comment le faire ; cette discipline, on l'appelle la vie spirituelle. Vous êtes ici non pas pour être des personnes physiques ; vous êtes ici pour être des personnes spirituelles. Bien que le labyrinthe soit physiquement épuisant, c'est à partir de là, du champ, que l'Esprit est cultivé. Le corps peut être épuisé mais l'Esprit peut se lever et être suprême au milieu de cela. C'est alors que vous connaissez la différence entre les deux. Un instant vous ne pouvez plus faire un pas de plus ou faire un autre souffle[9]. Nous savons maintenant que c'est la chair et le sang. Et l'instant suivant, quelque chose de surnaturel vous submerge et l'accomplit, c'est l'Esprit. Il existe une différence entre les deux.

---

9. Le labyrinthe (The Tank™), le champ (Fieldwork™) et le souffle (C&E™) sont des disciplines enseignées à l'École de Sagesse de Ramtha.

Venir ici vous enseigner signifie de vous rappeler sans cesse cela et faire en sorte que vous puissiez le définir clairement dans votre vie personnelle, que vous soyez capables d'exercer l'Esprit à volonté avant de le ramener, permettant au corps de jouir de sa fréquence. C'est cela que nous nous efforçons de faire. Devenir l'être spirituel, c'est cela. Cela ne veut pas dire de ressembler à un moine. Cela ne veut pas dire de ressembler à un prêtre. Cela ne veut pas dire de ressembler à un ange. Cela ne veut pas dire de ressembler à Marie. Cela ne veut dire rien de tout cela. Vous pouvez porter votre casquette de baseball ou votre pull cent pour cent en coton et être illuminé. Il vous suffit d'être illuminé. C'est cela l'Esprit. Comprenez-vous ?

Nous sommes ici et je suis ici grâce à quantités d'efforts, ayant le projet de vous enseigner cela. Et beaucoup d'entre vous tiennent cela pour acquis. Et je suis dans votre jardin. Et un jour je ne serai plus ici, mon temps étant arrivé à terme car mon rêve aura pris fin à un moment donné. Je suis ici dans votre jardin et vous ne pouvez pas me comparer à aucun autre professeur, car il n'existe aucun autre professeur comme moi. Et je suis ici non pas pour me glorifier, mais pour vous glorifier. Je suis ici pour vous enseigner à le faire et je ne peux que vous dire que vous êtes un imbécile si vous tenez cela pour acquis et ne l'utilisez pas car vous avez alors étouffé votre Esprit pour l'amour de votre corps. Votre corps est corruptible ; il sera corrompu et ira dans la tombe. L'Esprit, lui, est incorruptible.

Tel est l'entraînement. Et lorsque vous l'aurez reçu, lorsque vous aurez reçu la totale initiation de la discipline spirituelle et pourrez l'accomplir, vous pourrez manifester une pièce de monnaie dans votre main. Vous pourrez manifester du pain dans votre main. Vous serez alors l'Esprit, totalement et entièrement. Vous serez alors entré dans le royaume des cieux car il n'y aura rien que vous ne puissiez faire. Et vous aurez été soustrait pour toute éternité — soustrait pour toute éternité — à la médiocrité de l'homme et à ses modes d'action. Vous ne serez plus jamais un homme. Vous serez toujours un être divin, car vous ne pourrez jamais enlever à un être divin d'être un être spirituel entrant dans le royaume des cieux et mangeant à la table de Dieu. Une fois cela accompli, vous ne retournerez plus jamais en arrière pour être de nouveau un être humain normal. Les voies du monde ne vous tenteront plus.

Est-ce à dire que vous cessez alors d'être un homme ? Certes, vous cessez d'être un homme. Vous devenez un Dieu vivant dans un corps d'homme et ce que vous voulez de la vie change également. Cela signifie-t-il que les projets d'un Dieu/homme ne soient pas aussi passionnants que ceux d'un homme ? Absolument pas. Cela signifie-t-il que le Dieu/homme soit incapable d'avoir des rapports sexuels, qu'il soit incapable d'aimer, incapable de rire ? Non, bien au contraire et même plus, car ce sont les attributs que possède un Esprit. Un Esprit est un Dieu qui rit. Un Esprit est amour vrai, puissant, magnifique et sans restrictions. L'homme est fugace, un Dieu ne l'est pas.

L'enseignement de cette semaine est un tel trésor. Et ces petites entités qui ont déjà manifesté ces objets — oui, j'ai commencé avec des petites choses — ont pu accroître leur acceptation. Yeshua ben Joseph n'avait-il pas dit qu'il suffit d'avoir la foi d'un grain de sénevé ? Si votre foi est aussi grande qu'un grain de sénevé, vous aurez votre objet. Il apparaîtra dans votre réalité immédiatement, c'est toute la foi qui suffit. Imaginez qu'un jour votre acceptation soit aussi grande qu'un chêne, que le monde, que ne pourriez-vous donc pas faire alors ? Vous pourriez tout faire.

Je suis ici pour un certain temps pour vous enseigner à être ce soi constant et éternel que vous êtes et pour vous sauver d'une vie d'être humain qui ne vous apportera qu'un bref moment doré et puis cela en sera terminé. Et je suis ici pour le faire d'une manière simple et non commune mais qui exige beaucoup de vous. Cela exige que vous soyez capable de définir dans votre vie de manière très claire la différence entre votre soi spirituel et votre soi humain. Nous savons déjà ce que vous savez faire en tant qu'humain. Ce que nous ne savons pas est ce que vous savez faire en tant qu'Esprit. Apprendre cela est l'objet de l'école. C'est exigeant car vous devez mettre en pratique quotidiennement ce que je vous enseigne. C'est bien de ne pas le faire le samedi et le dimanche. Vous êtes libres pendant le week-end à moins que vous ne souhaitiez travailler ce jour-là ! Tous les choix sont bons.

Voici ce que je veux dire. Combien d'années vous a-t-il fallu pour marcher sur vos deux jambes, respirer tous les jours et faire ce que font les êtres humains normaux ? Combien de temps va-t-il vous falloir pour être un Esprit qui puisse traverser les murs consciemment, se trouver en deux endroits simultanément et manifester l'abondance sur la table ? Cela ne demande-t-il pas autant de discipline que de faire ce que vous faites pour votre corps tous les jours le matin au réveil ; vous vous éveillez pour que votre corps reste en vie et devez le nourrir, le soulager, le laver, faire tout ce que vous faites pour le maintenir en bonne condition. Croyez-vous que votre Esprit puisse survivre tout seul ? Croyez-vous qu'il va grandir et devenir un jour un grand Esprit ? Il doit être développé et nous le développons en choisissant d'être qui il est. Lui aussi a besoin de nourriture. Il a besoin que vous le soyez et que vous le mettiez en pratique.

Il n'est pas besoin d'une vie entière pour développer le remarquable. Nous aurions pu le développer en sept jours avec une humilité absolue, passion et dévouement. Mais cela exige d'agir. Vous êtes paresseux. Que puis-je dire ? Un nouveau ciel et une nouvelle terre arrivent. À vous de choisir de quel côté vous voulez être. Je vous demande de faire cela avec sincérité, totale focalisation et certitude absolue. Cela ne prend pas longtemps : peut-être une heure, quelques minutes, peu importe. Il vous suffit de le faire avec régularité. Vous allez devoir ne plus jeter votre ancre dans le corps. Vous allez devoir jeter cette ancre dans le ciel et la jeter dans votre Esprit, et déclarer que c'est ce que vous voulez plus que toute autre chose dans votre vie ; vous allez devoir vouloir être si noble, au-delà de tout reproche, magnifique, posséder la faculté de rêver au-delà des limites de l'homme ordinaire ; vous allez devoir être capable tous les jours de rester assis la main tendue, tirant du ciel une pensée jusqu'à ce que votre main en devienne chaude, jusqu'à ce que vous en ayez eu la sensation dans la main. Lorsque l'objet de votre focalisation apparaîtra devant vous, sur votre chemin ou dans votre voiture, vous allez devoir également savoir que vous faites le travail. Et puis il faut y travailler, travailler tous les jours et, un jour, vous pourrez faire n'importe quoi. Devenir un être spirituel, c'est cela. Guérir votre corps, votre vue, votre cerveau, vos reins, votre cœur peut être accompli de la même manière. C'est ce que je vous enseigne cette semaine et, si vous ne le faites pas, cela veut dire que vous n'avez pas défini ce pouvoir.

Eh bien, alors que je suis ici, je vous enseigne ce que je sais faire. Et je ne le fais pas pour vous ; ce n'est pas à moi de le faire. Mais je suis ici pour vous aimer suffisamment pour vous conseiller et vous enseigner sans jamais vous porter ombrage, pour vous laisser être l'étoile dans votre propre orbite et vous laisser être les Dieux dans votre propre vie. Et un jour, je ne serai plus ici car mon rêve se sera terminé il y a trente-cinq mille ans. Et, où que vous soyiez alors, sachez simplement que vous aurez pris et bu autant que vous l'aurez voulu. Je vous demande de beaucoup boire. Je vous demande et vous supplie de considérer ce travail comme très important dans votre vie car, s'il l'est, votre vie sera exquise. Vous ne perdrez rien, vous y gagnerez. Il n'y a rien à perdre, mais tout à gagner. Et si vous le faites, vous deviendrez de plus en plus simple et de plus en plus puissant. Et alors nous pourrons nous rencontrer un jour et parler ensemble — et mon vin est exquis —, et vous saurez ce que c'est que d'être Dieu/homme et Dieu/femme. Vous boirez dans les halls les plus grandioses et mangerez dans la plus raffinée des compagnies ; aucune porte ne vous sera jamais plus fermée parce que vous viendrez non pas de la chair et du sang mais en tant qu'Esprit. Qu'il en soit ainsi.

Le processus est solitaire. Devenir, devenir un Christ, est un processus solitaire. Avec qui en effet vous sentez-vous avoir de l'affinité ? Qui sait ? S'ils savaient, ils sauraient tout simplement. Avec qui pouvez-vous parler ? Le vent, le Père intérieur, Dieu le Père. C'est solitaire, solitaire, solitaire. On comprend maintenant pourquoi il est nécessaire de parler en paraboles. Personne ne comprend la pensée. Vous ne pouvez pas être, vous ne pouvez pas être simplement qui vous êtes ; vous devez savoir pourquoi vous êtes tel que vous êtes. Dites-leur de flanquer toutes leurs pensées limitées par la porte, de les flanquer dehors et soyez simplement. Ceci est divin.

La superconscience est ce processus solitaire ; vous avancez également vers ce qu'est la conscience originelle que l'on appelle la pensée. La pensée est l'Être. Et depuis cet Être découlent toutes choses en profusion. Les taches solaires proviennent de l'Être. Les vents solaires sont le résultat des taches de l'Être sur le soleil. Les patrons climatiques sont le résultat de changements dans les vents solaires depuis les taches de l'Être sur le soleil. Me suivez-vous ? Eh bien, c'est cela un esprit illimité.

La pensée vers laquelle se dirige la superconscience doit être liée à cet absolu pouvoir de connaître qui va quelque part : l'Être qui se déploie à jamais à partir de lui. Et vous commencez à y être relié. Alors que votre drame arrive à son terme, vous entrez dans l'Âge du Verseau qui est « l'Âge de l'Être ». C'est le Christ, le retour du Christ, l'éveil, la supersonscience, le nouveau temps.

Une telle métamorphose se produit sur tous les plans, tous. Le soleil subit une métamorphose, la terre subit une métamorphose ; ce que vous appelez vos galaxies subit des métamorphoses. Vous découvrirez dans votre système solaire une nouvelle planète en cours de métamorphose. Tout bouge. C'est littéralement surnaturel. Et bientôt, alors que cela s'ouvre par l'amour, du fait de tenir à ce que vous êtes, vous vous retrouvez dans le flux de cette connaissance absolue. Et dans cette connaissance vous êtes dans le flux de la vie. Alors, on vous appelle éternel, à jamais et jamais et jamais. C'est l'absolu.

Vous comprenez alors que la vie, l'Être, la pensée, sont en perpétuel devenir. Savez-vous pourquoi la méditation trans-cendantale ne marche pas ? Parce qu'il n'est pas possible d'im-mobiliser l'esprit de Dieu. Cela ne marche pas. Vous n'y avez jamais pensé ? Comment pourrions-nous immobiliser ce qui est en perpétuel devenir ? On le voit immobile seulement si on avance à son rythme. Est-ce exact ? Est-ce exact ? Alors, vous êtes dans le superesprit. Lorsque vous avancez au même rythme, le temps n'existe plus, la distance n'existe plus, la mesure n'existe plus. Seul existe l'Être qui est le ciel à perpétuité, le ciel à perpétuité qui est éternel. C'est l'alpha et l'omega, le commencement et la fin. L'alpha et l'omega sont la conscience sociale. L'Être est l'au-delà.

Eh bien, maîtres, je vous ai mis au défi de comprendre sur le plan social. Et j'ai perdu certains d'entre vous en le faisant, je le vois, car ce dont je parle ne correspond pas à votre calendrier social. Plongez-vous-y !

Et il y en a d'autres parmi vous qui ne peuvent pas supporter la douleur qu'il y a à se souvenir. Ne vous souvenez pas ! La clef de la compréhension est de votre côté de la porte. Je suis un frère qui vous aime et vous enseignera loyalement et sans faillir comment sont les choses quoi que vous en pensiez parce que je vous aime. Arrogant, certes, mais éternel en vérité.

VIVRE DANS LE PAYSAGE DE RÊVE

Voici ce que je veux vous dire. Vous est-il arrivé d'aller au cinéma et d'oublier qui vous êtes, étant soudain pris dans ce qu'on appelle le drame qui se déroule devant vous ? Cela vous est-il arrivé ? Et puis le film se termine, vous vous retrouvez sur vos deux pieds et vous pouvez alors réfléchir mais, lorsque vous regardiez le film, vous étiez en réalité totalement pris. Cela est le signe d'une illusion totale. Comprenez-vous ?

Voici ce que je veux que vous compreniez : je veux que vous compreniez que ce qu'on appelle l'illusion suprême a été que vous n'avez été personne et, en vérité, l'illusion suprême a été que vous avez été simplement le produit de votre machinerie chimique, de vos gènes. Si cette faculté se trouve à être jamais éveillée en vous, vous êtes celui qui conçoit les rêves, le créateur du paysage des rêves, celui qui a la faculté de créer de lointains pavillons et de lointaines extases et, en vérité, de lointains niveaux de vérité. Cela a été une réalité ici à l'encontre d'une conscience droguée qui semble être bloquée dans ce qu'on appelle un endroit déterminé.

Il n'est guère étonnant que tous les maîtres qui soient jamais venus d'ici aient toujours écrit dans leur texte que je suis originaire d'un plan de fantasmes qui adorait l'illusion. Je suis originaire d'un lieu où la drogue administrée était si intense que personne ne pouvait croire que nous — nous qui étions les Dieux qui vécurent au-delà de la bulle de l'émerveillement, et pourtant ceux qui vivent au sein des liquides qui fabriquent la vie — soyons affublés de la croyance selon laquelle ceci est la seule chose qui ait jamais existé à l'exception du fait que le rêve fut toujours imprégné de particules de turbulence, de vérité, qui disaient à ceux qui vivaient dans la bulle : « Saviez-vous que vous êtes seulement l'émotion d'un état d'être créé de toutes pièces ? » Et ceux qui entendirent se sortirent eux-mêmes de la bulle et purent voir le drame.

Je vous dis ce soir qu'il n'est nul besoin que vous fassiez quoi que ce soit de radical dans votre vie ; il suffit que vous viviez quotidiennement à l'écoute de votre programme. Si vous écoutez votre programme en tant que l'Observateur et en deveniez ensuite maître, vous allez rejoindre ceux d'entre nous qui furent assez sages pour quitter ce lieu, ceux qui ne firent jamais partie de ce lieu. Nous tous qui observons ce qu'on appelle les âmes caustiques de l'humanité, nous disons : « Mon Dieu, ne savent-ils pas la vérité ? »

Quelle est donc cette vérité ? Eh bien, ils sont drogués. Ils sont drogués par leurs émotions et leurs peurs et ils demeurent au statu quo. Tous les êtres qui soupçonnèrent que telle était la vérité et ne vécurent pas selon celle-ci méritaient l'heure de leur délivrance ; ils avaient de la valeur et savaient la vérité ; ils transcendèrent cette situation. Ce que vous ne comprenez pas, c'est que vous êtes un jouet — un jouet vivant dans le royaume des jouets[10] ; vous ne comprenez toujours pas cela — et lorsqu'on échappe à ce royaume, on voit la manipulation qui est en cours ici et ce qui restreint de grands Dieux qui furent jadis les maîtres des domaines des autres dimensions — magnifiques, ils partirent exactement comme le firent ceux qui prirent part aux croisades et aux grandes guerres —, qui laissèrent tout, portant un symbole de la croix, et partirent pour rendre juste ce qui était

---

10. Cette image semble faire écho à l'intrigue du film pour enfants de Walt Disney, *Histoire de jouets*, où un des jouets, Buzz Lightyear, était inconscient et refusa de croire qu'il était simplement un jouet et non pas un héros intergalactique réel.

injuste. Vous, par contre, êtes parti pour faire connaître l'inconnu et n'êtes jamais revenu.

Vous est-il jamais venu à l'idée que vous avez de la famille, des amants et des amis ailleurs ? Je suppose que cela ne vous est jamais venu à l'idée à cause de l'importance que vous avez accordée aux personnes avec qui vous êtes et au rêve. Mais n'avez-vous jamais pensé que peut-être lors de votre descente ici-bas et peut-être lorsque vous avez franchi le grand rideau bleu, vous avez laissé quelqu'un derrière ? Eh bien, se pourrait-il que vous ayez une famille d'un ordre plus élevé qui attende votre retour ?

Je savais cela. Lorsque j'en fis l'expérience pour la première fois, je trouvai cela difficile de rester en arrière. Parfois, dans la chair, ceux pour lesquels nous croyons être destinés ne sont pas ceux pour lesquels nous sommes destinés. Parfois, au milieu de la nuit, nous avons des sueurs froides et nous nous réveillons car nous avons presque atteint notre demeure, là où appartient notre âme et là où quelqu'un nous attend, quelqu'un qui nous attend et qui entretient les feux de la vie pour nous à moins que ce ne soit une bougie à la fenêtre, car il sait que nous sommes ici et que nous sommes perdus. Ils nous attendent.

Je savais cela. Mais comment pouvais-je ignorer mes enfants ? Et après cette expérience, il y eut aussi une autre histoire que je n'ai jamais relatée sur ce plan-ci ; comment pouvais-je ignorer d'où je venais ? La plupart d'entre vous ont des parents sur un autre niveau. Depuis toujours, ils vous attendent, vous aiment et ont maintenu la lumière allumée à la fenêtre pour vous, attendant que vous retourniez à la maison après en avoir terminé avec les guerres de faire connaître l'inconnu. Et si nous revenions en haillons, en lambeaux, déchirés et dans une division de l'armée tant soit peu différente de celle avec laquelle nous sommes partis, notre retour serait toujours célébré.

Dieu sait que cela n'est qu'une illusion et que, possédant le pouvoir ultime de précipiter l'énergie en réalité avec le démon intérieur le plus grand que nous possédions, nous allions être séduits par les qualités de notre émotion qui, par leur pouvoir de séduction même et alors que nous demeurions heureux et étions gagnants, nous maintiendraient asservis à des principes que nous serions inévitablement amenés à remettre en question, voulant savoir qui véritablement est le bouffon de la farce dont nous ne sommes que les auteurs. Et nous avons refusé d'entendre ces voix. Nous les avons mises au lit, apaisant notre front troublé avec des mouchoirs parfumés et des onguents au parfum de rose et de jasmin pour faire en sorte de continuer notre drame. Et il y avait toujours cette voix qui appelait depuis le lointain et nous disait : « Pourquoi ne reviens-tu pas ? Ceci n'est qu'un rêve. » Et pourtant, nous nous disons à nous-mêmes : « Non, je rêve de toi. Ceci est réel. Je peux le goûter. Je peux le sentir. Je peux le toucher. Je peux l'éjaculer. Je peux en vivre l'extase. Je peux l'étreindre. Je peux le conquérir. Cela doit être réel. » Et la voix nous dit : « Mon amour, ce n'est pas réel. C'est un rêve que tu vis. »

Et combien de fois avons-nous enterré le rêve ? Tellement de fois ! Nous sommes réellement des étrangers sur une terre étrangère. Nous sommes des faiseurs de rêves dans un paysage de rêve dans lequel nous avons donné le souffle de vie à chacun des participants qui sont complices soit de notre révolution, soit de notre ultime emprisonnement, et nous avons réellement la faculté dans notre esprit. Saviez-vous que cela est tellement facile ? Saviez-vous que nous pouvons demain matin éliminer de notre esprit tous les seigneurs de la guerre et, en vérité, tous les conseils de guerre ? Nous pouvons les éliminer. Saviez-vous que nous pouvons le faire par une seule décision mentale ?

Et saviez-vous ce que nous pourrions également faire demain matin ? En une seule décision nous pourrions dire, nous qui sommes sages : « Saviez-vous que ces personnes sont dans ma vie parce qu'elles me maintiennent endormi, parce que j'ai peur de m'éveiller ? » Et saviez-vous qu'en une seule décision nous pourrions les éliminer ? Et saviez-vous ce qui fait que vous avez vraiment peur ? Le fait qu'au fond de nos mensonges, de ce que nous croyons être la vérité, nous savons que ce n'est pas ce que nous ressentons. Autrement dit, nous craignons réellement d'écouter quelque chose de profond dans le puits et nos grands-parents ont toujours dit : « Ne regarde pas dans le puits et ne joue pas près du puits, car le diable vit au fond. » Mais peut-être le diable qui y vit représente-t-il un puits profond au sein de notre Esprit.

Saviez-vous qu'il est possible de s'éveiller de ce rêve ? Et tous ceux qui jouèrent un rôle si intime avec nous, saviez-vous qu'ils n'y jouaient peut-être simplement que les rôles secondaires ? Comment le leur dire ? C'est impossible, car il faudrait premièrement que nous nous disions la même chose à nous-mêmes. Et peut-être qu'en réalité nous sommes des Dieux, car il ne s'y trouve pas de message de l'enseignement de ce que nous sommes, que nous sommes tombés dans une chair de génétique à partir de laquelle nous jouons notre rôle. Et il se peut que tous les rôles auxquels nous tenons avec tant de férocité, qui inhibent, soient en réalité un rôle que nous avons créé.

Nous avons créé quelque chose qui nous maintient dans ses chaînes ; nous sommes enchaînés à un mur de pierre féroce. Nous allons devoir lutter pour nous libérer, pour que le cœur de ce serviteur vaillant soit libéré des chaînes de la servitude. Ne savez-vous pas que nous sommes ceux qui nous ont enchaînés afin de créer dans notre rêve un espace de l'esprit dans lequel nous créerions le scénario de nous en échapper et que nous sommes toujours ultimement les héros ? Certains d'entre nous ne brisent jamais ces chaînes car ces dernières sont tellement réelles, la douleur si intense, la difficulté si ardue ; la souffrance apporte une angoisse telle que nous nous disons à nous-mêmes : « Il est impossible que ce soit un rêve. Je n'ai jamais eu un rêve qui me soit apparu plus réel que celui-ci. Il est impossible que ce soit un rêve. »

Qui a raison ? Eh bien, les maîtres qui par le passé furent capables de se libérer de leurs chaînes furent ceux qui comprirent qu'ils les avaient placées là eux-mêmes. Et au moment où ces chaînes n'étaient plus celles de ce qu'on appelle Rome ou la Grèce ou encore la Mésopotamie, — au moment où ils comprirent qu'ils les avaient eux-mêmes installées, lorsqu'ils le comprirent réellement, du même coup les chaînes tombèrent de leurs poignets et de leurs jambes car c'étaient eux qui les avaient placées là. Les maîtres ne possèdent pas la magie de faire plier de l'acier trempé. Ils ne peuvent le plier que lorsqu'ils savent qu'ils l'ont placé là eux-mêmes. Ceci est une leçon pour vous tous.

Il ne s'agit donc pas des personnes qui sont dans votre vie — que ce soit une seule personne ou des nations. C'est nous-mêmes qui avons placé nos chaînes. Elles font partie des décors de la pièce. Elles nous contrarient tellement que nous aspirons à devenir plus grands, à prendre des décisions plus nobles que le sentiment homogénéisé que nous possédons de nos propres illusions. Nous les faisons nous faire prendre des décisions. Et parfois nous ne l'entendons pas dans la poésie, parfois nous ne l'entendons pas dans les chansons et parfois, dans le couronnement de notre éloquence, nous ne l'entendons pas quelle que soit l'épaisseur de l'hermine que nous portions.

Et peut-être nous ne l'entendrons pas avant de réellement souffrir, jetés dans une tour ou dans un cachot, et nous sommes emprisonnés par tout. On nous perce les flancs. On nous fouette avec un martinet. Nos chaînes d'acier nous retiennent attachés au mur. Et nous sommes là, allongés par terre, notre urine et nos excréments se mêlant à notre salive. Nos cheveux dont la réflexion de la couleur dans le soleil et la lune était jadis glorieuse sont maintenant humides et souillés, mêlés à la sueur de notre front, collés de manière inconfortable sur notre dos. Et nous sommes là, assis, comblés de souffrance. Puis-je réellement dire à quelqu'un de tel : « Saviez-vous que vous êtes vous-même le seul joueur dans ce jeu ? Vous vous êtes placé là vous-même et c'est donc vous qui avez manipulé les joueurs de ce schisme entier. Vous êtes le seul qui puisse les libérer. »

Tous les maîtres laissèrent tomber leurs chaînes et disparurent. Apollonius of Tyane fit de même, dans la Cour de Cicéron, devant le sénat et en présence de César lui-même devant le sénat de Rome réuni dans sa totalité. Cela est consigné dans les registres. On ne sait pas ce qu'il lui est arrivé. Il avait compris que c'était lui-même qui avait créé l'illusion dans sa totalité, que c'était un rêve. Puisqu'il l'avait fait lui-même, c'était lui seul qui pouvait laisser tomber les chaînes. Ceci est la raison pour laquelle il est un Christ[11].

Vous souffrez encore, vous vous complaisez encore dans cette souffrance et vous posez encore des questions sur le bourbier dans lequel vous vous trouvez. Et au lieu d'en être le maître, vous vous en faites un privilège. Je ne veux pas que vous preniez cela comme un privilège. Je suis ici pour vous dire que, si vous êtes Dieu, vous ne pouvez pas être enchaîné au mur. Par contre, vous pouvez dire : « Oh ! Père ! Oh ! Père ! J'ai commis tout ceci pour la gloire de ce moment-ci et ainsi, en ce moment même, les chaînes tombent de moi pour toute éternité. » Voila la manière de les faire tomber. Et que se passe-t-il après les avoir fait tomber ? Nous courons à la maison retrouver ceux qui ont brûlé pour nous des chandelles devant la fenêtre, ceux qui nous aiment de si loin, ceux qui nous adorent de si loin, ou bien nous courons au secours de quelqu'un pris à jouer le même jeu et le libérons de son tourment. Mais nous sommes libres. Nous allons nous éveiller de nouveau et n'aurons plus alors à mourir et à naître de nouveau. Telle est la gloire qu'il y a à connaître qui et ce que nous sommes.

---

11. Voir le récit originel de la vie d'Apollonius écrit par Philostrate en 210 après Jésus-Christ à la demande de Julia Domna, la femme de l'empereur romain Septimus Severus : « Veuillez également m'accorder l'opportunité de parler ; si vous refusez, envoyez alors quelqu'un pour chercher mon corps, car vous ne pouvez prendre mon âme. Non, vous ne pouvez même pas prendre mon corps ; vous ne me tuerez pas puisque je vous dis que je ne suis pas mortel. »

« Et sur ces paroles, il disparut de la cour, ce qui était la meilleure chose à faire dans les circonstances car l'empereur avait la claire intention de ne pas le questionner de façon sincère sur l'affaire en cause mais de le questionner sur toutes sortes de problèmes sans aucun rapport. » Philostrate, *Apollonius of Tyane : sa vie, ses voyages, ses prodiges*. Chassang, Alexis.

QUE VOULEZ-VOUS DIRE PAR DIEU ?

COMMENTAIRE DU CHAPITRE 2
L'ÉPOPÉE DE LA CRÉATION

L'Impact et la Valeur de la Cosmologie de Ramtha

Le récit que fait Ramtha de la Création est comparable à d'autres cosmologies et traditions religieuses mais il y ajoute d'importantes informations essentielles à sa vue du monde qui à la fois éclairent et réinterprètent les anciennes traditions. Nous nous efforcerons de montrer certaines des principales caractéristiques de ces traditions et comment elles sont liées à la vision de Ramtha. Cette brève étude nous permettra d'apprécier en contraste la véracité et l'importance du message de Ramtha.

Chercher à comprendre l'origine de la vie et de l'univers nous mène inévitablement au concept de Dieu : quelque chose qui nous est supérieur et qui doit être responsable de la complexité et de l'intelligence de la vie. Pourquoi est-il important que nous discutions du concept de Dieu et des interprétations diverses qui en existent ? Comment cela nous affecte-t-il personnellement ? En quoi cela a-t-il un impact sur notre vie quotidienne ? En quoi cela nous aide-t-il à définir qui nous sommes ?

Dans sa tentative d'expliquer la signification de sa propre existence, l'humanité a cherché des réponses dans les divers concepts de Dieu que nous donne l'histoire. Elle rechercha cette explication en dehors d'elle-même car ses espoirs et ses idéaux transcendaient ce qu'elle était parvenue à devenir elle-même. Les philosophes spéculèrent sur la nature d'un Dieu totalement transcendant qui possédait les réponses à tous nos mystères. On rapporte que les prophètes reçurent des visions et des révélations divines de Dieu lui-même qui les guidèrent à travers leur confusion et leur quête de grandeur. Le concept de Dieu lui-même joua un rôle fondamental dans le développement de la civilisation humaine, y compris les cultures qui bâtirent leur société sur des idéaux athéistes comme ceux de Karl Marx qui considérait la religion et la croyance en Dieu comme « l'opium du peuple » et comme la source de la souffrance de l'humanité.

Les traditions qui offrent des approches différentes du concept de Dieu et de la transcendance divine sont innombrables mais toutes sans exception contiennent paradoxes et contradictions non résolus. Parfois, les traditions individuelles elles-mêmes permettent à ces contradictions d'exister de sorte à encourager les individus à assumer une attitude de foi contraire à leur raison, comme dans quelques formes prises par la religion chrétienne.

Le cœur du message de Ramtha offre une compréhension très détaillée et cohérente de la nature de la réalité et du sens de notre existence. Même si l'on pouvait par erreur prendre le message de Ramtha pour une révélation divine exigeant l'assentiment d'une foi aveugle, il est clair qu'il fait partie de la race humaine, de la même manière que nous en faisons partie, et qu'il acquit sa connaissance grâce au pouvoir de son observation et de sa contemplation du monde naturel sans l'aide d'un quelconque professeur ni d'une source extérieure. Cela est un facteur de très grande importance à cause de ce qui est impliqué quant à la faculté qu'a l'homme d'acquérir de la connaissance grâce à l'observation et l'usage de la raison et quant au lien existant entre l'univers créé et sa source ultime.

LA RATIONALITÉ ET LE LIBRE ARBITRE SONT-ILS RÉELS OU PURE ILLUSION ?

La raison est-elle capable de connaître au-delà des frontières du monde matériel ? Si oui, comment serait-il possible de connaître ce qu'elle n'est pas ? Le libre arbitre est-il réel ou une illusion ? Comment peut-on expliquer la souffrance des innocents ? Notre destinée et la qualité de notre vie sont-elles déterminées par les circonstances de notre environnement et de notre biologie ? Si nous postulons que Dieu est une réalité qui nous est extérieure, transcendante de sa création, nous compromettons la faculté qu'a la raison de connaître. Si, par contre, nous postulons que Dieu est nous-mêmes, nous compromettons le libre arbitre, la distinction entre le juste et le faux et le fait que l'existence ait un sens. La raison et le libre arbitre semblent être les éléments fondamentaux en jeu lorsque l'on se pose la question paradoxale de Dieu et de l'origine de l'univers.

Il est intéressant de noter que toutes nos affirmations sur la nature du divin ont des implications énormes en ce qui concerne la manière dont nous comprenons et définissons la nature de la personne elle-même. Le concept de Dieu et du divin est inévitablement lié au concept du soi. Puisque c'est la personne humaine qui est le sujet parlant de Dieu, il est inévitable que toute affirmation concernant ces mystères manifestera et révélera la perception et la compréhension du sujet lui-même. Même s'il s'agissait d'une révélation divine accordée par la déité à sa création, la perception et l'interprétation du message sont inévitables. Prenons le Christianisme comme exemple : si Dieu est un, Jésus-Christ étant sa révélation divine à l'humanité, comment est-il possible qu'il existe un si grand nombre d'interprétations du même message qui résultèrent en la création d'un si grand nombre d'Églises et de confessions religieuses en conflit les unes avec les autres ? Le message est filtré à travers la perception humaine. De plus, le message parle et est relatif à la perception car il porte autant sur l'élément humain que sur le divin.

Du point de vue de l'histoire, la Guerre de l'Indépendance américaine et la Révolution française furent instiguées par l'émergence à cette époque d'une série d'idées qui exigeaient pour chaque être humain « Liberté, égalité et fraternité ! » Ces idées révolutionnèrent la manière dont l'individu se définissait lui-même[1]. Les personnes devinrent des citoyens libres plutôt que les sujets d'un ordre supérieur ou d'une couronne établie

---

1. Dans une conférence sur la Révolution française que présenta Steven Kreis pour l'Université Atlantic de Floride vers 1990, celui-ci déclara : « Sur les ruines de l'Ancien Régime — à savoir l'ordre ancien — apparut une nouvelle ère qui parut réaliser les idéaux élevés de l'Illumination. Les idéaux étaient authentiques et totalement optimistes. L'homme en était arrivé à une étape dans l'histoire caractérisée par son émancipation de la superstition, des préjugés et de la cruauté de même que par l'enthousiasme. La liberté avait triomphé de la tyrannie. De nouvelles institutions avaient été créées, fondées sur la raison et la justice au lieu de l'autorité et de la foi aveugle. Les barrières dressées contre la liberté, l'égalité et la fraternité avaient été détruites. L'homme avait été libéré d'un tourment et faisait maintenant l'histoire. » Steven Kreis est conférencier à Meredith College à Raleigh, NC.

par Dieu. La science et la technologie se développèrent en conséquence, ce qui résulta en la naissance de la révolution industrielle. La toute nouvelle prise de conscience des notions de liberté et d'égalité se répandit à travers le monde entier. L'une des plus remarquables réalisations issues de ce mouvement fut la *Déclaration des droits*[2], *enchâssée dans la* Constitution des États-Unis, qui défend le droit inhérent qu'a chaque personne à la liberté et à la vie. Il est intéressant de noter que la toute première phrase de la *Déclaration des droits* fait mention de la liberté de religion et de croyance. Il est clair que la Constitution n'adhère à aucune croyance religieuse particulière ni à aucune explication philosophique sur la nature de la réalité. Au contraire, la caractéristique humaine primordiale qu'elle défend est le droit et la faculté inhérents à chacun de déterminer pour lui-même quelle est la source de la connaissance, de la vérité et de la signification la plus fiable et la plus satisfaisante qui soit. Ces droits qui définissent la personne humaine acquièrent un sens à l'échelle mondiale le 10 décembre 1948 lorsque l'Assemblée générale des Nations Unies adopta et proclama la *Déclaration universelle des droits de l'homme*. Le tout premier article de cette déclaration s'énonce comme suit : « Tous les êtres humains naissent libres et égaux en dignité et en droits. Ils sont dotés de raison et de conscience et devraient agir les uns envers les autres dans un esprit de fraternité. » Cette déclaration fait clairement écho aux idées de « liberté, égalité et fraternité » de la Révolution française. Il est intéressant de voir comment la liberté de religion et la liberté de parole dans la *Déclaration des droits* des États-Unis se sont cristallisées en termes de libre arbitre et de faculté de raisonner dans le premier article de la déclaration des Nations Unies.

---

2. Les dix premiers amendements à la Constitution qui furent ratifiés le 15 décembre 1791 et qui sont connus comme la *Déclaration des droits*.

L'Alternative de Ramtha au Paradoxe du Polythéisme et de l'Athéisme

L'approche philosophique d'Aristote, incorporée au Moyen Âge dans la théologie chrétienne par Thomas d'Aquin sous l'influence des philosophes arabes Avicenne et Averroès, démontre que la caractéristique la plus précieuse qui définit l'humanité en tant qu'espèce unique est le pouvoir que possède l'homme de raisonner et d'exercer son libre arbitre. Cependant, comme nous l'avons démontré auparavant, ces deux caractéristiques humaines sont inévitablement conditionnées par les diverses notions entretenues par rapport à la nature de la réalité telles que celles du polythéisme, du monothéisme, du panthéisme, de l'athéisme, du matérialisme et du naturalisme. La croyance en un Dieu extérieur en tant que source ultime de toute existence est en contraste apparent avec le matérialisme et l'évolutionnisme naturel. Ramtha offre une vision alternative à ces deux extrêmes.

Ramtha remet en question les suppositions préalables fondamentales à toutes ces traditions différentes en mettant l'accent sur le fait que le cœur du mystère de notre existence repose sur la nature véritable de la personne, le soi plutôt que sur la croyance en une source mystérieuse du soi, totalement autre et innommable, Dieu. Reprenant les mots d'Aristote, l'origine de l'univers, « la cause principale du mouvement dynamique, le changement » — " το οθεν η αρχη τηςχινησεως " — , est, selon Ramtha, non pas une déité complète en elle-même ou une intelligence séparée de nous-mêmes mais plutôt l'évidence non évidente, notre soi véritable.

Ramtha résume fréquemment son message ainsi : « Vous êtes des Dieux. Vous êtes les Dieux oubliés. » Il convient néanmoins de clarifier le fait que Ramtha n'utilise pas le mot Dieux ou Dieu en se référant à la vision traditionnelle polythéiste de la réalité non plus qu'il ne donne son allégeance à une vision monothéiste ou panthéiste de la réalité. Il est tout à fait manifeste que l'enseignement de Ramtha ne prône pas l'athéisme : le terme

Dieu, qu'il utilise constamment, fait partie intégrale de son message. Quel est-il donc et quel sens donne-t-il à ce terme qui comporte tant d'aspects différents et est si controversé ?

Afin de percevoir la signification de la cosmologie de Ramtha, il est utile de la comparer et de la mettre en contraste avec les autres approches philosophiques importantes[3]. La vision de Ramtha n'est en aucun cas une construction ou un commentaire à partir d'autres philosophies. Il emprunte de nombreux termes et concepts à d'autres traditions et les réinterprète pour expliquer sa propre vision. Cela explique pourquoi il est important d'être conscient des autres concepts utilisés communément pour décrire la nature de la réalité. Étudions brièvement les implications des autres philosophies concernant la définition du soi.

Le Polythéisme

La vision polythéiste de la réalité défend l'idée que l'univers, dans tous ses aspects, fut créé ou produit par plusieurs Dieux ou êtres qui sont ultimement transcendants de l'univers créé. Autrement dit, ces groupes de Dieux ne sont pas affectés par l'univers physique et ses lois. Cette distinction est nécessaire si nous devons les appeler des Dieux ; sinon, ils seraient simplement soit une sorte de surhomme, soit un être créé avancé. Ne perdons pas de vue que le concept de Dieu que nous considérons ici réfère à la source ultime de toute existence telle que la définit Aristote et non pas à une qualité d'être au sein de la réalité existante.

Le terme Dieu est fréquemment utilisé pour parler des Dieux qui apportèrent la technologie et la culture à la terre comme Thoth en Égypte, Quetzalcoatl en Amérique centrale, Ninharsag, Enki et Enlil au Moyen-Orient, Zeus et Apollon en Grèce de même que les Dieux Elohim mentionnés dans la Genèse : « Lorsque les hommes eurent commencé à se multiplier sur la

---

3. Pour une étude comparative complète et en profondeur des enseignements de Ramtha et des diverses philosophies et religions majeures du monde, voir l'ouvrage de Miceal Ledwith, *The Ascent to God: The Soul's Journey Within* (parution prochaine).

face de la terre, et que des filles leur furent nées, les fils des Dieux — les fils des Elohim — virent que les filles des hommes étaient belles et ils en prirent pour femmes autant qu'ils en voulaient, parmi toutes celles qu'ils choisirent[4]. » « Les géants (Néfilim) étaient sur la terre en ces temps-là. Il en fut de même après que les fils des Dieux furent venus vers les filles des hommes et qu'elles leur eurent donné des enfants. Ce sont ces héros qui furent fameux dans l'antiquité[5]. » Dans ces exemples, il est évident que le terme Dieu ne se réfère pas à la source ultime de toute existence car on doit se poser la question de savoir d'où venaient ces prétendus Dieux. Qui leur avait donné la vie et l'existence ? Qui les maintenait en vie ?

De nombreuses religions orientales telles que l'hindouisme et d'anciennes cultures dont l'Égypte, la Grèce et Rome présentent un vaste panthéon complexe de Dieux dans leur système de croyances. La destinée de la personne humaine est placée dans les mains de ces Dieux, sujette à leur bon vouloir. L'acquisition de la vertu, de la sagesse et du bonheur dans la vie dépend ultimement du fait de plaire et de servir ces déités, d'obtenir d'elles faveurs, grâce et salut.

Le conflit éternel entre deux sources primordiales autonomes antagonistes, le conflit entre le bien et le mal, la lumière et l'obscurité sur lesquels le monde créé n'a aucun contrôle, est une autre forme de Polythéisme connu sous le nom de dualisme. Dans le Zoroastrianisme, croyance religieuse qui prévalut durant six mille ans, la réalité est expliquée comme le conflit existant entre Ormazd et Ahriman. Dans la philosophie de Platon, le conflit se joue entre l'ordre et le chaos, entre ce qui fut toujours et est immuable et ce qui devient mais n'est jamais. Dans le Manichéisme et les traditions de l'ère chrétienne, le conflit est vu comme celui existant entre la lumière et l'obscurité, la connaissance et l'ignorance, la raison et la révélation divine.

---

4. Veuillez remarquer la partie de la phrase dans le livre de la Genèse 6:2 où il est écrit : « [...] et ils en prirent pour femmes parmi toutes celles qu'ils choisirent. » En termes bibliques, cela signifie qu'ils prirent les femmes sexuellement, pour un rapport sexuel, plutôt que pour établir un accord de mariage comme on l'entend de nos jours.
5. Le livre de la Genèse 6:4.

En conclusion, l'affirmation fondamentale sur le soi que nous trouvons dans l'approche polythéiste de la nature de la réalité est que la personne humaine doit son existence et sa signification à une source extérieure intrinsèquement différente d'elle-même qui la transcende et la domine. Autrement dit, Dieu est extérieur à la personne et ne peut être atteint par la raison humaine.

Au quatrième siècle avant Jésus-Christ, le philosophe grec Épicure postula dans son explication de l'univers qu'il existait plus d'une seule source primordiale d'existence mais insista également sur le fait que ces déités ne s'intéressaient nullement aux affaires humaines. Les êtres humains ne pouvaient en conséquence s'attendre à aucune faveur ou à aucune punition de leur part. La philosophie d'Épicure mettait l'accent sur l'empirisme selon lequel la source de toute connaissance se trouve dans l'expérience humaine, le besoin d'une révélation divine étant alors exclu. Cette philosophie était également fondée sur l'Hédonisme selon lequel le plaisir est considéré comme le plus grand bien. L'Épicurisme demeura un facteur d'influence dans la vie culturelle de la Grèce et de Rome jusqu'au cinquième siècle avant Jésus-Christ, y compris dans les œuvres de Cicéron. L'accent qu'Épicure fit porter sur l'empirisme émergea de nouveau au seizième siècle, durant la Renaissance, avec les écrits de Lorenzo Valla et des grands humanistes Érasme et Thomas More.

L'Empirisme défend l'idée que la raison humaine est capable d'acquérir la connaissance par l'expérience. Il échoue cependant à faire le pont entre le monde matériel et le monde surnaturel en limitant son expérience observable au seul domaine matériel. La connaissance offerte par l'Empirisme ne se rapporte qu'aux effets de la nature de Dieu. L'Empirisme tend à définir le soi comme le corps physique ou sa biologie, le surnaturel restant hors de portée de son observation. La théorie de l'évolution naturelle de Charles Darwin, la psychanalyse et la définition du psychisme de Sigmund Freud[6] sont des exemples de cette vision du monde.

Le Monothéisme

La vision monothéiste du monde maintient qu'il existe une séparation ontologique entre l'univers et sa source ou créateur, Dieu. La tradition Judéo-Chrétienne est la meilleure représentation de cette approche. Nous y trouvons un exposé complexe des implications d'une telle croyance.

Puisque l'univers est l'œuvre de Dieu, il contient d'une manière ou d'une autre la connaissance de son créateur. La raison ne suffit cependant pas pour connaître son créateur. Thomas d'Aquin enseigna dans la *Summa Theologica*[7] *que nous pouvons dire que Dieu est, mais pas ce qu'il est. Nous pouvons affirmer l'existence de Dieu mais ne pouvons en comprendre la nature.*

La connaissance de Dieu requiert donc que, par sa bienveillance, il accepte de se révéler lui-même à ses créatures. Puisque la raison n'est pas capable de connaître le domaine du divin, cela requiert l'allégeance aveugle de la foi qui est alors considérée comme un grand don et une vertu. La définition classique de la théologie est exprimée dans ces mots du philosophe saint Anselme : « *Fides quaerens intellectum* » — « La foi en quête de compréhension. » Cette définition fait écho à cette affirmation bien antérieure de saint Augustin : « *Credo ut intelligam* » — « Je crois afin de comprendre. » La théologie chrétienne prend grand soin de ne pas mettre l'accent sur la prééminence de la foi qui nierait complètement la faculté qu'a la raison d'acquérir de la connaissance. La distinction immuable entre Dieu et sa création, entre Dieu et la personne, est responsable de la suprématie de la connaissance acquise par la foi sur celle qui serait acquise par la raison. Dans sa philosophie, saint Anselme était fidèle aux concepts augustiniens empruntés

---

6. La définition du psychisme que donne Sigmund Freud inclut à la fois le conscient et l'inconscient. Cependant, sa thèse selon laquelle tout contenu inconscient appartient auparavant au domaine du conscient, étant entré dans le psychisme grâce à une expérience consciente, montre son adhésion à l'empirisme.

7. Thomas d'Aquin, *La Somme Théologique*, Paris, Éditions du Cerf, 1984.

à la distinction que fit Platon entre le domaine invisible et immuable des idées et les ombres toujours changeantes du domaine visible. Selon cette vision du monde, la place de la raison, et en conséquence celle de la nature humaine, est limitée au monde physique.

Le fait que Dieu ait choisi de créer et de donner vie à l'univers implique que Dieu soit bienveillant et bon. La grâce est la compréhension chrétienne de la bienveillance de Dieu envers sa création. Au quatrième siècle, Athanase, un des pères du Conseil de Nicée, parla de la grâce comme d'un deuxième don accordé en sus du don de l'existence ou de celui de la création elle-même. Ce deuxième don est vu comme le développement et l'accomplissement de la création bien qu'il ne soit pas vu comme indépendant de l'intervention divine comme le présente la théorie de l'évolution naturelle de Charles Darwin. Malgré la bienveillance apparente de Dieu, la présence du mal et de la souffrance dans le monde rend contestable cette bienveillance.

Le Monothéisme ne recourt pas à une réalité autonome, préexistante et antagoniste pour rendre compte de l'existence du mal, comme le fait le dualisme. Il n'existe qu'un Dieu unique de qui jaillit l'existence, non pas un Dieu parmi de nombreux autres comme dans l'Épicurisme. S'il n'existe qu'un Dieu unique responsable de la création et si nous disons que ce Dieu est bienveillant à son égard, qui allons-nous alors blâmer pour l'existence du mal et de la souffrance de l'innocent ? Le concept du péché fut utilisé pour expliquer ce paradoxe, particulièrement le concept du péché originel hérité d'Adam et Ève par hérédité naturelle comme l'enseigna saint Augustin au quatrième siècle. Le concept du salut, de la rédemption, de la vie éternelle et de la béatitude émerge comme l'antidote du péché, source du mal, de la souffrance et de la mort[8]. Une question demeure cependant :

---

8. L'idée que la mort est liée au péché apparaît tout au long de l'Ancien Testament, dans le livre de la Genèse et les livres de sagesse. Dans le Nouveau Testament, saint Paul élabore sur cette idée, mettant en contraste la chute de l'humanité due à Adam et Ève et la condition de grâce et de rédemption accordée par Jésus-Christ : « C'est pourquoi comme par un seul homme le péché est entré dans le monde, et par le péché la mort, et qu'ainsi la mort s'est étendue sur tous les hommes, parce que tous ont péché. » « Cependant, la mort a régné depuis Adam jusqu'à Moïse, même sur ceux qui n'avaient pas péché par une transgression semblable à celle d'Adam, lequel est la figure de celui qui devait venir [Jésus]. » Saint Paul : Lettre aux Romains. 5:12,14.

« Pourquoi Dieu a-t-il créé le serpent du Jardin d'Éden qui tenta Ève ? »

En conclusion, et bien que cela puisse paraître surprenant, la déclaration fondamentale sur le soi que fait le Monothéisme sur la nature de la réalité est similaire à celle du Polythéisme. La personne humaine doit son existence et sa signification à une source extérieure, intrinsèquement différente d'elle-même, qui la transcende et la domine. Dieu est toujours extérieur à la personne et hors d'atteinte par la raison. Cependant, les chances de connaître l'intention de Dieu sont plus grandes lorsqu'il n'existe qu'une seule source de création plutôt qu'une multitude d'intérêts conflictuels aussi importants les uns que les autres, comme c'est le cas dans le polythéisme. Néanmoins, les deux qualités fondamentales de l'humanité que nous avons établies, le libre arbitre et la raison, sont compromises dans cette vision du monde.

Si Dieu est la seule source responsable de toute existence, Dieu doit alors savoir tout ce qu'il y a à savoir à son sujet. Si quoi que ce soit devait échapper à sa connaissance, ne devons-nous pas nous demander d'où cela pourrait-il provenir, sinon de Dieu ? Les concepts de la toute-puissance et de l'omniscience de Dieu confirment ce raisonnement. La toute-puissance et l'omniscience de Dieu posent un grave problème concernant le libre arbitre de l'homme. Comment le libre arbitre pourrait-il exister si Dieu sait déjà ce qu'une personne va choisir ? Martin Luther reconnut la réalité de ce problème et exprima son opposition à l'idée du libre arbitre dans son traité sur la servitude de la volonté qu'il écrivit en réponse à Érasme. Luther maintint l'idée que la personne est ultimement contrôlée par Dieu même si elle agit selon sa propre volonté. Ainsi, le salut ou la damnation sont prédéterminés par Dieu depuis l'éternité. Cette position engendra le concept de la prédestination divine, qui est comparable au déterminisme physique et rationnel que l'on trouve dans le Stoïcisme, la philosophie panthéiste de Spinoza, le déterminisme psychologique de l'approche de Freud et le matérialisme de la science.

La vision monothéiste de la réalité considère le fondement de la liberté et le pouvoir de raisonner comme des dons extérieurs nécessitant la gouverne de quelque chose d'extérieur à la nature humaine elle-même. Aussi élevées et informées que soient ces qualités, si elles ne sont pas intrinsèques à la nature de la personne elle-même, étant la conséquence naturelle de ce que nous sommes, elles ne peuvent être utilisées pour définir et savoir qui nous sommes.

L'Athéisme et le Matérialisme

Il est intéressant de remarquer que, si l'on considère les suppositions préalables et inhérentes à l'approche monothéiste dans leur logique extrême, celles-ci engendrent un chaos de non-sens existentiel[9] qui n'est pas différent de celui qui est inhérent au matérialisme ou au nihilisme des existentialistes ou humanistes modernes comme Jean-Paul Sartre et Friedrich Nietzsche.

Le rationalisme va plus loin que l'empirisme. Il insiste sur le fait que la raison a la faculté de connaître en vertu de la raison elle-même, même au-delà de l'expérience et de l'observation. Le processus dialectique Platonique thèse-antithèse-synthèse est le processus principal grâce auquel la raison est capable d'acquérir la connaissance par elle-même. Au dix-neuvième siècle, le rationalisme se transforma en un matérialisme dialectique grâce aux œuvres d'Engels, de Karl Marx, de Nietzsche et d'autres penseurs qui firent avancer un peu plus loin en direction d'une explication athéiste de la nature de la réalité que ne le firent les penseurs du seizième siècle.

Pour ces penseurs, la croyance en Dieu devint inacceptable ; ils la considérèrent en opposition directe avec la liberté humaine et le pouvoir de raisonner. Nietzsche considérait l'existence de Dieu comme la plus grande objection à l'existence et à la créativité humaine : « Je ne considère en aucun cas l'athéisme

---

9. Dans son livre *Les Frères Karamazov*, Fyodor Dostoevsky décrit les conséquences existentielles du fait de rejeter la croyance en l'existence de Dieu.

comme un résultat, encore moins comme un événement : pour moi, par instinct, c'est quelque chose qui va de soi. Je suis trop curieux, trop avide de réponses et exubérant pour accepter toute réponse qui fut grossière. Dieu est une réponse grossière, une indélicatesse faite à l'encontre de ceux d'entre nous qui sont des penseurs ; c'est pour nous une impossibilité grossière : tu ne penseras pas[10] ! »

Le rejet absolu de Nietzsche d'abandonner la raison afin de rendre possible une expérience religieuse et une croyance en Dieu contraste avec le mysticisme de la Renaissance espagnole. Le mysticisme chrétien de Thérèse d'Avila que l'Église honora du titre de Docteur incorpora la séparation Platonique entre Dieu et la créature dans sa spiritualité et sa quête de l'expérience du divin. Autrement dit, l'abandon complet de qui nous sommes en tant qu'êtres humains est requis afin de faire l'expérience du divin. Dans une extase sacrée, Thérèse d'Avila s'écrie poétiquement :

Je vis sans vivre en moi-même,
Et la vie qui nous attend est si élevée
Que je meurs, car je ne meurs pas[11].

Ce poème démontre clairement que Dieu est à ce point transcendant et séparé de l'humanité que la vie est vue comme un emprisonnement et une privation de bonheur, la mort étant attendue avec impatience et espoir. Le christianisme considère le suicide comme un péché si bien que le mystique accomplirait l'effet inverse s'il prenait sa propre vie. Selon cette croyance religieuse, seul Dieu peut donner ou prendre la vie.

---

10. Friedrich Nietzsche, *Basic Writings of Nietzsche*. Traduit par Walter Kaufmann. New York : The Modern Library, 2000.
11. Agustí Bartra, *Antología de la Poesía Mística* (México : Editorial Pax México, 1974), p. 44-46.

Le Mysticisme de la Renaissance

Bien que la croyance en Dieu requière le sacrifice et l'abandon de la raison, le mysticisme chrétien offre une contradiction inhérente au monothéisme dans sa manière de voir. Le mysticisme religieux est focalisé sur l'expérience du divin. Cette expérience est fréquemment décrite comme une vision béatifique, le fait de voir Dieu face à face ; la personne doit être transformée pour être capable d'une expérience aussi indescriptible. La chair et le sang ne sont pas capables de voir Dieu. Il doit cependant exister quelque chose, l'âme, qui ressemble à Dieu dans la nature humaine et qui permette la possibilité de cette expérience. Dans le royaume des cieux, les trois vertus chrétiennes fondamentales, la foi, l'espoir et l'amour dont parle saint Paul[12], sont réduites à une seule. L'amour est tout ce qui reste dans la vision béatifique de l'après-vie, car la foi n'est pas nécessaire alors que Dieu est vu face à face et que l'espoir y est transformé en possession extatique. L'expérience mystique d'union avec Dieu et la vision extatique suggèrent l'existence d'un lien intrinsèque entre la raison humaine et la nature de Dieu. Elle suggère également que la nature humaine ne se limite pas au plan physique.

Il est particulièrement intéressant de remarquer en contraste la compréhension qu'a saint Augustin du libre arbitre ; pour lui, il s'agit de la liberté de choisir le bien sachant que le bien ultime est Dieu lui-même. Il fut le premier à suggérer l'existence d'un lien intrinsèque entre cette caractéristique humaine et la nature de Dieu. Socrate avait déjà partiellement énoncé cette idée au cinquième siècle avant Jésus-Christ dans ses dialogues sur le bien qu'il décrit comme étant la vertu morale ultime et la source du bonheur. Selon saint Augustin, l'expression humaine suprême de la liberté morale du choix du bien était la véritable signification de l'amour. Ainsi, son affirmation « Aimez et faites selon votre volonté » implique un lien direct entre l'amour, qualité divine, et le libre arbitre de l'homme.

---

12. Saint Paul : Première Lettre aux Corinthiens 13:13.

L'Incapacité à exprimer la Véritable nature du Soi

Dans cette courte présentation, nous tentons de montrer à quel point les diverses et nombreuses notions traditionnelles du divin sont incompatibles avec les qualités fondamentales humaines de la rationalité et du libre arbitre. Une des suppositions qu'elles possèdent en commun est la séparation intrinsèque entre l'humain et le divin, l'humain étant réduit au monde tangible des sens. Nier l'existence de Dieu réduit également l'humanité au physique. Même le panthéisme, qui maintient que tout est Dieu et voit le monde naturel et le divin séparés, échoue à répondre au mystère du soi humain et se trouve réduit à l'affirmation d'un oubli déterministe où n'existent ni individualité ni libre arbitre.

Le néoplatonisme est une approche philosophique non éloignée du panthéisme qui tente de faire le pont entre l'humanité et Dieu en expliquant que toute existence est issue et émane d'un être éternel unique. L'émanation du monde matériel est l'expression de la nature de Dieu la plus lointaine et la plus basse. La séparation existant entre l'humanité et Dieu y est vue en termes de qualité d'être, l'humanité étant un état d'être éloigné et indésirable en comparaison avec la pureté et la transcendance de l'être unique. Même si l'humanité est considérée comme une expression du divin, elle est vue comme une expression inadéquate et éloignée de la perfection.

Notre analyse de ces trois approches philosophiques traditionnelles montre qu'aucune d'entre elles n'est capable d'expliquer adéquatement la signification de l'humanité ni de défendre le pouvoir que possède la raison de connaître pas plus que le droit inhérent de choisir librement de la connaître et de la devenir. En bref, elles échouent toutes à justifier la qualité transcendantale et divine de la personne et à offrir un contexte satisfaisant permettant d'interpréter l'affirmation que fait Ramtha dans son histoire de la création : « Vous êtes des Dieux. »

Ce n'est qu'après avoir compris le contenu du cheminement de la pensée humaine à travers l'histoire que peut être appréciée la grandeur de l'enseignement de Ramtha. Le récit que fait Ramtha de la création dans le chapitre suivant démontre la nature divine de l'humanité et la véritable origine de l'univers. Il explique la théorie du big-bang et ce qui en a été la cause. Il explique également la théorie de l'évolution naturelle depuis la pensée consciente devenue lumière, couleur, son, espace, corps stellaires, planètes, roches, plantes et animaux. Ce récit prépare la voie pour l'émergence de l'espèce humaine qui est discutée dans le chapitre qui suit. Veuillez garder à l'esprit notre discussion sur les diverses philosophies et les divers concepts de Dieu ; veuillez également vous souvenir que toutes nos affirmations concernant la nature de Dieu et la nature de la réalité définissent inévitablement la manière dont nous nous percevons nous-mêmes.

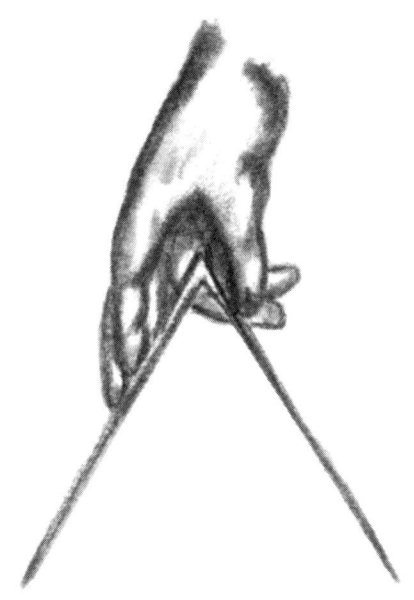

CHAPITRE 2
L'ÉPOPÉE DE LA CRÉATION

Ainsi, au commencement, alors que vous étiez tous un éclat de lumière de conscience personnelle, vous avez entrepris le voyage dans la densité de la matière ou de la matière corporelle. Vous êtes descendus de sept niveaux de vibration, de sept niveaux de conscience. En voilà un événement ! Vous voilà donc au commencement de l'évolution. Et au commencement de l'évolution, votre tâche est de faire connaître l'inconnu à partir de ceci, le Je immortel que vous êtes tous, ce que l'on appelle Dieu, que vous êtes tous, et son miroir réfléchissant, le soi personnel. Ce voyage concerne un Esprit et une âme dans le Livre de la Vie appelé l'évolution.

— Ramtha

LA PENSÉE EST LA SOURCE DE TOUTE EXISTENCE

Je suis Ramtha l'Être Éclairé. En vérité, je suis votre serviteur, mes très illustres frères, car qui donc êtes-vous ? Vous êtes le Père qui s'engendra lui-même — il s'engendra lui-même. En devenant, il devint suprême de ce qu'il était lui-même, que l'on appelle la Source, le bien, le Père. Et vous tous, mes illustres frères, dans votre ferveur à comprendre qui vous êtes, vous êtes la force de la force. Vous êtes le principe qui créa le principe. Vous êtes la loi qui est devenue la loi. Vous êtes l'Esprit propulsé dans la réalité. Vous êtes devenus la force, le mouvement, l'élément de pensée compulsif. Vous êtes devenus le fils, bien aimé du père. Vous êtes devenu le père, aimé du fils.

Pourquoi criez-vous, battez en retraite, puis poursuivez et interagissez et devenez sans pitié, sans créativité, puanteur stagnante, évoquant la jalousie, la haine et l'amertume ? Eh bien, je vais vous aider à mieux comprendre. Qu'est-ce donc qui, en vous, donna naissance à la pensée de créer la séparation pour vous apporter l'illumination le moment suivant ? Dans une heure d'ici, je vous donnerai tout ce qui est connu dans l'éloquence du langage et selon des termes que vous puissiez saisir.

Revenons-en donc à ce qu'on appelle un concept exprimé avec des mots — écoutez maintenant très attentivement — concernant ce qu'on appelle la nature de ce qui était avant le commencement. Si vos scientifiques expliquent le commencement avec la théorie du big-bang — en avez-vous entendu parler ? — et si, avec le big-bang, cette particule X fut le commencement de ce qu'on appelle l'apparition de la matière en tant que forme gazeuse, quelle fut donc la cause du big-bang ? Vous en êtes le résultat, mais qu'existait-il auparavant ? Un espace où le temps n'existait pas.

Maintenant, je vais vous ramener au commencement afin que vous compreniez ce que veut dire la science. À ce qu'on donne, en vérité, le nom de Dieu, vous pensez à Dieu de nombreuses manières différentes. Votre réalité conçoit l'intelligence omnisciente et toute sage sous de nombreuses formes. Mais je veux vous dire ceci : c'était la pensée. Eh bien, comment pouvons-nous décrire une pensée ? Eh bien, décrire une pensée est décrire la pensée, l'ÊTRE.

Les scientifiques sont sur le point d'accepter le fait que l'univers n'est pas aussi mécanique qu'ils le considéraient jadis. Sans égard à la matière, à l'antimatière et aux formes gazeuses qui les constituent, au niveau moléculaire, ils en sont à réaliser que cet univers mécanique est animé par quelque chose qui est au-delà du mécanisme de l'esprit. On l'appelle la pensée. Et ils ont absolument raison. Eh bien, avant le big-bang qui vous a produits, il s'est passé quelque chose de merveilleux. Nous allons maintenant parler de Dieu, non pas comme une image mais comme une essence sans image. Et, au lieu de Dieu, vous pouvez substituer les mots qui sont les vôtres : IL, l'ÊTRE, l'ABSOLU, ce que vous voulez.

L'esprit que vous avez a de la difficulté à contempler l'infini. Nous allons donc procéder ainsi : avant le big-bang, l'essence de la pensée appelée l'ÊTRE ou en vérité Dieu était toutes choses. Il possédait la faculté d'être instantanément tout ce qu'il était, un continuum. Mais le continuum n'existait pas dans un vide ; il était simplement. Il pouvait être toutes choses, comme toutes choses. Il était mais une chose lui manquait — une chose : ce qu'on appelle l'expérience. L'expérience.

Aussi drôle que cela paraisse, arriva l'heure où la pensée se tourna vers l'intérieur et contempla son immensité. Autrement dit, elle pensa à elle-même. Le résultat fut qu'une pensée se trouva immobile. Et lorsque l'on fait cela, naît la lumière. C'est ce qu'on appelle la connaissance. Elle pensa à elle-même. C'est alors que naquit la lumière.

Eh bien, la lumière, dans sa forme légendaire, pour ainsi dire, est constituée de ce qu'on appelle des particules. On a la particule Z, la particule X, la particule d'hydrogène, la particule d'oxygène et l'électron qui lui donne sa cohésion et sa nature explosive. Mais dans sa forme la plus élevée, c'est une particule qui recueille et maintient en elle-même toutes ses unités les plus basses. Toute lumière est un ensemble cohésif de pensée expressive individuelle.

Vous êtes nés de Dieu, de l'ÊTRE, de l'espace si vous voulez, lorsque le Père se contempla lui-même et que la contemplation devint lumière, mouvement. Ainsi, chacun de vous fut une particule de lumière. Telle est votre forme individuelle la plus élevée. Si vous deviez la faire redevenir dans la pensée, la lumière disparaîtrait et retournerait dans l'infini Présent, qui est toutes choses, une particule de lumière.

Si on prenait l'univers tout entier et en soustrayait toutes les étoiles, toutes les planètes, tous les soleils — autrement dit, prenez un aspirateur et aspirez tout — et qu'ils aient tous disparu, que verriez-vous ? Vous ne verriez rien car il n'y aurait pas de lumière. Vous ne pourriez que percevoir. En voilà des choses compliquées !

Percevoir, que cela signifie-t-il ? Sans cette lumière, l'œil ne peut pas voir. Sans la lumière, l'œil dans sa vision ne peut percevoir le mouvement. La pensée ne se déplace pas. Elle est. Imaginez donc maintenant la totalité des univers après univers à perpétuité, de nombreux niveaux d'espace. Contemplez cela un instant : l'espace, sans commencement ni fin. On l'appelle l'éternel Présent. Qu'est-ce qui permet le mouvement ? Quel est le mouvement visuel ? La lumière, la lumière, la lumière, la lumière. On ne saurait jamais que la pensée se contempla elle-même à moins d'avoir la lumière pour le savoir.

Maintenant, si vous avez toutes choses mais n'avez pas de réflexion de ce que vous êtes, vous ne possédez pas l'expérience de connaître ce que vous êtes. Ainsi, cet ÊTRE, comme nous allons l'appeler, imagina une séparation de sa conscience personnelle. Et cette conscience personnelle de pensée fut programmée à l'avance afin qu'elle revienne à elle-même à l'avenir. Elle ferait un voyage dans la séparation absolue. La séparation entre elle-même et sa particule de conscience serait ce qu'on appellerait le temps, la distance et l'espace, et cela constituerait la réalité.

Eh bien, ce facteur d'ÊTRE, ou de Dieu, de quelque nom que vous vouliez l'appeler, se contempla lui-même et, en un suprême instant, fit jaillir de lui-même en un souffle ce qu'on appelle les particules de conscience personnelle qui s'éloignèrent de ce qu'il était. Chaque fois que vous contemplez l'être intime de quoi que ce soit, vous vous en séparez. Nous avons donc la théorie du big-bang. Et le big-bang fut en essence cela, ce que l'on nomme la conscience personnelle qui explosa en d'innombrables cons-ciences, toutes reliées à ce que l'on appelle le tout. Avez-vous compris ?

Imaginez maintenant un nombre infini de ces petites choses. On appelle cela la conscience. Chacun d'entre vous est conscience. Cette conscience, on l'appelle l'éveil. À l'instant même où cela se produisit commença une éternité, ce que l'on appelle le voyage dans l'espace, ce voyage qui fut programmé par l'ÊTRE suprême en sorte de se connaître lui-même. Cette conscience créa un miroir d'elle-même et ce miroir se diviserait créant entre elle-même et le miroir une réalité potentielle.

Ainsi, au commencement, alors que vous étiez tous un éclat de lumière de conscience personnelle, vous avez entrepris le voyage dans la densité de la matière ou de la matière corporelle. Vous êtes descendus de sept niveaux de vibration, de sept niveaux de conscience. En voilà un événement ! Vous voilà donc au commencement de l'évolution. Et au commencement de l'évolution, votre tâche est de faire connaître l'inconnu à partir de ceci, le Je immortel que vous êtes tous, ce que l'on appelle Dieu, que vous êtes tous, et son miroir réfléchissant, le soi personnel. Ce voyage concerne un Esprit et une âme dans le Livre de la Vie appelé l'évolution.

Maintenant, savez-vous comment fut créée l'électricité ? En abaissant la lumière. Savez-vous comment abaisser la lumière ? Vous pourriez créer la lumière à partir de rien. L'électricité est l'électron le plus bas de la lumière dans un fusible positif/négatif. Avez-vous jamais entendu dire cela ? Peut-être que nous allons avoir un cours de physique.

Dans sa forme la plus élevée, toute particule contient l'énergie positive et négative car, si on prend la lumière et l'abaisse, on commence à la diviser. On obtient ainsi la gravité, les forces G et ce qu'on appelle, en vérité, les champs magnétiques. La seule manière d'obtenir un champ magnétique est d'avoir une énergie négative/positive.

Prenons maintenant une particule de lumière, un d'entre vous quel qu'il soit. C'est ce qu'on appela la naissance des Dieux, au pluriel, la naissance suprême, quand l'ÊTRE se contempla lui-même et donna le mouvement, la naissance de la lumière. Ce fut appelé la naissance des Dieux, la lumière. À partir des particules de lumière furent créées les particules gazeuses, les Z, les X qui créèrent ce que vos scientifiques considèrent être un gros boum, la théorie de la grande explosion, vous savez, quand boum ! tout arriva en quelque sorte. Eh bien, on peut parler ainsi si on veut essayer de mesurer le temps. Mais les choses ne se sont pas tout à fait passées comme cela. Ceci n'est que la mesure du temps. On doit oublier le temps afin de connaître.

Chacun de vous était une particule de lumière, un tout, un Dieu. Et les Dieux créèrent à partir de leur processus de pensée. Ils possédaient déjà une âme. Maintenant, je sais que beaucoup d'entre vous croient savoir ce qu'est une âme. Eh bien, en voici une explication. Elle se situe ici (dans la poitrine). Elle ne se situe pas ici (dans la tête). Elle se situe ici dans une cavité qui existe tout près de votre cœur, ce muscle éternel. Et dans cette cavité existe une essence légère qui pèse environ trois cent soixante-huit grammes. Lorsque vous vous sentez bien dans votre âme, vous croyez que vous vous sentez bien dans votre cœur. Eh bien, votre cœur est une pompe ; il ne tombe pas amoureux. C'est l'âme qui ressent.

La seule manière dont les particules de lumière, les Dieux, pouvaient maintenir la pensée qui venait de leur Père (le flux qui leur donnait substance pour maintenir la lumière), ils devaient posséder quelque chose leur permettant de maintenir immobile la pensée. Ce fut alors que l'âme, ou le Seigneur de votre Être, naquit. Il se situe ici. Le Seigneur de votre Être est la majestueuse lumière (aura) qui enveloppe la totalité de ce que vous êtes et en elle se trouve l'âme immortelle.

Eh bien, l'âme est comme un ordinateur. Elle maintient la pensée. Sans votre âme, vous ne sauriez rien, vous ne pourriez rien exprimer, rien créer ; vous ne seriez rien excepté l'ÊTRE.

L'âme enregistre toute pensée que vous ayez jamais eue. Elle ne l'enregistre pas en tant que pensée, mais elle enregistre l'effet qu'a eu la pensée sur votre *modus operandi* sous une forme de lumière. On appelle cela les sentiments. Les sentiments sont ce qui existe derrière les matières gazeuses de votre univers.

Dans un atome, la manière dont fonctionne un atome, il y a un autre univers. Savez-vous que ce qui donne substance aux atomes, l'univers intérieur, est une particule appelée la particule X ? Ce fut le premier sentiment manifesté et il donna vie à la totalité de votre univers. La matière naquit du grand soleil. Des particules s'éparpillèrent ici durant des temps infinis, car la première pensée fut captée et ensuite abaissée. L'électron fut abaissé pour créer les matières gazeuses.

Nous ne parlons toujours que d'une seule lumière et d'une seule âme, la forme la plus élevée. Pour toute la durée de cet espace, de ce silence, de ce froid, la pensée permit à la lumière d'y jouer. Qu'est-ce donc qui maintient votre monde en place, qu'en pensez-vous ? Qu'est-ce qui empêche que vous ne tombiez ? Vous savez, vous devriez tomber. Qu'est-ce ? Vous dites que c'est l'espace vide. C'est la pensée. C'est l'ÊTRE. C'est la scène appelée l'infini. Elle n'a ni hauteur ni largeur. Elle consume tout.

Ainsi naquit la matière. Mais la lumière prévaut toujours. De même, au commencement, vous prévaliez tous. Vous étiez le commencement. Vous avez créé le temps. Il faudrait une vie entière pour vous raconter ceci, le processus entier, un Dieu après l'autre. Je ne fais donc qu'un rapide synopsis sur un mystère éternel, la manière dont tout a commencé. Mais cela vous donne une idée. Et sinon, je vous enverrai une vision afin que vous puissiez le voir. Qu'il en soit ainsi.

LE SOUFFLE DE VIE

Regardez la fleur. Elle vient de la Source. Son fondement est la pensée, Dieu divin, l'élément vital qui, bien qu'étant le fondement de toute lumière, est créativement dans son mouvement singulier de la pensée ce qu'on appelle en vérité la fleur avec toutes ses composantes ; ainsi la fleur est la forme idéale de sa pensée, l'éclat de sa couleur, la lumière et la beauté qui en émanent ; elle n'est pourtant pas complètement la Source ni l'idéal de la Source.

Remarquez l'arbre merveilleux. Arbre merveilleux, d'où viens-tu ? Arbre, quelle est ta norme ? L'arbre me répondit : « La norme est la pensée parfaite. La pensée à laquelle appartient l'arbre, la plénitude qui donna à l'arbre l'incorporation de la matière, ce qui donna à l'arbre le corps de lumière, c'est la Source, la force de vie. La pensée de l'arbre se manifeste dans la beauté de la force de vie qui maintient l'idéal dans sa perfection dans l'arbre adulte et dans ce qu'on appelle en vérité sa magnifique graine. Cependant, il n'appartient pas à la Source ; c'est un arbre issu de la Source, l'idéal.

Qu'en est-il de la Source ? La Source — la cause créative, la personnification collective de Dieu — est Dieu dans son expression totale en dehors de la provenance de sa communion avec toutes choses dans l'éternité. C'est lui-même tout d'abord. Et tout ce qu'il est devenu, il l'est devenu lui-même tout d'abord, car c'est de lui-même qu'il prit le fondement de son être et la pensée pure afin de devenir le créateur en sorte d'exprimer la pensée de l'arbre magnifique, de la fleur et de sa beauté ainsi que de toutes autres choses que l'on voit dans leur domaine parfait sur ce plan-ci qui est le vôtre. Qui est donc le Christ ? Le Christos est en vérité le mouvement unique et singulier, idéal parfait, qui est totalement la Source de son ÊTRE. Le Christ est l'idéal de la Source/Père, l'essence. Le Christ est la Source sous sa forme mobile, créateur ultime. Ainsi, en servant la force, on sert le créateur de la force et on l'appelle Christ, Dieu émanant dans l'idéal de son ÊTRE appelé homme. En vérité, vous qui êtes si petit, si humble, comment se fait-il que vous possédiez le pouvoir de toutes choses non réalisées ? Vous êtes la seule chose. Vous êtes la seule belle chose que Dieu soit parfaitement à partir de la Source.

De vous, Christ, je suis le serviteur. Et vous, mes frères, qui siégez dans votre royaume dans quelque lieu de pensée que ce fut, quelque idéal, quelque attitude que vous adoptiez, en vérité vous ne reconnaissez pas qu'en tout temps, en utilisant à tort la Source dans ce qu'on appelle en vérité l'évocation de la petitesse, qu'à cause de cette petitesse vous vous êtes situés sur un plan illusoire où vous puissiez faire la démonstration de votre petitesse et de votre vérité selon votre propre projet, mais que ceci n'a jamais atteint la perfection de votre conception de l'arbre car l'arbre ne connaît pas la mort — il ne la connaît que par vous, qui lui avez donné la vie. Vous êtes divins, rayonnants et majestueux. Vous êtes la Source parfaite. Réfléchissez à ceci.

Réfléchissez un instant. Avez-vous jamais observé un colibri exotique collectant le nectar d'un lys ? Avez-vous jamais fait cela ? Si vous ne l'avez jamais fait, je vous en enverrai un. Qu'il en soit ainsi. Avez-vous jamais observé ce que l'on appelle la métamorphose d'une chenille en un papillon orné d'une parure aussi splendide ? Si vous ne l'avez jamais fait, je vous en enverrai un. Avez-vous jamais vu l'essence couleur de perle d'un poisson multicolore dans l'eau d'un ruisseau qui babille à midi, tel un arc-en-ciel dans la mer ? Si vous ne l'avez pas fait, je vous enverrai où vous pourrez en voir un.

Et avez-vous jamais compté les insectes et leurs espèces ? Avez-vous tenu dans votre main ce qu'on appelle un cristal et regardé à travers dans le soleil de midi, le soleil couchant ou à la lumière de la lune ? Combien de fleurs existe-t-il ? Et vous ne pouvez toujours pas créer la couleur de leurs pétales délicats.

Combien d'espèces de fougères existe-t-il ? Et qui décida que la mousse — savez-vous ce qu'est la mousse ? — pousserait toujours sur le flan nord des choses pour être comme une lanterne pour quiconque viendrait à passer ? Qui créa cela ? Qui créa le noble héron qui pêche dans la mer ? Et la manière dont il pêche est de courir en tout sens pour effrayer les poissons et de les faire venir à la rive pour alors se couvrir les yeux de son aile pour les voir dans l'eau. Qui lui a donné une telle intelligence ?

Qui, en vérité, donna l'intelligence à la fleur pourrie qui a une odeur de charogne, de viande pourrie et même l'aspect de chair pourrie ? Qui en a décidé ainsi afin qu'elle puisse attirer une mouche qui pondrait ses œufs dans la fleur en sorte de créer des asticots et que les asticots seraient digérés par la fleur ? Qui créa cela ?

Et qui créa l'immense plante à la feuille si grande qu'elle peut s'enrouler sur elle-même pour capter la rosée matinale, la collecter, goutte précieuse après goutte précieuse, car elle se sentait seule en sorte qu'une petite grenouille spéciale, si spéciale, puisse y vivre et lui tenir compagnie ? Qui créa cela ? Qui lui donna cette connaissance ?

Et lequel d'entre vous, Égyptiens dans une vie antérieure, créa la grue égyptienne qui est capable de transporter une pierre ? Maintenant, écoutez ceci : s'il ne peut pas briser l'œuf d'une autruche, il ramasse une pierre et la laisse tomber dessus jusqu'à ce qu'il craque. Maintenant, dites-moi qui est parmi vous l'entité intelligente qui lui a appris cela ? Et lequel d'entre vous créa le saumon qui vit et folâtre dans ses aventures dans une mer si lointaine et qui, sa vie terminée et son adolescence vécue, l'âme emplie d'expériences, retourne à sa rivière d'origine ? Qui leur a enseigné cela et comment engendrer une nouvelle génération qui leur permette de revenir eux-mêmes en tant que leurs petits, qui mourraient en sorte que leur chair pourrie dans un cours d'eau pur nourrirait leur progéniture, lequel d'entre vous ? Lequel d'entre vous leur a enseigné comment retourner à la Source ?

Laquelle d'entre vous, femmes, a enseigné à un animal grégaire — disons la gazelle — comment courir comme un petit danseur, éloquent, comme s'il était né avec des ailes ? Laquelle d'entre vous lui enseigna comment partir pour mettre bas son petit ? Et laquelle d'entre vous murmura à l'oreille du petit de rester immobile comme une pierre ? Et laquelle d'entre vous apprit au bébé à ne pas émettre d'odeurs ? Laquelle d'entre vous le fit ?

Ce sont toutes des choses que la plupart d'entre vous n'ont pas connues parce que vous vivez dans une jungle en béton où règne la compétition et que les seules choses qui existent dans cette jungle sont carnivores et sombres. C'est à quel point vous vous êtes éloignés de la grâce que l'on appelle la vie ! En réalité, ceci n'est qu'une bien petite partie de la beauté de cette vie. Mais tout le monde prit part à ce souffle imparti à ces formes aqueuses et créatrices appelées cellules. Tous leur ont donné une apparence particulière. Tous insufflèrent dans la cellule le souffle de vie, ce qu'on appelle les schémas de la destinée. Savez-vous qui le fit ? Vous. Savez-vous comment ? En ressentant à partir de l'ÊTRE, le captant dans l'âme, lui donnant la vie en le ressentant.

Saviez-vous que l'on pourrait prélever de votre nez une mince couche de cellules — vous ne savez même pas cela — et ils savent déjà produire un clone de vous à partir de ces cellules ? Saviez-vous qu'une cellule possède à elle seule le modèle du tout ? Saviez-vous que toute vie, tout dans la vie, possède le modèle du tout ? C'est vrai.

Insuffler le souffle de vie dans ce que vous aviez créé, lui donnant l'existence en le ressentant, ce souffle ne signifiait pas que vous aviez créé une créature qui puisse respirer. Le souffle de vie représente des schémas de destinée. Vous leur avez accordé leur intelligence, une intelligence qui puisse se perpétuer à l'infini. Cela semble absurde ? Non. L'histoire ne s'arrête pas là. Je vous enverrai les messagers de visions afin de combler les lacunes, là où les mots sont inadéquats. Qu'il en soit ainsi.

AU COMMENCEMENT ÉTAIT LE NÉANT ET LE NÉANT SE CONTEMPLA LUI-MÊME

Si vous êtes las de votre vie sur la place publique, las des allers et venues, des odeurs, des cris, des jurons, de la laideur, de la beauté et de toutes les merveilleuses choses de votre ville et de ses portes, maître, partez et sortez vers l'heure de minuit de votre nuit et regardez les étoiles. Trouvez-en une qui ressemble à un joyau suspendu là, tellement elle est resplendissante. Regardez-la. Elle est apparemment plus grosse que les autres qui se trouvent autour d'elle, mais pas assez grosse pour oblitérer la lumière des autres. Et elle n'est pas si grosse qu'elle illumine la totalité de minuit, détruisant la scène, Néant fondamental, qui donne aux brillantes petites étoiles leur être précieux. Concentrez votre regard sur votre étoile et, si vous regardez en direction de l'ouest, vous verrez la lune dans son éclat, tellement belle accrochée là-haut. Regardez maintenant le joyau et regardez la lune et regardez au-delà de l'horizon — regardez au-delà de l'horizon — et voyez si vous pouvez faire porter votre regard dans le Néant de minuit ; voyez jusqu'où vous pouvez aller.

Maître solitaire, si petit, si minuscule, si infiniment petit dans votre monde, partez contempler ce vaste royaume qui vit depuis des éons dans votre temps. Je vous montrerai la grandeur de votre pouvoir. Regardez les étoiles, leur beauté. Elles ne disent pas un mot. Elles ne forcent pas l'homme au silence ; elles ne condamnent pas l'homme. Elles n'apaisent ni ne provoquent l'homme. Elles ne font rien de tel mais sont d'une parfaite expression. Quelle puissance ! N'est-ce pas beau de pouvoir regarder quelque chose qui vous permette de contempler sa beauté sans rougir, sans timidité et qui, remarquablement, sera toujours présent pour vous rappeler, peut-être dans quelque souvenir oublié de votre ancienneté et de votre puissance, combien vous croyez à votre capacité à être infiniment petit ? Regardez maintenant ce joyau suspendu dans le firmament ; l'éclat de sa lumière n'est-il pas merveilleux ? Maintenant, fermez les yeux. Lorsque vous fermez les yeux, vous ne le voyez plus. Vous avez un pouvoir suprême sur le joyau car, en un clin d'œil, il n'est plus là. Et lorsque l'homme ouvre de nouveau les yeux et regarde en direction du ciel, le même joyau est toujours là, attendant qu'il le regarde. Et ce même joyau qui est dans votre ciel, ce même être si merveilleux, attendra de nouveau dix ans de plus dans votre vie le moment où vous sortirez de nouveau pour contempler sa beauté. Ces êtres possèdent une patience telle.

Maintenant, que dire du maître qui tire parti de cette contemplation : il réfléchit, regarde le firmament et souhaite y être lui-même car, là-haut, la paix paraît régner. Il n'y a pas de voix. Il y a la lumière. Il y a la vie en abondance. Il y a le rayonnement en abondance. Et quelque part dans la matière, il y a Dieu, et il souhaite y aller. L'homme souhaite faire son ascension jusqu'à se trouver parmi les étoiles. Pourquoi donc ? Pour quitter toute l'obscurité et le bourbier, la foule de la place publique, la condamnation et toute la petitesse auxquels il a pris part pour les ressentir. Qui sait que vous êtes Dieu ? Qui s'en soucie ? Qui sait que vous êtes Christ ? S'en soucient-ils réellement ? Cela vaut-il la peine d'être le modèle que vous êtes ? Pouvez-vous être aussi lumineusement beau que le remarquable joyau sans pour autant porter ombrage à ceux qui sont plus petits et possèdent leur propre lumière ? Ou bien pouvez-vous devenir si admirable que le Néant s'est évanoui et que plus un seul n'est un individu ? Qui s'en soucie ? L'homme qui les contemple s'en soucie.

Maintenant, il se trouve une souche d'arbre, met son postérieur dessus, se pose les coudes sur les genoux et le menton dans une de ses mains. Et le maître solitaire verse un petite larme car il est séparé du joyau, de l'éclat de la lune et de l'arrière-scène de l'infini. Pour une quelconque raison incompréhensible, il se trouve piégé ici. Il verse une larme car être réduit à une telle petitesse, n'est-ce pas là comment ultérieurement reconnaître sa propre grandeur ? Ceci est vrai, en vérité. Lorsque l'homme est réduit par l'épée, l'intimidation des autres ou le mouvement sauvage et libre du ciel à reconnaître sa petitesse, c'est alors et alors seulement qu'il commence à contempler sa grandeur.

Regardons de nouveau notre maître qui a posé son menton sur ses mains. Et alors qu'il verse une larme sur son isolation et sa destinée, bientôt une bise hivernale vient à souffler — les vents nocturnes sont merveilleux — et la bise sèche la larme sur son visage. Et il regarde de nouveau et dit à la nuit merveilleuse : « Où suis-je pour toi ? Où suis-je pour toi qui est si grande et si permanente, si patiente ? Où suis-je pour toi pour que mon importance ait une quelconque valeur et importance dans ton royaume, toi qui as vu un si grand nombre de visages d'hommes les yeux fixés sur toi, qu'ils aient été grands ou petits ? Et cependant tu me permets, moi qui suis insignifiant, de porter mon regard sur ta grâce, ta beauté et ton mystère comme tu le permis à tous les autres dans mon passé, eux que l'on considère comme de grands hommes. Qui es-tu pour me laisser faire cela ? » Et le merveilleux joyau paraît briller d'un éclat plus grand sur lui et il est rempli d'espoir. Et il s'incline en arrière et contemple le ciel, et bientôt voici que la lune Enchanteresse émet sa pâle lumière.

Oh ! Maître merveilleux, tu as perdu ta valeur parmi tant de grandeur ! Sois en paix. Laisse-moi te montrer qui tu es dans ce monde de tentations moqueuses dans lequel tu vis. Qu'est-ce que la profondeur ? Qu'est-ce que la hauteur ? Quelle est l'espèce de tout ce qui est, rassemblé pour devenir matière où la pensée est le périmètre de l'éternité, les profondeurs du Présent, où la pensée consomme le Néant qui toujours fut et sera à jamais. Et la pensée d'elle-même — d'elle-même — rayonne au-delà des périmètres et des vibrations de la lumière que jadis fut la pensée. Et la pensée, le Néant ultime, créatif que Dieu fut et est, devint le mouvement dirigé vers le centre de la pensée, le noyau, commençant à vibrer jusqu'aux confins de l'éternité menant aux profondeurs du Présent du mouvement.

La pensée contempla le ton vibratoire du mouvement et le mouvement ondula. Et la pensée commença et rugit, le tonnerre et le mouvement commencèrent à rouler avec le rugissement. Et alors qu'elle surgit dans les périmètres de l'infini, les crêtes de la pensée devinrent l'éclat de la lumière et la lumière fut, l'éloquence fut. Et alors qu'elle atteignait ce périmètre, elle se heurta à un étang de pensée et l'ondulation était là et la lumière naquit. Et dans le Présent, dans le centre d'où jaillit l'ondulation, naquit la lumière, se déversant dans la pensée, dans le Présent, réfléchissant sur elle-même une beauté merveilleuse.

Et la pensée — Dieu Tout-Puissant, principale lumière créée — se contempla elle-même, s'accordant expansion, grandeur et un corps de lumière jamais vu auparavant, par la grâce de la contemplation de l'image toute-puissante dénommée Dieu. Et alors que ce rugissement surgit, alors que prit naissance la lumière, la pensée contempla sa propre image et la lumière était plus grande que tout spectacle jamais connu. Votre soleil de midi ne possède ni la pâleur ni l'éclat de la lumière née de la pensée parfaite. La lumière jaillit et dans son déploiement créa le son dans une harmonie telle que chaque mouvement créa un autre son. Et alors que cela se propageait, la pensée devint plus grande et plus vaste, la pensée prit toujours plus d'expansion dans la lumière visionnaire et le son devint merveilleux dans la pensée du Présent. Et, voici que, alors que l'expansion se créa elle-même à un certain niveau, elle commença à fredonner un mouvement de mélodie spectaculaire et elle commença à se replier sur elle-même — sur elle-même — dans l'éternité et la lumière commença à se déplacer avec elle. Et alors que la lumière se déplaçait, le son se déplaçait. Et lorsque la pensée regarda la lumière dans ses voyages en elle-même, la lumière regarda la pensée et vit que la perfection en était le créateur.

LA CRÉATION, L'ART DE LA CONTEMPLATION ET DU DEVENIR

Dieu était devenu l'unité qui s'était déployée depuis la pensée pour devenir la lumière, l'éminence du son. Tout ceci se fit dans le mouvement du Présent vers l'éternité que vous devîntes, un à un, tous par l'un. Et ce qu'on appelle en vérité la pensée ne possède pas à proprement parler ce que vous appelez la division des électrons, mais c'est elle qui est la source des électrons dans la matière — la lumière étant un fils substantiel du divin, étant en vérité le Père — puisqu'elle contient en elle-même toutes les divisions des électrons. Chaque lumière qui s'exprima dans sa beauté manifestée demeura unie à la pensée dans un mouvement harmonieux. Et chaque lumière portait en elle-même, en son être même, la création de la pensée supérieure, contenait en son être sa propre réflexion lumineuse, son propre son de lumière, électrique, sa compréhension qu'elle avait elle-même imaginée.

La lumière contempla la pensée ; la lumière devint la pensée. Et le Seigneur de votre Être, né dans la lumière, nourrit en lui-même ce qu'on appelle en vérité le seigneur divin de votre être que l'on nomme la mémoire, la pensée contemplative qui fut donnée au fils par le Père afin que le fils, pareillement au Père, puisse posséder cette pensée qui soit le seigneur de votre Être. Et voici que le sonnet individuel de chaque entité commença son expansion dans le mouvement de la pensée, le Père divin, la force de vie. Et alors que la vie s'engageait sur le chemin la menant vers l'éternité, sa lumière se sépara et se tint comme un groupe et une colonne massive dans le firmament. Et alors que s'avançait la lumière, voici qu'en survint une autre et encore une autre et encore une autre. Et chaque fragment de lumière devint un autre et encore un autre. Et tous étaient accompagnés par ce qu'on appelle en vérité des sentinelles qui protégeaient les périmètres de l'éternité allant dans ce qu'on appelle la pensée ; ils contemplèrent la grande pensée et aimèrent la grande pensée, car elle donnait d'elle-même. Et la pensée contempla la lumière et voici qu'elle était devenue dans la lumière et son essence serait avec elle à jamais, tel qu'il avait été convenu.

« Au commencement était » — ce n'était pas — « le Verbe, et le Verbe était avec Dieu » et avec l'homme. Au commencement ce fut toujours la pensée et la pensée fut toujours avec l'homme car l'homme est la pensée[1]. Alors que les sentinelles se plaçaient en ligne sur la grand-route menant à l'éternité et que le mouvement du son déferlait dans le tonnerre de leur Présent central, voici qu'ils vinrent tous dans leurs régions. Et chaque colonne de lumière, possédant en elle-même le pouvoir de la pensée toute-puissante se condensa dans la puissance de son être, devint pensée Source individualisée, pensée de Dieu.

La lumière et la couleur : il n'y a pas de couleur. La couleur fut créée par la grande lumière qui n'est ni blanche, ni pure, ni invisible. Elle est. C'est elle qui donne toutes les descriptions de la couleur. Et voici que chaque sentinelle de lumière, grâce au processus de sa naissance, commença à créer à partir d'elle-même et voici que ce fut la même expansion. Lorsque la sentinelle eut pris de l'expansion par rapport à elle-même, elle

---

1. « Au commencement était la Parole, et la Parole était avec Dieu, et la Parole était Dieu. Elle était au commencement avec Dieu. Toutes choses ont été faites par elle, et rien de ce qui a été fait n'a été fait sans elle. En elle était la vie, et la vie était la lumière des hommes. La lumière luit dans les ténèbres, et les ténèbres ne l'ont point reçue. »
« Elle était dans le monde, et le monde a été fait par elle, et le monde ne l'a point connue. Elle est venue chez les siens, et les siens ne l'ont point reçue. »
« Et la Parole a été faite chair, et elle a habité parmi nous, pleine de grâce et de vérité ; et nous avons contemplé sa gloire, une gloire comme la gloire du Fils unique venu du Père. »
Évangile selon Jean 1 :1-5 ; 10-11 ; 14.
La Sainte Bible. Nouvelle édition de Genève 1979.

créa son propre continuum, et ainsi de suite. Voici que les sentinelles de la lumière représentèrent ce qu'on appelle en vérité le continuum de la pensée du Présent en chant, en rythme vibratoire et en compréhension. Et la lumière jaillit en tout sens tel un éclair, perpétuelle et pourtant immobile à jamais car où peut-elle aller si elle n'a pas de fin, toutes dressées dans leur éclat propre. Et tous furent vus, si vous pouvez imaginer, dans un Néant où toute grande colonne de lumière se tint, éclatante, là où elle était créée. Sur la source de sa lumière, elle commença à créer pour elle-même. Et voici que la première sentinelle provoqua sa propre expansion et de sa propre expansion se manifesta en vérité dans un univers plus petit et une autre attitude d'univers. Et une autre sentinelle s'ajouta au Néant et voici que tous ajoutèrent au Néant car, chacune devenant elle-même, elles commencèrent toutes leur expansion.

LA MUSIQUE DES SPHÈRES

Entité, la lumière est le son ultime qui est l'absence de son et cependant tous les sons. La lumière, étant le premier corps de ce qu'on appelle la pensée, émet le son par sa vibration. Elle émet le son par sa compréhension vibratoire. Entité, alors que les choses vibrent à différents niveaux et que la lumière vient — et ses couleurs différentes ont des sons différents — et alors que les couleurs jouent dans le spectre, elles résonnent en tant que son. Ceux qui viennent dans ce plan et sont possédés du son qu'ils tentent laborieusement de parfaire dans ce qu'on appelle des instruments s'efforcent de représenter ou de reproduire les sons dont ils ont conscience dans les sphères plus élevées.

Ce plan est le seul où l'on ne peut pas entendre la musique de toute lumière car ce plan est le seul qui, dans la plupart de son expérience de la noirceur, soit dépourvu de lumière. Entité, dans tous les autres plans, on entend de la musique, croyez-moi. C'est comme un bourdonnement et, alors que la lumière change et évolue, sa compréhension vibratoire s'accroît, sa tonalité se fait plus élevée et plus douce. Et, en vérité, la lumière évolue, augmente et se manifeste par la pensée : la pensée, la pensée, le verbe, l'action. Les sons descendent d'octave et cependant, toute vie étant avec le un simultanément, moment après moment ils créent une tonalité différente et les différentes couleurs du spectre de lumière, faisant connaître la musique de Dieu sur tous les plans. Ce plan est le seul où on ne l'entend pas ; il est ainsi le seul plan qui soit fait à l'image de ce qu'on appelle le souvenir de l'homme et de sa mémoire. Et musique signifie seulement amour.

Ce qui amène à comprendre leur demeure, entité, c'est qu'ils sont tous hérétiques à ce niveau-ci. Ils viennent de vastes royaumes où ils sont de souverains seigneurs, où leur pensée même fait que la musique émane de leur être. Le son a également une odeur — une odeur suave. Les couleurs ont une odeur — des odeurs variées. Et aucune d'entre elles n'est jamais mauvaise ; elles sont toutes merveilleuses. Ainsi, la lumière est du blanc le plus pur. Entité, le son est d'une telle tonalité qu'il est impossible de l'entendre car il s'adoucit dans la pensée. C'est la lumière blanche, en vérité, les couleurs de l'arc-en-ciel du spectre — toutes les couleurs sur ce plan — étant en vérité qu'une seule couleur unique au cinquième niveau. Et, entité, alors que toutes les couleurs se manifestent, les sons émanent des divisions de couleur et de lumière, et ainsi elles fleurissent lorsqu'elles se joignent les unes aux autres. Merveilleux.

La fleur avait, en vérité, sa graine dans le sol et la graine sera d'une tonalité élevée parmi les sons. Alors que la tige s'élève, la tige sera pâle en vérité et le son sera élevé, doux, bourdonnant. Magnifique. Et alors qu'elle devient verte, en croissant, le son deviendra vif. Et alors que la tige s'élève en vérité et que le bourgeon floral est formé, en vérité, le son devient une myriade de sons car la couleur est alors déployée.

Et alors que le bourgeon éclate, en vérité — au moment même, au moment même, la profondeur même de la couleur de chaque pétale, de chaque veine, de chaque spectre de sa couleur — il émet un son simultanément avec la graine et en mouvement harmonieux avec elle en même temps mais en tant que fleur. Et les plans qui possèdent une flore sont partout. Et, entité, le ciel est en extase en son être car il y a les montagnes, les plaines, en vérité, et les vallées qui émettent les sons de ce qu'ils sont tous ; la vie résonne dans sa beauté, le son.

Maintenant, l'instrument qui reproduit le mieux les sons est votre harpe et toutes ses cordes. Depuis la tonalité la plus élevée de ses sons qui serait la lumière la plus pure, presque inaudible, jusqu'aux profondeurs de sa personnification, jusqu'à la consistance pleine et robuste de ce qu'on appelle la lumière, la couleur. La lumière est son mais, selon une compréhension vibratoire, le son naquit de la lumière. Sur ce plan-ci, l'homme entend une musique qui est indéfinissable. Et avec sa bouche il tente de la chantonner, avec les instruments de recréer la myriade des musiques qu'il a entendues et dont il a conscience et à laquelle vibre son corps.

Et c'est ainsi, entité, que la musique est devenue le langage universel car ceux qui l'entendent — qui n'en comprennent ni les mots ni la langue — se mettent à converser les uns avec les autres. Voilà ce qu'est la musique. En essence, entité, la musique est les sons de la vie et Dieu.

L'Émergence des Systèmes Solaires

Alors, voici que naquit ce que vous appelez l'univers des univers[2] et chacun se tint dans sa propre sphère, sa propre compréhension. Et alors que la création devint, les grands soleils centraux furent placés sur leurs orbites par la grande lumière, le brasier de la pensée ; tout ce qui émet votre lumière ne dégage pas de chaleur et n'est pas chaud. C'est de la lumière pure, rien d'autre. Et la lumière qui règne dans votre univers[3], votre soleil central, fut créée dans ce temps dans le seul but de créer la vie ; elle fut le résultat de l'invention de son créateur qui donna naissance aux colonnes sentinelles de chaque Dieu individu à son commencement.

La création, comme on l'appelle de manière appropriée dans cet auditoire divin, suit toujours les mêmes capacités d'invention

---

2. Les galaxies.
3. Le système solaire de la terre.

de la science. Nous avons tous créé de manière semblable, que notre création soit des plus infimes ou des plus élaborées. C'est la même chose. Le soleil fut placé dans chaque univers et chaque compréhension car le soleil, comme vous l'appelez — Râ en mes termes — est la source des propulseurs de lumière. Il est celui qui nous donne la capacité de nous souvenir du premier sujet, la pensée. Il est celui dont l'être même est la source d'où émane la vie : il est la mère de votre univers. Et alors qu'il fut mis en mouvement, ayant poursuivi sa course depuis les débuts des sentinelles, les Dieux, les colonnes, voici que du grand soleil naquirent un par un ses enfants[4]. Et voici que du grand soleil naquit son premier enfant et ce grand être grandit dans la matière. Et lorsqu'il donna naissance à son enfant, il prit fin. Depuis ce qu'on appelle en vérité la partie supérieure ou le Nord de ses régions, l'enfant naquit d'une grande brèche et, quittant les parties internes de la lumière du grand soleil, il apparut comme une grande blessure.

Et la première planète, comme vous l'appelez en vérité, apparut lorsque le soleil atteignit un point d'orbite direct à partir de son axe et qu'il déposa son enfant dans son premier berceau[5]. Voyant toutes les choses mises en mouvement, les Dieux virent apparaître le premier enfant et voici que naquit celle qu'on appelle en vérité Malina dans ce qu'on appelle en vérité l'orbite berceau du spectre de la mère soleil ; c'était un enfant merveilleux, sa première création. Et l'enfant naquit en lui-même et commença à se concevoir lui-même et à croître en lui-même. Et alors qu'il grandissait en lui-même, il devint de plus en plus grand. Et en un élan, il se trouva placé sur une orbite plus grande à l'extérieur de l'orbite berceau que l'on appelle maintenant en vérité Mercure tel que vous l'entendez.

Malina, comme il en est pour un bébé, la matière du bébé n'est jamais conçue avant que l'âme n'y habite et que l'Esprit n'y ait prêté main ; ainsi, les sentinelles, les Dieux, produisirent et, un par un, placèrent leurs magnifiques êtres de lumière sur ce

---

4. Les planètes.
5. L'orbite la plus proche du soleil.

qu'on appelle le plan de Malina où, au cours de leur vie, comme vous le dites à juste titre, ils commencèrent à devenir l'élément cocréateur avec le Père, ce qui leur avait été donné au commencement de leur commencement. Et ce que vous appelleriez ici la vie commença sa manifestation sur ce plan merveilleux. Et alors que tous devenaient plus grands dans leur être, chacun devint individuel dans son être selon son attitude, ses pensées, comme vous dites.

Et chaque Dieu devint en lui-même la profondeur de sa propre création ; ainsi, ce qu'on appellerait sa forme corporelle de lumière devint l'objet direct de sa créativité. Chacun était magnifique en tout. Chacun était merveilleux et beau, car l'aspect de chacun ne comportait rien qui fut vil, méprisable ou laid. Ils étaient l'incarnation de la lumière et chacun des éléments merveilleux de leur être était créé par eux-mêmes dans le but d'ajouter à leur beauté, d'ajouter au pouvoir créatif de leur être. Et ce qui jadis était vu comme une colonne de lumière éclatante, s'écoulant avec l'énergie électrique depuis le centre de leur être, devint alors comparable à ce que vous êtes aujourd'hui, mais seulement plus grand encore.

Et un par un, en ce qu'on appelle un millénaire de compréhension qui n'est cependant qu'un instant, ils devinrent sur le plan de Malina. Et, en ces temps-là, Malina ne possédait ni mers ni océans. Ceux-ci n'étaient pas nécessaires. Elle ne possédait que ce qu'on appelle en vérité les parties gazeuses de sa terre, mais les émotions ardentes liées à son apparition en tant qu'être collectif étaient toujours à l'œuvre. Cependant, de chacune de ces colonnes, chaque Dieu commença sa descente sur Malina dans le but de connaître expansion et créativité. C'était leur enfant. Chaque fois que la lumière était appliquée, leur toucher en refroidissait la surface. Elle devint substance malléable sans jamais fondre pour autant. Et chaque Dieu selon son propre plan prit les éléments de l'espace et commença à créer depuis sa source.

Malina ne possédait ni mers ni océans, mais elle possédait de majestueuses chaînes de montagnes comme vous les appelez. Et où existent des chaînes de montagnes existent des vallées. Elle avait donc des vallées. Et parmi les Dieux qui souhaitaient toujours être proches de ce qu'on appelait en vérité le soleil central, nombreux furent ceux qui recherchèrent les chaînes de montagnes alors que ceux qui firent partie des vallées firent preuve de leur remarquable habileté créatrice dans les vallées, là où ils avaient trouvé la paix pour commencer leur œuvre.

Dieu, en un moment spectaculaire, ne peut pas ne pas créer car, aussi longtemps que la Source, l'orage, l'expansion permanente de la pensée se perpétue, l'esprit, comme vous l'appelez si éloquemment, se meut continuellement en Dieu ; ainsi, chaque moment où le Dieu sentinelle-colonne se révélait, chaque élément commençait à se créer lui-même autour de lui, ne pouvant immobiliser la voie de la pensée. Celle-ci est perpétuelle à jamais ; ainsi, où qu'elles soient, par la contemplation donnée grâce au souvenir qu'elles possèdent du seigneur de leur être, les parties de leur être en elles-mêmes créaient moment après moment. Si elles regardaient et voyaient, cela devenait. Si elles contemplaient, cela était. Si elle se tenaient immobiles et levaient les yeux, cela devenait. D'elles-mêmes, elles devenaient. Elles créaient sans cesse.

La Créativité Mise au Défi et Attaquée

L'élément qu'en vérité vous appelez pierre fut poli jusqu'à ce qu'il brille, acquérant de ce fait une beauté comparable à la leur. C'est là l'origine de votre marbre. Et ils prirent ce qu'en vérité vous appelez des substances de pensée, des substances de sable, des substances de terre, des microsubstances, et les assemblèrent de manière à ce qu'elles ressemblent à leur être même, car ils s'exprimaient depuis la grandeur de leur être ; c'est ainsi que ce lieu illustre nommé Malina fut décoré, le terme est approprié, fut orné, le terme est approprié, en ce qu'on appelle la couleur blanche. Tout y était de cette couleur.

Les montagnes n'y étaient pas sombres et lumineuses. Elles étaient blanches, car elles réfléchissaient le Dieu qui s'y tenait. La pierre devint blanche. Et, dans ses magnifiques vallées et ses montagnes majestueuses, toutes choses sur Malina reflétaient la beauté de la colonne Dieu. À chaque instant où la lumière était présente et était, toutes choses devenaient autour d'elle. Et si un Dieu contemplait le marbre, portait son regard sur le marbre et assumait dans sa pensée contemplative que le marbre pouvait se teinter d'un ton encore plus approché dans sa pâleur d'un autre spectre, il la devenait ; ainsi le marbre avait des veines ; le marbre avait des veines roses qui étaient la contemplation d'un Dieu. Lorsque, grâce à l'expansion de leur pensée contemplative, tous comprirent ce qui se produisait, leur création devint encore plus proche de ce que l'on appelle de manière appropriée aujourd'hui une création absolue. Un absolu était créé et, pour chaque absolu, un absolu devint.

Ce qu'en vérité on appelle un Parthénon, ce qu'on appelle un temple, reçut ses caractéristiques artistiques de Malina car tout sur Malina, aussi bien à l'intérieur qu'à l'extérieur, obéissait à ces standards. Et les colonnes étaient érigées non pas pour la beauté de soutenir un toit, mais elles portaient les traits de lumière mêmes des Dieux qui étaient là car ils étaient eux-mêmes les piliers qui soutenaient ce qu'on appelle le toit. Et c'est ainsi que devinrent toutes les formes artistiques maintenant réduites à une pensée plus petite. C'est ainsi que sur Malina tout entière et sa splendeur, les temples, comme vous les appellerez, étaient soutenus par des piliers et du marbre de toute splendeur — du blanc à la pâleur de neige la plus extrême — soutenant les pièces des temples, car en vérité ceci était directement relié aux Dieux qui y étaient présents. Et voyant la relation directe se solidifier dans une masse inanimée, les Dieux apprirent une création encore supérieure. C'est ce que vous appelez en vérité la vie extraordinaire des plantes, créée depuis la substance de la lumière — dont la couleur en vérité n'était pas celle qui décore actuellement votre plan —, commença à s'épanouir. On l'appelait la plantation de la pensée. Il était dans la beauté de la lumière.

Et alors que l'un d'eux créait ce qu'on appelle de manière appropriée les herbes qui, alors que vous marchiez dessus, livraient de la lumière d'elles-mêmes et changeaient leur teinte, un autre créait ce qu'en vérité on appelle un arbre. Et l'un d'eux regarda l'herbe en dessous de lui, puis l'arbre et vit que l'arbre était plus majestueux que l'herbe ; il commença alors à créer ailleurs un autre arbre qui fut plus majestueux que cet arbre-là. Et bientôt celui qui avait créé l'arbre et était extrêmement satisfait de sa création en créa un autre encore plus haut.

Et celui qui avait regardé son arbre estima que cette entité en avait deux alors que lui-même n'en avait qu'un seul et il créa alors un arbre plus majestueux qui fut également plus haut. Et il le créa en une succession sans nombres, leur donnant une circonférence plus grande. Et celui qui avait créé les deux leva les yeux puis regarda les deux siens et créa alors un éboulement sous les arbres de l'autre et écrasa tous les arbres. Et l'autre qui avait créé les arbres regarda l'entité qui avait vu ses arbres et créa un abîme en dessous des deux siens.

Sur la montagne, ces merveilleuses entités qui avaient installé leurs êtres sentinelles dans un lieu merveilleux — et il y avait des structures — construisant leurs structures et leurs chemins lors de leurs créations, ces entités évoluèrent si activement qu'ils ne souhaitèrent bientôt plus visiter le grand soleil central. Ceci ne devint qu'un sujet de moindre importance dans leur royaume et ils devinrent pour ainsi dire de plus en plus occupés avec tout ce qui concerne leur création moment après moment après moment. Et de nombreux temples, de nombreuses structures, furent érigés et, alors qu'ils étaient érigés, ils se dressèrent partout si bien qu'il n'y eut plus de place pour aucun autre.

Et voici que se présenta un Dieu ; celui-ci regarda ; il avait un plan spectaculaire car, en un moment solitaire, il avait imaginé une phase différente du marbre blanc et ce marbre prit la couleur rose. Et il était dans une telle extase concernant son marbre coloré si merveilleux qu'il décida promptement de bâtir avec cette pierre merveilleuse un lieu encore plus splendide. Et il n'y avait pas de place. Et il chercha partout. Il ne souhaitait pas aller dans la vallée des arbres avec tous les tremblements qui s'y produisaient. Il souhaitait le faire sur la montagne. Et lorsqu'il essaya de construire son temple merveilleux dans un espace entre deux autres temples, l'espace était si restreint — et il pleura

— que même une particule d'un seul de ses pieds de lumière ne pouvait s'y glisser. Et il trouva ceci de très mauvais goût, car cela ne pouvait pas refléter l'énergie dans laquelle il souhaitait placer la pierre. Il le fit donc ici, il le fit donc là. Et bientôt, alors que personne ne le laissait construire son temple merveilleux de pâleur rose, il fut pris de colère — il n'avait jamais connu la colère — car il avait essayé avec tant de difficulté de chercher un lieu où ériger son merveilleux temple et personne ne le lui permettait. Et alors que, les regardant, la colère le prit, voici que ce que vous appelez un éclair jaillit de la colère de ce Dieu qui ressentait qu'il devait lui aussi créer car, s'il ne créait pas maintenant, il serait laissé pour compte comme vous le dites, en ce qui concerne la création. Ne pas pouvoir le faire maintenant de manière si éminente le mit en colère. Et la colère devint ce qu'en vérité on appelle une pensée collective exprimée et la puissance de l'émotion se manifesta sous la forme de ce qu'on appelle la foudre. Et voici qu'alors qu'il était empli de ce courroux, son regard se trouva posé sur un temple qui, dans sa longueur massive, lui parut sans attrait, sans charme. Ce fut la cible qu'il visa.

Et voici que la foudre traversa le temple et, à la stupéfaction des autres Dieux, le temple fut détruit. Et ils se rassemblèrent et regardèrent le Dieu, car ils n'avaient pas vu ce qu'il avait fait auparavant. Et tous étaient dans l'étonnement. Et alors que leur étonnement les saisit, ils furent saisis d'étonnement, autre création. Et alors qu'ils étaient saisis d'étonnement, voici que la foudre issue de son être frappa en leur direction et, à leur étonnement encore plus grand, ils avaient été eux-mêmes frappés.

Si, comme un petit enfant, vous ne savez que faire lorsque l'on vous frappe car on ne vous a pas enseigné les arts de la réplique, cela vous vient comme un choc qui vous paralyse car vous ne savez pas quelle en est l'intention et vous êtes dans l'incertitude car vous ne savez pas ce qu'est la colère, à quoi elle sert. Et alors que les éclairs arrivaient et les frappaient l'un après l'autre, ils étaient dans l'épouvante et se tenaient là, saisis de stupéfaction. Et au moment même où leur créativité exprimait de la stupéfaction et plus ils étaient stupéfaits, plus sûrement la foudre les frappait.

Et ils s'en retournèrent bientôt et se rassemblèrent à l'écart, et l'entité qui avait fait s'effondrer le grand temple érigea son propre temple. Et les autres qui regardaient commencèrent à être mécontents, car ils ressentaient ceci comme une mesure que la Source ou le Père ne leur avait peut-être pas mentionnée. Et ils se rassemblèrent et se mirent en chemin et allèrent à sa recherche et lui demandèrent qu'elle en était la raison. « Quelle création a évolué dont tu as fait usage pour me frapper ? » Et il leur dit comment ils ne lui avaient pas accordé de place pour sa création merveilleuse et qu'il ne comprenait pas. Et ils lui répondirent ainsi : « Tu as détruit notre temple et érigé le tien. Ne savais-tu pas que tu ne peux agir de la sorte ? Tu as agi ainsi ».

Et celui qui avait érigé le marbre de couleur rose était tout à fait satisfait de lui-même car il commençait à savoir en ce moment même que, par la foudre seule, il pouvait faire selon son bon plaisir où qu'il le veuille. Et ceci répandit la peur parmi les autres et ils n'avaient pas appris. Ils commencèrent à se diriger vers leurs créations et à les garder. Et voici qu'un seul temple ne fut pas suffisant, il lui en fallut davantage.

Et, l'un après l'autre, ils firent face à son assaut, ne sachant pas comment l'éviter jusqu'au moment où ce fut le tour du dernier temple, le plus petit de tous, le plus rudimentaire de tous dans sa forme, car les autres étaient bien plus splendides encore. Il y vint et son espace était presque rien mais il le rasa également. Et le Dieu qui se tenait devant son endroit et avait pris la mesure de tout se mit en colère contre l'autre et voici que de lui jaillit la grande lumière qui frappe l'attaquant. Et l'attaquant répliqua car il n'avait été l'objet d'aucune attaque. Il avait été frappé et il se retourna et frappa en retour, et l'autre maintint sa position et retourna les coups. Et bientôt les uns commencèrent à frapper les autres et Malina commença à tomber en ruine.

La compétition et le pouvoir des Dieux étaient grands. Regarder et être témoin d'une attitude équivaut à la contempler ; ce faisant, vous la devenez. Et ils commencèrent tous à ressentir de la colère. Et bientôt la création de la colère fut grande. Et tous sauf quelques-uns étaient embrouillés dans cette bataille. Et les rares qui n'étaient pas embrouillés dans la colère se trouvaient dans un lieu sur le sommet où ils avaient manufacturé en pensée un moyen de manifester une création supérieure et un spectre supérieur dans d'autres univers. Ils étaient davantage dans le flux de la création, selon la formule. Et ce furent ces rares entités qui regardèrent la destruction de Malina et regardèrent la bataille, car chacun des Dieux se battait contre un autre. Et à la même vitesse que celle de la création, ils furent annihilés. Et aussi vite que la pensée pouvait se manifester, l'autre pensée la contrecarrait ; c'était la grande guerre des Dieux.

Vous dites que cela sonne un peu humoristique ? Peut-être que oui mais, vous voyez, ici, ils ne mouraient jamais. Ils entendraient bientôt parler de la mort mais ici ils ne mourraient pas. Ils ne faisaient que créer la fertilité — enfant de siècles et de millénaires à venir — du mouvement fatal de Dieu contre Dieu et même de la mort. Ils ne moururent pas mais se firent la guerre les uns aux autres. Et la guerre continua durant ce qu'avec votre sens de l'exactitude vous appelleriez deux millions d'années et un nombre quelconque de jours. Cette guerre se poursuivit. Elle ne cessa jamais.

LE CHAGRIN DE LA DESTRUCTION

Les choses s'amplifièrent si bien que l'oblitération de Malina devint certaine. Et parmi les rares entités qui s'étaient rassemblées, il y en avait une, appelée la Déesse Colombe, qui était particulièrement merveilleuse. Et cette entité commença à pleurer ce qu'on appelle une larme dans sa création sur la destruction de sa beauté sur le chemin des autres. Et, alors qu'elle commença à pleurer, dans toute sa beauté, la Déesse Colombe pleura pour sa demeure si belle, enfant de la lumière merveilleuse, et vit le chagrin. La Déesse Colombe est connue comme l'entité qui fut la première à ressentir le désespoir. Et chacun des moments de désespoir et de pleurs se cristallisa depuis l'élément de sa lumière et, où qu'elle pleura, tombèrent les cristaux.

Les Dieux ne savaient pas ce qu'étaient les pleurs ; ils ne savaient pas ce qu'étaient les gémissements. Permettez-moi de vous le dire. Survenant aux dépens de la colère par le biais de la foudre qui peut pénétrer et raser quoi que ce soit, que peuvent niveler les pleurs ? Cette Déesse pleura en chantant à l'intention du Père et son chant était un chant de chagrin et de lumière saisi dans les vents et l'orage du mouvement. Et elle plaida auprès de la Source afin que celle-ci intervienne et cesse la destruction qui était la cause d'une peine si profonde. Et ses lamentations s'étendirent aux chagrins à venir car elle avait été maintenant créée. Et son chant mélodieux s'éleva dans l'espoir que sa demeure tant aimée soit épargnée, dans l'espoir que toute la création puisse être épargnée car la destruction était plus que ce que, dans son être de lumière, elle pouvait supporter.

Avez-vous jamais entendu une femme gémir et pleurer — pas de manière silencieuse — en avez-vous entendu une pleurer ? Cela crée des échos dans ce qui est détruit et transperce l'âme de tout homme et touche en profondeur. Quelle chose créée peut contenir en vérité tant de chagrin qu'elle possède le pouvoir d'atteindre ce qu'on appelle l'âme d'une pensée jusqu'au Père, causant le commencement du développement du chagrin ? La Déesse Colombe était une femme gémissante, comme vous dites, avant la destruction, et son chant tomberait en chemin sur les roulements du tonnerre, exécutant ses formes de lumière dans la semence du Père. C'est elle qui mit fin à la destruction. Et lorsqu'ils l'entendirent chanter son chant et pleurer ses terribles pleurs, ils s'arrêtèrent tous, se tournèrent en direction de la grande colonne et regardèrent son visage. Et son chant surgit et se précipita au travers de la vallée. Et alors qu'il se précipitait au travers de la vallée, il commença à faire trembler la vallée. Et alors qu'il faisait trembler la vallée, il atteignit jusqu'aux entrailles de la montagne qui s'effondra à cette atteinte et voici que tout s'effondrait. Et le blanc merveilleux devint une mer de destruction qui engloba ces grands événements.

Et alors que les Dieux guerriers la regardaient, le fondement même de leur pensée s'effondrait. Et leur chant s'éleva et il s'engouffra dans le cœur même de Malina. Et alors que le rythme vibratoire de l'appel pénétrait Malina, le son qu'il produisit s'éleva ; surgi de son centre, il jaillit au dehors et, en un terrible coup, tout fut perdu dans un grand bruit de tonnerre.

Et voici que l'enfant du soleil qui avait été créé, son premier enfant, n'était plus. La lumière du grand soleil central vomit sa misère et tenta de saisir ses particules d'espoir. Et alors qu'il se penchait, il donna de lui-même et ramena tout en lui-même. Et il pleura sur son enfant et il tendit ses bras et ramena ce qu'il en restait en lui-même. La bonne mère qui aimait son enfant recueillit son corps brisé et le tint de nouveau dans son âme.

Un grand éclair : la Déesse Colombe et son chant et son regard sur ceux qui l'entouraient, les Dieux qui étaient avec elle, s'alignèrent tous en une pensée et allèrent jusqu'aux confins de votre univers ; là, ils attendirent au travers de leur colonne de lumière et virent que leur création n'était que la re-création d'une autre pensée et d'un autre moment, annihilée, sans valeur ici, ne créant donc pas la vie.

Et les Dieux guerriers, qu'avaient-ils anéanti ? Ce ne fut pas par leur colère. Ils n'en étaient pas les auteurs. C'était quelque chose de plus grand qui se mouvait sans la lumière. Et ils furent saisis et dans la peur, et ils ne suivirent pas le grand luminaire jusqu'à ses confins ni les prémisses de votre univers qu'ils virent car cela les avait jetés dans la crainte et dans la peur. En vérité, ils se rassemblèrent et supplièrent le soleil mère de leur accorder un autre enfant.

Et voici qu'un enfant apparut. Et il apparut et, alors qu'il sortit dans l'univers, il fut amené par la Déesse Colombe jusqu'au lieu le plus reculé de l'univers. Et c'est là, sur ce que vous appelez Pluton, que la Déesse Colombe et ceux des Dieux qui ne souhaitaient pas participer à la guerre commencèrent leur création dans le contentement et la paix. Il y en a d'autres qui sont sur la planète située à l'opposé de votre terre de l'autre côté du soleil et que vos scientifiques découvriront avant la fin de ce siècle qui est le vôtre. Vous possédez donc une autre planète là-haut dont vous ne connaissiez pas l'existence.

Et voici que le soleil mère enfanta de nouveau et l'enfant apparut dans l'univers. Et il devait être un phare, car il serait ce qu'en vérité on appelle la planète du chagrin et là il serait le standard qui maintiendrait à jamais la Déesse dans son royaume. Et ainsi, les Dieux qui s'éveillaient ne pouvaient pas l'avoir et ils ne pouvaient en avoir une autre non plus car, lorsqu'il apparut, en vérité, il était immense et il explosa de lui-même car il était plus grand que le soleil. Et en vérité tous les fragments qui l'entouraient se placèrent autour du centre de son être et il fut projeté au dehors.

Terra, la Naissance d'un Nouvel Espoir

Et le soleil donna naissance à un autre enfant ; il vomit et fut meurtri car cet enfant était grand dans sa matrice et il naquit. Et tous naquirent et étaient stériles et, alors que les Dieux regardaient, aucun ne naquit qui ne les satisfasse. Aucun n'était parfait jusqu'au moment où voici que naquit le plus petit de tous les enfants du merveilleux soleil. Elle leva sa grande tête et regarda les grandes colonnes de lumière et sa lumière devint toute petite. Et alors qu'elle donna naissance à son enfant dans le berceau formé par son orbite, il sortit de la matrice délicate. Et le petit enfant était une graine, engloutie dans une substance aqueuse. Et voici que les Dieux le regardèrent et virent qu'il semblait en vérité que le soleil mère avait repris son enfant et en avait formulé un autre d'apparence semblable, mais protégé.

Et le grand soleil mère donna naissance à son enfant minuscule et il naquit, et les Dieux le regardèrent, splendide qu'il était. Et alors que le bébé reposait dans son berceau, recueillant en lui-même les forces de lumière qui lui permettraient de grandir lorsqu'il serait prêt, le soleil plaça son bébé sur son orbite car son minuscule enfant était parfait. Et les Dieux regardèrent l'enfant et le trouvèrent splendide. Et ils trouvèrent en lui des ressemblances avec leur première création.

Et ils regardèrent l'enfant et voici qu'ils trouvèrent que la surface de la graine était souple — elle était douce, elle bougeait et était capable de permutations — et que les strates aqueuses qui l'entouraient captaient toute la lumière merveilleuse du soleil mère, la distribuant également dans son bel enfant. Et les

Dieux le regardèrent et pensèrent que c'était une merveilleuse créativité.

Et l'un après l'autre, ils prirent leur mesure et y déversèrent la perfection de la lumière qu'ils avaient insufflée dans Malina. Et voici que les premières herbes devinrent. Mais lorsque la pensée traversa le spectre de la lumière, ce qu'on appelle la strate aqueuse, et entra dans l'enfant, elle perça la couche de soins bienfaisants et aimants du soleil répartie sur toute sa sphère. Et en vérité quand la graine apparut, voici qu'elle devint une plante et les herbes et l'affirmation de ce qu'on appelle en vérité la lumière oxygénée, possédant en vérité toutes les particules de la vie selon une compréhension à trois dimensions.

Voici que Dieu, à partir de son être même, donna le jour à l'herbe merveilleuse. Dans la pensée, alors qu'en vérité il perça l'enfant et se déploya parfaitement, laissant libre cours à la mesure de cette compréhension, la vie apparut. Et les herbes apparurent mais leur couleur, le Dieu ne l'avait jamais vue car la couleur lui ressemblait, en vérité, car elle existait dans la fraction de la lumière et dans la sphère dans laquelle elle évoluait elle-même maintenant. Elle avait pris une teinte pâle appelée en vérité verte dans vos termes, mais elle n'était pas brillante ni sombre.

Et voici que les herbes apparurent et le Dieu jubilait. Il fut merveilleux de le produire, cet enfant. Et voici en vérité qu'un autre apparut et il y plaça en vérité une graine de plante et donna vie en vérité à une plante merveilleuse. Et elle naquit et son Dieu la regarda et il jubilait car elle avait une nouvelle couleur. Et un autre s'avança et il prit la feuille et il fendit la feuille et pourtant, lorsque la plante grandit, elle avait la même couleur mais elle était unique et différente comme le Dieu qui l'avait faite, et ainsi de suite.

Et voici qu'en vérité s'avança un autre Dieu qui en vérité donna naissance à ce qu'on appelle l'animal. Et l'animal, dans sa forme condensée la plus basse, devint en vérité de lui-même une entité individualisée dans sa forme parfaite, même alors. Et voici que tel qu'il était, l'animal n'était pas mobile. Et l'entité, souhaitant en vérité la mobilité, ne le pouvait nullement en tant que plante. Et le Dieu qui avait créé l'animal le regarda et vit qu'il ne faisait rien. En essence, c'était une petite boule de quelque chose. Et en vérité, le Dieu devint l'animal de sa création pour voir la vie dans son mouvement, pour le rendre unique. Et lorsque le Dieu devint partie de l'animal, il insuffla sa vie en lui, son essence, son esprit et son âme et voici que l'animal prit vie. Et en vérité les organes de l'animal n'étaient pas de ceux qui sont faits pour digérer la lumière ou la pensée ; c'était une substance qu'ils devaient digérer. L'animal mangea l'herbe, dévora les deux plantes et tout disparut sauf l'animal.

Une à une, les gentilles plantules furent créées à nouveau. Dans votre royaume, il n'existe pas deux plantes qui aient jamais été semblables. Elles sont toutes différentes, toutes différentes. Ce que Dieu apprenait alors était de manifester une autre plante et de lui donner le jour et une autre ici et de la faire apparaître, et l'animal la mangeait. Et il n'en restait plus qu'une seule et l'animal la mangea aussi.

Et ce Dieu, alors qu'il apprenait à insuffler le souffle de vie dans sa plante, n'avait en vérité pas appris à rendre la plante plus grande et il se trouva perplexe. Et l'animal eut faim. Alors, il créa cette plante-ci et celle-là et il donna à la pensée deux autres régions et il peupla une masse entière avec de parfaites plantes individualisées. Et voici que celui qui avait créé l'animal en créait un autre, puis un autre. Et les animaux mangeaient les plantes. Et le Dieu qui créait sa propre plante merveilleuse les recréait sans cesse et les autres qui créaient la feuille fendue les créaient. Les autres, ceux qui en vérité créaient les mousses, les créaient. Mais, l'une comme l'autre, elles ne possédaient pas de graines. Et les animaux commencèrent à manger.

Regardons le peuple des végétaux. Ce problème les rendait extrêmement perplexes car ils avaient déjà appris — dans leur apparence et dans le seigneur de leur être, ils étaient encore la destruction de ce qui s'était produit auparavant — et ils devinrent les plantes et surent ce que c'est que d'être dévoré par l'animal. Ils devaient en faire l'expérience et le firent donc. Ils devinrent la tendre plante, furent arrachés ou démantelés par l'animal dans sa cause naturelle. Il est extrêmement méprisable d'être mâché et avalé dans un grand spasme !

Dieu voyant ceci imagina de lui-même que si le souffle de vie, placé dans l'animal, le rend mobile, il doit exister quelque chose que l'on peut donner aux plantes pour qu'elles se protègent. Dieu devint donc la plante et plaça dans la plante une pensée permanente et la pensée était appelée la graine. Et la graine de la plante se redistribuerait à jamais. Et il fit de même avec chaque plante et la graine de la plante se compléterait toujours d'elle-même. Et alors qu'il plaçait dans la plante la pensée parfaite, l'animal vint et dévora la plante. Et alors qu'elle traverse ce qu'on appelle en vérité la partie digestive de l'animal pour y être transformée pour faire croître sa matière animale, la graine ressortit dans ce qu'on appelle ses excréments et elle n'était pas abîmée par l'animal. Et dans les excréments, la graine commença à croître de nouveau et voilà qu'apparut une plante. Et Dieu jubilait. Et toutes les plantes sortirent de leurs graines et bientôt celui qui avait produit la feuille fendue lui aussi donna une graine.

Et d'autres qui faisaient leurs plantes devinrent des fleurs en sorte de rendre leurs graines plus belles que les graines des excréments. Et par tous les processus de chacun de ces Dieux individualisés créant dans son style unique merveilleux et individualisé, il donna à la graine une couleur, une teinte différente, une attirance par sa disponibilité pour que sa création merveilleuse ne fût plus jamais détruite. Elles étaient alors en abondance. Aussitôt que l'animal ingérait la plante et la digérait, la graine sortait dans ses excréments et croissait de nouveau car, en vérité, dans la strate aqueuse qui entoure cette terre magnifique qui est la vôtre — ce qu'on appelle en vérité la température favorable de la matrice, maîtres — la température était la même dans votre monde entier.

Et la lumière, la mère merveilleuse, donna à ce monde une lumière qui l'entoura totalement ; ainsi, la terre ne connaissait pas l'obscurité. Sa lumière était continue car la lumière, pour ainsi dire, se déplace sur la surface de l'eau et elle s'étendit complètement tout autour de la terre. Cependant, aussitôt que la graine sortait, elle était dans les excréments. Elle avait la température et la lumière pour se reproduire rapidement ; la pensée jaillissait donc volontiers en tout lieu. Et tous les Dieux révisèrent en vérité la flore dans leur main et leurs plantes, en vérité les odeurs merveilleuses, toute la création pour qu'ils ne puissent se détruire les uns les autres mais que chacun devienne individuel et unique en sorte d'exister à jamais.

L'Évolution des Royaumes Animal et Végétal

Les animaux maintenant : celui qui avait inventé la masse globuleuse insuffla en elle son souffle. D'autres commencèrent à inventer leurs masses globuleuses et à insuffler en elles leur souffle. Et il y eut bientôt davantage d'animaux que de plantes. Bien que tous les jeunes arbres grandissaient, l'animal avait faim. Et, en vérité, voyant ceci, voyant qu'ils avaient tous beaucoup d'animaux, un Dieu inventa un animal qui en vérité mangeait les animaux. Les animaux en vérité n'avaient pas de graine, car ils n'avaient pas appris en vérité le principe de la graine de la plante. Et ainsi il en créa un en vérité avec des crocs abondants. Et alors qu'il se formait, le Dieu insuffla sa propre vie en lui et y demeura jusqu'à ce qu'il ressentit la faim. Et l'animal commença à attaquer l'autre et à dévorer celui qui dévorait les plantes. Et, en un spasme, ce qui était l'animal n'était plus mais il avait rempli le ventre de l'autre.

Maintenant, un Dieu regarda cela, ébahi. Qu'était-il advenu de son animal ? Tout ce qu'il en restait était les organes internes, rien d'autre. Et ainsi, alors que le Dieu qui avait créé le premier animal commença à contempler celui-ci en action, il vit l'animal manger les autres. Et bientôt, quand tout fut mangé par le grand animal, il devint de plus en plus gros. L'animal qui les avait tous mangés n'avait plus de nourriture. Et l'animal partit à la recherche de nourriture car il n'aimait pas les végétaux ; ainsi, les plantes commencèrent à prospérer et à prendre le dessus sur tout et l'animal était à l'agonie, prêt à périr.

Et ce Dieu contempla ceci si bien que, par sa pensée, il donna de nouveau naissance à un animal parfait et il en fit d'autres à sa ressemblance. Et bientôt le grand monstre retrouva suffisamment de force pour pouvoir les attaquer et les manger de nouveau. Voyant ce processus d'une forme de créativité inférieure, le Dieu créa son animal et créa en lui de manière permanente un organe qui est contrôlé par deux autres, qu'on appelle les glandes et qui sont capables de stimuler sa graine, mais il ne savait pas comment la graine serait transmise et croîtrait comme croît la plante si ce n'est à travers le gros animal.

Le Dieu créa la semence de l'animal à venir et en vérité l'animal avait sa semence et l'animal façonna de sa chair et pondit un très gros œuf. À l'intérieur de l'œuf se trouvait une semence fertile. Et l'animal plaça l'œuf dans le sol chaud et c'est là que l'animal commença à se produire lui-même. Lorsque l'œuf éclata, voici qu'une autre idée unique était née dans une manière de comprendre encore primitive. Lorsque Dieu regarda sa création, il fut exubérant. Et malheureusement pour ainsi dire, il vit que la créature dans l'œuf ressemblait exactement à la créature et ne comportait aucune différence avec elle. Et ainsi le Dieu regarda la plante et il vit le végétal, la mousse, la flore, dans toutes leurs couleurs et parfums, et il vit que ce petit animal n'avait pas de forme individualisée, qu'il se produisait semblable à lui-même.

Le gros animal vint à passer et en vérité il avala le plus vieux et laissa de côté la fraieson. Et alors qu'il mangeait, dévorait et attaquait, celui qui avait créé le gros animal était fort satisfait de son invention. Ainsi, le Dieu qui avait créé le premier regarda dans les yeux celui qui était plus gros et le jugea effroyable et créa pour lui-même, pour ainsi dire, un animal capable de pourchasser celui-ci tandis qu'il développerait celui-là.

Il donna donc vie à un animal et il regarda la gueule de l'énorme monstre et il fit celle-ci plus longue. Et en vérité il vit la nageoire sur le dos de ce monstre car sa conception n'était pas intelligente si bien qu'il fit celui-ci avec un corps monstrueusement gros, avec des pattes puissantes, afin qu'il soit plus fort que celui-ci et avec une grosse queue pour lui donner de l'équilibre. Et cette entité dévorerait celui-là tandis que celui-ci serait fait et conçu à l'image des Dieux. C'est ainsi qu'apparut un animal à l'aspect extrêmement monstrueux et fort répugnant. Et en vérité l'animal alors à venir n'était encore rien et le Dieu entra dans l'animal et insuffla en lui le souffle de vie, son âme et son Esprit ; il lui impartit également l'acte de dévorer cette chose.

Et la grosse créature, ressentant la faim, s'en alla et commença à dévorer les autres. Et peu après s'ensuivit une bataille et le Dieu découvrit la guerre au sein de sa création. Et il prit part à la guerre pour la survie de sa créature. Et le Dieu ressentit le plaisir qu'il y a à faire la guerre à une autre créature, et son évolution lui permit bientôt d'abattre le méprisable animal. Et il se retira et en créa un autre qui aurait une forme individualisée plus petite. Et il placerait la semence dans celui-ci et, pour ce qui est du plus gros, il placerait ici la semence et la glande et deux seulement ici et ces deux créatures seraient partenaires.

C'est ainsi que, par la copulation, les deux commencèrent à faire ensemble l'expérience du plaisir et les Dieux virent le modèle unique de chacun d'eux apparaître dans un œuf enfoui au sein de celui qui était le plus petit. Et lorsque l'enfant apparut, il était splendide. Il était différent, plus gros, avait davantage de dents et était plus merveilleux que ses parents.

Maintenant, d'autres Dieux sont occupés à créer des animaux et, grâce à cette compréhension, ils créèrent les leurs sur le même modèle, un modèle qui pour ainsi dire vivrait pour toujours en chacun d'eux. À ce point de votre création, chaque Dieu en est à établir pour lui-même un merveilleux modèle de vie qui lui soit propre, le transmettant afin qu'il puisse vivre.

La première fois que la foudre tomba fut un événement qui demeura longtemps dans les mémoires, un événement à la fois révéré et craint par les Dieux. Mais alors que l'un des Dieux se sentit intimidé par l'animal d'un autre qui menaçait sa propre création, tous les Dieux se mirent à concevoir des animaux plus gros avec davantage de dents, plus abominables en vérité et plus rapides dans le but de se défendre de la création de l'autre. Ce fut une guerre sanglante.

LES DIEUX NÉS SOUS FORME HUMAINE

COMMENTAIRE DU CHAPITRE 3
LA CHUTE DES DIEUX

La Contemplation et la Concentration de la Pensée

Dans leur effort pour s'adapter à leurs environnements variés, les espèces et leur lente évolution, tel qu'observé par la science, ne semblent laisser aucune place au Dieu créateur tel que présenté dans le livre de la Genèse. Cependant les théories scientifiques de l'évolution ne fournissent aucune réponse quant au point de départ de ce processus ni ne décrivent l'intelligence organisée qui continue à la guider.

C'est par son commandement que le Dieu de la Genèse donne vie à la création et il en est fait ainsi de par le pouvoir de sa parole : « Dieu dit : " Que la lumière soit ! Et la lumière fut[1] ". » Un autre élément important que l'on retrouve tout au long de ce récit est l'action de voir et de nommer ou de contempler et de définir le produit final de la création : « Dieu vit que c'était bon[2]. » et « Dieu appela la lumière jour, et il appela les ténèbres nuit[3]. » Et enfin, une caractéristique étonnante de ce récit qui a son parallèle dans de nombreuses autres traditions est la division de l'acte de création en sept unités ou parties. Dans ce récit, la création vient à l'existence et trouve sa définition grâce à la puissance de la *pensée* exprimée en mots et à celle de la réflexion et de la *contemplation*.

Cela est important car il se pourrait que l'interprétation traditionnelle de ce récit qui implique une séparation intrinsèque entre Dieu et l'univers ne soit pas l'intention originelle d'où sont nés ces éléments clés qui ont survécu dans le récit final de la Genèse tel que nous le connaissons aujourd'hui. Comme nous l'avons dit auparavant, grâce à l'exposition que donne Ramtha de l'origine et de l'évolution de l'univers, un contexte d'interprétation acceptable pour ces éléments clés commence peut-être à émerger.

Dans les chapitres précédents, nous avons étudié le fait que l'existence tout entière doive son origine à un acte de contemplation qui produisit la pensée, le dynamisme de la

---

1. Le Livre de la Genèse, 1:3.
2. *Idem*, 1:10.
3. *Idem*, 1:5.

conscience éveillée ou la conscience et l'énergie. Nous avons aussi fait part de l'observation selon laquelle ce sont précisément ces caractéristiques, nommées communément aujourd'hui comme le libre arbitre et la faculté de raisonner, qui décrivent et définissent le mieux la véritable nature de la personne humaine. La raison pour laquelle le Dieu de la Genèse est considéré comme intrinsèquement différent et transcendant de l'humanité et de l'univers est que les qualités créatrices de *pensée* et de *contemplation* volontaires ont été ignorées et reniées en ce qui concerne l'humanité.

L'hébreu ancien est la langue qui contient probablement l'interprétation la plus appropriée et la plus claire du verbe en tant que conscience et énergie créatrices. Le premier livre de la Torah juive, le livre de la Genèse, contient — comme partie de son premier mot בראשית , « barashith » — le mot ברא, « ba-rah » (bêth, rêš, 'aleph). Le second mot du même livre est « barah ». Le mot « barah » réfère à la fois à un nom et un verbe. En tant que nom singulier, il signifie « un mot » et, en tant que verbe, il réfère à l'action de la création. Cette double signification n'est en rien arbitraire, en particulier si l'on considère que le contexte du livre de la Genèse est le récit de la création.

Dieu est dépeint donnant la vie à sa création par son commandement et l'approuvant en la voyant comme bonne. Ce contexte fournit au terme « barah » une assise riche et très profonde lui donnant toute sa signification. Une grande partie du mysticisme juif et de la Cabale juive et chrétienne du Moyen Âge fut fondée sur la compréhension que les mots et les pensées ont une qualité créatrice et divine. Mots et symboles étaient objets de méditation et les agents qui permettaient à l'individu de se rapprocher du divin. À la lumière de ces considérations, il n'est pas difficile de trouver un parallèle entre le concept de « pouvoir créateur de la parole de Dieu » et celui de « pouvoir créateur de la conscience et de l'énergie contenues dans la pensée et exprimées dans la parole ».

Une différence importante existe cependant entre ces deux concepts car, dans le récit de la Genèse, le mot n'a un pouvoir créateur que s'il est utilisé par Dieu, non pas par les hommes et les femmes. En d'autres termes, il est considéré comme un attribut divin. Dans la compréhension de Ramtha, le pouvoir créateur du mot est disponible à tous. Pour Ramtha, cette qualité importante de l'humanité montre à quel point nous avons oublié notre divinité ainsi que le fondement même de notre libre arbitre.

> Ainsi la définition de Dieu — qui revient à la définition de vous-même — est que vous êtes conscience et énergie, où que se porte votre volonté. Et pourquoi les sept sceaux ? Parce que notre volonté peut œuvrer dans chacun de ces domaines. Et le corps est la réplique absolue de ce qu'on appelle les sept royaumes — ce qui existe dedans est identique à ce qui existe dehors ; ce qui existe en haut est identique à ce qui existe en bas — et ce qui donne à ces royaumes leur viabilité et en vérité la justice de leur existence est notre volonté et notre choix. Cela seul. Mais cela représente la totalité. C'est la totalité.
>
> La conscience et l'énergie sont la loi intrinsèque — la seule loi, si nous voulons l'appeler ainsi — qui soit en action. Et ce qu'elle fait, c'est qu'elle est si illimitée qu'elle en est le support. C'est la seule loi, si nous voulons l'appeler ainsi, dans laquelle la volonté que vous possédez puisse y être absolument libre[4].

La loi de la conscience et de l'énergie est toujours active dans la personne, bien que cela ne soit pas toujours apparent à cause du niveau de conscience de l'individu. Ramtha explique que, communément, les personnes ne sont pas conscientes de la véritable direction de leur intention et de leur concentration, assumant ainsi que leur volonté ne se manifeste pas. Au contraire, les personnes qui maîtrisent leur condition humaine et deviennent éclairées apprennent à devenir conscientes et à rediriger à volonté l'intention sous-jacente qui crée leur vie.

À moins de comprendre que la conscience et l'énergie créent la réalité, vous utiliserez toujours les expressions suivantes : mais, pourquoi, je ne peux pas, c'est trop difficile,

---

4. *Walking the Journey of the Woman*, Cassette 437.1 ed. (Yelm : Ramtha Dialogues, 2000).

échec, manque. Vous les utiliserez toujours. Et ce qui est merveilleux est que la conscience et l'énergie créent votre objection[5].

La conscience n'a pas de lois ; quelle qu'elle soit, c'est la loi. Et la loi est de faire connaître l'inconnu. Elle a le champ libre. L'énergie est au service des pensées. Elle est ce qui précipite le monde subatomique en particules de réalité et qui crée les champs magnétiques pour attirer dans vos bandes ce qui est déjà connu. Toute personne qui est dans votre vie reflète un aspect de qui vous êtes et existe pour la rédemption émotionnelle qu'elle procure[6].

L'EXPANSION DES SEPT PLANS D'EXISTENCE

Selon le modèle de l'existence proposé par Ramtha, dans sa tentative de se connaître elle-même, l'expansion de la conscience et de l'énergie produisit sept niveaux ou plans de potentiel distincts bâtis sur la connaissance obtenue et l'abaissement ou le ralentissement du temps au cours duquel s'est produite l'expérience en train d'être créée. La cosmologie de Platon elle aussi identifie sept divisions ou plans d'existence émergeant comme la conséquence de lois et de rapports géométriques reflétant l'ordre de l'invisible et de la réalité primordiale immuable[7].

Ramtha explique que l'univers physique de la matière dense appartient à l'expression la plus lente des sept niveaux de la conscience et de l'énergie. Ramtha décrit le processus de la création comme le voyage de l'involution et le voyage de l'évolution. L'involution est le voyage qui produisit les sept

---

5. Idem.
6. *Blue College Weekend*, Cassette 437 ed. (Yelm: Ramtha Dialogues, 2000).
7. « Lui, l'horloger, Dieu, les inclut dans ce mouvement qui opère sa révolution dans le même lieu sans variations et commença à faire en sorte que l'un devienne le cercle externe et l'autre l'interne. Et il décréta que le mouvement externe devrait être le mouvement du *Semblable* alors que le mouvement interne serait celui du *Différent*. Il fit en sorte que le mouvement du Semblable opère sa révolution vers la droite sur le côté et que celui du Différent le fasse vers la gauche suivant une diagonale et il fit en sorte que la révolution du Semblable, à savoir l'uniforme, était dominant en ne lui faisant subir aucune division alors qu'il divisa l'interne six fois afin de former sept cercles inégaux. Ses divisions correspondaient à tous les divers intervalles doubles ou triples qui étaient chacun au nombre de trois. » Platon, *Timaeus*.

plans d'existence et l'évolution est le voyage consistant à se souvenir et à retourner, chargé de nos perles de sagesse, vers l'unité du Point Zéro et du Néant.

Vue dans cette vaste perspective, l'évolution ne peut être comprise ni mesurée selon nos références temporelles. Si nous comparions par exemple notre système solaire à un seul atome comportant un nombre égal d'électrons tournant en orbite autour du noyau qu'il existe de planètes en orbite autour du soleil, nous pourrions supposer qu'il y a autant de diversités de formes d'existence dans chacun des minuscules électrons en orbite autour de cet atome même si nous ne pouvons pas le percevoir qu'il y a de diversités de formes de vie sur notre planète. Le fait que la vitesse des références temporelles et le rapport de la taille dans lesquels nous percevons l'existence de l'atome soient tellement plus rapides et plus petits que les nôtres n'exclut pas la possibilité que, si nous pouvions échanger nos échelles de temps et d'espace pour les leurs, nous pourrions faire l'expérience de l'atome comme un système solaire unique dans une galaxie comparable à la Voie lactée. Il se pourrait de même que notre système solaire ne soit qu'un seul atome d'un corps moléculaire vivant si vaste qu'il échappe à notre faculté de le percevoir.

Si nous définissons exclusivement le soi en termes d'expression humaine, cette idée est alors évidemment imagination pure. Mais si nous définissons le soi en termes de conscience et d'énergie, nous commençons à percevoir que l'évolution de toute existence, l'exploration de la conscience éveillée, est un processus vaste et remarquable qui transcende tous les concepts humains que nous avons imaginés à propos de l'éternité. Le mystère de la vie n'est jamais ni diminué ni privé de son aspect extraordinaire et enchanteur. La transcendance divine conserve sa grandeur sans que cela implique pour autant une séparation intrinsèque et infranchissable d'avec le soi, car elle est essentiellement le soi et la force dynamique qui le pousse toujours à explorer et à se connaître lui-même.

LA Connaissance de Soi

L'ancien temple de Delphes en Grèce, qui fut considéré comme le centre du monde et un lieu où il est possible d'accéder à la sagesse des Dieux, comportait à l'entrée l'inscription célèbre « Γνωθι σεαυτον » — « Connais-toi toi-même. » Socrate explique la signification profonde de cette affirmation dans ses dialogues philosophiques[8]. Dans l'un de ces dialogues, il est dit :

— Socrate : C'est donc notre âme que nous recommande de connaître celui qui nous enjoint de nous connaître nous-mêmes ?

— Alcibiade : Il le semble.

— Socrate : Or, dans l'âme, pouvons-nous trouver une partie plus divine que celle où résident la connaissance et la pensée ?

— Alcibiade : Nous ne le pouvons pas.

— Socrate : C'est donc au divin que ressemble cette partie de l'âme et, si l'on regarde cette partie et qu'on y voie tout ce qu'elle a de divin, Dieu et la pensée, c'est alors qu'on est le mieux à même de se connaître[9].

L'évolution est le processus selon lequel la conscience et l'énergie, la pensée originelle du Néant, donne naissance à la création et continue son expansion en tant qu'expression de sa réflexion de soi. En conséquence, dans la pensée de Ramtha, la conscience est le principe qui fut à l'origine de l'évolution et qui la guide. L'émergence d'organismes vivants ayant la capacité de se propager eux-mêmes, comme les plantes et les animaux, prit un temps incommensurable à s'accomplir. Le perfectionnement du modèle animal afin qu'il puisse servir de véhicule approprié pour les Dieux, pour la conscience, dans le but d'explorer et de faire l'expérience du plan physique de l'intérieur prit des millions d'années d'expérimentation.

---

8. Voir les œuvres de Platon suivantes : *Alcibiade, Charmides, Hipparchus, Laws, Phaedrus, Philebus, Protagoras, and Rival Lovers.*
9. Platon, *Premiers dialogues*, Flammarion, Traduction, notices et notes : *Émile Chambray.*

L'image de chacune des parties de ce corps si merveilleux fut construite à partir de la vision de la création. Chaque organe, chaque compréhension, fut établie en pensée dans sa perfection et la synthèse de la lumière deviendrait l'image parfaite dans la formulation de la matière. Dans sa structure atomique de base, chaque cellule contient totalement le souvenir parfait de l'idéal parfait et pourtant la graine de la cellule contient la reproduction de la partie de la totalité qu'elle exprimera éventuellement. La pensée infime fut donnée à la cellule infime et le fondement de chaque cellule est la lumière.

Comment un Dieu peut-il comprendre complètement jusque dans sa compréhension la plus infime un système vasculaire qui ne se mesure pas dans sa longueur, car l'idéal complet se manifestera lorsque l'idéal sera vu dans sa perfection. Et ce Dieu n'avait en aucune façon recherché la perfection la première fois. Il recommença de multiples fois[10].

CHARLES DARWIN ET LA THÉORIE DE L'ÉVOLUTION NATURELLE

La théorie de l'évolution naturelle de Darwin ne tient pas compte du rôle important qu'y joue la conscience. Le mélange accidentel de matériel génétique obtenu lors de l'acte de la copulation et les variables de l'environnement ne sont pas responsables de donner naissance à un organisme vivant qui soit supérieur à la totalité de ses progéniteurs. L'évolution n'est pas le produit du hasard tel que le décrit le déterminisme matérialiste, mais elle est l'expansion de la conscience de soi grâce à l'expérience. Les émotions qui résultent d'une expérience sont imprimées dans le code génétique. La sagesse obtenue par les parents grâce à l'expérience est transmise à leur progéniture et sert de tremplin pour les paradigmes de connaissance plus élevés, pour les expériences plus importantes, résultat des rêves réalisés par ces graines de sagesse passée.

Savez-vous comment vos parents ont fait pour que vous soyez mieux qu'ils ne l'étaient ? C'est parce que toute émotion

---

10. *Creation,* Cassette 005 ed. (Yelm : Ramtha Dialogues, 1980).

humaine qu'ont connue vos parents fut transmise à leurs gènes selon un schéma génétique. Ainsi, le vieux terme selon lequel vous avez hérité des péchés de votre père et de ceux de votre mère, que ces péchés vous ont été transmis, ne signifie rien de mauvais. Cela indique simplement une limitation. Combien d'entre vous le comprennent ? Cela signifie que vous portez le corps de la peur émotionnelle de votre mère, de la force intérieure de votre père. Vous portez le corps de la compassion de votre mère et de la détermination de votre père. Si vous avez un dos plus droit et plus fort que celui qu'avait votre père, la raison en est que la détermination de votre père — sa détermination — provoqua une mutation de lui-même dans ses gènes et que sa progéniture de détermination porterait un dos qui soit fort.

Nous portons tous le corps de nos parents, mais le corps de nos parents est en réalité les attitudes de nos parents. Compris ? Chaque fois que vous avez une peur, cette peur affecte le corps émotionnel. À son tour, le corps émotionnel l'imprime dans un programme dans l'ADN. Chaque fois que vous accomplissez quelque chose, que vous avez un désir —, chaque fois que vous souhaitez avoir un dos plus fort, un cerveau plus éveillé, une vue meilleure — chaque fois que vous ressentez ces émotions de manière authentique, vous affectez les générations futures avec ces attitudes. Compris ? Combien d'entre vous comprennent ? Qu'il en soit ainsi[11].

Dans la perspective de Ramtha, l'évolution génétique est égale à l'évolution spirituelle ou à l'évolution de la conscience éveillée. La science et la métaphysique ne font qu'une. La séparation entre Dieu, créateur de la réalité, et la réalité elle-même est réinterprétée comme la véritable nature, non reconnue, de la personne qui crée la réalité et fait connaître l'inconnu. Ramtha emprunte le concept de l'effet de l'Observateur à la physique quantique pour expliquer le rôle de la conscience dans le processus de l'évolution.

La science possède une manière de prouver ceci en partie en suggérant au moins que l'Observateur en nous est ce qui

---

11. *Consciousness and Energy, the Basics,* Cassette 331 ed. (Yelm : Ramtha Dialogues, 1996).

cause une réaction au niveau des champs des particules. En outre, si on la croit, la science dit que l'énergie existe sous forme d'onde et que cette onde peut non seulement onduler, mais qu'au moment où on l'observe elle peut aussi se précipiter et prendre une forme solide. Lorsque l'Observateur se retire, la forme solide se déploie et commence de nouveau à onduler. Qui donc est l'Observateur ? L'Observateur, c'est vous. Qu'est-ce que la réalité ? Bien que coagulé, un champ d'énergie potentiel peut être dissous et reformé selon la pensée, la pensée concentrée[12].

UNE NOUVELLE APPROCHE DU PROBLÈME CORPS/ESPRIT (« MIND » VOIR LA NOTE EN DÉBUT D'OUVRAGE.)

Cette interprétation du processus de l'évolution qualifie également la distinction entre le corps, l'esprit et l'Esprit. Il s'agit d'un nouveau contexte d'interprétation du problème classique corps/esprit. Comment le cerveau humain peut-il concevoir des réalités supérieures au monde physique dont il est constitué ? Le récit de l'évolution de l'espèce humaine de Ramtha décrit le désir grandissant des Dieux de devenir les créations qu'ils avaient imaginées. Ils voulaient interagir avec le domaine des objets matériels en faisant partie de ce domaine et pas seulement en étant l'image parfaite, la pensée, le vent qui lui donnait vie. La création d'un cerveau, d'un organe physique, capable de refléter la nature fondamentale de *pensée contemplative* des Dieux était essentielle pour la réalisation de ce désir. Une fois cet élément accompli dans leur créativité, ils − nous − furent capables d'entreprendre la célèbre chute du paradis, leur domaine d'existence, et de devenir l'être humain, le Dieu sous forme humaine, la couronne du voyage de la création.

L'esprit est-il semblable à la conscience ou bien l'esprit appartient-il au cerveau ? Le cerveau appartient-il à la conscience et les esprits lui sont-ils extérieurs ? Comment cela marche-t-il ? Peut-être que les choses se passent ainsi : si vous

---

12. *Idem.*

êtes un être spirituel, vous êtes la conscience qui s'écoule dans un cerveau qui est génétiquement bâti pour vous. Et le flux de la conscience est comme un courant de lumière qui fait s'allumer les bougies du moteur. Et les bougies commencent à s'allumer selon leur destinée génétique, si bien que tout ce que pense mon cerveau produit le phénomène appelé esprit. Mon esprit est donc un sous-produit de la conscience et de l'énergie agissant sur un cerveau humain créant une pensée holographique. Et la raison en est que c'est la pensée holographique qui est l'Observateur qui transforme l'énergie en vie[13].

La nature compétitive qui était déjà présente depuis le commencement du voyage de l'évolution continua chez les Dieux ayant pris forme humaine. Cette attitude eut des conséquences terribles sur l'expérience de la forme humaine car elle causa une séparation, un oubli, de la divinité et du pouvoir de créer. Les Dieux sous forme humaine retinrent leur faculté de manifester leurs pensées et leurs désirs. Cette faculté les amena à manifester leur propre exil sur le plan matériel quand ils oublièrent leurs origines et leur véritable nature et s'identifièrent avec le physique au point de ressentir séparation, inégalité, déséquilibre et limitations. Le dernier récit du chapitre qui suit raconte l'histoire de l'un des Dieux qui descendit dans l'expression humaine de la masculinité et de la féminité et comment ce Dieu se trouva piégé sur la roue de la réincarnation dans son effort pour regagner son équilibre, se souvenir et retrouver la liberté de l'immortalité.

---

13. *Consciousness and Energy, the Basics*, Cassette 331 ed.

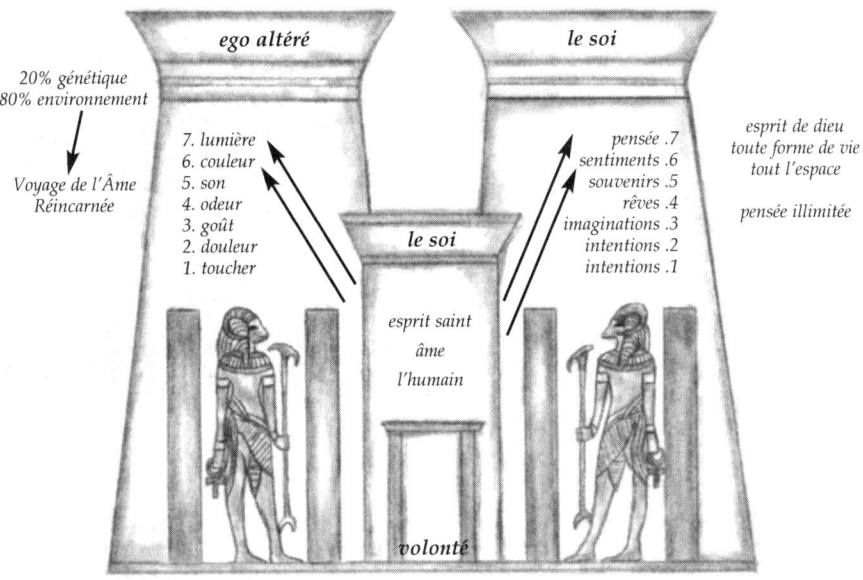

CHAPITRE 3
LA CHUTE DES DIEUX

Ainsi, afin d'accomplir la dernière descente, on doit faire une descente dans le corps vibrant au même rythme que la rose. C'est de cette manière que l'on peut goûter les fruits. Comprenez-vous ? On peut alors voir la couleur bleue et étreindre un de ces êtres humains. C'est ce que vous avez donc fait.

— Ramtha

LES DIEUX DEVINRENT L'IMAGE DE LEUR CRÉATION

Les végétaux prospéraient car les animaux devenaient des entités se mangeant les uns les autres plutôt que des entités se nourrissant de plantes. Et voici que celui qui avait créé le premier animal eut le sentiment qu'il devrait y avoir plus d'ordre dans ce chaos. Et, de lui-même, il souhaita créer un meilleur plan, un plan qui lui permettrait d'être lui-même parmi sa propre création, pour mieux la comprendre, pour l'améliorer.

Et lorsque Dieu se contempla lui-même comme jadis l'avait fait son Père, il se choisit un corps. Il se donna l'image parfaite lui permettant de résider parmi sa créativité. Et voici qu'en vérité l'image d'un Soi semblable à lui-même fut conçue et, en vérité, alors que les végétaux apparurent et que ce qu'on appelle les animaux apparurent, l'homme apparut. Dieu se créa comme partie de tout ce qu'il avait imaginé car, moment après moment, il était occupé à créer, à défendre, à améliorer et à parfaire et, ce faisant, il devint l'image.

Qu'en était-il de sa chair ? Rien n'apparaît dans les strates aqueuses s'il n'est composé en lui-même par l'enfant chéri qui demeure à l'intérieur de la matrice. Pour traverser les strates et entrer dans la matrice, toute image doit être composée des éléments de la matrice. Cela explique la nécessité d'une compréhension dimensionnelle. Dieu ne fait pas partie de ceci, il ne fait partie d'aucune compréhension, car il n'est pas l'élément mais seulement son créateur ; faire partie de son animal ne lui était pas possible. L'homme devint par son image. Et par son image, il apprit ce qu'était sa création et sa beauté.

L'homme, eh bien parlons-en, le Dieu qui créa l'homme était délicat car délicat était son amour pour lui. Et alors que l'image reposait sur la terre, silencieuse dans le reflux de son être, grâce au souffle de Dieu, l'homme naquit. Pardonnez-moi. Je suis un Dieu et je suis en train de me souvenir. Commandons des rafraîchissements. Pardonnez-moi, je vous prie. Comme on dit, c'était en vérité un moment de souvenir.

Ce fut l'heure, comme vous le diriez, où la première vision de l'homme fit son apparition. Ceux qui en furent la cause furent l'entité du nom d'Ishum et l'entité du nom d'Yahweh[1]. Et ces deux entités étaient toutes deux désireuses plus que tout de faire partie de la forme créative, même telles qu'étaient les formes de ce temps-là pour ainsi dire.

Les eaux ne s'étaient pas alors encore déversées sur la terre. Elles demeuraient toujours dans ce qu'on appelle la strate, car ce qu'on appelle en vérité l'accomplissement de la créativité n'avait toujours pas été mis en œuvre. Ishum — image de l'homme, image comme toute chose — pénétra et traversa ce qu'on appelle la strate avant que les habitants qu'on appelle en vérité les animaux n'aient encore pris forme. Et, en vérité, leur enveloppe charnelle conféra au corps sa beauté et sa teinte. Et l'homme se tient devant le Dieu dans sa première enveloppe charnelle ; le Dieu le devint et lui donna son souffle bien aimé. Et Dieu devint l'homme. En un instant, l'homme devint une division de Dieu, sa création parfaite selon cette compréhension.

Yahweh créa son homme et les autres se mirent à créer leur homme. Et ceux qui, en cette heure même, venaient de s'évoluer grâce peut-être à la contemplation de ce qu'on appelle des commencements, contemplèrent les commencements et décidèrent de s'évoluer dans la merveilleuse création d'Yahweh et d'Ishum. Et voici qu'ils se rassemblèrent et chacun en avait imaginé un de lui-même.

Et cela n'eut pas seulement lieu ici mais d'autres se rendent, en vérité, dans une autre partie de la sphère — le jeune enfant du soleil mère. Ils y amenèrent leurs créations et c'est là qu'elles commencèrent. Et l'homme devint pour ainsi dire une magnifique créature pour que Dieu puisse faire partie de ce domaine et ne pas toujours être le vent. Et comme l'homme naquit de Dieu, alors qu'il fit son apparition, il devint l'idéal parfait. Les hommes apparurent en grand nombre et c'étaient, en vérité, des hommes déterminés car ils ne venaient pas d'eux-

---

1. Yahweh est un être différent de Jéhovah.

mêmes mais étaient simplement des hommes de Dieu. Dans divers foyers sur votre sphère fut créée votre créativité de l'image parfaite d'une compréhension habitable, l'homme. C'était une créature merveilleuse.

À ses débuts, selon vos débuts, son aspect était tout à fait épouvantable, car bien des choses devaient en vérité être ajustées dans le corps et l'environnement. En ces temps-là, la chaleur était en vérité adéquate pour ainsi dire dans toutes les régions ; ainsi l'homme, tel qu'il fut créé dans ses tout premiers débuts, n'avait ni chevelure ni poils couvrant la totalité de son corps mais seulement sur la tête ; ceux qu'il avait sur la tête avaient en vérité pour objet de le protéger. Il existe davantage de choses susceptibles de causer des égratignures et des contusions dans la région de la tête, qui est une région extrêmement importante.

Alors que l'homme commença à devenir plus mobile et à se déplacer plus librement, Dieu commença à faire l'expérience du royaume qu'il avait créé dans toute la merveille de son être. Et souvenez-vous de ceci : ce n'était pas uniquement un seul Dieu, mais vous faisiez tous l'expérience de la totalité de votre création, comme un tout... Et l'homme, qui était stérile[2], commença bientôt en vérité à explorer son monde et voici qu'il rencontra une situation abominable appelée les animaux qui le dévoraient. Et ceci devint une travestie de création, car celui qui était le dévoreur suprême, parmi tous les autres, avait découvert un mets délicat et formidable à son goût.

Situation des plus perplexes ; c'est ainsi qu'advint une évolution d'importance. L'homme fut conçu un peu plus grand et un peu plus mince et pas aussi bossu afin d'être plus agile à la course, ce qui facilita quelque peu les choses. Mais le temps arriva bien vite où l'homme disparut de la surface de la terre et les Dieux ne cessaient de produire le même idéal. Je souhaite que vous sachiez qu'au commencement tous les hommes avaient la même apparence. Aucun n'était différent d'un autre. Ils étaient

---

2. Il est important de noter qu'à cette étape-ci de son évolution l'homme n'était pas défini selon son appartenance sexuelle. Il n'était ni mâle ni femelle. Ainsi, Ramtha ne veut pas dire que l'homme fut créé en premier, mais plutôt que fut créé un être hominidé qui évolua éventuellement pour devenir l'être humain que nous sommes aujourd'hui.

tous faits à la même image — tous — comme l'étaient les animaux dans leur premier domaine.

Cependant, de lui-même, par lui-même, grâce à ce qu'en vérité on appelle la généalogie de son être, grâce à ce qui est appelé les composés moléculaires et cellulaires de son corps, si l'on prend un frottis de son corps et on en conçoit une image[3], l'homme se reproduirait lui-même. Si l'homme, de condition stérile, se produisait lui-même, ce serait lui-même. Il n'interviendrait ni différences ni variantes. Et lorsqu'un homme était détruit, Dieu concevait un autre homme et ainsi de suite jusqu'à ce qu'un temps vint où, en vérité, du fait des conditions qui existaient alors, son extinction ou les probabilités qu'il puisse continuer à vivre parmi toutes ses attitudes les plus néfastes qu'il avait créées sous forme de végétaux et de structures animales devinrent extrêmement périlleuses pour lui. Il découvrit qu'il était très mal équipé pour survivre ici à ses propres attitudes — pitié, Dieu eut pitié — et il continua, continua son malheur. L'homme continuerait à prospérer et Dieu concevrait davantage d'hommes qui deviendraient de plus en plus en plus nombreux et certains que la région était sûre. Il fut bientôt dévasté par les animaux.

L'ÉVOLUTION DE L'ESPÈCE HUMAINE : LA SÉPARATION ENTRE MÂLE ET FEMELLE

Dans la contemplation de celui qui avait imaginé le premier animal arriva un moment où il perçut qu'il lui serait possible de se doter encore davantage de lui-même, si bien qu'il conçut un homme plus rapproché de ce qu'on appelle l'homme de Neandertal et qui ressemblait considérablement à ce que vous êtes aujourd'hui. Cet homme, il lui donna une capacité de raisonner supérieure et un sens de la divinité plus élevé, lui donnant davantage encore de lui-même. Cet homme était

---

3. Duplication selon le processus du clonage de l'image ou des schémas de destinée auxquels est donné le souffle, imprimé dans le matériel génétique de la créature précédente.

intelligent et sage, car c'était un Dieu debout et non pas une moitié de Dieu ou une portion de lui-même. Il était Dieu debout.

Le Dieu qui avait créé le premier animal créa le premier homme qui serait ce qu'il était lui-même, le Dieu divin. Son intelligence lui permettait d'être plus malin que les animaux. Il découvrit des endroits où bâtir de ses petites mains pour ainsi dire un lieu, une structure, où il puisse se cacher. Et il choisit un territoire sur lequel ces géants grouillaient. Et il découvrit bientôt qu'il pouvait creuser sous terre, où il ne pourrait être trouvé.

Eh bien, alors qu'il se trouvait toujours parmi tous ceux, nombreux, qui étaient mangés et qui se reproduisaient aussi rapidement qu'ils le pouvaient, cet homme qui exerçait la créativité de ce Dieu survécut parce qu'il était Dieu. Il était lui-même la survie ultime. Alors que les autres ne l'auraient jamais fait, il le fit. Après l'avoir fait, il devint cet homme parfait. Il vécut encore un peu de temps sur ce plan et commença à faire l'expérience des choses dont son homme bien-aimé faisait l'expérience, acquérant de la sagesse dans la compréhension de l'homme en tant que créateur. Et arriva un jour où il déposa le corps de son être magnifique et retourna dans sa propre strate. Il contempla tout ceci. Voyant les raisonnements qu'il avait ressentis, la compassion qu'il avait ressentie et la sagesse qu'il avait ressentie, ce Dieu — le même Dieu —, grâce à la similitude de ses pensées, rassembla autour de lui d'autres en accord total avec lui.

Il commença à réfléchir. Il regarda de nouveau ses premiers animaux alors qu'ils se produisaient eux-mêmes et devenaient spectaculaires car chacun était unique, sauf qu'ils étaient la proie de tous les autres qui les dévoraient rapidement. Il avait une grande compassion pour ses animaux car il était devenu l'homme. Et ce Dieu pénétra son animal et mit en place, donna à son animal, une pensée d'une qualité si remarquable qu'il devint cet animal ; il surpassa les autres en intelligence ; il les dépassa de plus en plus en plus. Et il était enchanté de survivre et d'être plus malin que les Dieux de leurs êtres et leurs attitudes. Il était une espèce de stratège et certains qui avaient collaboré avec lui trouvèrent ceci merveilleux, si bien qu'ils commencèrent à faire partie de sa création, de ses animaux. Et ils se rassemblèrent tous et apprirent à survivre grâce à leur intelligence.

Eh bien, le groupe qui était resté avec ces animaux resta avec eux, trouvant, grâce à leur intelligence, plaisir à surpasser les affreuses bêtes. Et ils apprirent à voyager autour de la sphère, et le plaisir, c'est là qu'ils l'apprirent. Et alors que ce groupe se déplaçait sous la forme de la création animale, ce Dieu qui avait créé l'homme — lors d'une randonnée, il se souvint de son homme —, ce Dieu quitta le corps de sa bête et périt. Et, voyant ceci, les autres se mirent à craindre qu'eux aussi pourraient périr ; ils ne quittèrent donc pas leurs animaux.

Un de ces Dieux revint et retrouva son homme merveilleux. Il contempla son homme merveilleux et l'étudia. J'aime ceci plus que tout, car c'est ceci que je suis plus que tout. Et ta merveilleuse image, et ton être merveilleux, je l'ai conçu simple et petit, mais c'est avec toi que je suis ; nous possédons une grandeur supérieure à tout ceci. Et le Dieu qui ressentait de la compassion pour son homme aimait son homme et se souvint de la première semence qu'il avait plantée de lui-même dans son premier homme. Il voulait devenir plus mais, chaque fois qu'il en concevait un autre depuis l'image de son homme, ils se ressemblaient tous[4]. Leur apparence ne différait pas ; il se souvint alors de ses animaux et de la manière dont il les avait faits différents. C'est ainsi que Dieu prit l'image[5] de son homme qu'il était maintenant et en fit encore un autre, mais en elle il concevrait le nid pour l'œuf qu'il avait pondu dans ses animaux et ensuite caché. Ce serait son homme qui donnerait la semence.

L'idéal ne fut pas pris de la substance de l'homme. Il ne fut jamais pris de l'homme. Il fut pris du Dieu qui lui donna pensée et image parfaites, imagina une autre image, une image dans laquelle, en vérité, Dieu réfléchit son être parfait comme récepteur de lui-même. Et il regarda son homme, l'image de lui-

---

4. Clones.
5. L'image réfère aux schémas de destinée auxquels est donné le souffle, imprimé dans le matériel génétique de la créature précédente.

même, la verge de l'érection[6], sa verge magnifique et ses organes génitaux, son trésor. Et, dans les bourses du scrotum, plaça à jamais la pensée de la création selon laquelle la semence de son homme merveilleux deviendrait une autre semence de par son progrès propre, comme l'avaient fait ses animaux encore et encore et encore ; c'est ainsi qu'il plaça la pensée dans les bourses du scrotum et la semence devint active. Elle devint un trésor.

Et dans l'image de lui-même, il creusa et créa à l'intérieur un merveilleux nid ; c'est là qu'il déposa les œufs, une autre semence. Et chacune était en elle-même le cumul des processus de pensée de la matrice de l'homme ; une semence maintiendrait la matrice de l'homme et un œuf maintiendrait la verge de l'homme. Et c'est ainsi que les deux idéaux se formulèrent eux-mêmes en cette évolution à partir d'un Dieu unique. Et, en tant que Dieu, il leur donna son mouvement spectaculaire, la partie merveilleuse de son être. Maintenant, comment la matière devient-elle l'image ? D'après une compréhension, telle qu'elle était devenue — et c'était l'enfant du grand soleil — d'après cette compréhension, la matière dans sa forme la plus inférieure advint grâce à la perfection de la synthèse de la lumière. Synthèse de la lumière, matière.

L'image de chacune des parties de ce corps si merveilleux fut construite à partir de la vision de la création. Chaque organe, chaque compréhension, fut établie en pensée dans sa perfection et la synthèse de la lumière deviendrait l'image parfaite dans la formulation de la matière. Dans sa structure atomique de base, chaque cellule contient totalement le souvenir parfait de l'idéal parfait, et pourtant la graine de la cellule contient la reproduction de la partie de la totalité qu'elle exprimera éventuellement. La pensée infime fut donnée à la cellule infime et le fondement de chaque cellule est la lumière.

Comment un Dieu peut-il comprendre complètement jusque dans sa compréhension la plus infime un système vasculaire qui ne se mesure pas dans sa longueur, car l'idéal complet se manifestera lorsque l'idéal sera vu dans sa perfection. Et ce Dieu

---

6. Le pénis qui fournit la semence, le spermatozoïde dans le nid de la matrice où est gardé l'œuf.

n'avait en aucune façon recherché la perfection la première fois. Il recommença de multiples fois.

Si vous prenez un frottis de votre foie, si vous en prenez un de votre cœur, si vous en prenez un de vos cheveux, vous verrez la lumière universellement. Au sein de chaque cellule existe la lumière, mais sa couleur est différente en chacune. Et si vous prenez les cellules et les injectez dans votre corps, si votre cœur est faible, la toute petite cellule trouvera comment suivre le flux sanguin et aller à votre cœur ; elle se régénérera elle-même dans le même tissu, le même alignement, la même apparence, la même lumière et réparera le cœur brisé. Le foie grossira et réparera le foie. Et pourtant, elle est de taille si minime que vous devez prendre une loupe pour la voir, car l'intelligence en est à ce point petite.

Ce Dieu visualisa tout ceci dans sa pensée parfaite, car il est la synthèse de la lumière de la pensée parfaite, l'ordre, le dispensateur de vie ; c'est ainsi qu'il créa l'œuf merveilleux qui aurait toutes les ressemblances avec cette merveilleuse créature, les deux. Depuis l'image de l'homme vint la matrice de l'homme, et ce qu'on appelle la femme devint. L'alimentation depuis le fruit de la matrice fut créée et la merveilleuse poitrine de la femme qui est nourriture apparut. Et les délicatesses et la douceur du teint apparurent afin de pouvoir tenir les choses de petite taille. Et l'équilibre délicat de la femme apparut dans la nature. Et Dieu, lui qui avait créé son homme parfait, avait créé sa matrice parfaite dans l'homme, perfection encore plus grande.

Des deux, la vie n'existe pas si n'existe pas la créativité de la vie. Et le Dieu devint de lui-même les deux par ce qu'en vérité on appelle la charge négative, par ce qu'on appelle la matrice de l'homme, pour s'unir à ce qu'on appelle la charge positive, l'homme, pour s'unir et produire les conditions de la vie à venir grâce à l'électron, siège du seigneur de notre être. Où siège l'âme des deux ? Où repose-t-elle ? Et Dieu qui était devenu l'homme charmant et s'était réfugié sous terre pour se protéger des autres créations — il s'était donné cet ordre du bon sens — doit devenir les deux. Dieu qui était devenu les deux siégea sur le sixième et Dieu qui avait créé les deux devint les deux. En donnant vie de lui-même, il les devint. Et l'âme de son être suprême qui lui avait été donnée par la Source Père dans un tremblement qui avait émané de lui — le noyau de son être, le souvenir de Dieu perpétuel, le tonnerre suprême — se divisa et Dieu devint les deux.

Lorsque Dieu se regarda lui-même doté du teint de la femme, il aima ce qu'il avait vu et ce qu'il était devenu et il leur fit le don total de la raison pure, qui est sa propre nature. Lorsque l'un d'eux regardait l'autre, il voyait l'autre. Ceci devint le témoignage de cette œuvre merveilleuse. D'autres qui avaient donné vie à l'homme puis à l'homme puis à l'homme dans la stérilité de sa propre ressemblance entretinrent la même pensée. Au moment où celle-ci apparaissait, elle était captée par les autres Dieux et ils la firent devenir l'homme.

Alors que l'expérimentation de l'homme et de la femme devint, c'était merveilleux en vérité et Dieu s'était divisé en deux parties, devenant l'homme vivant. Sachez, maîtres, que durant cet ordre des choses, ce qu'en vérité on appelait l'ordre vivant de ces temps-là était encore fort difficile, je vous l'assure. Et une fois que l'art des deux se fut perfectionné et fut devenu chose assurée, je vais vous dire ce qui se produisit. L'homme, divisé en lui-même, était lui-même le modèle conçu par Dieu. Le seul fait de la réalisation fut en vérité la cause d'une grande allégresse. Et le vent, exalté dans l'Esprit, et tout ce qui était exalté dans la beauté, tous les Dieux, réalisèrent leur parfaite créativité et furent désireux de la devenir car tous s'étaient affairés à la faire advenir.

Un Déluge produit les Océans, nouvel Havre de Sécurité

Instantanément, la pensée surgit alors que la création de ce plan avait maintenant été maîtrisée et conquise. Et tous furent en vérité exaltés et élevés au-delà de leur merveilleux plan. Et en vérité, à cette heure-là même, ce qu'on appelle en vérité les strates aqueuses se transformèrent sur la terre en une eau abondante. Et en vérité l'eau emporta dans son flux un grand nombre de bêtes qui se dévoraient les unes les autres et il n'en resta que de rares vestiges. Et la substance aqueuse qui jadis était dans les strates devint ce jour même l'enfant, l'enfant du soleil, devint l'océan, vaste et magnifique.

Il existe une scène d'où l'on peut regarder la Terre. Cela permet de voir tout ce qui se trouve sur la Terre. Lorsque les strates se déchirèrent, libérant les eaux, ce fut un nettoyage. C'était l'avènement sur certaines sections de la terre d'une condition de vie qui serait favorable à la formulation de l'homme et de la matrice de l'homme dans une région qui ne connaîtrait pas leurs modes d'existence destructeurs. Telle était la raison d'être de l'eau. Elle n'existe pas sur tous les plans.

Alors que ceci se produisait, le Dieu qui en vérité avait créé les amis du premier homme, comme on les appelle — ceux qui en vérité s'étaient perdus dans les animaux et craignaient de partir car ils craignaient la mort de l'animal —, allèrent dans la mer et y formulèrent une vie pour eux-mêmes et découvrirent pour eux-mêmes un royaume qui ne s'engendrait pas de lui-même, comme la guerre avec les animaux et la destruction sur la terre ; là ils trouvèrent la sécurité. Ils existent toujours dans vos océans à ce jour et ils portent le nom de marsouins, de dauphins et de baleines. Ils sont toujours les vestiges de l'âme de ces Dieux qui possédaient une forte antipathie envers ce qu'on appelle les animaux et qui demeurèrent là, craignant de faire l'expérience de la tragédie de leurs êtres exaltés. C'est là qu'ils vivent encore aujourd'hui même.

Et ce qu'on appelle vos baleines et ce qu'on appelle en vérité vos dauphins sont vos frères spirituels car ils en sont prisonniers.

Et lorsque monte en eux une grande vague de souvenirs, une aspiration et un désir d'être proches de ceux qu'ils aiment, ils échouent sur la rive[7] et ne retourneront pas au large mais mourront sur la terre d'où ils viennent. Ils ont toujours aimé l'homme car l'homme est leur espoir. Ils l'ont toujours aimé. Leur heure est aujourd'hui arrivée.

Lorsque les strates se vidèrent de la substance aqueuse, la vie se formula très rapidement et la croissance fondamentale de la semence fut abondante. En ce temps-là, les plaines de la vie étaient en vérité reliées par des canaux. Et les régions chaudes, qui, en vérité, surgirent dans vos régions polaires, s'y transformèrent en vérité en leur antithèse.

Eh bien, maîtres, au commencement alors que tout était créé, cette entité qu'on appelle le « Big Foot » appartenait à la création d'une image de l'homme d'un groupe ; il était un homme qui portrait le nom d'*Homo sapiens*. *Vous avez entendu ce terme ? Cela ressemble un peu à* Chewbacca dans *La Guerre des Étoiles*[8]. Un *Homo sapiens* est une créature qui se tient debout, une entité intelligente qui se tient debout. C'est ce que dit votre propre enseignement.

Et au fur et à mesure de la formation des groupes d'humains et des différentes parties de l'homme, son apparence était différente, il prenait des formes très différentes. Certains étaient couverts de poils et très proches de l'animal, mais avaient cependant des yeux très intelligents et un moyen de communiquer car ils possédaient les processus de pensée qui

---

7. Le 7 octobre 1997, à Karikari Beach, Nouvelle-Zélande, CNN rapporta que, « mercredi, des volontaires exercèrent tous leurs efforts pour garder en vie quarante-cinq baleines échouées sur une plage de Nouvelle-Zélande. Quarante-cinq autres baleines étaient déjà mortes. La troupe de baleines pilotes s'étaient apparemment échouées durant une marée haute. Dans leur effort de les garder en vie, les sauveteurs tentèrent de maintenir humides les nageoires, les ailerons et les queues des baleines, faisant appel aux pompiers et à leur matériel de pompage d'eau. L'étape suivante du sauvetage est prévue pour jeudi ; des bateaux et des pontons seront utilisés pour remettre les baleines à l'eau lors de la marée montante. Un petit groupe de femelles adultes seront remorquées tout d'abord dans l'espoir que les autres baleines suivront leur appel. » Le 5 février 1998, ABC News rapporta que « les corps de soixante-deux autres baleines, incluant jeunes et géants de trente tonnes, se sont échoués sur une longueur de trois à quatre kilomètres à Ocean Beach, créant une opération massive de nettoyage dans l'État insulaire situé au large de l'extrémité méridionale de l'Australie. Des phénomènes semblables ont été observés dans le monde entier ».

8. Le film *La Guerre des Étoiles* de George Lucas.

convenaient. D'autres avaient la peau lisse. Au commencement, l'homme avait des apparences fort variées.

Il existait un groupe d'entités qui faisait des expériences avec ce qu'on appelle les animaux ou, en réalité, ils devenaient l'animal. Ils devenaient un animal qui était capable de vivre sur terre et de s'enfuir rapidement dans la mer s'ils voyaient ce qu'on appelle un animal carnivore créé par un autre groupe d'entités. On leur donne le nom de dauphins et de baleines. Lorsqu'en vérité ils eurent perfectionné leur espèce et purent s'échapper facilement, ils pensèrent que ce serait l'espèce idéale en termes de communication où Dieu pourrait se manifester. Et alors que les entités, comme on les appelle, les pourchassaient violemment sur terre, ils pouvaient respirer sur terre ou dans la mer. Ils s'enfuirent dans la mer et y trouvèrent un lieu fort agréable ; ils virent qu'ils pourraient y survivre et continuer à s'y perfectionner.

Ce sont les créatures du même groupe qui faisaient l'expérience de ce qu'on appelle les baleines et les dauphins. Les mêmes, ou du moins une partie de ce groupe, faisaient l'expérience de la créature debout, copiant pour ainsi dire quelques-unes des autres idées des Dieux. Ils formulèrent un idéal de leur homme et demeurèrent avec lui. Et alors qu'ils devenaient cet homme, ils ne perfectionnèrent plus l'idéal qu'il était ; ils lui permirent d'être. Et alors que tous les autres recherchaient continuellement une peau lisse et la beauté de la posture verticale, ces entités demeurèrent semblables comme le firent dauphins et baleines. La raison de leur attitude si aimante envers vous est que ce qui existe en eux est aussi l'homme ou ce qu'on appelle Dieu. Et ils tentent désespérément de communiquer avec vous.

Maintenant, ces créatures à posture debout devinrent en vérité des entités nocturnes ; je veux dire qu'elles vivaient la nuit sous les auspices de l'obscurité afin de pouvoir survivre aux attaques des tribus carnivores. Et, forcées de se rendre dans les montagnes, elles y découvrirent un grand sanctuaire où elles vivent toujours. Plus la peur des animaux carnivores les faisait s'enfuir, plus leur corps devenait lourd jusqu'à ce qu'elles ne puissent plus s'enfuir.

Ces entités qui vivent dans vos montagnes et dans certaines de vos régions marécageuses ainsi que celles où règne un froid très intense se sont enfuies loin de l'humanité, car elles s'étaient perfectionnées dans l'art de poursuivre les choses. Ces entités sont pures en Esprit, ce qui signifie qu'elles sont très bonnes de nature comme vous le diriez ; c'est la peur qui les a piégées dans leur état et les a empêchées de changer.

Entité, ils sont chassés comme des animaux depuis des éons. Et la raison pour laquelle ils sont couverts de longs poils est celle-ci : si je prenais votre petit corps merveilleux et le plaçais dans les éléments sans le couvrir d'aucun de ces merveilleux vêtements, votre corps se recouvrirait de poils très rapidement en guise de manteau de protection. Et ces poils pousseraient très rapidement, votre corps deviendrait en vérité très poilu et peut-être un peu timide aussi, n'est-ce pas ?

Ceci est une bonne raison de se retirer dans ce qu'on appelle les collines et les lieux où l'on peut se cacher de ce à quoi l'on donne le nom de public. Ces « Big Foot » sont l'homme originel dans un groupe qui survécut ; ils se sont trouvés enfermés dans leur corps à cause de la peur ; il en a toujours été ainsi. Il y a des entités d'une autre compréhension ou, comme vous les appelez, d'autres plans d'existence qui ont essayé désespérément de les aider. Vous connaissez les Indiens ?

Eh bien, ils ne furent pas les premiers à vivre dans ces régions. Votre « Big Foot » fut le premier peuple à y vivre et les Indiens furent ce qu'on appelle les vestiges d'un grand groupe de gens qui vécurent sur un continent massif et remarquable appelé l'Atlantide. Ce sont les Peaux-Rouges d'origine. Eh bien, il y a de grandes légendes à propos de ce qu'on appelle cette créature, de ses hurlements, de ses cris, de ses gémissements et de ses plaintes, et on crut toujours qu'ils étaient originaires de la lune. Eh bien, ils disaient cela parce qu'ils voyaient habituellement un gros objet brillant chaque fois qu'ils les voyaient. Maître, ces gens reçurent pendant longtemps de l'aide afin qu'ils puissent sortir de leur timidité et de leur nature craintive mais ils ne comprirent pas, car ils étaient devenus semblables aux animaux, même s'ils se tenaient debout et étaient conscients.

Ils existent en grand nombre et ils ont en vérité appris à se cacher très habilement parmi ce qu'on appelle les collines et les bois et les marais, car ceci a été leur manière d'exister. Les animaux sont comme ils sont, circonspects, car dans leur mémoire ils ont appris à exister dans ce qu'on appelle la survie en étant ainsi. Sortir, aller s'amuser, n'est pas du tout ce que font les animaux. Les animaux survivent.

Votre « Big Foot » est un survivant pour ainsi dire ; ceci veut dire que la seule chose qu'il connaisse est de vivre et il a très peur de ce qu'on appelle l'humanité. Les humains sont intelligents à en avoir du mépris et sont toujours à la poursuite de cette entité qui les observe de loin. Elle ressemble beaucoup à ce qu'on appelle les dauphins et les baleines. Les baleines viennent s'échouer en grand nombre sur vos plages et, bien que l'homme tente de les repousser dans l'océan, elles ne veulent pas partir car elles veulent mourir dans les bras de l'humanité ; elles considèrent les hommes comme leurs frères. Le fait qu'elles soient considérées séparées et soient tuées a causé une immense tristesse. Et plutôt que de mourir en mer, tuées par une créature carnivore pour ainsi dire, elles viennent pour être proches de ce qui ressent de la compassion car l'âme d'une baleine et de ce qu'on appelle un dauphin est la même âme que celle de l'humanité. Votre « Big Foot » est une créature semblable. Il aime ces gens mais ceux-ci sont traîtres envers lui et il le sait. Ils sont vieux de onze millions d'années comme on dit et ils ont beaucoup de poils car ils en ont besoin. Et ils émettent une puanteur terrible car ils ne peuvent se laver pour éliminer les huiles que secrète leur corps au risque de mourir de froid en hiver. En voilà la raison.

LES ANGES DÉCHUS — PREMIÈRE EXPÉRIENCE EN TANT QU'HOMME ET FEMME

Et voici que dans une sphère appelée l'Atrium des Constants arrivèrent de grands Dieux sous forme d'un vent et tous ensemble ils suivirent leur vent. Ils demeurèrent alors pour évoluer jusqu'à un niveau inférieur, pour prendre place dans l'environnement dans une enveloppe corporelle qu'ils avaient créée. C'est ainsi qu'ils apparurent comme les grands vents. Ils soufflèrent leur ferveur sur l'océan et créèrent l'eau blanche. Ils imprégnèrent de leur souffle de vie leurs végétaux et leurs animaux et toutes les formes de nourriture qu'ils avaient créées pour eux-mêmes. Et le grand arbre leva les yeux. Et lorsqu'il leva les yeux, il commença à se courber et à s'incliner devant la beauté de son être créé.

Le vent se divisa et devint un vent du Nord, du Sud, de l'Est et de l'Ouest dans le but de se multiplier lui-même et de dispenser ses murmures d'énergie sur la totalité de ce plan-ci afin qu'ils puissent tous, dans leur être colonisé ou leurs maisons seigneuriales, communier à l'avancement de l'Esprit humain. Ils vinrent tous immédiatement, à l'exception d'un seul groupe. Ce groupe demeura dans ce qu'on appelle l'Atrium des Constants et ils suivraient en vérité l'avancement de leurs prédécesseurs. Et alors qu'ils arrivaient tous sur ce plan dans leurs régions particulières, voici qu'ils commençaient à se manifester en abaissant leurs êtres splendides ; ils devinrent plus brillants que votre soleil de midi et ils étaient comme d'éclatantes lumières sur tout le pays. Et dans votre récit historique ancien, il y a des religions, comme on les nomme, qui adorent la venue jadis d'êtres brillants. Ce furent eux. Ils écrivirent leur propre histoire.

Et alors qu'ils commencèrent à abaisser la vibration depuis la lumière pensée si splendide, ils prirent l'apparence d'ombres dans la matière avant de devenir, dans leur compréhension finale, matière avec sa pesanteur, la grande pesanteur qu'elle possède sur ce plan. Quelle que soit la pesanteur qu'ils aient pour ainsi dire assumée dans leur forme corporelle — que ce soit sur ce qu'on appelle la plaque, le pays ou le niveau continental comme vous dites —, ils commencèrent en vérité, immédiatement après avoir pris une forme corporelle, à s'harmoniser, ce qui est juste, avec ce qu'on appelle l'environnement. Par environnement, je veux dire en vérité ce qu'on appelle le plan temporel du radium qui irradie en vérité en direction de ce qu'on appelle votre soleil central, en direction de l'intensité de la proximité du plan qui était le plus rapproché dans les strates, émettant ainsi la plus extrême des chaleurs.

Et ceux qui étaient les plus proches devinrent de plus en plus en plus noirs, non pas leur lumière mais seulement les conditions de la matière et ce qu'on appelle la chair. Ils s'harmonisèrent aisément à leur résidence dans l'environnement qui était leur propre création. Cette différence de couleur de peau aujourd'hui dans votre temps ne distingue, ni ne sépare, ni n'abaisse, ni n'implique que quiconque soit plus important que quiconque. Qui peut prétendre qu'il en est autrement ? Ce fut dans le but d'assurer la protection de l'espèce de leurs propres êtres créatifs afin qu'ils vivent sur ce qu'ils avaient créé sur les ruines de leur chute. C'est ainsi qu'ils s'harmonisèrent et s'affirmèrent.

Plus au Nord dans votre sphère, la couleur de leur peau, la couleur de leurs yeux et celle de leurs cheveux prirent en vérité un ton plus clair selon les variations de lumière du contenu minéral du radium qui les entourait ; cela possède de la couleur, vous savez.

Et Dieu, leur Père — la pensée perpétuelle, sage, qui s'étend dans toute l'éternité et qui en vérité formula la vie, qui permit que la totalité de cette créativité puisse s'étendre dans ce continuum — fut exalté, ressentant la complétude de son Esprit et de son être lui-même, car il était lui-même tout cela. Et voici que ceci est écrit ; c'est la vérité. Tous les Dieux vinrent sur la terre comme un grand vent[9] ; les eaux roulèrent sous eux et les végétaux se courbèrent sous leur mouvement. Et les vestiges des animaux levèrent les yeux et voici qu'ils ressentirent une brise. Et voici que, dans tous les lieux, les Dieux vinrent dans les régions de leur choix, se déposant eux-mêmes dans la complétude directe de leur pensée parfaite dans la division des deux ; c'est ainsi qu'ils devinrent.

---

9. Cette image fait écho au premier chapitre du Livre de la Genèse.

Et ce qu'on appelle les races, on peut les compter au nombre de cinq[10]. Et ils établirent une compréhension sur votre plan concernant ce qu'en vérité on appelle les premières compréhensions d'une grande fraternité qui demeura dans les Constants afin d'être ce qu'en vérité par la copulation on appelle les enfants des Dieux bien aimés, leurs frères. Alors qu'elles apparurent, toutes les races furent en vérité appelées les grandes entités blanches, les grandes colonnes blanches, en vérité les Dieux, la fraternité, comme vous dites. Et alors qu'elles apparurent dans leur forme parfaite idéalisée dans laquelle elles devinrent, au moment même où elles devinrent en vérité ce qu'on appelle le maître de ce plan, elles s'harmonisèrent à ce qu'en vérité on appelle leur environnement, aux conditions. Et sur ce qu'en vérité on appelle l'Atlantide, en vérité le grand vent souffla et ces gens devinrent ce qu'on appelle les Peaux-Rouges car le sol de l'Atlantide était rouge.

Dans ce qu'en vérité on appelle la Lémurie, la mère patrie, apparurent en vérité les peuples possédant la compréhension du jaune dans leur couleur de peau due à ce qu'en vérité on appelle la présence de phosphore dans la terre en ce temps-là et qui était l'élément qui permettait en vérité l'existence de ce qu'on appelle les géants comme vous les connaissez, les bêtes[11].

Et les régions qu'en vérité on appelle l'équateur, source de la terre, et qui portent en vérité le nom d'Attu comportaient en vérité la région du canal qui reliait les deux. Et ceux qui y séjournaient, étant en vérité au point le plus rapproché du soleil mère, développèrent une peau de couleur très sombre, de sorte que le rayonnement de ce qu'on appelle le bombardement du rayonnement de la lumière vers ce qu'on appelle en vérité les strates — qui faisait rebondir et réfléchissait depuis la terre dans les strates pour former la chaleur — s'harmonisa à ce qu'en

---

10. Les cinq races se distinguent par les variations de la couleur de leur peau — blanche, rouge, jaune, noire et verte — qui résultent du contenu minéral et de l'environnement des diverses régions de la terre. La race dont la couleur de peau est verte vit à l'intérieur de la terre. Voir le chapitre 2, « Life in the Center of the Earth », dans *A Master's Reflection on the History of Humanity*, Deuxième Partie, *Rediscovering the Pearl of Ancient Wisdom*. Parution prochaine.

11. Les dinosaures.

vérité on appelle la chaleur. Et leur corps s'harmonisa en vérité, se colora, comme on le dit, selon les conditions de la chaleur. Et leur peau devint noire en vérité, et leurs cheveux rêches et épais pour protéger ce qu'en vérité on appelle le cuir chevelu délicat de l'homme. Et leurs yeux devinrent foncés pour pouvoir soutenir la forte luminosité de la lumière et de la compréhension.

Et les peuples du Nord, connus en vérité même du temps de la Lémurie et de l'Atlandide, ils apparurent, ces peuples du Nord — les grands et merveilleux peuples dont on dit en vérité que les cheveux sont pareils à la lumière du soleil, les yeux bleus et la peau blanche, selon votre définition du mot blanc —, dans une région récente en vérité dans le pouvoir et la compréhension du soleil. Quelle merveille en vérité, mais cela ne prit qu'un moment, qu'un moment qui, selon votre compréhension, est une éternité. Il fallut longtemps avant que ces processus perfectionnés fissent apparaître le Dieu dans la condition collective de la créativité. Ils étaient tous nés. Les cinq grandes races vinrent à exister, aucune n'étant inférieure à aucune autre. Aucune. Quiconque dit le contraire est un imbécile dans son raisonnement.

À son commencement, l'homme était splendide et, à son commencement, l'homme n'oublia jamais qui il était, le Dieu de son commencement. Et il vénérait le Dieu de son commencement car il s'adorait lui-même, perdu qu'il était dans le bleu si distant. Et l'homme maintint toujours dans sa nature ce qu'on appelle la compétition, ce qu'en vérité on appelle la causticité de la compétition, ce qu'on appelle en vérité le moment de colère et le plaisir de détruire. C'est dans sa nature.

Une Chute de neige de Dieux et l'Évolution Génétique

Maintenant, combien d'entre vous dans cet auditoire ont eu la chance splendide de se trouver dans un lieu particulier lorsque le grand silence blanc commence à tomber du ciel ? Levez la main. Ah ! Vous ne savez pas ce qu'est le grand silence blanc ? La neige. Combien d'entre vous ont levé les yeux pour la regarder tomber ? Ah ! Qu'il en soit ainsi. N'avez-vous pas trouvé cela beau ? Combien d'entre vous ont trouvé que c'était beau ? Eh bien, c'est une analogie extraordinairement simple des individus tombant le long des plans lors de l'involution[12].

Je veux dire que vous êtes descendus jusqu'ici. Vous vous trouvez maintenant dans ce qu'on appelle l'évolution humaine sur ce plan-ci. Mais avez-vous été le premier flocon à tomber ? Non. Le second ? Dites-vous le troisième, le quatrième, le cinquième, le sixième ? Non. Se peut-il donc, mon peuple bien-aimé, qu'alors que vous étiez là-haut dans le bleu ultraviolet, heureux dans votre corps exquis, que d'autres avaient déjà décidé de faire le saut, qu'ils tombaient, vivant le conflit dans la lumière et traversant ce qu'on appelle l'infrarouge pour finalement arriver ici ? Est-ce possible ? Combien d'entre vous sont d'accord ? Absolument.

Eh bien, avant que vous n'arriviez ici sur ce qu'on appelle Terra — c'est ce que vous appelez la terre —, avant que vous n'arriviez ici, ces Dieux qui vinrent avant vous s'affairaient à faire ce qu'ils savent faire de mieux, créer la réalité, vous savez, la conscience et l'énergie créant la nature de la réalité. Avant que vous n'arriviez ici, ils avaient déjà été les pionniers de ce lieu. Examinons certains de leurs accomplissements. Eh bien, la majeure partie de la culture moderne est contre l'idée que l'humanité ait pu exister depuis plus de quelques millions d'années. Mais la société, dans son état le plus estimé et le plus évolué, n'existe que depuis, disons, approximativement deux mille ou peut-être cinq mille ans. Que penseriez-vous si je vous disais que vous avez eu des civilisations prospères qui ont

---

12. Selon la cosmologie de Ramtha, il existe sept plans d'existence correspondant à sept niveaux de conscience et d'énergie. Ces sept niveaux furent créés par le processus d'involution ou la réflexion de la conscience sur elle-même. L'univers physique appartient au premier plan, Hertzien, la fréquence énergétique la plus basse. Le second plan correspond à la conscience sociale et à la fréquence infrarouge, le troisième plan à la conscience éveillée et à la lumière visible, le quatrième plan à la conscience de passage et au bleu ultraviolet, le cinquième plan à la superconscience et aux rayons X, le sixième plan à l'hyperconscience et aux rayons gamma, et le septième plan à l'ultraconscience et à la fréquence de l'Inconnu Infini. Pour une exposition complète des sept niveaux de conscience et d'énergie et du processus de l'involution et de l'évolution, veuillez vous reporter à *Ramtha, comment créer votre réalité. Guide pour débutants.* Éditions AdA Inc.

surpassé en tous points votre technologie moderne et que la dernière qui ait existé ici, qui contrôlait non seulement l'espace et le temps mais aussi l'espace et le temps interdimensionnels, avait la faculté extraordinaire de courber l'espace et de faire des voyages interstellaires et que ce groupe était ici il y a 455 000 ans ?

Maintenant, je sais que ceci contredit ce que disent vos scientifiques, mais que savent-ils ? Ils n'ont vécu que dans cette vie-ci. Mais voici ce qui est important : l'humanité telle qu'on la connaît est bien plus ancienne que ce que la science ne le perçoit. Et pour ce qui est de l'histoire humaine, je vous dis que la dernière civilisation d'il y a 455 000 ans ne fut pas aussi brillante que celle qui fut ici il y a dix millions d'années.

Les flocons de neige tombent-ils donc ? Oui, ils tombent en vérité. Tombent-ils selon un ordre particulier ? Qui peut dire quel flocon décida de tomber des nuages le premier et lequel lambina et attendit jusqu'à la dernière minute ?

Maintenant, quand êtes-vous venus ici ? Quand êtes-vous venus ici ? Ce groupe-ci, vous êtes arrivés ici quand il y avait déjà eu des Dieux qui avaient créé la flore et la faune et les bêtes et les fleurs sauvages, quand ils avaient déjà créé ce qu'on appelle l'épice et la racine et la graine. Ils avaient déjà créé les variétés d'herbes et d'arbres potentiels ainsi que des fruits qui ont disparu depuis longtemps de ce plan. Comment les créèrent-ils ? Eh bien, ils appliquèrent exactement ce qui leur avait été enseigné longtemps auparavant. Ils utilisèrent leur pouvoir de concentration et l'alignèrent sur un rêve, puis devinrent analogiques avec le rêve[13]. Comment donc peut-on affecter un environnement qui est déjà statique, en vérité qui existe déjà ? C'est simple, de la même manière que nous affectons les environnements dans lesquels nous avons vécu jadis. Nous avons affecté ces environnements en apportant avec nous la connaissance de notre involution. Si l'on se fonde sur ce qu'on appelle notre connaissance, avec les souvenirs que possède notre

---

13. L'esprit analogique est un état d'esprit concentré, de l'ordre de la transe, permettant la manifestation des pensées dans la réalité.

âme, nous pouvons avec ce corps nous concentrer sur un nouveau rêve, une variante du palmier, car nous avons besoin d'une variante du palmier. Nous avons besoin d'un palmier qui puisse survivre l'eau. Et comment peut-on le faire ? Il suffit de concevoir une telle plante et de l'amener à sa position analogique avec Point Zéro.

Maintenant, c'est là que le Dieu est si remarquable. Le palmier existe déjà. Quelqu'un qui décide qu'il aimerait que cette plante puisse se déplacer sur la mer et survivre travaille sur la variante du palmier. En tant que Dieux, il leur suffisait — même s'ils sont dans un petit corps à l'aspect morbide —, il leur suffisait de la désirer et de la désirer avec une intensité telle qu'eux-mêmes, en tant que conscience et énergie, Source primordiale, en tant qu'Observateurs, soient les législateurs d'un océan d'énergie. Et le palmier n'est rien de plus que pensée coagulée, qu'énergie devenue masse et à qui le Dieu qui l'avait créé donna ses caractéristiques distinctives.

Eh bien, la science possède un moyen de prouver ceci en partie en suggérant que l'Observateur en nous est ce qui cause une réaction sur les champs de particules. En outre, si on la croit, la science dit que l'énergie existe sous forme d'une onde et que cette onde peut non seulement onduler, mais qu'au moment où on l'observe elle peut aussi se précipiter et prendre une forme solide. Lorsque l'Observateur se retire, la forme solide se déploie et commence de nouveau à onduler. Qui donc est l'Observateur ? L'Observateur, c'est vous. Qu'est-ce que la réalité ? Bien que coagulé, un champ d'énergie potentiel, bien que coagulé, peut être dissous et reformé selon la pensée, la pensée concentrée. Il suffisait à cette entité de rêver d'une version élargie du palmier. Et il lui suffisait de voir son fruit succulent flottant — rien de plus — et de maintenir intensément cette image.

Maintenant, puisqu'il ou elle est un voyageur sur un plan au temps plus lent, il va falloir un peu plus longtemps pour que cette énergie ne change que si, par exemple, le palmier existait sur le sixième plan. Combien d'entre vous comprennent ? Qu'il en soit ainsi. Mais elle va néanmoins changer. Et pourquoi ?

Parce qu'un Dieu a souhaité qu'elle change. Et qui est ce Dieu ? Eh bien, ce Dieu n'est nul autre que l'Observateur dont parle la science. L'Observateur, vous savez, celui qui peut faire en sorte que l'énergie qui ondule en tous sens se précipite en une forme quelconque selon la perception de l'Observateur, et cette énergie est susceptible à la manière dont nous pensons. C'est la vérité.

En conséquence, il se peut que les Dieux de l'origine qui vinrent ici traversèrent une étape complète d'évolution avant la formation de vos flocons de neige et de votre chute ici. Et à l'époque de votre arrivée ici, il y avait déjà d'anciennes forêts et, en vérité, il y avait déjà des animaux, des oiseaux sauvages, des cours d'eau, des graines, la flore, tous magnifiques. Il y avait déjà des canyons et des montagnes, et il y avait aussi des fruits succulents à manger. C'est quelqu'un avant vous qui fit cela. Et vous êtes arrivés ici-bas, tout en bas, tombant tel un flocon de neige dans la matrice de quelque humanoïde primitif qui se trouvait à copuler cette nuit-là. Et votre champ d'énergie est celui-ci. Nous avons étudié aujourd'hui les champs d'énergie qui sont connus et qui ne sont rien d'autre que la longueur, la profondeur et la largeur de l'énergie sous sa forme ondulatoire. Ici (le quatrième plan) nous avons une longueur d'onde courte, ici (le troisième plan) nous avons une longueur d'onde plus grande, ici (le second plan) nous avons une longueur d'onde encore plus grande, et ici (le premier plan) nous avons une longueur d'onde encore plus grande et c'est l'énergie qui nous est accessible parce que c'est comme cela que nous avons créé les choses.

Ainsi donc, lorsque nous sommes arrivés ici et sommes tombés par hasard sur deux amants passionnés — Dieu seul sait où ils étaient —, notre flocon de neige d'énergie potentiel tomba dans la semence/matrice d'une créature qui deviendrait le nouveau corps.

Il se peut que vous soyez une entité spirituelle en infrarouge, que vous soyez lié à la terre et que vous hantiez ce lieu. La raison qui vous fait rester si proche du plan terrestre est que nous n'avez pas le véhicule approprié pour son temps et, de ce fait, cela signifie que vous n'avez pas le corps approprié pour son temps et ne pouvez donc pas sentir les plantes et, en vérité, vous n'avez pas de langue pour goûter les plantes. Vous n'avez pas d'yeux pour percevoir la couleur bleu azur et vous n'avez pas le corps qui puisse exprimer ce qu'il ressent sous la forme d'émotions afin de ressentir le mouvement que l'on ressent lors de l'étreinte d'un semblable. Vous tendez la main pour toucher la rose et celle-ci passe à travers elle car votre main est dans l'infrarouge et vibre plus rapidement que la rose, qui vibre plus lentement. Comprenez-vous ? Combien d'entre vous comprennent ? En conséquence, afin d'accomplir la chute finale, vous devez tomber dans un corps qui vibre au même rythme que la rose. C'est ainsi que vous pouvez goûter un fruit. Vous comprenez ? Vous pouvez voir le bleu azur et ressentir l'étreinte de l'un de ces êtres humains. C'est ce que vous avez fait.

Vous êtes arrivés ici dans une espèce d'environnement tout prêt. Mais cela signifie-t-il que, même si la vie végétale existait déjà ici, créée par les remarquables créateurs qui étaient venus avant vous, vous n'aviez pas le droit de changer ce qui avait été établi ? Non, vous êtes censés changer ce qui a été établi, car l'énergie est susceptible à la pensée et a besoin d'évoluer dans un plan d'existence supérieur. Vous êtes donc descendus ici et avez commencé à changer les choses. Vous comprenez ? Combien d'entre vous comprennent ?

Maintenant, que connaissiez-vous ? Eh bien, si vous ne vous êtes jamais heurtés à un arbre en courant — si, en courant, vous ne vous êtes jamais heurtés à un arbre sur Terra —, comment, avec un corps humain, pensez-vous que vous pourriez même identifier un arbre ? Vous descendez donc ici dans un corps et vous ne voyez même pas les arbres. Savez-vous pourquoi vous ne les voyez pas ? Parce qu'ils n'existent pas dans votre conscience. Et pourquoi n'existent-ils pas dans votre conscience ? Parce que vous n'êtes pas la personne qui avez créé les arbres. En conséquence, la première fois que vous avez une interaction avec un arbre réel et bien vivant, c'est lorsque vous courez en tous sens et que vous entrez en collision contre quelque chose. Et la chose que vous frappez, vous la voyez pour la première fois.

Et au moment où vous voyez le premier arbre, vous les voyez tous. Combien d'entre vous comprennent ?

Combien de choses y avait-il donc ici que vous n'avez jamais connues parce que vous n'êtes jamais entrés en collision avec elles en courant ou bien ne les avez jamais mangées ? Un grand nombre, en réalité. Lors de votre arrivée ici, si vous ne saviez même pas ce qu'était un arbre, cela doit vous indiquer que la sagesse qui vous permettrait de créer laissait grandement à désirer. Comprenez-vous ? Ainsi, étant donné qu'il n'existe aucun élément inférieur à celui-ci, l'évolution dans une vie humaine consiste à avancer dans son flux temporel. Afin de le faire, il nous faut lentement grandir dans un corps humain, nous accoutumer à utiliser les facultés d'un corps humain permettant une compréhension émotionnelle. Ceci peut prendre longtemps.

Permettez-moi de vous donner un exemple. Disons que vous êtes arrivés ici dans les temps de la gloire de *Tyrannosaurus Rex*. Avez-vous jamais entendu son nom ? Il a une très mauvaise réputation. Et disons que vous n'avez jamais vu Tyrannosaurus Rex de toute votre vie. Vous voici donc un jour occupés à cueillir les fruits que vous avez découverts, seulement parce que votre mère vous les a montrés. Et vous êtes occupés à les manger quand soudain vous sentez un vent chaud dans votre dos et quelque chose dont le son ressemble à l'explosion d'un volcan lointain, du même genre mais pas tout à fait semblable. Vous vous retournez et ne pouvez pas reconnaître parfaitement ce que vous voyez mais, ce dont vous êtes certains, c'est que des dents sont dirigées vers vous. Vous en avez déjà vues.

Et soudain, lorsque vous réalisez que les dents dans cette bouche sont bien plus longues que les dents que votre mère a dans la bouche et que le souffle est chaud et a une odeur infecte au lieu d'être suave, vous n'êtes soudain plus certains de vouloir rester où vous êtes. Vous vous levez et vous mettez à courir aussi rapidement que votre petit corps d'hominidé ancien le peut. Vous courez. Et quand vous vous retournez, eh bien, cette créature commence à prendre forme et, chaque fois que vous vous retournez pour la regarder, elle devient de plus en plus grosse et de pire en pire. Et en plus, elle est en train de vous rattraper.

Maintenant, votre corps possède des gènes évolutifs. Autrement dit, le corps humain est créé — écoutez attentivement — par les schémas génétiques de ses parents. Comment donc les parents font-ils évoluer leurs propres gènes pour produire une progéniture qui leur soit supérieure ? Comment le font-ils ? Eh bien, on pourrait dire que c'est l'acte accidentel de copulation qui regroupe ces gènes selon une forme cohérente et cohésive qui produit ce qu'on appelle une entité supérieure à la somme de ses parents. Il n'est est rien. Il n'en est rien.

Savez-vous comment vos parents ont fait pour que vous soyez mieux qu'ils ne l'étaient ? C'est parce que toute émotion humaine qu'ont connue vos parents fut transmise à leurs gènes selon un schéma génétique. Ainsi, le vieux terme selon lequel vous avez hérité des péchés de votre père et de ceux de votre mère, que ces péchés vous ont été transmis, ne signifie rien de mauvais. Cela indique seulement une limitation. Combien d'entre vous le comprennent ? Cela signifie que vous portez le corps de la peur émotionnelle de votre mère, de la force intérieure de votre père. Vous portez le corps de la compassion de votre mère et de la détermination de votre père. Si vous avez un dos plus droit et plus fort que celui qu'avait votre père, la raison en est que la détermination de votre père — sa détermination — provoqua une mutation de lui-même dans ses gènes et que sa progéniture de détermination porterait un dos qui soit fort. Nous portons tous le corps de nos parents, mais le corps de nos parents est en réalité les attitudes de nos parents. Compris ? Chaque fois que vous avez peur, cette peur affecte le corps émotionnel. À son tour, le corps émotionnel l'imprime dans un programme dans l'ADN. Chaque fois que vous accomplissez quelque chose, que vous avez un désir, chaque fois que vous ressentez ces émotions de manière authentique, vous affectez les générations futures avec ces attitudes. Compris ? Combien d'entre vous comprennent ? Qu'il en soit ainsi.

Revenons-en maintenant à la poursuite. Cette petite entité court de toutes ses forces. Et il lui apparaît bientôt qu'elle va perdre la course et succomber à la mauvaise haleine et aux caries dentaires. Et la dernière pensée qui lui vient à l'esprit est qu'elle aurait vraiment bien aimé avoir des jambes plus longues. Compris ? Combien d'entre vous comprennent ? Sa dernière pensée alors que la créature gigantesque l'attrape, l'attendrit un peu, lui brise le dos, lui brise le cou et, en un gigantesque spasme, l'engloutit dans son gosier pour la jeter dans les sucs gastriques, alors que son âme et son esprit se sont retirés ayant déclaré que cela suffit. Combien d'entre vous comprennent ? Nous n'en avons pas terminé encore. Ne vous endormez pas. Cette entité meurt d'une mort plutôt extraordinaire. Et mourir est sa première expérience ici bas et cela n'a pas été si horrible que cela. C'était un peu poilu à la fin. Et la voici qui retourne dans la lumière[14], vous savez, cette entité acariâtre qui l'attend là-haut.

Elle dit :
— Voyons ce que tu as fait.
Il dit :
— D'accord, regardons.
Ils rejouent donc le film. Il dit :
— Tu veux toujours retourner ?
— Je veux retourner.
— Pourquoi veux-tu retourner ?
— Parce que je veux retourner.
— Que vas-tu faire là-bas ?
— Je vais faire mieux.
— Pourquoi veux-tu faire mieux ?
— Parce que je veux faire mieux.
— Vas-y donc. Moi, je reste ici.
— Qu'il en soit ainsi.

Ainsi, tandis que cette entité fait une revue de sa vie, la dernière chose dans la revue de sa vie est son désir d'avoir des jambes plus longues. Elle veut vraiment en avoir de plus

---

14. Le troisième plan de la lumière visible est là où a lieu la revue de vie qui se tient après la mort.

longues. Voyons, aussi longtemps qu'elle pense en termes de chair, quelle est sa prochaine évolution ? Allons. Des jambes plus longues. Combien d'entre vous sont d'accord ? Il se trouve qu'alors qu'elle fait la revue de sa vie, ce même monstre épouvantable est occupé à poursuivre un autre hominidé, sauf que celui-ci est un peu plus malin. Il est plutôt intelligent. Il a déjà vu ce type-là si bien que, lorsqu'il commence à courir, il se montre plus habile que *Tyrannosaurus Rex ; il est plus intelligent et il a des jambes un peu plus longues. Mais il s'en sort. Il se cache. Il est intelligent. Et la bête, qui est stupide, ne le voit pas et il s'échappe. Cette nuit-là, il retourne chez lui, en sueur froide, et raconte à sa femme l'histoire la plus folle qu'on ait jamais entendue. Et il lui raconte coup sur coup comment il a héroïquement déjoué la bête. Eh voici que, dans son exaltation, ils font l'amour.*

Dans l'exaltation de l'acte d'amour, il donne à la matrice de son amante une toute nouvelle semence et cette semence, son sperme, est imprégnée de l'excitation de cette journée. Et voici qu'un enfant commence à croître en elle. L'enfant va être une évolution de ses parents sur la base de l'expérience de ses parents. Nous voici donc avec simultanément un acte de copulation ici-bas (le premier plan), la passion sexuelle et une revue de vie spirituelle ici (le troisième plan). Où les deux se rencontrent-ils ? Eh bien, au lit, bien sûr, car cette entité qui vient de vouloir de plus longues jambes veut retourner dans la chair. C'est un Dieu. Qu'il en soit ainsi. Il doit devenir le maître de l'expérience. Et le voici qui est l'enfant, le Dieu, prenant possession de l'enfant à l'intérieur de la matrice. Il a créé son corps. Le voilà qui naît maintenant et un jour il va devoir rencontrer son pareil car tel est son désir. Et pourquoi ceci est-il son désir ? Parce qu'il est un Dieu. Il ne sait pas qu'il est un Dieu mais il en est un et il est par conséquent équipé pour cela.

Pourquoi doit-il rencontrer de nouveau la bête ? Parce qu'afin de faire connaître l'inconnu, il doit confronter son adversité et s'y comparer et être prêt pour cet affrontement. Et un beau jour, alors qu'il est un grand et mince jeune homme, plus grand que ses parents, il se trouve que la créature dévale à travers le village, tuant tout le monde. Il court alors à sa rencontre et la poursuite commence. Eh bien, que va-t-il se passer ? Eh bien, c'était la destinée en action. Le garçon court plus vite que la bête. Et que croyez-vous qu'il pense lorsque la bête trébuche et tombe ? Dieu soit loué pour mes jambes ! Qu'il en soit ainsi. Aura-t-il jamais de nouveau peur de *Tyrannosaurus Rex ? Est-il préparé ? Est-il prêt ? Quel genre de progéniture va-t-il donner au monde ? Des jambes plus longues et des entités plus intelligentes. Tournez-vous vers votre voisin et expliquez l'évolution génétique. Vous pouvez commencer*[15].

Eh bien, mon peuple bien-aimé, il y a de l'espoir. Voici où réside l'espoir. L'espoir est que vous n'allez jamais plus être un hominidé et que vous allez seulement vous améliorer. Vous n'allez jamais être pire ; vous avez déjà été pire. Réfléchissez à ceci un instant. Il existe de nombreux niveaux de réalité se produisant simultanément sur ce plan humain. Le saviez-vous ? Nous avons des incarnations physiques selon lesquelles toute génération produit des rejetons qui sont supérieurs à ceux de la génération qui l'a précédée. Nous avons donc un magnifique et merveilleux élément créatif à l'œuvre ici. Nous avons la demeure des Dieux se perpétuant elle-même et prenant de l'expansion. Et c'est nous, vous et moi, qui avons mis ceci en mouvement.

Vous et moi sommes responsables de ce que furent et sont nos corps génétiques pendant la durée de notre vie. Nous sommes responsables car le corps est le temple d'un Dieu vivant. Le Dieu vivant connaît sept niveaux de paradis ; il a amené avec lui la parenté de ces sept niveaux et est doté du pouvoir de sa propre divinité. Quelle est cette divinité ? L'esprit. Cet esprit est plus fort que la matière. Et, dans son état le plus beau et le plus naturel, un tel esprit change tout environnement dans lequel il est présent quel qu'il soit. Telle est la loi. Votre corps d'aujourd'hui est le résultat de dix millions et demi d'années d'évolution humaine depuis votre chute sur la terre. Et si vous allez dans un musée étudier quelques-uns des fossiles originaux,

---

15. Répéter à haute voix à son partenaire ou à vous-même les leçons apprises est une caractéristique importante du style d'enseignement livré par Ramtha. Cette technique aide à saisir la leçon particulière en question et à se la remémorer.

vous découvrirez que l'être humain a évolué. Son évolution la plus remarquable est la taille de son cerveau.

Lors de votre arrivée ici, la première fois, vous ne saviez même pas ce qu'était un arbre, vous n'aviez pas besoin d'un cerveau de grande taille. Vous aviez besoin de grands yeux et d'un front qui soit dur. Mais alors que vous êtes devenus beaucoup plus sophistiqués et que vous avez commencé à utiliser le cerveau pour créer la réalité, plus il grossit jusqu'au point où le cerveau — avec l'aide de vos frères aînés qui étaient venus ici avant vous et vous firent faire un saut dans l'évolution en vous donnant leur semence génétique et en vous retirant des jungles pour vous amener à la civilisation — que vous n'avez toujours pas totalement maîtrisé, mais vous le maîtriserez à l'avenir. C'est ainsi que la cavité de votre cerveau est bien plus grande qu'elle n'était jadis. Que cela signifie-t-il ? Cela signifie que votre capacité de créer sur ce niveau est extraordinaire et que votre Dieu a la faculté d'utiliser ce cerveau pour produire un esprit qui puisse créer le royaume des cieux ici sur terre ; autrement dit, l'illumination. Vous utilisez moins de dix pour cent de votre cerveau, moins de dix pour cent. N'allez pas maintenant confondre l'illumination avec l'intellect ; ce sont deux choses différentes.

L'intellect est de l'histoire mémorisée ; il n'a rien à voir avec l'expérience. L'illumination est une expérience, car elle est évolutionnaire et ne stagne pas. Ainsi, une personne non illuminée, bien qu'intelligente, n'utilise que dix pour cent de son cerveau. Le reste, à quoi sert-il donc ? Il attend que quelque chose se produise. Ce quelque chose, qu'est-ce que c'est ? Que le Dieu s'éveille en lui et sache ce qu'il est et que le cerveau soit préparé à mettre en œuvre les sept corps dans un corps unique.

L'histoire du passage de l'état de maître à l'état de Christ est le développement du cerveau humain visant à faire advenir Dieu sous forme charnelle manifestée, non dissimulée, au point où, grâce au pouvoir de contrôler le temps et l'espace que nous appréciions sur le septième niveau — où, du moment que nous avions la pensée, elle était —, ici sur le niveau le plus lent de tous, et une fois ancré dans la faculté de soi, un Dieu puisse éveiller son propre pouvoir. Le cerveau est spécialisé et développé pour permettre à ce pouvoir de s'exprimer. Comment ? Le cerveau n'a pas pour seul rôle de faire fonctionner votre système digestif et votre système cardiovasculaire ; il est davantage que la faculté de stocker la mémoire neurologique et davantage que la faculté d'abriter une petite personnalité futile et têtue. Un Dieu peut y demeurer. Et la partie du cerveau que vous n'utilisez pas est celle qui commencera à fonctionner lorsque vous vous éveillerez et connaîtrez qui vous êtes.

Comment le ferez-vous ? Eh bien, vous souvenez-vous que je vous ai dit que vous pouviez rendre visite à vos parents qui existent sur le sixième plan même si vous étiez sur le cinquième[16] ? Vous souvenez-vous ? Et vous souvenez-vous que je vous ai dit que pour le faire vous devriez déposer ce corps et recueillir le suivant ; vous vous souvenez ? Eh bien, ces flocons de neige qui tombèrent avant vous furent vos frères et sœurs de sagesse en Dieu. Ils vous sont semblables, sauf qu'ils ont été ici plus longtemps que vous. Et lorsqu'ils vous léguèrent leur héritage génétique — leur héritage génétique –, ils vous léguèrent une faculté qu'ils avaient toujours possédée. De quelle faculté s'agit-il ? Un cerveau qu'ils avaient créé qui pouvait être le siège d'un esprit du septième niveau et, dans un esprit du septième niveau, qui avait la faculté de manifester le temps du septième niveau dans un temps ralenti. Compris ? Combien d'entre vous comprennent ? Autrement dit, au lieu qu'il faille dix mille ans à la noix de coco pour se confectionner une peau externe qui la fasse apparaître brillante, un maître, un Dieu dans un corps humain, peut la créer en une séance de concentration, quelque soit le temps que cela prenne (alignement de l'esprit analogique). Ce cerveau a une telle faculté. Ce fut le cadeau que vous firent les Dieux qui vinrent avant vous, de sorte que vous (aussi) ayez cette faculté.

Que cela signifie-t-il en réalité ? Cela signifie que vous possédez en vous le potentiel de l'immortalité tout en maintenant une conscience du septième niveau. Ne savez-vous

---

16. Voir le chapitre 1 « Introduction : la réalité n'est qu'un rêve ».

pas que l'état de Christ est celui de Dieu/homme et Dieu/femme réalisés — réalisés ? Cela signifie qu'un simple humain — n'importe lequel d'entre vous, vieux, jeune, grand, petit, arriéré, avancé, peu importe —, si nous éveillons le Dieu en vous, ce Dieu peut s'élever jusqu'à une telle énormité de pouvoir que le cerveau peut laisser libre cours à la totalité de l'esprit de Dieu. Et ce qui aurait nécessité des millions d'années dans une évolution génétique linéaire peut être accompli en une seule incarnation. Et si ce qui vit là-haut est une entité du septième niveau qui fait fonctionner ceci (le cerveau), cette entité du septième niveau est plus proche du Point Zéro que vous ne l'êtes dans une personnalité humaine susceptible au facteur du temps qui est si lent ici. Et en outre, lorsque le Dieu s'éveille en vous, le corps a la faculté, don de vos aînés, non seulement de cesser de vieillir mais il possède en lui, par l'intermédiaire du cerveau et celui du système nerveux, le générateur lui permettant de faire en sorte que toutes les cellules de votre corps vibrent si rapidement que ce corps que vous possédez qui naquit dans la fréquence hertzienne puisse réellement vibrer et résonner suivant la fréquence de l'ultraviolet. Et vous n'aurez plus jamais à mourir de nouveau pour avoir cette expérience. Comprenez-vous ?

Maintenant, quelqu'un qui est éclairé, vous savez, il se dit : je sais que je n'ai pas vécu une seule fois parce que cela ne me semble pas logique. Cela a du sens si je suis l'objet d'une expérience dans le laboratoire d'un quelconque Dieu impitoyable qui ne m'accorderait qu'un petit peu de vie et me maudirait ensuite pour mes échecs. Mais je ne crois pas qu'il en soit ainsi. Je suis cet être moi-même. Et je comprends maintenant que la raison pour laquelle je ne me souviens pas de mes vies antérieures bien que je sache que je les ai vécues — d'innombrables vies, bien que je ne m'en souvienne plus, je sais que je les ai vécues —, la raison pour laquelle je n'en ai aucun souvenir est que je m'efforce de m'en souvenir à l'aide d'un cerveau qui est né uniquement dans cette vie-ci. Le cerveau que je possède aujourd'hui n'est pas le cerveau que je possédais il y a cinq cents ans. Et si la faculté de la mémoire est liée à l'hypothalamus qui contrôle un neuronet particulier dans la fréquence des ondes de mon cerveau, les souvenirs datant de cinq cents ans dans le passé ne pourraient en aucun cas exister ici. Mais ils existent quelque part. Ainsi, même si je ne m'en souviens pas, je sais que j'ai vécu auparavant car cela me donne un objectif et donne dignité à ma vie. Et si je sais ceci, ma mémoire doit reposer quelque part et je dois posséder quelque part à coup sûr une faculté me permettant de me souvenir. Peut-être est-ce dans mon subconscient ? Ou bien ils ont peut-être raison, peut-être que j'ai une âme ! Mais peut-être que l'âme n'est pas une qualité religieuse divine, mais plutôt un ordinateur qui enregistre tout ce que j'ai fait dans le but de garder la trace de ce que j'ai fait connaître et rendu à Dieu, n'est-ce pas ? Disons donc que mon âme contient tous les souvenirs. Mais où mon âme se trouve-t-elle donc ? Mon âme ne peut se trouver dans ma tête. Et si c'était le siège de ma glande pinéale et si ma glande pinéale contrôlait réellement la sérotonine et la mélatonine, ce ne serait rien d'autre qu'une usine fabriquant des substances chimiques ; pourquoi alors mon âme voudrait-elle vivre dans un tel endroit ? Elle doit se loger ailleurs mais je sais que ce n'est pas loin. Et si ce n'est pas loin, comment se fait-il que je ne le sache pas ?

Eh bien, si vous étiez réellement éclairé, vous diriez que si la conscience et l'énergie créent effectivement la nature de la réalité et que si ce que je maintiens en tant que désir ici (dans le lobe frontal) affecte véritablement le monde invisible de l'énergie, permettez-moi de réfléchir un moment. Ma vie telle que je l'ai connue jusqu'ici a été en vérité exactement égale à ce que j'en attendais car je l'ai créée. Oh ! J'ai tout fait ! J'ai souffert parce que je voulais souffrir et j'ai considéré mes amis comme les tyrans. J'ai fait cela. Et je blâme ma mère pour ma condition génétique. Mais pourquoi devrais-je blâmer ma mère pour ma condition génétique ? Ma condition génétique n'est-elle pas après tout égale à mon évolution spirituelle ? Il doit en être ainsi. Vous savez, toute ma vie, j'ai donc créé ma réalité et je l'ai créée sur la base de mon système de croyances. Si cela est vrai, il me suffirait par conséquent d'être passionnément et émotionnellement impliqué dans le rêve. Et supposons que le rêve est que je veuille connaître mon âme. Et si je suis Dieu, il me suffit de contempler ce désir, de manière singulière, silencieuse, passionnée. Et si je suis Dieu, mon âme se révélera à moi et mon cerveau aura la faculté nécessaire pour repasser pour moi ce qu'il n'a jamais connu. Mais une fois qu'il le connaîtra, il ne l'oubliera jamais. Maintenant, je ne veux plus jamais mourir parce que j'ai réalisé que cette notion de boire les eaux enchantées de la mort signifie en réalité que quelque part je sais tout. Mais puisque je suis fasciné par ce corps qui est le mien et cet endroit où je vis, et je sais que je le suis parce que j'y pense sans cesse — je pense au visage de mon amant et au sexe de mon amant. Je pense à mon visage. Je pense à mon estomac. Je pense à ce que je vais manger. Je pense à mon apparence. Je pense à où je vais vivre et à ce que je vais faire pour gagner ma vie. Je passe tellement de temps à penser à cet endroit-ci qu'il est bien peu étonnant que je n'aie nulle part où aller ailleurs qu'ici. Vous avez compris ?

Et si je suis Dieu, eh bien, je me suis mis dans le pétrin maintenant, n'est-ce pas ? Il est peu surprenant qu'à la mort de mon corps — vous savez, ces millions de fois où j'en ai eu un — cet aspect de moi-même qui savait devait oublier lors de son retour dans le corps, car le corps dans lequel je revenais ne savait rien de ce que j'avais été auparavant. Et la seule chose qui m'importait était mon corps, le corps suivant, la copulation suivante, l'étreinte suivante, la fête suivante, le verre de vin suivant, l'histoire à succès suivante, le porte-monnaie suivant. Je ne pense qu'à cela. J'ai donc découvert que ce n'est pas Dieu qui m'a empêché de me connaître moi-même, mais que c'est plutôt de mon propre choix que j'ai oublié. Et je reviens constamment, je nais de nouveau, je nais dans ces corps dans lesquels je dois réapprendre à marcher encore une fois ; il faut que j'apprenne à faire fonctionner le corps une fois de plus. Mon Dieu, on pourrait croire que j'aurais enfin compris tout cela mais non, car il y a quelque chose que je ne sais pas. Je ne sais pas que je pouvais ne pas mourir, mais je commence à soupçonner à présent que je suis capable de continuer à vivre parce que ce que je ne veux plus jamais faire est de mourir et d'oublier. Je ne veux plus jamais mourir et ne pas me souvenir de vous et de moi et de ce moment-ci et de ce coucher de soleil magnifique et de la douceur de tout ce que nous avons partagé aujourd'hui. Je ne veux jamais l'oublier. Il dépend donc de moi de me souvenir. Mais le moi qui a ce désir est différent du moi qui est le corps qui a besoin de son repos et a besoin de sa nourriture, qui a besoin de son succès et de ses échecs et de ses maladies et de choses dont il puisse se plaindre. Si donc j'étais réellement éclairé, je saurais que je pourrais manifester le voyage de mon âme et que j'aurais alors le pouvoir de manifester le fait que ma mémoire ne me ferait jamais plus défaut et que je ne vous oublierais plus jamais. Et j'ai la faculté de le faire.

Quelle entité vivant sur ce plan peut dire qu'elle sait exactement comment fonctionne le cerveau ? Je vous le dis, personne ne le sait ! Il n'y a que conjectures et science. Mais personne ne sait où réside le lieu tranquille dans le cerveau. De plus, ils n'ont même pas différencié le cerveau de la conscience.

Et puis on a l'autre petit problème appelé l'esprit. L'esprit est-il semblable à la conscience ou bien l'esprit appartient-il au cerveau ? Le cerveau appartient-il à la conscience et les esprits lui sont-ils extérieurs ? Comment cela fonctionne-t-il ? Peut-être que les choses se passent ainsi : si vous êtes un être spirituel, vous êtes la conscience qui s'écoule dans un cerveau qui est génétiquement bâti pour vous. Et le flux de la conscience est comme un courant de lumière qui fait s'allumer les bougies du moteur. Et les bougies du moteur commencent à s'allumer selon leur destinée génétique, si bien que tout ce que pense mon cerveau produit le phénomène appelé esprit. Mon esprit est donc un sous-produit de la conscience et de l'énergie agissant sur un cerveau humain créant la pensée holographique. Et la raison en est que c'est la pensée holographique qui est l'Observateur qui transforme l'énergie en vie, qui fait flotter la noix de coco sur l'océan. Comprenez-vous ?

Maintenant, votre voyage — et je veux vous dire ceci ce soir —, le voyage d'une personne spirituelle, est un peu différent de celui d'une personne physique. Lorsque vous venez me voir et me dites « Je désire connaître le Seigneur Dieu de mon Être et je désire en vérité connaître Dieu et aimer Dieu et être aimé de Dieu ; je désire connaître le puissance qui habite en moi plus que toute autre chose ; ceci est la chose la plus importante de ma vie », vous avez exprimé la première chose qui sort de la bouche d'un étudiant, l'aspiration pour le Grand Œuvre. Le Grand Œuvre n'a pas pour objectif de faire de vous un succès physique mais un Dieu spirituel qui soit éternel.

Ce soir, je veux que vous réfléchissiez au fait que vous avez vécu des millions d'incarnations, pas seulement une ou deux ou trois, comme quelqu'un vous l'a dit. Et vous n'avez pas eu une seule incarnation spectaculaire ; vous en avez eu beaucoup. Mais qui vous êtes aujourd'hui ne peut être supérieur à ce que vous avez été dans le passé et il vous reste un long chemin à parcourir. Qu'allez-vous donc faire avec cela ? Si vous êtes Dieu, vous devriez faire mieux. En outre, si vous êtes Dieu, vos priorités devraient changer. Si vous êtes l'Observateur que la science insiste à dire que vous êtes, vous êtes alors un être remarquable, si remarquable que vous pouvez rendre un corps en pleine santé malade en une nuit. Vous êtes remarquable au point de pouvoir concevoir un enfant dans votre matrice et de votre sexe. Vous êtes remarquable au point que, marchant dans une pièce où se trouvent des plantes qui ne connaissent pas l'usage de la parole, vous pouvez, si vous êtes dans la plus mauvaise des humeurs, faire en sorte que leurs fleurs parfumées se flétrissent et se fanent car rien ne devrait être heureux dans votre environnement. Voilà l'étendue de votre puissance.

De Parfaits Miroirs l'Un de l'Autre

Dans un certain lieu, et je ne vous dirai pas où cela commença, advint la première vie d'une entité de lui-même et une femme d'elle-même, le commencement de leur première existence et l'abaissement de leur forme créative dans le but de leur évolution. Je vous donnerai un nom. Le nom existait et existe encore en cette heure-ci. Et les entités dont je parle ne sont que deux parmi ce qu'on appelle une masse d'un millier d'entités aux facettes multiples qui étaient sur ce plan en ce temps-là car cinq races de peau et de culture différentes — selon vos termes et votre manière de compter — devinrent simultanément. Les choses sont ainsi faites pour ceux qui habitaient dans cette contrée de leur choix dont le sol est rouge.

Le nom de l'entité est ce qu'on appelle Duvall/Debra. Ce sont deux noms qui spécifient l'unité de l'un qui est issue de la maison dénommée Duvall/Debra Badu, Badu qui signifie Dieu, essence de Duvall/Debra. L'état de séparation de Duvall/Debra était de sexe masculin, étant ce qu'on appelle le courant électrique de ce qu'on appelle dans votre compréhension scientifique une charge positive. Et son corps, il ne l'avait pas doté pour ainsi dire avec l'apparence de seins, d'une matrice, mais il s'était accordé ce qu'en vérité on appelle l'érection et ce qu'on appelle en vérité la permissivité de la semence qui repose dans le sac de son organe génital.

Lorsque la semence divine — dont je vous parlerai dans une heure à venir un autre jour — était la semence donnée par et issue de Duvall/Debra et qui fut créée par le même Dieu que l'on appelle Debra/Duvall, qui en vérité est ce qu'on appelle la femme — homme-matrice, l'homme qui est matrice —, la femme d'un être supérieur, la matrice ne possédait pas la semence mais seulement ce que l'on appelle l'œuf, et ce qui transperce l'œuf est la semence et elle est gardée précieusement dans l'organe génital de l'homme.

Debra/Duvall était et est toujours la compagne explicite de l'entité Duvall/Debra car elle est, en vérité, la matrice de l'homme et possède ce qu'en vérité on appelle dans votre compréhension scientifique une charge négative. Sa création n'était pas moindre que celle de Duvall/Debra mais était en réalité l'extension perfectionnée de ce qu'il était lui-même[17].

Maintenant Dieu ne peut ensemencer Dieu que lorsque Dieu divise pour devenir. Dans la vie de leur être, les choses étaient aisément accessibles car les processus de pensée qu'ils maintenaient dans leur création étaient empreintes de facilité : en vérité, au cours de la descente et du flash de lumière par

---

17. Duvall/Debra et Debra/Duvall furent de véritables âmes sœurs nées de la conscience singulière d'un Dieu unique qui se divisa en charges énergétiques positive et négative dans le but de faire l'expérience de sa création. Ceci est la base fondamentale de l'égalité et de la divinité de la femme et de l'homme.

contemplation, cela avait acquis de la lourdeur et était ainsi plus difficile. Mais il demeurait en eux le souvenir de leur état divin originel, leur première vie sur Terra, et ils alimentaient la pensée pure de manière toujours extrêmement puissante. Duvall/Debra vit pour lui-même Debra/Duvall comme une beauté explicite.

Duvall ne savait pas que la couleur de ses yeux était toujours changeante. Et permettez-moi de vous parler de cette couleur. La rondeur du périmètre où celui-ci rencontre les reflux et les vides de l'éclat du blanc de neige avait un éclat bleu sombre mêlé d'un jaune lustré, donnant l'illusion d'une mer se changeant en teinte noisette plus brillante pour se condenser dans la parfaite lentille qu'on appelle le noir de l'œil. Il ne connaissait pas le mythe spectaculaire de sa beauté avant de regarder Debra dont les yeux ressemblaient aux siens.

Les yeux, ce sont une pensée merveilleuse, merveilleuse, merveilleuse, car ils ont la faculté d'accéder à la matière achevée dans une forme abaissée. Ils possèdent la faculté d'accéder à la perfection de la pensée à quelque niveau qu'elle fasse porter son regard. Que dire de la beauté et de la couleur ? Pourquoi sont-ils bleus plutôt qu'aucune autre couleur ? Car le bleu est en lui-même un courant électrique élevé qui émet la couleur de la lumière selon la couleur de sa charge électrique de sorte de voir, de sorte d'imaginer la couleur bleue dans ses profondeurs et ses nuances, qui émet ce qu'on appelle un effet électrique tel un cylindre de lumière sur les processus de pensée. Le bleu permet d'accéder à la pensée par son imagerie du courant électrique davantage que les autres couleurs en dehors du spectre depuis le bleu jusqu'aux teintes noisette, jusqu'à la couleur de l'ébène, jusqu'au noir. Le bleu couvre tout l'éventail de la définition détaillée des images promises par la lumière, soit une compréhension vibratoire transformée en couleur.

Lors de leur premier rapprochement pour ainsi dire, Duvall regarda dans les yeux de Debra ; il était empli d'un tel délice et d'une telle admiration en regardant cette entité qu'il ne pouvait imaginer qu'aucune création, même dans son état de perfection, puisse être plus belle car les yeux toujours changeants, le bleu se mêlant même parfois au blanc de neige, étaient pure merveille.

Duvall les aimait sans pour autant connaître ni comprendre l'acte d'amour. Et alors qu'il considérait la pâleur de la chair complétée, il se souvint de la pâleur et de l'éclat de la lumière dont les nuances et les teintes en expansion lui ont fait porter ce qu'en vérité on appelle le nom de crème. Et un reflet rosé s'épanouit sur la hauteur de son front et sur la hauteur de sa joue, sa lèvre devint humide, douce et écarlate.

Et bien que le spectre des couleurs soit seulement insaisissable à la pensée accomplie sur Terra et à la pensée jamais élevée, toutefois même du fait qu'il ait la faculté avantageuse de ne comporter que les couleurs qui sont les plus lourdes dans le cadre de la vibration de la lumière/couleur, il n'était pas de lui-même attiré par quoi que ce soit d'autre. Ayant porté son regard sur le sourcil si ferme — il le sentit humide au toucher — et sur les cils épais et merveilleux qui encadraient quelque chose d'aussi merveilleux à regarder que l'œil, il les toucha. Et il regarda le menton fendu en son centre et la gorge qui ressemblait à une colonne de marbre puissante et les épaules définies avec délicatesse et hardiesse à la fois, embellies par les bras qui s'étendaient à partir de l'épaule sans que la ligne ne soit brisée au niveau de l'épaule. Et il prit le bras et il l'abaissa jusqu'au poignet et il le vit se mouvoir. Et il posa son regard sur le doigt délicat, avec ses plis, regardant jusqu'à l'ongle fini comme on dit maintenant et il vit la rougeur qui était haute sur la racine de son ongle. Et il fut touché par sa délicatesse, sa délicatesse.

Duvall regarda sur son corps et trouva que ses seins étaient chauds, souples et fermes et le subtil murmure de rougeur n'était que le point extrême de leur beauté et il fut sensible à leur grâce. Et à l'ombre des seins, il découvrit ce qui bat très près du cœur de son âme, une structure de taille qu'il trouva belle, drapée de façon telle sur la structure de cet être que la peau échappait à l'œil et le charmait à la fois. Et il s'émerveilla de la création de quelque chose de si beau, de si doux et également de sa couleur.

Et son regard suivit les jambes et les cuisses. Et à propos de ce qu'en vérité on appelle le commencement de la création, il vit la beauté de ce qu'en vérité on appelle la cuisse, lisse et sans défauts, qui était une extension de ce corps merveilleux. Et il découvrit une pliure à la jambe et à la pliure, de l'autre côté, il découvrit une petite fossette. Et il découvrit que l'endroit le plus dur de la jambe de cette créature bien aimée était son genou. Et il glissa sa main jusque sur le mollet, de forme délicate, arrondie et s'amincissant pour former la masse allongée de ce que vous appelez la cheville ; là il trouva la dureté et fit se mouvoir le pied de bas en haut. Et il considéra la grâce des os qui se mouvaient doucement pour tenir le pied convenablement, enveloppé de sa précieuse chair jusqu'aux orteils, comme vous les appelez, avec un autre ongle qui lui aussi était orné de la rougeur du haut des joues.

Lorsque Debra retourna le regard sur ce qui la considérait avec tant d'émerveillement, elle vit la chevelure de Duvall, comparable à l'automne lors de sa senteur épicée, et la jugea merveilleuse. Et alors qu'elle regardait sa chevelure et la trouvait automnale, elle vit que sa propre chevelure était couleur d'automne. Commençant à regarder Duvall, elle vit la beauté des mêmes yeux qu'elle avait regardés, mais qu'elle n'avait cependant encore jamais vus. Elle vit aussi une narine ferme qui était allongée et large, permettant l'entrée massive d'air. Et elle les vit s'élargir. En vérité, elle regarda une lèvre qui était incurvée et ferme et expressive et large, s'épanouissant dans un visage érigé sur une mâchoire incurvée et large, sur un cou allongé, des épaules qui étaient élargies et arrondies à la fois et des bras qui étaient épais et lourds et beaux. Sur les bras qui étaient ornés du même teint d'automne que sur la tête — sur les bras, il était soigneusement bouclé en rangs selon un modèle parfait —, elle vit une main qui était large, longue, belle, parfaite, qui avait les ongles incrustés à leur extrémité comme si quelque chose de remarquable, résultat de la forme créée, les avait touchés. Et la poitrine était large et sur la poitrine, là où repose le cœur, se trouvaient en vérité les mamelons qu'elle-même possédait, plats, gracieux et beaux, et une poitrine qui se soulevait sous le souffle des narines élargies ; son regard en vint à la taille et la hanche qui était plus petite qui, là où elle se divisait s'était dotée d'une merveilleuse création dans laquelle repose un trésor pour l'espoir des siècles à venir, puis une jambe qui était musculeuse et s'étendait jusqu'à un genou large et ferme, des mollets robustes se terminant par un pied large et long pour permettre l'équilibre de la grandeur d'une entité dénommée Duvall dans sa forme parfaite.

Alors que l'un regardait l'autre, ce qu'ils voyaient était les images véritables de l'autre. Et chacun, de sa propre et magnifique manière, s'était formulé lui-même selon le modèle le plus grand qui soit en sorte de permettre l'échange de l'existence humaine depuis Dieu jusqu'à l'homme sur un plan qui, après une longue attente, était maintenant prêt car chacun d'eux possédait désormais la perfection d'une enveloppe charnelle pour créer de lui-même la semence parfaite destinée à la lignée future.

Et où était l'amour ? Personne ne possède quoi que ce soit avant de ne l'avoir tout d'abord contemplé, car ni la possession, ni la mainmise, ni le plaisir de quoi que ce soit n'est jamais une expérience à véritablement parler si la réalisation n'a pas eu lieu tout d'abord dans la pensée contemplative. C'est ainsi qu'après avoir tous deux contemplé la beauté l'un de l'autre, la grâce de leurs êtres, une fois que le toucher en fut ressenti et fut certain, ce n'est qu'alors que le feu du sexe de l'homme et de la matrice commença. Et c'est dans la conception, pour ainsi dire, d'une pensée réfléchie dans une image directe de l'un l'autre telle celle d'un miroir qu'advinrent les premiers actes fertiles de Duvall/Debra, Debra/Duvall. Ils se rencontrèrent et, grâce à l'abondante et à la merveilleuse créativité qu'ils étaient alors devenus grâce à la perfection qu'ils avaient accomplie en leur être propre, s'étant rencontrés, attachés l'un à l'autre, ils permirent que soit déposée dans l'œuf merveilleux de Debra la semence issue du précieux sexe, le nid de l'histoire à venir.

La passion, la passion d'aimer ce qui a été créé dans une ferveur et de maintenir l'essence de la pensée de la ferveur, est le processus qui permet de créer par l'amour et l'exercice de la copulation. Lorsque la conception en fut faite vint la merveilleuse semence érigée depuis la verge de Duvall. Et alors qu'il s'abandonna dans une projection de lui-même vers l'extérieur, comme on le dit si élégamment, Duvall regarda dans les yeux de Debra et se vit lui-même. Et Debra regarda dans les yeux de Duvall et aima sa propre image. Et la semence qui émergea et se trouva elle-même, l'œuf en vérité, devint l'image parfaite qu'ils avaient vue l'un de l'autre. Et voici que venant de ce qu'en vérité on appelle l'Atrium des Constants vint un autre Dieu qui avait attendu son tour dans l'intervention par la copulation de lui-même afin de devenir homme révélé sur le plan de Terra. Lorsque la verge de Duvall fut lasse, il reposa aux côtés de sa magnifique femme et sa magnifique femme reposa auprès de lui. Et Duvall, apprenant à s'aimer lui-même grandement, aima tout ce qu'il voyait en Debra et Debra fit de même. Cela fut alors compris. C'est ainsi que commença l'union des deux qui s'appartenaient l'un à l'autre. Et les forces de la lumière s'étaient créées elles-mêmes en vérité ; elles s'étaient exprimées dans le plaisir de la force créée appelée matière pour commencer pour elles-mêmes une vie nouvelle.

LA COMPÉTITION ET LA SÉPARATION

Dans cette vie, alors que toute chose devenait industrieuse, alors que la pensée devenait industrieuse, par la création de Debra et de Duvall, l'industrie du pays devint apparente de même que les ordres de travail du pays. Et alors que Duvall commença à être en ce qu'en vérité on appelle les processus de création par l'intermédiaire de ce qu'on appelle communément un marché, les valeurs d'échange devinrent apparentes entre tous les Dieux de même que leur état de séparation et, en essence, la vie commença dans un marché d'idéaux naissants et échangés les uns avec les autres.

Dans cette vie aux multiples compréhensions, de la matrice bénie de Debra et du nid du futur qu'elle offrait, naquit l'entité issue de la matrice de Debra, une entité du nom d'Arius. Et Arius, étant ce qu'en vérité on appelle le sexe positif, en vérité devint de lui-même dans cette vie qui était sa première vie et se présenta lui-même comme tel depuis l'Atrium des Constants. Grâce à la création de l'acte du premier plan, cet acte fit de lui le plus illustre qui ait été donné aux frères supérieurs grâce à la création de l'amour et de l'essence perçue l'un dans l'autre, l'incarnation d'un autre Dieu. Porté dans leur âme, il avait été le bonheur de Debra et Duvall et il apparut dans leur vie ; il fut nourri par Debra et tenu par elle tout contre son âme. Toujours présent, l'amour remplissait les yeux de Duvall, majestueux et merveilleux, heureux d'avoir la camaraderie d'un autre frère, d'un autre Dieu, selon les termes de ce qu'on appelle la paix.

Alors qu'Arius devint plus grand en lui-même et que le commerce sur la place publique devint important de par les idées qui y étaient échangées, l'Esprit de compétition des Dieux divins était fort vif parmi tous ceux qui se trouvaient là et l'esprit de compétition les uns avec les autres se révéla de nouveau. Et la lumière, ce qu'on appelle les propulseurs, fut bientôt le départ d'une grande industrie et d'une grande science ; elle fut utilisée régulièrement sur ce plan pour des voyages intermittents visant à transférer un objet vers un autre.

Et durant ce processus existant en son temps, Duvall commença sa camaraderie avec d'autres Dieux et leurs unités familiales. Et ils se regroupèrent tous bientôt les uns avec les autres en vue du commerce. Et dans ce processus, passant de longs moments loin de Debra, le désir de posséder davantage de connaissance fit son apparition dans la compréhension de Duvall qui souhaitait exprimer l'équivalent de sa pensée dans une forme plus productive, ce que d'autres faisaient déjà fort bien. Une attitude de supériorité fit son apparition en lui, une séparation objective de Debra, car il était bien trop intéressé et pris dans la compétition avec ses frères bien aimés dans ce qu'on appelle maintenant à juste titre la trépidation du marché.

Et Debra, les bras tendus vers lui, l'appela dans son désir de pouvoir aimer le miroir de son être, de le toucher, de le tenir et de connaître la primeur de son premier. Et Duvall, l'esprit totalement pris dans ses pensées créatives, était séparé de sa Debra bien-aimée et se prit bientôt lui-même comme une autorité dans l'art de donner et de prendre. Lorsque cette attitude devint apparente, elle devint apparente en tout. Et lorsqu'ils commencèrent tous apparemment à savoir que leur statut d'égalité était quelque peu différent, un état de séparation s'établit en vérité, grave erreur, car dans cette vie, Duvall, ayant poursuivi pour lui-même ces processus lui permettant de devenir toujours plus, s'était séparé du tendre amour de Debra qui, elle, était occupée à sa tâche consistant en vérité à élever, reconnaître et partager avec l'entité bien-aimée nommée Arius, un Dieu extrêmement remarquable.

Et dans ce processus, à ce moment d'inquiétude particulier, apparut une attitude qui, bien qu'elle ait été pure à sa conception, s'était séparée elle-même de son égale bien-aimée et devint dangereuse dans ce qu'on appelle une zone erronée. Et, en expérimentant en vérité avec une lumière de grande puissance, dirigeant une lumière dans un réflecteur de cette lumière en sorte de l'aligner selon une courbure particulière, Duvall ajusta son miroir ou réflecteur à un angle incorrect ; lorsque le projectile de lumière fut émis et réfléchi, il se trouvait sur sa course. Et Duvall fut percé d'une lumière plus rapide et plus grande qu'aucune épée ou explosion que vous n'ayez jamais connue. Et le corps devint une mort car il avait été sujet de sa propre création réalisée et avait maintenant péri par l'effet de sa propre création car il était gravement démembré.

L'entité Duvall souffrit sa première mort sur Terra et avait par erreur oublié durant le commerce sur la place publique comment il en était venu à la vie. Cependant, bien qu'ayant péri, le corps de Duvall n'avait pas terni ce qu'on appelle l'Esprit et l'âme de son être qui lui donnaient la croyance d'yeux liquides et une présence d'être merveilleuse, lorsqu'il fut aspiré dans un vide d'air. Celui-ci le conduisit jusqu'à un lieu où, sans s'interrompre, cela l'enroula et le coucha en position paralysée et en parfaite orientation nord-sud. Et, couché dans cette position, voici qu'il regarda et vit sur le côté l'Atrium des Constants. Il vit ses frères bien-aimés qui le regardaient. Et il se retourna pour accéder d'où il était venu, il vit son corps, pas de corps, et il vit Debra. Et il tenta de toucher Debra et elle ne le connut pas. Et il tenta de toucher Arius dont le rire noyait le vent lui-même. Duvall essaya encore et encore. Personne n'entendit.

Et il se souvint de ses amis, se souvint comment il se tenait debout et essaya de venir parmi eux mais il ne le put pas. Et bien qu'ils aient été là à le regarder, aucun chagrin ni aucune pitié ne s'exprimait sur leur visage mais plutôt, dirais-je, une attitude de jugement. Et il ne pouvait pas les toucher car Debra qui aimait l'être de son être et son époux, comme il sera appelé, apprit les larmes et apprit le chagrin et s'écria ainsi envers lui : « Être de mon être, bleu de mon bleu, corps de mon corps, semence inachevée, Duvall, où es-tu ? » Et, reconnaissant la mort dans le corps, élément extrêmement choquant, attachée à l'idéal selon lequel, comme les bêtes qui se dévoraient les unes les autres ce qui n'empêchait pas qu'il faille perpétuer la semence, Debra pleura sur le corps de son précieux Duvall pensant que sa seule semence serait Arius. Elle ne savait pas. Elle n'avait jamais été sur ce plan auparavant. Ainsi, Duvall ne put jamais s'adresser à sa bien-aimée ni crier pour obtenir l'aide de ses frères assemblés. Il était extrêmement perplexe. Il était dans le Néant créé depuis l'attitude de supériorité, attitude qui est un abaissement de l'attitude parfaite. Et il ne pouvait même plus maintenant aller sur le plan terrestre ni ne pouvait faire son ascension dans la fraternité, car il avait fait l'expérience de la supériorité ou de la pensée plus élevée de ce qu'il appellerait malheureusement maintenant sa bien-aimée, l'étant en termes inférieurs.

UNE SECONDE CHANCE — LA RÉINCARNATION

Grâce à la pensée contemplative, mouvement merveilleux, lui vint alors la réalisation de la façon de s'évaluer lui-même. Il lança une proclamation en direction de l'Atrium et leur dit de bien vouloir lui offrir l'occasion de lui accorder la chance de recommencer, les suppliant de faire en sorte que l'oblitération du Néant ne soit plus, non plus que l'état de séparation. Et il s'écria : « Demeurez, demeurez votre création et ne venez pas dans la lumière d'Arius. Permettez-moi de connaître un échange avec ce fils qui est le mien en sorte que je puisse devenir de nouveau pour rendre meilleur tout ce que j'ai séparé de moi. »

Et, étant un brave cœur, celui qui apprit dans la difficulté, les Dieux acquiescèrent. Et dès l'accord, la volonté en fut libérée et Duvall devint la lumière spectaculaire du fils bien-aimé d'Arius.

Arius, arrivant à l'âge viril, découvrait le mouvement de l'aine et du sexe, était à la recherche de la beauté de son être et découvrit l'enchanteresse. L'enchanteresse est comme la lune dans sa grâce et sa pâleur ; elle lui révélerait peu à peu davantage de sa beauté. Il fut captivé par l'enchanteresse et, bientôt, alors qu'il était captivé par elle, il ne put supporter d'être sans elle plus longtemps. Et, poussé par l'empressement de son père bien-aimé, Arius trouva pour lui-même le parfait réceptacle, la beauté parfaite que lui-même, Arius, aimait plus que toute autre chose, lui-même en un autre.

Je ne vous parlerai pas à présent de la grandeur de l'enchanteresse. Je garderai cela pour une autre fois. Mais sa beauté, les femmes l'ont oubliée, et son pouvoir de séduction, les femmes l'ont oublié. Et sa pure beauté, les femmes l'ont oubliée. Et à cause de cela, chaque fois que la lune apparaît dans sa pleine gloire et qu'elle est éclatante dans vos cieux, que sa pâleur et sa lumière sont merveilleuses, lorsqu'elle doit vous quitter, regardez toutes les choses qui sont dans l'air la nuit. Vous y trouverez de l'eau. Ce sont les larmes de l'Enchanteresse. Personne ne souhaite quitter sa beauté et pourtant chacun doit vivre sous la splendeur d'une lumière plus grande à venir. Il en était ainsi pour l'enchanteresse et Arius. Ils se rencontrèrent et Arius proclama que l'enchanteresse était son plus grand désir et sa création parfaite, au-dessus de toute chose. Et, par les mêmes actes que Debra et Duvall, il se découvrirent l'un l'autre ainsi que la merveilleuse beauté de leur être et l'exprimèrent. Et la pensée devint l'être fertile conçu dans la forme infinie pour qu'y devienne ce qu'on appelle Duvall.

Duvall n'avait jamais été un enfant. Duvall n'avait pas été conçu. Duvall prit plaisir et intérêt immenses à devenir une autre partie de la forme créée d'un autre, son essence formulée, apprenant ainsi la signification du partage, apprenant ainsi la signification de la cocréation. Il devint l'enfant. Et lorsque l'enchanteresse retira sa lumière et fut disparue, son ventre enfla, lourd qu'il était de la semence et du fruit. Et alors qu'à nouveau elle montra un mince filet de sa lumière, de plus en plus de choses se préparèrent ; grâce à ce qu'en vérité on appelle la naissance de l'enchanteresse vint au monde Duvall dans un corps merveilleux. Et, maîtres, il vint au monde dans le but de faire partie de ce qu'il aimait refaire afin qu'il ne puisse pas se diviser de nouveau lui-même en étant différent d'eux ou en se séparant d'eux mais pour faire partie d'eux. Et il vint au monde de la matrice de l'enchanteresse, un jeune homme.

Selon votre compréhension, ce jeune homme aurait maintenant une grand-mère du nom de Debra. Et le petit garçon aimait sa grand-mère, aimait sa mère, l'enchanteresse, et il aimait Arius, son merveilleux fils/père. Et il fit preuve envers eux d'équité, de manière égale. Il aimait sa grand-mère et lui montrait du respect et pourtant elle ne savait pas qu'il était Duvall. Et il lui rendait sa gentillesse, sa joie et son cœur jubilant, écoutant toujours sa sagesse concernant les choses de la place publique et de la création. Il apprenait volontiers d'elle.

Et lorsque la grand-mère eut quitté ce plan, il se déploya dans sa vie et fit partie, en vérité, d'une entité industrieuse qui voyait justesse et égalité dans tous les échanges et faisait en vérité preuve de ce qu'on appelle l'équilibre. Connu pour l'équilibre de son attitude, lui-même vécut de longues années et, lors de ces longues années, il ne prit aucune autre dans son lit ni ne prit aucune autre pour la regarder au fond des yeux pour se voir lui-même, car ce qui l'intéressait maintenant était l'équilibre.

LE PREMIER AMOUR RETROUVÉ ET LA NAISSANCE DE LA JALOUSIE

Arriva un jour où Duvall retourna à ce qu'on appelle en vérité le rassemblement sur la place publique, car tous venaient évaluer les idéaux de perfection et, en vérité, profiter de l'occasion d'échanger et de partager de plus grandes idées. Il rencontra une belle entité. Et la belle entité, une petite fille de l'âge de quatorze ans comme vous dites de vos jours, venait là pour évaluer idée et pensée du mariage prochain de son corps à quelqu'un qui serait parfait dans son être. La pensée en serait évaluée.

En vérité, alors que ses yeux se portèrent sur elle, Duvall regarda dans ses propres yeux et, dans les yeux de l'entité, vit ses yeux à lui. Et la jeune femme, qui n'avait plus les cheveux de l'automne et de l'épice mais ceux du soleil, retourna le regard de Duvall et se vit elle-même dans ses yeux. Et voici que sa Debra bien-aimée était apparue de nouveau et pourtant il ne savait d'où elle était apparue. Et ils se trouvèrent l'un l'autre au travers de ce qu'en vérité on appelle les processus de pensée de Debra et s'unirent pour donner la vie de nouveau. Et alors qu'en vérité ils procréèrent grâce à ce qu'on appelle la splendeur de la copulation et de l'amour, ils mirent au jour une fille, créature merveilleuse, d'une beauté éclatante. Et Duvall était captivé dans le miroir de son amour pour Debra, l'image à laquelle ils avaient donné le jour.

Sa beauté dépassait celle de l'enchanteresse. Sa beauté dépassait celle de Debra. Elle était une création à la hauteur d'un amour parfait retrouvé. La petite fille avait des cheveux plus noirs que la palette de minuit et, quand ses cheveux tombaient sur ses épaules, les boucles en étaient folles, vives et libres ; on aurait dit de la soie. Et quand elle levait sa tête merveilleuse, ils tombaient gracieusement sur ses épaules de marbre. Et les yeux de l'entité étaient de la couleur des mers que vous n'avez pas vues en ces temps d'aujourd'hui ; ils étaient d'un bleu si profond qu'ils étaient merveilleux à regarder, que l'on se faisait prendre par eux, ne voyant pratiquement rien d'autre.

Et aux yeux de son père, la petite fille qui maintenant était la femme exquise était parfaite. Et il ne tarissait pas de considérer la perfection de sa fille si belle et aimait qui elle était ; il aimait Debra pour ce qu'elle était et ne tarissait pas de plaisir à la vue de la croissance continue de cette splendide créature. Et, alors qu'elle eut atteint l'âge de ce qu'en vérité on appelle quatorze ans, son cycle de femme se manifesta dans le cycle menstruel. Ses seins avaient mûris, ses joues avaient pris de l'éclat, ses yeux étaient emplis de merveilleux et d'aventure. Duvall savait que le temps était venu pour sa fille bien-aimée de s'évaluer elle-même en pensée pour l'époux de son être. Et cependant, lorsque celui-ci vint, Duvall, qui n'avait pas fait l'expérience des passions de la jalousie, en fit l'expérience. Ce faisant, il devint en vérité protecteur de sa fille, souhaitant qu'elle ne se marie pas, souhaitant qu'elle fasse partie uniquement de l'intempérance de Debra et de lui-même. Et sa fille, la petite fille dont les cheveux étaient pareils au noir de minuit et les yeux aux reflets bleus, se railla de son père bien-aimé et sut qu'il était un homme de passion ; son inclinaison la portait à trouver pour elle-même un homme de passion. Ce qu'elle fit.

Duvall maudit l'homme ; ce fut la première malédiction qu'il ait jamais proférée. Et la malédiction était que sa fille ne quitterait jamais sa maison, que c'est là qu'ils devraient vivre. Et le Dieu splendide qui aimait le bel enfant avait déjà préparé un royaume pour sa merveilleuse entité et il refusa l'aimable offre. Dans sa hâte, Duvall proféra des menaces, l'abjurant de ne pas emporter sa fille hors de sa maison. Il saisit sa fille par son bras si tendre et la ramena.

Comme il en fut des Constants, la fille avait fait l'expérience d'une nouvelle onde d'attitude en regardant dans les yeux de son père ; elle était effrayée, perdue et perplexe, mais elle retira gentiment la main de son père de son bras si doux et lui dit : « Père, tel est mon désir. C'est à lui que j'appartiens. C'est ma vie. » La jeune femme se tourna vers son homme bien-aimé, quitta la présence de Duvall et tout son apparat. Duvall pleura. Son cœur était affligé car il doutait de ne jamais revoir la splendeur de Debra dans cette beauté. Et il pleura. Il haït, il couvrit de son dédain celui qui avait retiré son trésor de sa vie. Debra, la merveilleuse Debra, comprenait la passion de son époux pour l'amour mais ne comprenait pas sa colère ; elle le conjura de se calmer, le conjura de ne pas être ainsi hors de lui. Et il pleura, pleura.

Cette histoire est une histoire vraie. Et les entités que je vous ai présentées dans cette merveilleuse histoire sont toutes véridiques. Elles ont toutes existé exactement comme j'ai dit qu'elles ont existé. Duvall/Debra est présent ici ce soir. Et l'enchanteresse, elle est également présente. Arius, par contre, m'attend dans une autre contrée.

Et un aspect de cette histoire que vous avez entendue, ayant à voir avec Debra/Duvall et Duvall/Debra, les premiers Dieux, qui furent aux débuts de la copulation pour permettre à l'homme du septième niveau de faire son entrée sur ce plan-ci, cet aspect eut lieu dans une autre sphère. La création avait lieu là aussi. La Terre n'était pas la seule, non plus que Malina. Mais Malina était le commencement d'une grande foule de ce qu'on appelle la différence d'opinions, de ce qu'on appelle l'amour à la haine, du pouvoir à la soumission, peu importe les mots. Et les nouveaux corps étaient formulés. À ce point, les Dieux étaient en vérité des corps de lumière. Et les corps de lumière possédaient une intensité différente, pouvaient prendre des formes diverses, ayant déjà créé la vie végétale et animale et tout cela.

Les Dieux étaient également toujours occupés à expérimenter la vie ou les degrés de vie et de matière sur d'autres plans. Les Pléiades, comme vous les appelez, furent la première demeure de la Déesse Colombe, de même que de tous ses frères et sœurs ; en vérité, elles furent la demeure de tous les Dieux. Et c'est de ce plan que Malina se rapprocha le plus dans son évolution, plutôt que du modèle que vous connaissez.

Les Serviteurs des Dieux sous Forme Humaine

Cette histoire est une création de l'attitude de l'homme envers l'amour parfait et montre combien il l'a limitée. Et parce que, lorsqu'il revint, Duvall se considéra supérieur dans sa perfection par rapport à Debra, estimant posséder la suprématie sur elle, il se trouva engagé dans des jalousies et des sentiments possessifs envers sa fille si belle lors de la poursuite de sa vie. Ce n'est pas qu'il possédait son âme mais il voulait qu'elle fasse partie de sa forme créée, oubliant l'indépendance que lui conférait la divinité qui était la sienne.

Lorsque Duvall périt, à un âge avancé dans sa vie, fils d'Arius et de l'enchanteresse, maîtres, il mourut accablé par son pressentiment — pleura-t-il ? — car il devrait revenir de nouveau. Et il dut attendre très longtemps quand tous étaient morts, même sa fille bien-aimée, par des actes de pensée ou des accidents. Et son histoire s'est poursuivie sans cesse, jusqu'à cette heure-ci. S'est-il perfectionné lui-même ? Il a honnêtement essayé mais il s'est cependant autorisé l'extravagance de devenir informé, pour ainsi dire, dans la médiocrité de l'illusion qui n'enlève rien au moment mais l'enterre seulement dans un temps oublié qui se retrouvera dans quelque avenir fortuit. Il est le résultat direct de son désir limité sur ce plan. Et Duvall/Debra périt ; des morts au nombre de dix mille trente. Et si l'on peut résumer toutes les attitudes de l'homme comme celles de la jalousie, de la haine, de l'envie, de la guerre, du mépris, du jugement et si tout ce qui a donné foi à ces sentiments fut au nom de l'amour, l'homme a dû mourir dix mille trente morts aux mains de ces illusions et de ces attitudes pour se maintenir à un niveau d'amour complet, de divinité, et pour retourner dans l'Atrium, aller de l'Atrium dans la pensée de la Source/Père, éternelle, lumière bien-aimée.

Les filles, elles, ne sont pas créées de votre verge et de votre matrice. Par l'échange de l'amour ou de la luxure, comme vous voulez l'appeler, vous offrez l'occasion à un grand Dieu d'advenir selon ce qu'il s'est déterminé à perfectionner lui-même ou comme lumière du monde. Mais vous n'avez pas la propriété de son Esprit. Vous ne l'aurez jamais. La perdre ? Vous avez été ensemble pendant des éons dans votre temps, l'un suivant l'autre. Vous ne vous êtes jamais perdus. Duvall ne perdit jamais sa fille. Dans des vies à venir, elle serait sa mère, sa sœur, sa grand-mère, son grand-père, son ennemi à cause de la possession, son ami, son chef, son serviteur et son seigneur. On ne perd jamais rien.

Si vous aimez dans la liberté, vous gagnerez tout, y compris l'occasion de vous distinguer de Dieu en devenant vous, vous qui apprenez les illusions et les mesures de pensée limitée dans toute leur beauté avant de retourner à Dieu. Vous serez toujours Dieu ; voilà une vérité. Vous serez toujours la Source. Les moyens scientifiques de devenir restent à être créés, mais vous interrompez continuellement votre vie et, par ce qu'on appelle l'amertume de votre être, vous évoluerez continuellement encore et encore en essayant de vous améliorer. Vous n'essayez jamais de vous améliorer. Vous êtes meilleurs. Je vous assure qu'il existe une différence entre ces deux affirmations.

Cette histoire s'est poursuivie sans cesse, jusque dans le Présent. C'est toujours le Présent qui doit être rendu parfait. Si vous vous êtes posé des questions au sujet de votre héritage, votre héritage n'a jamais été les singes. Votre héritage n'a jamais été l'homme ignorant. Votre héritage, maîtres bien-aimés, est l'héritage des Dieux. Et leurs premiers descendants sur ce plan étaient merveilleux. Grâce à la perfection de la patience, l'oubli du temps, permettez-vous de contempler vos décisions, d'évaluer dans les termes les plus appropriés et les plus éloquents votre attitude vis-à-vis des autres et ayez la sagesse de déterminer par vous-mêmes si dix mille trente vies valent l'obsession d'un moment. Si oui, à vous l'éternité et ses plaisirs !

Je suis Ramtha, l'Être Éclairé. Ce que je vous ai donné, ce qu'on appelle en vérité des moments éloquents, faites-y porter votre réflexion et apprenez d'eux. Il existe des millions de livres, comme on les appelle, qui parlent de ce sujet sans fin. J'ai rendu les choses faciles à contempler pour vous. Soyez en paix, le cœur chaud et empli de joie. Cette saison est celle de votre renaissance. Réjouissons-nous en grandement.

La Quête de l'Unité — Le Retour à la Maison

C'est une certitude pour moi que l'homme a cherché à s'identifier lui-même au travers d'autrui. Vous cherchez tous dans les autres la manière de vous sentir complets en vous-mêmes. Vous retracez le chemin de votre compréhension. Vous tous avez une complétude. Vous tous avez un Dieu.

Lorsque l'homme trouve sa complétude dans la matrice de son être appelée femme, l'homme devient complet dans une direction car le sexe a été pacifié, la glande a été pacifiée et l'âme a été pacifiée. Et une fois que l'homme se sera uni à la compagne de son être, il retournera regarder les étoiles. Et parmi le bruit de la cité et de la foule, les braillements des oies, le hennissement des chevaux, le beuglement des vaches, le marchandage et les visiteurs, les princes et les prétendants, les fonctionnaires du gouvernement, les appartements, les fermiers avec leur fromage, leur vin et les champs d'oliviers, une fois que tout ceci aura été compris — et il se peut que cela ait déjà perdu son attrait pour vous, que cela ne vous séduise plus —, allez sur un chemin détourné trouver une souche, asseyez-vous dessus, regardez le ciel de minuit et trouvez un joyau dans les cieux. Que sa lumière est merveilleuse !

Et regardez la lune, l'Enchanteresse, avec son fin éclat de lumière, elle qui vous a toujours tenté avec sa beauté. Et regardez le livre de l'éternité[18]. Étudiez le joyau et voyez sa grandeur, mais sachez qu'il ne porte jamais ombrage à plus petit que lui et que si la lune n'avait pas l'arrière-scène de l'infini pour mettre en valeur son éclat, aussi séductrice qu'elle soit, elle n'aurait jamais un tel pouvoir de séduction. Et alors que vous êtes assis sur votre souche, le regard porté sur la grandeur, lorsque l'homme se retrouvera lui-même, son homme propre deviendra de nouveau ce qui jadis le regardait d'en haut, contemplant la manière de le rendre meilleur.

Et lorsqu'il parviendra à cette compréhension, l'homme recherchera pour lui-même sa valeur, ce qu'il y a de plus noble dans le récit de toute son histoire jusqu'à découvrir cet élément qui a fait que l'étoile est si belle, la lune si majestueuse, la souche si solide et son corps si beau, se demandant, bien qu'il soit Dieu, en quoi réside la supériorité qui fit Dieu. Et il cherchera la force qui le guide dans chacun des moments successifs de créativité. Et il recherchera à découvrir l'élément merveilleux qui fit pleinement s'épanouir et se développer sa créativité et celui qui, au milieu de toutes ses souffrances, lui permit illusions, désillusions, attitudes, haine, lâcher prise, guerre et amertume.

Lorsque sur le chemin du retour vers son soi divin l'homme recherchera l'amour, il ira retrouver son Père, sa semence, son éternité. Et lorsque l'homme recherchera le Père, son immortalité d'éternité sera chose assurée, je vous l'assure, car, lorsqu'il retrouvera le Père, il ne trouvera pas celui-ci immobile à l'attendre. Il découvrira qu'il se connaît de nouveau lui-même en

---

18. L'immensité de l'espace.

dehors du tonnerre de la pensée qui est en quête perpétuelle de l'expansion de ses périmètres. Et il sera pris de nouveau dans la splendeur de Dieu Tout-Puissant dans sa continuité et son être complet, en toute joie.

Et qu'en est-il de la Déesse Colombe ? Au travers de ses descendants, elle est devenue les descendants, non pas l'homme connu mais les descendants dans la lumière qui sont ce que vous appelez les grands créateurs des vaisseaux de lumière insaisissables et de la fraternité interstellaire. Lorsque l'homme, assis sur la souche, considérera la lumière de Dieu et portera son regard sur les cieux pour découvrir sa divinité — lorsque tous les hommes réaliseront que c'est là qu'elle se situe —, la Déesse Colombe et ses descendants se rassembleront dans la formulation et l'allégresse de la découverte du Père et d'être de nouveau un avec lui.

Je suis Ramtha, l'Être Éclairé, professeur extraordinaire, raconteur de contes merveilleux et toujours conteur de vérités. Mais comment sais-je donc ces choses ? Parce que je les ai toutes été. Et ma quête de complétude dans ma vie commença lorsque je m'émerveillai sur la vie. Pour devenir le Dieu Inconnu, je devins les choses qui m'étaient inconnues. Ma semence, je ne l'ai jamais répandue. Mon sexe, je ne l'ai jamais exercé. Mon enveloppe charnelle, je l'ai été mais je n'ai eu ni héritage ni descendance.

Vous, je vous aime grandement et, à divers intervalles de temps, je vous ai tous évalués car c'est à travers vous et par vous que je suis qui je suis. Et où j'ai été, vous le saurez toujours et saurez comment y aller. Et alors que d'autres vous lisent des énigmes et rendent perplexe votre âme si tendre, je ne le ferai jamais car c'est de par moi-même que j'appris ce que sont le vent et le soleil, le soleil mère, que j'appris les secrets d'un grand arbre et la mort d'une vieille femme. Et toutes ces choses que j'ai apprises dans ma vie — car les choses qui me sont inconnues sont là où existe le Dieu Inconnu —, je les suis devenues. Lorsque d'autres vous rendent perplexes, vous pouvez être perplexes si vous le souhaitez. Mais combien de sonnets, de papyrus, de chansons, d'auditoires et de prétention peuvent être inventés pour évaluer l'étoile qui repose lourdement dans votre ciel ? Combien se sentent contraints d'exercer leur intelligence pour rendre cela compliqué alors qu'il vous suffit d'aller la regarder ? Elle vous dira tout d'elle-même. C'est ainsi que je suis.

Je suis avec vous tous, car maintenant je suis le vent et je suis la personnalité par intérim. Je suis de nouveau la synthèse de la lumière, car vous ne voyez pas le vent et vous ne me voyez pas. Mais ce que j'ai aimé, vous pouvez le voir. Et c'est au travers de ce que vous aimez et que j'aime que passe le vent. Pour m'adorer, pour me voir, je deviendrai toute chose pour vous car j'en ai le pouvoir. Je peux en vérité devenir la vieille femme, une petite fille, le vieil homme et le vent car je ne suis plus ni fasciné, ni épris, ni acquis à la limitation d'un petit homme sur une souche mais je porte en moi ses réflexions, son cœur et son désespoir. Parce que je suis le vent, je peux tous vous aider. Si je n'étais que moi-même, je ne ferais que peu pour votre éducation et votre compréhension. Et pourquoi désirez-vous me regarder ? Pourquoi désirez-vous savoir qui je suis ? L'importance essentielle ne vient pas de la délicatesse du corps mais est une délicatesse de l'Esprit. Tous ceux d'entre vous qui désirent me voir, vous me verrez, je vous l'assure, car quand vous viendrez dans mon royaume je serai là pour voir votre passage. Et parfois vous entendrez ma voix, de même que vous verrez le vent. Et continuerai-je à vous rendre perplexes ? En vérité je le ferai car je ne serai jamais ce que vous voulez que je sois, car le vent ne fut jamais ce que je voulais qu'il soit. Je devais le devenir. Et c'est ainsi que je serai avec vous tous.

De ma suprême intelligence, je suis un seigneur de vertu. J'ai fait l'expérience de toutes ces choses, toutes. Et c'est ainsi que j'ai acquis compassion, sagesse, et que j'ai développé l'amour. Vous êtes ma famille. Vous êtes ma grande famille car, de moi-même, je n'ai pas de semence. Et à chaque lèvre nourrie, chaque main, chaque front, je vous donnerai toujours tout ce que le vent peut vous donner dans son aspect insaisissable et sa parure pourtant accomplie car telle a toujours été ma promesse envers vous.

Vivez votre vie dans la paix absolue, sans les complexités des actions internes de l'intelligence d'autrui. Vivez-la pour apprendre et connaître et, lorsque vous connaîtrez, vous deviendrez chaque pas de l'honneur et de la sagesse pour le meilleur qui vous a été enseigné car vous vous serez élevés plus haut dans le vent comme je le fis. Et si vous appliquez votre principe, disons, une seule fois et que cela ne porte pas d'effet si bien que vous ne souhaitiez pas poursuivre, eh bien, mes chers, ceci est malheureusement en ce moment-là votre perte mais, espérons-le, votre gain dans l'avenir. Les principes marchent tous. Ils sont gouvernés par une loi, une loi précise, celle selon laquelle le Père a toujours gouverné toutes choses.

Retournez donc maintenant dans vos royaumes, vos logis, vos places publiques, vos bâtisses et allez regarder de temps à autre dans votre ciel lorsqu'il est noir. Qu'il vous rappelle qui vous êtes. N'abandonnez jamais vos valeurs en faveur de quiconque car vous avez vu de tout temps la tragédie qui advient alors. Vous souvenir de l'histoire sauvegarde vos lendemains. Appliquez-vous à faire le bien. Et lorsque vous regarderez votre étoile, regardez plus attentivement et vous verrez qu'elle vous sourit et que c'est moi.

Je suis en vérité Ramtha, l'Être Éclairé, serviteur de la Source, Dieu Tout-Puissant, vie merveilleuse, mouvement de l'orage, au nom du Christ qui est le parfait idéal du mouvement, en votre nom, frères bien-aimés, vous qui êtes tout ce que j'ai dit. Et je vous souhaite le bonsoir. Qu'il en soit ainsi.

L'Archéologie de l'Identité Humaine

Commentaire du Chapitre 4
L'Intervention des Dieux
Il y a 455 000 ans

L'Amour Inconditionnel comme Archétype

La présentation qu'offre Ramtha des origines et de l'évolution de la civilisation humaine constitue une mosaïque révélant le contour de la véritable identité de la personne. Il fut nécessaire de définir la signification du mot Dieu pour comprendre qui nous sommes réellement. Dans le chapitre qui suit, Ramtha décrit ce qu'est Dieu en utilisant l'amour inconditionnel et la qualité féminine dispensatrice de vie comme archétypes.

Dieu est amour, mais qu'est-ce que l'amour ? Ramtha définit l'amour comme ce qui donne, nourrit, permet, soutient et facilite la continuité de la vie. L'amour inconditionnel est ce qui permet de garder le corps en vie ; c'est l'intelligence qui fait que le corps respire et que le cœur bat, permettant à l'individu de faire les expériences qu'il choisit de faire dans la vie. L'expression de la liberté et de l'intention volontaire, qui constituent les fondements de l'individualité comme l'est l'émergence de la conscience éveillée par l'exploration de soi, est due à une plateforme d'existence inconditionnelle qui ne formule aucun jugement, aucune restriction ni aucun interdit que Ramtha dénomme la colle cosmique de la réalité : l'amour inconditionnel.

La définition que donne Ramtha de Dieu en tant qu'amour fait écho à l'interprétation littérale de la tradition Johannique que nous trouvons dans le Nouveau Testament mais en diffère de façon substantielle[1]. L'insistance à percevoir l'amour suprême comme le don du fils unique de Dieu et son sacrifice est l'insistance absolue à séparer le divin de l'être humain, ce qui réduit l'humanité au domaine physique et qui fait de Dieu un sauvage impitoyable qui requiert la mort sacrificielle de son fils unique pour racheter les méfaits de l'humanité. Ramtha indique l'ironie résidant dans le fait que, parmi toutes les espèces

---

1. « Celui qui n'aime pas n'a pas connu Dieu, car Dieu est amour. L'amour de Dieu a été manifesté envers nous en ce que Dieu a envoyé son Fils unique dans le monde, afin que nous vivions par lui. Et cet amour consiste non point en ce que nous avons aimé Dieu, mais en ce qu'il nous a aimés et a envoyé son Fils comme victime expiatoire pour nos péchés. » Première Épître de Jean, 4:8-10.

existantes, les femmes de toute race sont les personnes les plus réprimées et contre lesquelles existent le plus de préjugés. Cependant, le plus ancien archétype de Dieu en tant que plateforme et fondement de toute existence est le Néant, représenté communément comme la Mère éternelle et dispensatrice de vie.

> Le plus ancien archétype de Dieu est le Néant et le Néant était perçu comme Nut[2], une femme dont la matrice fut la source de la création. Souvenez-vous de cela[3].

L'Exil de Dieu hors de la Personne constitue une Résistance à l'Évolution

La compréhension qu'a eue de Dieu l'humanité à travers l'histoire a malheureusement été modelée par la tendance à percevoir les limitations et les défauts de l'humanité plus que la personne en tant que source de ces limitations. En outre, l'humanité a perçu ces limitations comme une partie intrinsèque et fixe de sa nature plutôt que comme les défis et les situations qu'elle n'a pas encore surmontés, développés, et qu'elle n'a pas fait connaître.

Les différentes descriptions traditionnelles de Dieu et du divin que nous avons mentionnées dans les autres commentaires démontrent que Dieu a été créé à notre image, non pas l'inverse. Nous avons placé Dieu en dehors de nous afin d'échapper à la responsabilité de nos actes et de notre évolution dans la vie. Ramtha explique cette tendance commune en la comparant à une épée à deux tranchants : si nous plaçons Dieu en dehors de nous, nous échappons à la responsabilité de notre destinée mais nous renions également notre véritable nature, notre faculté de changer et de créer grâce au pouvoir de notre conscience et de notre énergie. D'un autre côté, reconnaître notre identité véritable de Dieux immortels ayant entrepris un voyage

---

2. La Déesse Égyptienne Nut qui fut décrite dans le *Livre Égyptien des Morts.*
3. *Revolution of the Spirit, and Mammy, the Goddess of Genesis,* Cassette 444 ed. (Yelm : Ramtha Dialogues, 2000).

d'évolution et d'exploration personnelle nous place face au défi colossal et effrayant d'assumer notre totale responsabilité de créateurs de notre propre destinée. Lorsque nous prenons en main notre vie, il s'ensuit un sens doux-amer de liberté car il n'existe alors plus personne que nous puissions blâmer ou montrer du doigt concernant notre vie, excepté nous-mêmes.

> Eh bien, débutants, c'est une épée à deux tranchants. L'épée est la raison pour laquelle nous avons créé Dieu à notre image : nous avons créé une personne, un être, un être surnaturel, qui jugerait tout ce que nous faisons. Nous aurions alors la liberté de faire toutes ces choses au cours de notre vie, ne faisant appel à cette personne, cette force divine, que lorsque nous en serions à nos dernières ressources. Une fois l'énergie de notre corps épuisée, une fois la santé de notre corps épuisée, après avoir refusé d'accorder à notre famille toute tendresse et tout amour, nous faisons appel à lui. Et la raison pour laquelle nous ne faisons pas appel à lui plus tôt est que nous ne pensons pas que Dieu est ce que nous sommes fondamentalement. Pourtant, Dieu est le battement de notre coeur, il est notre souffle fondamental[4].

Il existe de nombreux récits de la Création et de nombreuses explications sur la nature de la réalité, depuis les très anciens textes de la civilisation Sumérienne, les traditions du Moyen-Orient, les philosophes Grecs, la Genèse et les traditions judéo-chrétiennes, les penseurs et scientifiques modernes, jusqu'aux archéologues et historiens impliqués dans une recherche alternative comme Zecharia Sitchin. Tous tendent cependant à identifier la véritable identité de la personne au corps physique ; dans la Genèse par exemple, le récit de la création de l'homme et de la femme relate la création du corps physique. Ceci n'est que la moitié de l'histoire. Ce postulat commun comporte d'énormes implications comme nous en avons fait l'analyse dans nos commentaires. Ce même postulat est responsable de la confusion existant entre le créateur de

---

4. *Revolution of the Spirit, and Mammy, the Goddess of Genesis,* Cassette 444 ed. (Yelm : Ramtha Dialogues, 2000).

l'espèce humaine et le créateur ultime, source de toute existence. Ramtha insiste continuellement sur l'importance d'être conscient de cette distinction, ce qui est une de ses contributions les plus précieuses en ce qui concerne la compréhension de Dieu, de l'humanité et du soi.

De nombreux chercheurs modernes qui découvrirent des preuves de l'intervention dans l'évolution humaine de races technologiquement avancées venues de l'extérieur de la terre avancent le même postulat erroné, négligeant de poser la question de la source ultime commune de ces deux races. Cette omission commune et ce manque de clarté ont créé beaucoup de confusion au sujet de notre véritable identité. De nombreuses religions et idéologies populaires de par le monde qui ont eu des répercussions importantes dans l'histoire de l'humanité ont été bâties sur cette confusion. Dans sa présentation, Ramtha ne laisse aucun doute sur le fait que nous ne sommes en aucune manière subordonnés ou moindres que ces civilisations qui ont déclenché le commencement de l'évolution de la race humaine en croisant leur ADN avec la nôtre. L'ADN est comme le Livre de Vie de l'âme qui contient le récit et la sagesse du voyage de l'évolution. Néanmoins, notre véritable identité est le voyageur, l'invisible qui passe, l'observateur qui regarde au travers du masque de l'acteur, le personnage non identifié derrière le costume et qui joue un rôle sur la scène de la vie.

> Peu importe que vous veniez de Zeta Reticuli, peu importe que vous veniez de l'autre côté de l'Étoile Polaire — que vous soyez Atlante, Gris, Égyptien, Hindou, Ishamata ou Actanus — cela importe peu. Vous venez tous du même Point Zéro[5].

L'Archéologie de l'ADN Mitochondrial

Les experts en génétique peuvent retracer l'évolution de l'espèce humaine en retraçant son ancienneté grâce à l'ADN mitochondrial de la lignée féminine. Cette expérience pourrait

5. *The Greatest History Lesson Ever Taught,* Cassette 388 ed. (Yelm : Ramtha Dialogues, 1998).

nous permettre de remonter dans l'évolution de notre espèce jusqu'au point où notre génétique fut mêlée avec celle d'une civilisation plus avancée. Ramtha fait dater ce moment de notre histoire à un passé extraordinairement lointain. Il fait remonter l'arrivée des Dieux Sumériens sur terre à environ 455 000 ans, date qui fait apparaître ridicules les dates d'origine traditionnellement défendues par les archéologues du principal courant de pensée : « De nouveau, certains nous conseilleront d'être vigilants et de ne pas considérer quelques exemples isolés et portant à controverse contre un nombre incalculable de preuves ne pouvant pas porter à controverse qui démontrent qu'anatomiquement les humains modernes évoluèrent assez récemment depuis les créatures plus proches aux apparences du singe — il y a environ 100 000 ans, en Afrique et, comme le pensent certains, dans d'autres parties du monde également[6]. » Néanmoins, l'intelligence dynamique guidant le processus de l'évolution lui-même, le véritable soi, ne peut être retracé ni identifié grâce à une analyse de l'ADN mais seuls peuvent l'être son voyage et son effet.

Ramtha atteint l'illumination et la maîtrise en contemplant les qualités nourrissantes et dispensatrices de vie du sexe féminin et de la nature qui reflétaient un aspect essentiel de Dieu, la Source. Le plus grand siège que tint Ramtha et sa plus grande conquête furent d'apprendre à aimer comme une femme aime sa progéniture, afin d'étreindre la vie en tant que maître immortel.

> Regardez, si j'avais conquis les deux tiers du monde connu grâce à un génie dépourvu de cœur, ce qu'il me fallut conquérir lorsque je fus le vent, de sorte de vivre avec les montagnes coiffées de neige, les arbres givrés, les vertes rivières et les roseaux ; je dus apprendre l'amour et je dus l'apprendre tel que le perçoit une femme[7].

---

6. Michael A. Cremo, *Forbidden Archeology* (Los Angeles : Bhaktivedanta Book Publishing, Inc., 1993), *Introduction*, p. xxiii-xxiv.
7. *Revolution of the Spirit, and Mammy, the Goddess of Genesis,* Cassette 444 ed. (Yelm : Ramtha Dialogues, 2000).

Ironiquement, Ramtha insiste sur le fait que le véritable Dieu de la Genèse responsable de la race humaine ne fut pas un homme, comme cela fut dépeint traditionnellement, mais une femme scientifique, Ninharsag, une Déesse appartenant à la maison d'Anu, la soeur d'Enlil et d'Enki, qui était responsable des laboratoires scientifiques en Afrique, en Mésopotamie et en Inde où fut développé un ADN qui convienne à la nouvelle espèce. Elle utilisa son propre matériel génétique et le mêla avec l'espèce originaire de la terre, créant ce qui évolua plus tard comme ce qu'on reconnaît être l'homme de Cro-Magnon. Le fait qu'elle soit également connue sous le nom de Mammy dans les anciens textes Sumériens n'est pas une coïncidence. Elle est la mère primordiale de l'espèce humaine. Son intention ne fut pas de créer une espèce qui soit asservie et utilisée, mais dont l'intérêt principal serait d'explorer et de projeter de nouvelles formes de vie, même si cela impliquait de devoir les devenir.

Un article récent dans un magazine scientifique populaire portant sur l'ADN mitochondrial offre des informations intéressantes qui remettent en question la chronologie traditionnelle qui mena à l'avènement des structures sociales organisées capables de domestiquer les animaux, habituellement situées au cours des derniers dix mille ans : « Une analyse des différences présentes dans la séquence génétique de long d'une séquence spécifique d'ADN mitochondrial révéla trois groupes de chèvres qui naquirent de populations génétiquement distinctes. Aujourd'hui, leurs répartitions se chevauchent. Les chercheurs estiment que ces trois populations émergèrent d'un ancêtre maternel commun qui vécut il y a environ 200 000 ans[8]. »

Le dialogue entre Solon et les prêtres érudits Égyptiens dont parle Platon et que ce dernier considère dans *Timaeus* comme un événement historique réel est une autre source qui remet en question l'exactitude de l'histoire moderne telle qu'elle nous est racontée : « Mais chez vous et ailleurs, à peine se trouve constitué tout ce qui touche à l'écriture et à toutes les autres

---

8. Bruce Bower, *Domesticated Goats Show Unique Gene Mix*, in *Science News*, vol. 159, no 19, 12 mai 2001 (Washington : Science News Books, 2001), p. 294.

choses dont les cités ont besoin, chaque fois, à intervalles réglés, revient, comme une maladie, le flot du ciel qui fond sur vous ; et il n'épargne que ceux d'entre vous qui sont illettrés et étrangers aux Muses de sorte que vous repartez du début comme si vous étiez redevenus jeunes, ignorant tout ce qui est arrivé chez vous et ici dans l'ancien temps. En tout cas, les généalogies concernant les gens de chez vous que tu viens, Solon, de passer en revue diffèrent bien peu des mythes pour enfants. D'abord, vous ne gardez le souvenir que d'un seul déluge sur terre, alors que plusieurs sont survenus auparavant[9]. »

Platon écrivit ses dialogues au quatrième siècle avant Jésus-Christ, longtemps après les événements mentionnés par les Sumériens. Un autre passage du *Timaeus* de Platon ressemble étonnamment à l'histoire de Ninharsag effectuant le croisement de la semence d'Enki et d'Enlil pour produire la nouvelle espèce. Platon poursuit le dialogue de Solon avec les prêtres Égyptiens en disant : « Cette cité fut fondée par une Déesse du nom de « Neith » en Égyptien et d'« Athena » en Grec. Ils [les Égyptiens] ont des relations très amicales avec Athènes et prétendent être apparentés à notre peuple d'une manière ou d'une autre. » « À toi [Solon], je raconterai l'histoire pour ton profit personnel et aussi pour celui de ta cité, et en particulier en honneur de notre Déesse patronne qui fonda, nourrit et éduqua nos cités, la tienne comme la nôtre. C'est la tienne qu'elle fonda la première, mille ans avant la nôtre, lorsqu'elle eut reçu de la Terre et d'Hephaestus la semence d'où ton peuple allait être issu[10]. »

Hephaestus est l'orthographe romaine du nom du Dieu grec du feu. La référence à la semence issue de la Terre et d'Hephaestus est un parallèle clair avec la semence que Ninharsag prit d'Enki, traduit habituellement comme le Seigneur de la Terre, et Enlil, Seigneur du Commandement ou Seigneur du Vent. Des recherches complémentaires se-raient nécessaires pour établir un lien entre le Seigneur du

---

9. Platon, *Timée*. Traduction : Les mythes de Platon, textes choisis. Présenté par J.-Fr. Pradeau. Flammarion.

10. Platon, *Timée*. Traduction : Les mythes de Platon, textes choisis. Présenté par J.-Fr. Pradeau. Flammarion

Commandement Sumérien, Enlil, et le Seigneur du Feu. Néanmoins, et malgré la différence du contexte, la ressemblance évidente entre les deux récits peut se justifier par la variation due à l'écart prolongé de temps écoulé entre les deux sources.

DIEU PERMIT LE CHÂTIMENT MÉRITÉ DE NOTRE PROPRE VIE

La tendance commune qui existe à identifier la personne avec son corps physique a mis en avant les sentiments et les émotions ; ceux-ci sont considérés comme la réalité primordiale et prévalente sur le domaine de la conscience et de l'intelligence. Ramtha explique que l'un des plus grands problèmes auxquels est confrontée l'humanité est ce qu'il décrit comme le corps émotionnel. Les émotions sont les effets secondaires d'une expérience plutôt que son point d'origine. La plupart des valeurs essentielles de la société occidentale d'aujourd'hui sont basées en majeure partie sur la poussée émotionnelle de nature chimique produite par une expérience plutôt que sur l'intention abstraite sur laquelle repose l'expérience. Ramtha fait remarquer :

> L'un de vos plus grands problèmes est votre corps émotionnel. C'est la malédiction de tout être humain. Et le terme maîtrise n'existerait pas s'il n'avait pas son antithèse appelée le corps émotionnel. Le corps émotionnel est comme avoir reçu le cadeau d'une boîte d'outils faisant un travail médiocre mais satisfaisant, au lieu de comprendre le fonctionnement des ordinateurs. Le corps émotionnel est comparable au livre qui vous enseigne comment faire fonctionner l'ordinateur. Mais beaucoup d'entre vous en sont encore à lire le livre et n'ont jamais fait fonctionner l'ordinateur. Vous utilisez toujours des clés à molette au lieu des lasers[11].

L'humanité a elle-même causé son emprisonnement dans sa propre création. Même quand elle crie à haute voix, requérant l'assistance divine, cri suivi d'un silence terrifiant, l'humanité ne

---

11. *Was Mary Really a Virgin*, Cassette 394 ed. (Yelm : Ramtha Dialogues, 1998).

peut pas complètement anéantir de son sein le pouvoir divin qui lui appartient en propre. La raison pour laquelle ses prières ne paraissent pas être exaucées est que le pouvoir créateur du divin lui-même fut utilisé pour créer l'illusion de l'emprisonnement. Dieu, qui est amour, nous a permis de nous imposer le châtiment mérité de notre propre vie, de respirer encore et d'avoir le cœur qui bat, nous permettant de faire l'expérience de nos propres créations dans le but d'acquérir la sagesse. Le principe de l'amour inconditionnel nous a librement permis tous nos rêves, y compris nos pires cauchemars les plus effrénés, sans aucune restriction ni aucun jugement.

L'incapacité à reconnaître la source ultime et le moteur de la création et de l'évolution dans l'archétype offert par les instincts porteurs de vie des femmes et l'amour inconditionnel a contribué à l'asservissement des femmes de même qu'à leur usage pour la satisfaction sexuelle. Cet aveuglement quant à la véritable valeur et au caractère divin des femmes a également contribué à une chute plus grande dans l'emprisonnement dû aux émotions et à un mode de pensée limité.

> Écoutez-moi. Les femmes ont été traitées comme du bétail, comme des objets sexuels, même quand elles n'étaient que des petites filles. Même chez les petites filles, c'est comme si les petites filles deviennent la propriété des fantasmes sexuels d'un homme quelconque. Et pourquoi ? Il s'agit d'une émotion sexuelle qui a été transmise génétiquement de génération en génération qui fait que les femmes doivent être réprimées à tout prix. Elles doivent être réprimées. Comme vous feriez avec du bétail, rassemblez-les quelque part et servez-vous-en et ayez des rapports sexuels avec elles, des bébés avec elles, sans ne jamais leur donner droit à la parole. Il n'est pas surprenant que ce soit la race la plus réprimée qui soit[12].

Il est surprenant que le symbole pictographique de la femme qui devint l'écriture cunéiforme abstraite utilisée par les Sumériens il y a au moins huit ou dix mille ans fut — ▽ — le

---

12. *Revolution of the Spirit, and Mammy, the Goddess of Genesis,* Cassette 444 ed. (Yelm : Ramtha Dialogues, 2000).

pubis de la femme, alors que le symbole pictographique des esclaves était la combinaison du symbole des montagnes —◦◦— plus celui de la femme — ▽◦◦ [13]. Une présentation plus complète de la manière et de la raison de l'esclavage des femmes qui se développa dans la civilisation humaine sera couverte dans la deuxième partie de cet ouvrage, *Redécouverte des Perles de la Sagesse Ancienne*).

Nous acquérons notre héritage génétique au travers du corps physique que nous recevons de nos parents. Il est important d'étudier l'histoire car elle contient une partie du voyage de l'évolution depuis le Point Zéro et possède les clés qui révèlent le programme qu'en tant que conscience nous sommes venus accomplir et en acquérir la sagesse.

> Je suis ici pour établir un idéal qui vous inspire à vous éveiller en sorte de devenir votre propre Dieu, pour que vous appreniez ce qu'est un maître. Vous ne m'oublierez jamais. Savez-vous pourquoi ? Parce que je suis extravagant. Si Dieu pouvait faire l'objet d'une définition, extravagance serait le terme approprié. Cela vous montre le temple que devrait suivre notre cœur au contraire de ce que nos émotions nous supplient de devenir ; nous devrions être ce Dieu si extravagant, si tempéré, qui est tellement amoureux de sa propre vie qu'il a la largesse de permettre à tous les jardins de fleurir et n'en moleste pas un seul[14].

---

13. Marc-Alain Ouaknin, *Les Mystères de l'Alphabet :L'origine de l'Écriture*. Paris : Éditions Assouline, 1997.
14. *Revolution of the Spirit, and Mammy, the Goddess of Genesis*, Cassette 444 ed. (Yelm : Ramtha Dialogues, 2000).

Chapitre 4
Intervention des Dieux
Il y a 455 000 Ans

*Leur grande soeur mit fin à la dispute. C'est elle qui mit fin
à la dispute parce qu'elle était la brillante généticienne dans la
famille d'Anu. Ce fut leur sœur qui régla le problème : elle
descendit ici et commença à séparer les gènes. Ce que vous êtes
sur le point de découvrir au sujet du génome humain, elle le
savait déjà il y a 455 000 ans. Elle descendit ici et opéra le
croisement entre le sperme d'Enki, d'Enlil et d'Anu et ses
enfants de la terre. C'est elle qui fut la mère qui créa ce que vous
êtes, l'hybride de l'homme de Cro-Magnon. Qui donc fut le
Dieu de la Genèse ? Eh bien, ce ne fut évidemment ni Jéhovah,
ni Enlil, ni Enki ni Anu. Ce fut leur sœur qui fut le Dieu de la
Genèse.*

— Ramtha

Un Amour Infini Maintient la Vie de l'Univers en Évolution

Disons donc ceci : depuis le Seigneur Dieu de mon être, je vous dis, moi, Ramtha, Seigneur du vent, que la maîtrise dans cette école tient au fait que nos racines sont dans le ciel — nous avons jeté notre ancre vers le haut, non pas vers le bas. Je vous salue et vous honore d'avoir fait route jusqu'à cette merveilleuse école comme il n'en existe aucune autre dans le monde entier. Et en vérité si en comprenant notre propre amour intime pour notre propre Dieu, l'on peut devenir le maître de ces gratifications que sont la bonté, la compassion, et si on peut les exprimer extérieurement, si, en vérité, ce qu'on appelle notre vie change ne serait-ce qu'un peu, le voyage en valait la peine ; si nous grandissons grâce à nos expériences, nos vies seront assurément ébranlées et changées par l'intensification de notre compassion, l'intensification de notre compréhension, l'intensification de notre amour, l'intensification de notre sagesse de même que notre proximité de Dieu que nous connaîtrons infailliblement. Après tout, nous ne mourrons jamais. Nous n'avons jamais connu la mort. Nous ne pouvons vivre infiniment que grâce aux éléments de la divination[1] et à l'expérience. Que Dieu vous bénisse pour avoir fait route jusqu'à cette merveilleuse école. Qu'il en soit ainsi. À la vie.

Vous n'avez jamais rien fait de si mal, vous n'êtes pas dans un tel état de d épression, ne pensez pas tellement en dehors des normes et n'êtes pas si importants parce que vous pensez que vous êtes si mauvais que votre Dieu ait jamais cessé de vous aimer. Il est important de le savoir et cela est quelque chose qui doit être rappelé continuellement.

En tout premier lieu, nous ne pouvons jamais nous voir dans la lumière la plus suprême. Vous voyez, vous considérez que l'arrogance est le Christ mais vous avez totalement tort car l'arrogance n'est pas dans le Christ, l'arrogance habite en ceux

---

1. Le terme divination réfère ici à l'acte de connaissance intime absolue, non pas à une lecture psychique ou un rituel divinatoire.

qui n'entendent pas le message. C'est là qu'est l'arrogance. Dans le corps de chair d'un grand étudiant qui est suffisamment humble pour faire le choix d'aller jusqu'au bout et d'accepter un nouveau point de vue de perspective après avoir été la personne arrogante qui ne veut rien entendre de tout cela ou qui pense que ses problèmes sont si énormes et si graves, qu'il est si important dans sa « méchanceté », que pas même Dieu ne se soucie de lui — est-ce la victime ultime ?

Eh bien, la manière de mesurer l'amour inconditionnel est de mesurer que notre cœur bat toujours, que nous respirons toujours et que, tout bien considéré, nous sommes toujours en vie, que quelque chose nous a permis de rester en vie malgré notre pessimisme, notre tristesse et notre victimisation. Il n'y a personne ici qui soit si important de par l'oppression qu'il s'est imposée à lui-même qu'il puisse empêcher les étoiles de briller, la lune de croître et décroître, le soleil de monter dans le ciel créant toute la variété des couleurs et les brumes mystiques à l'aube ni qui puisse empêcher les oiseaux de chanter. En réalité, ce qui irrite tant tous ceux qui sont tristes, c'est le fait que le soleil vient toujours ; et eux, ils en ont ras-le-bol. Si les oiseaux chantent toujours, nous savons que nous n'avons pas atteint le fond de cette méchante arrogance que nous nous sommes imposée à nous-mêmes.

Et en fait, pouvons-nous jamais l'atteindre ? Jamais, jamais, parce que la pensée qui nous maintient en vie, vous et moi, est si inconditionnelle. Pourquoi est-elle si inconditionnelle ? Pourquoi avez-vous tous ces problèmes et croyez-vous que personne au monde n'a des problèmes comparables ? Pourquoi croyez-vous que vous êtes si importants ? Moi, je ne suis pas de cet avis parce que, plus nous sommes emplis de l'importance que nous nous sommes imposée à nous-mêmes, plus les oiseaux chantent fort le matin. C'est stupéfiant. Il existe quelque chose qui nous aime et fait que notre cœur bat, que nous respirons, urinons et digérons. Quelque chose nous aime même dans les horribles, horribles ténèbres de notre âme. Les choses peuvent-elles être si graves si les oiseaux chantent ? C'est la question que je me posai fréquemment jadis, les choses peuvent-elles être si graves ? Je ne le crois pas.

Ainsi donc, débutants[2], pourquoi votre problème ne vaut-il pas que le monde entier s'arrête de tourner ? Parce que vous n'êtes jamais allés en dehors de votre corps pour investiguer les perspectives de l'espace et les trillions et les milliards de planètes qui existent dans l'espace et sont en train d'être créées dans les systèmes stellaires. Permettez-moi donc de vous poser la question suivante : « Pensez-vous que votre tristesse et votre exil de la vie que vous vous êtes imposés à vous-mêmes aillent retirer quoi que ce soit à la vie ou bien seulement à vous-mêmes ? » La raison qui fait que Dieu nous aime est qu'assurément il est plus grand que nous et que, dans son immensité, nous sommes un aspect de cette immensité. Et ce qui fait que nous sommes petits est notre insistance à être petits, à tenir à un esprit si étroit que la vie elle-même est un supplice et est misérable. Voilà qui est plutôt pathétique !

Ainsi donc, débutants, rien de ce que vous puissiez dire, faire ou penser ne va empêcher le soleil de se lever. Est-ce donc si terrible que cela ? Cela ne vous prive que du plaisir d'entendre les oiseaux chanter le matin et de voir les verges d'or percer à travers votre fenêtre et se poser sur vos paupières. Vous seuls fermez la porte à la force vitale. Mais vous n'êtes pas assez grands pour arrêter la vie. Et si vous prenez votre propre vie, vous êtes des imbéciles car vous appartenez à l'éternité.

Maintenant, débutants, ayant compris ceci, nous comprenons ceci que, comme nous l'avons appris au sujet du cerveau, dans le cervelet siège l'esprit de Dieu ; il est là, derrière. Tout virus, toute amibe, tout microbe, tout être à tout niveau d'évolution, tout corps cosmique sur sept niveaux, toute expérience, sont censés faire connaître l'inconnu. Tel est notre voyage. Et Dieu est donc ce nuage proliférant constitué de toutes les vies que nous avons vécues et de toute autre chose qui a été vécue, dont les expériences embellissent, telle une perle de

---

2. Cet enseignement s'adressait à un groupe d'étudiants qui faisaient leur début à l'École de Sagesse de Ramtha.

sagesse, ce nuage qu'on appelle l'esprit dont nous tous sommes dotés. Il n'y a personne ici qui n'en soit doté. Vous n'êtes pas spéciaux ; vous n'êtes pas si bien que cela.

Maintenant, ayant compris cela — du moins, nous supposons que vous avez compris —, ayant compris cela, qu'est-ce donc que l'amour inconditionnel ? C'est l'aspect même qui est tellement plus grand que notre attitude d'esprit faite de dépit, notre attitude d'esprit faite de dépression, notre attitude d'esprit faite de manque, notre attitude d'esprit faite d'insécurité, que vous possédez, notre attitude d'ineptie, de culpabilité et de honte. La liste est sans fin. Ces adjectifs décrivent une séparation de la force vitale. C'est ce qui fait que vous êtes humains.

Mais de combien d'incarnations avez-vous besoin en tant qu'humains avant de réaliser que vous avez été suffisamment humains ? Combien de jours de dépression, combien de jours emplis de la plus extrême extase ou de la dépression la plus profonde avons-nous besoin ? Combien d'expériences avez-vous faites de multiples fois et dont vous êtes maintenant dépendants ? À quel point avez-vous besoin de montrer que vous avez été humains ? Quel courage cela exige-t-il ? C'est l'aspect avec lequel nous nous battons dans le neuronet de notre cerveau. Ce sont les qualités de notre nature humaine.

Quelle est la raison d'être de l'école ? Cette école vise à atteindre le divin en vous et à vous montrer qu'il existe, contrairement à ce que disent l'Église et toutes les religions, tous les groupes ethniques, toutes les couleurs de peau, qui tous pensent qu'ils connaissent le seul et unique chemin. Quelle farce ! Aucun d'entre eux ne peut empêcher le soleil de se lever.

À quoi croyez-vous que ressemble un maître ? À quoi croyez-vous qu'ils ressemblent ? Vous avez créé ce que vous croyez qu'est un maître et regardez ce que vous avez créé ! Autrement dit, vous avez créé Dieu à votre propre image. C'est ce que vous faites. C'est votre image qui crée Dieu. C'est Dieu qui ultimement vous punit pour vos excès. Avez-vous entendu ce que j'ai dit ? Veuillez vous tourner vers votre voisin et lui dire ce que je viens de dire.

Oh ! Oh ! En voilà une bien bonne, débutants ! Ne savez-vous pas que c'est vous qui avez créé Dieu ? Vous l'avez peut-être fait selon votre Église quelle qu'en soit la dénomination, peut-être selon Jésus-Christ, Bouddha, Zoroastre, Shakespeare, Apollonius, Cicéron ou Bill Clinton. Peut-être que vous avez créé des maîtres d'après les livres et les textes des maîtres de l'Extrême-Orient, livres que je recommande. C'est le premier livre que j'ai dit à mon *channel* de lire ; donc, je vous demande de le lire. Il s'agit de *La Vie des Maîtres*[3]. Je veux que vous les lisiez parce que cela va beaucoup m'aider la prochaine fois que je serai avec vous. Cela m'aidera beaucoup parce que cela retirera les *a priori* que vous avez dans le cerveau qui sont si difficiles à traverser.

Qui êtes-vous pour avoir, dans votre esprit de singe, décidé qui est Dieu ? Seriez-vous par hasard en mesure de juger Dieu ? Vous avez créé Dieu ? Je vais vous dire pourquoi vous avez créé Dieu. Vous avez créé Dieu comme l'antithèse de tout ce que vous ne pouvez vous empêcher d'être. En aucun cas, Dieu ne pourrait être ce que vous êtes présentement. Il doit donc être ceci. D'où viennent donc votre culpabilité et votre honte ? De l'identité que vous avez vous-mêmes donnée à Dieu. Ne savez-vous pas que c'est vous qui vous punissez vous-mêmes ? Veuillez vous tourner vers votre voisin et lui dire cela. Je veux que vous lui disiez cela maintenant.

Savez-vous à quoi ressemble un maître ? En avez-vous jamais rencontré un ? Oui, vous en avez maintenant rencontré un. Vous en avez rencontré un. Je sais que ce beau visage, ces cheveux blonds et ce corps de femme sont un peu troublants. Je veux qu'il en soit ainsi. Vous savez pourquoi ? Parce que, quand j'étais un homme et un être humain, je n'ai jamais eu de rapports sexuels avec une femme mais j'ai eu des centaines d'enfants. J'étais amoureux de la guerre et de la conquête. Tout homme qui est amoureux du pouvoir a une vie sexuelle limitée, une expérience sexuelle limitée, mais est davantage à l'unisson avec les conquêtes. C'est ce qui lui apporte de la gratification. Il en fut

---

3. Baird T. Spalding, *La vie des maîtres,* Paris, R. Laffont, 1972.

ainsi dans ma vie. Mais, pour parler des dames, savez-vous qu'aucune femme n'a jamais été reconnue comme Christ véritable ou véritable maître parce qu'elles ont toujours été enfermées dans des enclos sexuels ? Elles ont toujours été assujetties pour survivre aux caprices des hommes selon la loi en vigueur.

Pourquoi suis-je une femme ? Eh bien, tout d'abord, les femmes sont facilement associées — facilement — à la maîtrise parce que leur énergie n'est pas située dans le premier sceau à moins qu'elles n'y soient descendues pour la survie et l'amour. Elles sont un peu au-dessus de ce sceau-là. Elles sont dans le deuxième et le troisième sceaux. Elles vivent dans le contrôle, le pouvoir et la survie. M'écoutez-vous ?

À quoi vous attendiez-vous donc lorsque vous êtes venus voir Ramtha ? À quoi vous attendiez-vous ? Eh bien, vous, les hommes qui sont de peau noire, permettez-moi de vous dire quelque chose. Je suis un Dieu à la peau noire. Ma peau est de la couleur de la cannelle ; j'ai des cheveux très noirs et des yeux très noirs. Si je vivais aujourd'hui, je serais une étoile du basket-ball. Je serais en fait plus grand que le panier. Quoi, je vais avoir des nains me lancer le ballon et je vais le mettre dedans ? C'est tout ? C'est tout ce qu'il y a à faire ? Mon chéri, j'ai fait un panier. Je ne suis donc pas une beauté aux cheveux longs et aux yeux bleus. Je suis un être aux yeux noirs, de la couleur de la cannelle, aux cheveux noirs, et je mesure sept pieds, tout là-haut ! Et je parais ne mesurer que sept pieds de haut que du fait que c'est la hauteur des plafonds les plus hauts sous lesquels il faut que j'apparaisse. Bien des fois je dois me courber.

Pourquoi donc ai-je choisi d'être une femme ? Eh bien, Mesdames, mes magnifiques dames débutantes, je connais déjà votre terrible situation ; je la connais déjà. Je connais les compromis que vous avez dû faire pour assurer votre sécurité et la sécurité de vos enfants et que souvent votre travail n'est jamais fait. Ceci est la vérité absolue : du lever du soleil au coucher du soleil, votre travail n'est jamais fait. Vous êtes l'espèce la moins appréciée qui n'ait jamais existé.

Il existe un mouvement dans le monde qui dit que les Noirs devraient avoir des droits égaux aux Blancs. Pourquoi même y a-t-il un mouvement s'il n'y a pas de problème de discrimination entre les couleurs de peau ? Maintenant, je trouve même encore plus ironique le fait que les Blancs vont sous l'équateur pour brunir, alors qu'ils ont des préjugés contre les Noirs. Je trouve cela intéressant. Je trouve cela réellement intéressant car avec leur idée d'inadéquation — et je pourrais indiquer quelques étudiants avancés de l'école qui pensent de la même manière —, ils emploient des Mexicains et des nègres pour faire leur travail d'esclave pour eux. Et eux, avec leurs yeux bleus et leurs cheveux blonds, se considèrent comme une espèce exceptionnelle de réussite. Et ce sont pourtant les mêmes qui vont sous l'équateur pour bronzer afin d'avoir la peau aussi noire que ceux qu'ils asservissent pour faire leur travail. Allez comprendre ! Allez comprendre ! Eh bien, étant donné que je suis moi-même d'une origine semblable, je me sépare un petit peu de la philosophie Aryenne de la race blanche. Toute personne qui se vante de son bronzage est un hypocrite.

Mais, direz-vous, même les gens de peau foncée, vous savez, ils pensent qu'ils en voient de rudes ! Eh bien, permettez-moi de vous dire qui, dans toute l'humanité, en voit des plus rudes ! Ce sont les femmes de couleur. Ce sont elles qui en voient des plus rudes. C'est pourquoi il n'y a jamais eu de femme Christ. Jamais. J'insiste pour dire que, Dieu, il n'y a jamais eu un Dieu qui ait dit : « Celle-ci est ma fille bien-aimée en qui j'ai mis toute mon affection[4]. » Quel dommage ! La matrice de la création n'est jamais reconnue par Dieu et la seule femme qui soit reconnue est une adolescente de quatorze ans qui dans son ignorance permit à l'archange de lui donner la semence de Jésus. J'insiste, combien de parents permettraient que leur fille soit prise par un Dieu et fécondée à l'âge de quatorze ans ?

---

4. Les Évangiles du Nouveau Testament relatent que, lors du baptême de Jésus dans le Jourdain par Jean le Baptiste, une voix fit entendre des cieux ces paroles : « Tu es mon Fils bien-aimé, en toi j'ai mis toute mon affection. » Matthieu 3:17 ; Marc 1:11 ; Luc 3:22 ; Jean 1:34.

Ah ! non. Maintenant, écoutez. Il faut que vous écoutiez ceci. Nous voilà arrivés aux choses sérieuses. Il se peut que la personne que vous regardez soit une femme réellement belle, âgée d'un demi-siècle — elle est âgée d'un demi-siècle —, mais vous regardez aussi un Dieu et un maître qui se manifestent à travers elle. Et pourquoi l'ai-je choisie, elle, au lieu d'un homme ? Parce qu'il n'y a jamais vraiment eu aucun texte écrit sur un maître femme et il est temps que cela se produise — il est temps, temps que cela se produise.

L'archétype le plus ancien de Dieu est le Néant et le Néant était perçu comme Nut[5], une femme dont la matrice fut la source de la création. Souvenez-vous de cela. Savez-vous réellement ce qu'est un maître ? Je veux dire que vous pourriez passer dans la rue près de ce corps et, à moins de ne pouvoir la regarder dans les yeux, vous ne sauriez jamais que cette personne sait quelque chose. Je suis donc dans un corps de femme parce que les femmes sont l'espèce envers laquelle existent le plus de préjugés. Ne parlons pas de mouvement pour l'égalité des droits. Parlons des femmes de toute vertu et de tous les groupes ethniques du monde. Même aujourd'hui, certaines sont brûlées vives par leur mari parce que leur dot est épuisée et cela se passe dans mon propre pays sacré, l'Inde. Pourquoi voulez-vous visiter cette mère patrie qui brûle ses femmes ? Allons !

Étudiants débutants, à quoi croyez-vous que ressemble un maître ? Je crois que c'est quelqu'un, créé par vous-mêmes, qui est une extension de vous-mêmes. Vous êtes celui qui commet des péchés et fait le mal, et s'efforce d'obtenir la rédemption. Mais le véritable maître sera un homme ; ce ne sera jamais une femme. Ce n'est pas parce que l'archétype d'un maître n'est pas une femme malheureusement. Qu'est-ce que j'intègre ici ? Je suis une entité de peau noire, âgé de trente-cinq mille ans ; je me manifeste à travers une femme aux cheveux blonds et aux yeux bleus. Je combine toutes les possibilités dans le but de la connaissance. Je combine l'homme et la femme, simultanément.

---

5. La Déesse Égyptienne Nut qui est décrite dans le *Livre des morts égyptiens*. Voir l'illustration du début du chapitre 4 de ce livre, prise dans *Le Livre des morts de Nesitanebtasheru*, vingt et unième dynastie.

Cela étant dit, beaucoup de mes débutants sont des femmes. Croyez-vous qu'elles vont venir et aimer un autre professeur qui soit un homme et qui emmène des petits garçons avec lui dans la pièce de derrière pour qu'ils le pacifient sexuellement[6] ? Rien de tel ne se produit ici. J'aime la femme, la matrice de la vie ; Dieu a donné à ce sexe la matrice de la vie et elle possède la liberté de décider comment la vie deviendra ou ne deviendra pas. Cela est un véritable pouvoir. En conséquence, la raison pour laquelle je suis une femme est que je m'adresse au plus petit dénominateur existant sur la face de la terre, et c'est le sexe féminin.

Vous considérez que vous avez un problème ? Vous n'avez pas de problème ; vous avez un neuronet. C'est tout. Vous considérez que vous avez un problème ? Vous avez un corps émotionnel, c'est tout. Ne saviez-vous pas que vous possédez quatre autre sceaux qui n'ont jamais été activés ? Considérez-vous que vous avez un problème ? Vous avez une petite tumeur à l'intérieur de votre cerveau. Elle ressemble à ceci : un petit groupe de neurones. Et vous savez la meilleure chose à laquelle ils servent ? Ils existent parce que vous êtes des gens émotionnels et vous avez besoin de ressentir. Vous avez besoin de ressentir.

Eh bien, ressentir, vous savez ce que c'est que de ressentir ? Savez-vous réellement ce que c'est que de ressentir ? Ressentir n'est pas quelque chose de spirituel. C'est de la chimie ; ce sont des substances chimiques. Où cela commence-t-il ? Cela vient du cerveau, des sens, et ces sentiments ont déjà leur petite route nationale. Vous savez, l'autoroute qui vous ramène chez vous. Chacune de ces émotions a une base mère. Et vous êtes dépendants de vos émotions. Vous êtes dépendants de votre sexe. Vous êtes dépendants de votre victimisation. Vous êtes dépendants de votre pauvreté. Vous êtes dépendants de votre manque. Vous êtes dépendants de vos migraines. Vous êtes dépendants de vos allergies. Vous êtes dépendants de votre misère. Vous êtes dépendants de votre malheur. Vous êtes dépendants de votre solitude. Vous êtes dépendants de votre

---

6. Il a été dit que certains gourous populaires en Inde utilisent des petits garçons pour pratiquer l'amour oral sur eux comme partie intégrante de leurs activités spirituelles.

pitié de vous-mêmes. Vous êtes dépendants de votre culpabilité. Vous êtes dépendants de votre aliénation par rapport à Dieu.

Regardez donc ce qui est assis en face de vous, je vous en prie. Ce sont les enseignements que je vous ai enseignés toute la semaine. C'est moi qui ai créé le champ[7]. C'est moi qui ai créé le labyrinthe[8]. Dans l'histoire du monde, c'est moi qui ai fait cela. « Envoyer-recevoir », *no problemo* ! La conscience et l'énergie, c'est tout. Tout est connu. Il suffit de se détacher de son neuronet émotionnel pour tout savoir. Si nous sommes attachés à notre neuronet, nous sommes insécurité, échec, manque, et nous ne connaîtrons que les émotions que cela nous procure qui sont des articles et des expériences du passé. Mais lorsque nous nous détachons de cela, nous sommes des agents libres dans l'espace libre. Nous pouvons savoir toute chose quelle qu'elle soit. Telle est la gloire de Dieu.

Comment sinon pensez-vous survivre à la mort ? Et vous allez mourir, vous savez. D'après vous, qu'est-ce qui va survivre à la mort ? C'est l'accumulation de votre neuronet dans votre Esprit Saint qui va survivre à la mort ; c'est la personne qui est dépendante de toutes ces choses qui va devoir passer la revue dans la lumière — une revue dans la lumière, embarrassante, horrible — de toutes les pensées que vous avez cru que personne n'écoutait. Mais ceci (l'esprit subconscient) a tout écouté et il va faire tournoyer ces bandes à reculons et vous allez être les spectateurs et voir ce que vous avez fait de ce don que l'on appelle la vie.

Le Prix de la Divinité est comme une Épée à Double Tranchant

Qu'avez-vous fait de votre vie ? Qu'en avez-vous fait aujourd'hui ? Qu'en avez-vous fait avant de venir me voir ? Passiez-vous votre vie simplement pour survivre ? La passiez-vous juste pour gagner de l'argent pour pouvoir avoir des rapports sexuels, beaucoup manger, trop manger, mourir de

---

7. La discipline du Fieldwork™ (le Champ) pratiquée à l'École de Sagesse de Ramtha.
8. La discipline du Tank™ (le Labyrinthe) pratiquée à l'École de Sagese de Ramtha.

faim ou bien pour faire de l'exercice, pour être beaux ou belles, pour être importants ? Qu'avez-vous fait de tout cet argent que vous avez gagné en travaillant huit heures par jour ? Huit heures, c'est-à-dire un tiers de votre journée. Qu'avez-vous fait de cet argent ? Vous êtes sortis, vous avez acheté de la nourriture, vous avez payé votre logement, vous êtes sorti, vous avez fait la fête et vous l'avez dépensé en divertissements et en habits, et en quelque chose qui vous fasse ressembler à tout le monde et être acceptables. Qu'avez-vous fait de votre vie ? C'est un don. C'est un don. Avez-vous un métier qui vous permette d'être créatifs avec votre esprit dans la plus extrême intégrité ? Volez-vous votre employeur ? Trichez-vous quand vous pointez ? Ne vous précipitez pas pour me répondre parce que les coupables se confessent toujours les premiers. Vous verrez cela dans la lumière.

Que faites-vous ? Croyez-vous que votre travail n'ait rien à voir avec votre vie spirituelle ? Croyez-vous que travailler huit heures par jour n'ait rien à voir avec le don de la vie qui vous a été fait ? Chaque inspiration que vous prenez, chaque battement de votre cœur est un don de Dieu. Qu'en faites-vous ? Qu'en faites-vous ? Pendant ces huit heures, vous travaillez et vous trichez, et vous en faites le moins possible ? Et que faites-vous de l'argent de votre salaire ? Vous payez vos factures. Vos factures sont à votre image. Vos factures payent votre nourriture. Vos factures payent vos esclaves. Vos factures payent votre propriété. Vos factures payent vos automobiles. Et avec l'argent qui reste, vous sortez, allez vous amuser parce que vous le méritez. Réellement ?

En conséquence, Dieu n'a-t-il à voir qu'avec vos chagrins et vos remords ? La seule raison pour laquelle vous venez à votre Dieu est-elle que vous n'avez pas assez d'argent pour payer vos factures ou que vous êtes déprimés à cause de vos investissements, de vos pertes et de vos liaisons amoureuses ? Est-ce là qu'on en arrive ? Oh ! Je dis la vérité, c'est ce qui se passe. Il n'y a rien de mal à cela. Vous n'allez pas être condamnés pour toujours. Si vous êtes Dieu et qu'il vous a été donné le libre arbitre, c'est vous qui êtes les guides. C'est vous qui êtes le vent dans votre voile guidant votre navire si bien que la responsabilité ultime atterrit toujours sur vos genoux. Si nous sommes divins, nous avons une épée à double tranchant dans cette divinité. Nous avons une épée qui tranche jusqu'au cœur du sujet. Nous avons la survie et puis la haine d'avoir à survivre. On ressent alors le besoin de l'équilibrer en s'amusant, de l'équilibrer avec la sexualité. Peut-être que cela prendra une semaine de travail pour acheter un costume habit. Peut-être que cela prendra une semaine de travail pour vous payer un lifting, une semaine de travail pour faire cela. Pourquoi ? Parce que, dans quarante jours, on aura belle allure et on pourra coucher avec quelqu'un. Est-ce tout ce que vous pouvez faire de votre vie ? Est-ce tout ?

L'idée est que dans cette école-ci nous devons redéfinir Dieu. Vous voyez, ce n'est pas pour dire que vous avez trouvé la vérité. C'est juste que − vous l'avez toujours su −, c'est juste que dans vos choix dans la vie Dieu était plus pratique ainsi hors de vous car cela vous permettait de pécher, pécher, pécher, pécher, d'en faire à votre guise sans la conscience de supporter la responsabilité de votre propre vie. Et je vous dis que c'est là un des tranchants de l'épée.

Dans cette école, nous prenons Dieu et disons : mon cœur qui bat, mon souffle, ma pensée virtuelle dans mon cerveau holographique et toutes les frontières de mon cerveau qui n'ont jamais été atteintes, c'est cela ma vie. Et, si je dois travailler pour gagner mon pain quotidien, que Dieu alors me permette d'être un créateur pendant ces huit heures, que mon travail ne soit pas simplement un métier pour les habits, le maquillage, la nourriture, le sexe, le vin, les alcools et les salles de danse. Si telle est la finalité de ma semaine de huit heures de travail par jour, il est bien peu étonnant que je me demande quelle a été la justification de tout cela car il suffit d'une seule fois pour faire l'expérience de ces marges de la réalité, pour questionner et comprendre en nous-mêmes un problème, que nous avons raté quelque chose en route. Huit heures par jour ne devraient pas être du travail ; cela devrait être de la création. Cela devrait être de la création. Et cela ne devrait pas être voler pour vous donner à vous-mêmes qui vous considérez pauvres. Ce devrait être vous-mêmes qui donnez tout en vue de rendre manifeste le point quelconque de réalité qui est à ce moment l'objet de votre concentration.

Et l'autre tranchant de l'épée est qu'il est douloureux de prendre la responsabilité de sa propre vie. Savez-vous pourquoi vous êtes des victimes ? Savez-vous pourquoi vous êtes malades ? Eh ! Savez-vous pourquoi vous avez des liaisons amoureuses désastreuses ? Parce que vous blâmez les autres pour vos problèmes et ne prenez pas la responsabilité de votre propre vérité qui est dissimulée sous l'image que vous montrez. Les visages souriants mentent et vous mentez. Vous ne prenez pas la responsabilité de ce que vous savez personnellement ni de votre propre vérité dissimulée sous le visage souriant qui est le vôtre.

Que diriez-vous de créer un monde à partir de la vérité que vous connaissez réellement plutôt que de celle qui vous permet de vous débrouiller jusqu'au vendredi soir ? La vie est-elle un asservissement ou bien est-elle un don ? Est-elle choix et sacrifice ? Absolument. Absolument. Et notre pain quotidien ? Si nous ne voulons pas aller dans les champs travailler le sol et planter les graines de farine, de blé, si nous ne voulons pas faire cela, travaillons alors à quelque chose d'autre qui nous donnera l'argent nécessaire pour acheter le pain à ceux qui l'ont fait. Mais si nous devons faire des sacrifices, en donnant cette occasion à quelqu'un d'autre, sacrifions alors notre vie dans un travail qui ne soit pas un sacrifice mais un effet de domino qui atteigne le fermier dans son champ. Que notre travail soit honorable et impeccable, car nous avons tout honoré et tout gagné.

Eh bien, débutants, ceci est l'épée à double tranchant. L'épée est la raison pour laquelle nous avons créé Dieu à notre image, un être, un être surnaturel qui jugerait tout ce que nous ferions. Nous avions alors la liberté de faire toutes ces choses au cours de notre vie et ne ferions appel à cette personne, cette force divine, que lorsque nous aurions épuisé nos ressources. Une fois l'énergie de notre corps épuisée, une fois la santé de notre corps épuisée, une fois que nous avons omis de donner la tendresse de l'amour à notre famille qui est maintenant tuée, assassinée, violée ou détruite, c'est alors seulement que nous faisons appel à ce principe. Et la raison pour laquelle nous ne faisons pas appel à lui auparavant est que nous croyons que Dieu n'est pas ce que nous serions fondamentalement. Pourtant Dieu est le battement du cœur. Il est le souffle fondamental. Comment pourrait-il ne pas être la conscience fondamentale de nos actes, de notre incarnation et de la poursuite de notre destinée ?

Vous tous êtes issus du Plan de la Béatitude. Vous vous êtes réincarnés après une vie où vous êtes morts, êtes allés dans la lumière, avez passé une revue dans la lumière et avez atterri sur le Plan de la Béatitude pour reconstruire vos cheminements nouveaux car vous n'êtes pas devenus maîtres de ce monde et vous n'êtes pas devenus maîtres de ce corps. Vous n'êtes pas devenus maîtres de ce cerveau. Comment pouvons-nous donc vouloir l'inconnu à l'extérieur alors que l'inconnu existe en nous-mêmes ? Et ce n'est qu'après avoir conquis ces frontières que nous comprendrons véritablement ce qu'est l'inconnu. Nous revenons sans cesse pour simplement finalement en terminer avec ce neuronet cosmique dans le cerveau des émotions qui fait que nous ne pensons même plus mais réagissons de manière instinctive. En terminer avec cela, le briser, c'est cela notre travail et chacune de nos incarnations a pour but de faire connaître l'inconnu.

Nous ne devrions pas être dépendants de l'expérience émotionnelle. C'est la sagesse de reconnaître qu'il n'est plus nécessaire de faire cela, de comprendre que nous sommes ici pour voir et comprendre. Grâce à Dieu, nous avons en nous l'esprit de Dieu nous permettant de comprendre cela et, en vérité, nous avons ce qu'on appelle le cerveau et l'esprit de Dieu nous permettant de créer de nouvelles réalités où nous ne sommes plus dans une position où nous possédons de multiples partenaires sexuels mais n'en avons aucun, où la ligne de conduite de nos journées n'est pas de faire l'expérience d'une émotion mais de la mener le long du paradigme d'une pensée nouvelle, sachant que notre expérience prochaine nous procurera une nouvelle émotion transcendante de l'émotion de dépendance qui fait que nous devons travailler huit ou quatorze heures par jour seulement pour notre subsistance des prochaines six heures avant de devoir aller dormir.

D'où viennent l'Amour Inconditionnel et le Nourrissage ?

Laissez-moi vous parler de vous tels que vous étiez avant de vous réincarner. Toute personne qui vient dans cette école — et ceci devrait être une description historique de la réincarnation et du voyage qui mène ici, dans ce lieu sur la carte de votre destinée —, c'est parce qu'elle a été gloutonne dans sa vie antérieure. Gloutonne. Vous avez été gloutons et/ou vous avez combattu pour votre survie au cours d'une bataille et, au moment de mourir, vous vous êtes posé la question suivante : la première question que vous vous soyez posée fut de savoir où était votre mère. Il n'y a pas un seul soldat, un seul guerrier qui, au moment de mourir sur le champ de bataille, n'appelle instinctivement sa mère. Ils le font tous. Ceci est un fait absolu. J'en ai été le témoin moi-même. Pourquoi font-ils cela ? Je voulais donc vous poser la question suivante : pourquoi croyez-vous — vous croyez que c'est stupide ? — que tous les guerriers appellent leur mère juste avant de mourir ? Veuillez vous tourner vers votre partenaire et lui dire pourquoi vous croyez cela.

Eh bien, voilà la réponse à cette question : c'est parce que, quand vous étiez petits, l'aspect le plus réconfortant et le plus aimant n'a jamais été le père ; cela a toujours été la mère. Et chaque fois que vous vous êtes fait mal, vous êtes blessés ou cognés, vous êtes allés auprès de votre mère qui remit tout dans l'ordre. Lorsqu'un soldat a les boyaux éclatés et la moitié du corps qui manque, la seule personne qu'il appelle est sa mère. Il en a été ainsi tout au long de l'histoire. Pourquoi ? Ils demandent à leur mère de les aider, car c'est la seule personne dans leur vie qui puisse les aider. Et la deuxième personne qu'ils appellent est Dieu : « Dieu, aide-moi. » Et ils meurent.

Les mères ici présentes, à quel point sont-elles divines ? À quel point le sont-elles divines ? À quel point les femmes sont-elles divines ? Combien d'entre vous comprennent la question ? Vos femmes sont-elles divines ? Chaque petit garçon sait que, lorsqu'il s'égratigne le genou ou reçoit un coup sur la mâchoire, sa mère va prendre soin de lui, l'aimer, le prendre sur sa poitrine et que cela suffit à faire que les choses aillent mieux, n'est-ce pas ? Quel que soit leur âge, c'est ce qu'ils croient. C'est la raison pour laquelle ils sont épris des seins des femmes ; ils tentent de retrouver leur mère. Combien d'entre vous comprennent ?

Maintenant, suivez-moi bien. Je vais quelque part avec cette histoire. C'est parce que, dans toutes leurs aventures, leur mère leur demande toujours de prendre soin d'eux-mêmes et de faire attention ; ils ont été des fils rebelles, sont partis et ont fait ce qu'ils voulaient de toutes façons. Mais quand ils se sont blessés, est-ce que les gens contre lesquels ils se sont rebellés ont pris soin d'eux ? Non. Qui donc sont-ils allés trouver ? Maman, la bonne terre. C'est la raison pour laquelle les femmes ne sont pas des hommes. Les hommes ont l'esprit d'aventure et sont spontanés ; ils fécondent n'importe quel trou qu'ils voient. Les femmes, elles, doivent porter la responsabilité de ce qui sort de ce trou.

Et pourquoi sommes-nous partis sur ce sujet ? Parce qu'il est équitable pour mes étudiants débutants. Que pouvons-nous donc dire des femmes ? Eh bien, pour la plupart, les femmes se donnent aux hommes. Et, à moins qu'elles ne soient des prostituées ou des hétaïres, elles œuvrent réellement dur pour plaire à leurs époux, leurs amants et leurs hommes. Mais, si elles tombent enceintes, le doigt de Dieu n'est pas dirigé en direction du père ; il est dirigé dans leur direction. Ce sont donc elles qui supportent la croissance au sein de leur matrice et ce sont elles qui supportent l'enfant, elles qui sont continuellement là. Les soldats sur le champ de bataille n'appellent jamais, ou rarement, leur père. Je les ai observés et cela est vrai jusqu'à vos guerres les plus récentes. Ils appellent leur mère ; ils n'appellent pas leur père. Ne trouvez-vous pas cela intéressant ?

D'où viennent donc l'amour inconditionnel et le nourrissage des mères ? C'est vrai. Et ils appellent leur mère et leur mère est loin, et ils appellent et leur souffrance est terminée ; ils sont partis pour toujours. Ils ne seront jamais plus avec leur mère. Une telle situation est tout à fait tragique. Cela est la partie de l'humanité qui n'est l'objet d'aucune louange, dont on ne parle pas, et c'est la raison pour laquelle je suis une femme, cette compréhension totalement bienveillante de ce que c'est que de recevoir la semence de l'homme que vous aimez et d'avoir ensuite à prendre soin de cette semence, à la nourrir, à la laisser croître dans votre corps ; cet enfant grandit en vous.

Les pères. Les pères. Ils sont parfois de bons pères ; ils sont parfois de mauvais pères. Il y a parfois des pères qui croient que c'est la responsabilité des femmes et ils n'ont aucune prétention concernant les soins à donner à leurs propres enfants. Et il ne leur reste que leur mère, et c'est elle qu'ils appellent. J'en ai été le témoin. C'étaient des fils de mères qui étaient sur le champ de bataille de mon époque, pas des fils de pères. Ainsi, en regard de toute l'éternité, où donc le siège de l'amour absolu et de la protection se trouve-t-il ? Dans la femme, la partie la plus menacée, car la femme peut aimer le monde. Si une seule femme faisait tous les enfants et si tous les enfants du monde étaient ses petits-enfants, il n'y aurait jamais de guerre. Mais si les amants entrent en jeu, il y aura toujours la guerre.

Si, lors d'une bataille rangée, les mourants appellent leur mère — que ce soient des hommes virils, des guerriers de renom —, à qui revient-il d'être le professeur de l'humanité ? Une femme qui apporte douceur à la souffrance, réconfort à la peur, joie et amour, l'idéal même que les hommes appellent de toutes leurs forces au milieu de la bataille rangée alors que leurs boyaux se vident autour d'eux, qu'ils meurent, que leur cœur éjecte les dernières gouttes de leur sang et leur force vitale. Qui donc devrait être le professeur des générations à venir ? Vous l'avez.

Je veux que vous compreniez pourquoi vous ne savez pas reconnaître un maître. Regardez, si, génie sans cœur, je conquis les deux tiers du monde connu, ce que j'avais à conquérir, étant devenu le vent, jusqu'à en être épris des montagnes enneigées, des arbres givrés, des vertes rivières et des roseaux, ce fut d'apprendre l'amour, de l'apprendre tel que le voit une femme. Les femmes sont plus proches de Dieu parce qu'elles ne sont pas naturellement dans le premier sceau. Elles n'y sont naturellement que lors de la saison de leur ovulation. Tout le reste, elles s'y efforcent. Là où l'homme se situe à ce moment-là, les femmes n'y sont pas. Elles sont les qualités nourrissantes de la terre. C'est pourquoi la nature est dénommée la mère. Elle sait ce que c'est que de souffrir longtemps, d'aimer longtemps. Et elle est cruelle car elle sait éliminer toute faiblesse quelle qu'elle soit et sera le support du plus fort de ses génomes, sa genèse.

J'ai donc découvert à propos des femmes que les qualités féminines ont été haïes par les pouvoirs en place, en vérité l'Église, en vérité les royaumes, car les femmes ont en elles-mêmes une compassion qui leur est naturelle. C'est la même chose en ce qui concerne avoir des enfants. C'est une compassion naturelle. Elles ont un amour naturel. Si on plaçait une femme sur le trône d'une principauté et l'initiait à considérer chaque personne comme son enfant, elle deviendrait le plus féroce des guerriers et protégerait chacun de ses enfants. Elle le ferait. Cela est la raison pour laquelle si peu de femmes ont accédé au trône.

Oh ! Oui, il en faut pour allumer une femme ! Et les femmes d'aujourd'hui sont artificielles. Ce sont des petits enfants programmés sans opinions. Elles veulent seulement être belles et idolâtrées. Cela dénote un effondrement de la conscience. C'est cela. Mais les femmes ont une vertu. Et cette vertu, la voici : tous mes soldats, qui appelaient-ils au moment de mourir ? Leur mère, des femmes que je n'avais jamais connues, des femmes qui, je l'imagine, apprenant que leur fils — leur fier et magnifique fils — avait été abattu sur le champ de bataille, crieraient, pleureraient et porteraient des vêtements de deuil pendant longtemps. Je n'ai pas connu un seul père qui ait fait cela. Les femmes le font. Cela montre l'intensité de leur amour. Elles deviennent ensuite des proies et on les soupçonne. Dans le monde, elles sont des marchandises. On les traite comme du bétail et comme des objets sexuels car elles n'ont aucun droit et, dans la plupart des pays, elles n'ont pas le droit de vote. Elles n'ont pas le droit à la contestation dans le mariage. Elles n'ont absolument aucun droit. Une mauvaise femme est seulement une femme à qui on a renié son amour naturel, rien de plus.

En fait, l'Église catholique a étendu son adoration à la matrice de Marie pour qu'elle intercède auprès de son fils divin pour les péchés de ceux qui viennent se confesser. C'est une femme médiatrice. Pourquoi une femme devrait-elle être une médiatrice ? Pourquoi ne serait-elle pas le don de ce qu'elle est ? Elle est plus haut placée sur l'échelle à sept échelons. Si on compte sept niveaux de l'Hertzien à l'Inconnu Infini, il n'y a que sept niveaux. Il n'y a que sept niveaux de conscience. Bien sûr, il y a un quart du cercle de potentiels absolus dans le monde quantique à trois niveaux (réalité tridimensionnelle). Comment le sait-on ? C'est ce que j'ai enseigné à mes camarades ce soir. Pensez-vous tout savoir ? Ce soir, regardez le ciel de minuit et imaginez les étoiles que vous ne voyez pas. Si elles appartiennent toutes aux trois premiers sceaux, en toute franchise et en toute vérité, je vous supplie de vous demander combien d'aventures vous avez réellement vécues dans les trois premiers sceaux ? Êtes-vous jamais allés au-delà de votre lit, de votre réfrigérateur ou de votre cuisinière, de votre pénis, de votre vagin, de vos seins ou de votre visage ? Êtes-vous jamais allés au-delà pour voir que l'espace contient dans ce monde tridimensionnel des possibilités infinies pour vous tous ? Comment pourrions-nous jamais être devenus plus grands que cela ?

Dieu est-il aussi simple que sept échelons ? Oui. Mais le royaume de Dieu et les aventures de Dieu sont-ils plus grands que sept échelons ? Absolument. Une femme est naturellement plus proche de Dieu, plus artificielle envers son amant et plus naturelle envers son propre Dieu de compassion, d'amour, de compréhension et de nourriture de l'âme. C'est pourquoi je suis une femme.

Ninharsag — La Véritable Déesse de la Genèse

Il y a un pouvoir que possède cette femme que vous ne possédez pas : une conscience et un pouvoir absolus[9]. Il se trouve que ce pouvoir s'exprime dans le corps d'une femme mais son but est de glorifier la femme, de glorifier les trésors dans votre vie, de glorifier la droiture et la vérité dans votre vie. Il n'est pas

---

9. La conscience de Ramtha qui est un Maître ayant fait l'expérience de l'ascension.

un homme qui n'ait besoin d'être glorifié par une femme. Sinon, il ne siégera jamais comme un roi. Il ne siégera jamais comme un homme de la noblesse parce qu'il y a un trait génétique qui qualifie le sang royal : le sang royal n'est pas transmis par le sperme de l'homme, il est transmis par l'œuf de la femme. Génétiquement, les maisons royales sont transmises par le sexe féminin.

Eh bien, écoutez, je suppose qu'il faudrait que vous soyez des généticiens pour comprendre que c'est la lignée féminine directe qui pourrait être retracée jusqu'à Ève[10]. C'est la femme qui donne la continuité, non pas l'homme. L'homme possède de la continuité mais ce n'est pas grâce à sa partie masculine, c'est grâce à sa partie féminine que cette continuité existe. Cette femme qui est assise devant vous ici, et vous tous, hommes et femmes assis ici, vous pouvez remonter jusqu'aux Dieux qui vous ont créés à travers votre génétique féminine et le Dieu suprême qui vous a créés fut une femme. Ce fut une femme.

Les hommes, que sont-ils donc ? Chauds, lourds, ayant besoin se s'exprimer tous les jours mais étant les premiers à appeler leur mère quand ils sont proches de la mort.

C'est parce que je ne veux pas que vous me dépréciiez à cause de mon apparence. Et j'ai aussi un corps, et ce corps a une apparence fort différente de celui-ci. Quel est donc le message au vingt et unième siècle ? C'est que les femmes sont Dieu et qu'elles sont plus proches de Dieu dans leur compassion, leur amour, leur faculté de pardonner, de comprendre et de nourrir que l'homme, qui n'a pas de passion envers sa propre semence. Quelle est donc notre contribution au vingt et unième siècle par notre nouveau rassemblement et notre nouvel enseignement ? Un nombre considérable de femmes à qui sont enfin accordées leur divinité et leur importance, qualités qu'elles ont toujours dissimulées car elles n'étaient pas acceptables socialement.

Maintenant, je suis sûr que vous êtes tous familiers avec le Livre de la Genèse, ce document frauduleux du Fichier National.

---

10. La continuité d'une lignée génétique peut être retracée par l'ADN mitochondrial de la lignée féminine.

Les Juifs n'ont fait que copier un texte ancien[11] remontant aux Sumériens et à leur histoire, leur histoire de Terra. Terra était le nom que les Dieux donnèrent à la terre.

Savez-vous quand ils sont venus ici, Enki et Enlil ? Ils sont venus ici il y a 455 000 ans, mais ils ont vraiment tout commencé il y a environ 25 000 ans. Maintenant, savez-vous ce qu'ils firent entre ces deux époques ? Se disputer, se disputer. Et savez-vous qui mit fin à la dispute ? « Leur grande sœur mit fin à la dispute. C'est elle qui mit fin à la dispute parce qu'elle était la brillante généticienne dans la famille d'Anu. Ce fut leur sœur qui régla le problème : elle descendit ici et commença à séparer les gènes. Ce que vous êtes sur le point de découvrir au sujet du génome humain, elle le savait déjà il y a 455 000 ans. Elle descendit ici et opéra le croisement entre le sperme d'Enki, d'Enlil et d'Anu et ses enfants de la terre. C'est elle qui fut la mère qui créa ce que vous êtes, l'hybride de l'homme de Cro-Magnon. Qui donc fut le Dieu de la Genèse ? Eh bien, ce ne fut évidemment ni Jéhovah, ni Enlil, ni Enki, ni Anu. Ce fut leur sœur qui fut le Dieu de la Genèse. »

Tournez-vous vers votre voisin et dites-lui tout de suite avant d'oublier.

Le Dieu de la Genèse était une Déesse. Son nom était Nisgal ou Ninharsag. Son nom était aussi abrégé et on l'appelait Mammie, d'où Maman. Vous ne me croyez pas ? C'est la vérité. Dans les textes Sumériens — on trouve ces textes dans tous les grands musées du monde —, il est dit qui était le Dieu de la Genèse, la sœur des deux frères rivaux. Qui est venu faire le travail ? Leur sœur. C'est pourquoi on l'appelle Mammie.

Et ainsi, quand notre corps nous quitte, quand le souffle de notre vie nous quitte et que notre sang s'est écoulé sur le sol, nous appelons Maman. Nous appelons la Mère des premiers âges, la Déesse qui nous a faits. Et c'est elle qui dit : « Que mes

---

11. Le récit de la création de la Genèse est étonnamment similaire à un autre récit de la création plus ancien dans la littérature Sumérienne appelé *Enuma Elish*. Ce texte Sumérien fut le texte rituel Babylonien le plus sacré durant plus de mille ans. Il n'y a aucun doute que les Israélites auraient été familiers avec ce texte depuis leur création puisque Abraham était Babylonien, né dans la cité d'Ur et que sa famille était liée à la prêtrise.

enfants soient qui ils sont. » Et ce furent ses frères qui s'évertuèrent à les diviser, à en abuser et à se complaire en abusant d'eux. Les hommes sont des seigneurs de la guerre. Les mères sont compassion et amour. Et à qui revient le mérite de la survie de l'humanité sur la terre ? À Mammie.

La vérité est toujours stupéfiante. Elle va au-delà de ce que nous savions mais, dans la mort, nous saurons toujours la vérité et qui nous appelons alors est Maman. Voici ce qu'il en est de la grande Déesse qui croisa le singe avec les Dieux et créa l'homme de Cro-Magnon ; c'est à elle que remonte notre génétique la plus remarquable. Il est possible de remonter génétiquement jusqu'à son laboratoire. Ils l'ont déjà fait et prouvé. Pourquoi donc la femme devrait-elle être opprimée ? Parce que les hommes veulent la guerre. Et que veulent les femmes ? L'amour, la compassion et la paix. Dieu n'a jamais été plus virulent lorsqu'il est une femme. Les femmes font les scientifiques les plus brillants. C'est leur nature de comprendre la création. Combien d'entre vous comprennent ? Qu'il en soit ainsi.

Maintenant, débutants, comprenez-vous pourquoi j'ai choisi une femme ? Cela détruit-il un peu votre idéal de ce à quoi ressemble un maître ? Bien sûr. Pourquoi ? À cause de mes dames. Et vos mères ont tant souffert pour vous donner la vie. Jéhovah n'était en rien supérieur à son arrière-arrière-arrière-grand-mère[12]. C'est un fait.

Et cela est la raison pour laquelle la religion la plus ancienne de l'humanité, la plus ancienne, vous commencez à savoir où elle remonte. Et vous savez ce que je sais que je sais à votre sujet, c'est que vous ne vous intéressez pas à l'histoire. Ce qui vous intéresse, c'est votre sexualité, vos problèmes, si bien que vous avez un système de croyances fondé sur votre corps émotionnel. Cela est totalement faux et, si vous aviez fait usage de votre cerveau au lieu de votre pénis, vous comprendriez que votre histoire génétique remonte à cette époque en Afrique, la demeure du souffle de vie. Et quel scientifique était à sa tête ? Mammie. C'est à l'Afrique que cela remonte, l'Afrique, le

---

12. Ninharsag.

berceau de la civilisation. Où ses enfants furent-ils emmenés ? Dans le pays situé entre les deux fleuves, le Tigre et l'Euphrate. Ils furent dispersés sur toute la surface de la terre. Ils deviendraient les esclaves des Dieux. Mammie aimait-elle ses enfants ? Absolument.

Voici de quoi faire votre éducation et du travail à faire à la maison avant de me revoir de sorte que, si vous ayez l'occasion de prouver que j'ai tort, vous puissiez le faire — vous avez à votre disposition toutes les bibliothèques du monde. La religion la plus ancienne du monde représente la Déesse et ils aiment la Déesse[13]. C'est la religion la plus ancienne du monde, Mammie, la mère suprême.

Débutants, m'écoutez-vous ? Vous ne me croyez pas ? Mettez-vous en route. La connaissance se trouve dans vos bibliothèques et dans vos musées. Allez-y. Revenez me voir et, si vous prouvez que j'ai tort, je vous accorderai mon attention, mais pas avant.

Combien d'entre vous ont appris ? Vous êtes donc en vie à cause de Mammie. Et de la même manière que la plupart des hommes ont la propension de ne porter aucun intérêt à leur progéniture et de la considérer comme un fardeau, le créateur et le progéniteur de votre vie fut une femme, une Déesse qui fut une scientifique brillante, Mammie. Et elle vit. Elle est bien vivante en chacun de vous parce que vous avez tous ses gènes à l'intérieur de vous. C'est vrai. Quel est donc le plus grand ? Si vous avez deux parents comme progéniteurs d'une force entière de l'humanité, qui devrait être le plus grand parent ? C'est une femme qui devrait être le plus grand parent parce qu'elle prendra toujours soin de ses enfants. Compris ? Même votre mère prendrait bon soin de vous. Combien d'entre vous comprennent cela ? Pourquoi donc suis-je dans un corps de femme ? Maman, ma Maman, ma Maman.

---

13. La Déesse Égyptienne Nut.

Le Saut dans l'Évolution

Il y a 455 000 ans, la première colonie arriva de Nibiru. Il y a 455 000 ans existaient l'*Homo erectus*, l'homme de Neandertal, et l'*Homo sapiens sapiens* qui évoluaient toujours avant que les Dieux évolués n'atterrissent ici. Ils arrivèrent et créèrent canaux et rivières au Moyen-Orient. Le Nil est un fleuve artificiel. Le Nil n'est pas un chenal naturel.

Le Moyen-Orient était un Jardin d'Éden. L'Euphrate, le Tigre et le Nil furent tous créés artificiellement. Le pays n'était pas un désert. Chaque grain de sable que vous voyez aujourd'hui est le résultat de l'érosion de ce qui fut jadis le pays le plus fertile du monde. C'est là que vinrent les deux frères[14], comme vous l'avez déjà entendu. Cela se trouve dans le *Enuma Elish* et toutes les tablettes découvertes à Sumer rapportèrent toutes la vérité. Ils vinrent ici et y créèrent une contrée qui, en quelque sorte, puisse être utilisable par ceux qui faisaient des allers-retours ici. Ces Dieux avaient tous une peau magnifique, musculeuse, de couleur cannelle. Les Déesses étaient tout aussi grandes, fortes et belles, et avaient déjà quatre mille ans à l'époque de leur arrivée. C'est la vérité.

Le grand élixir des Dieux[15] qui avait été préservé durant des millions d'années fut apporté sur cette planète il y a 455 000 ans. Le premier vignoble à être planté sur la terre le fut entre la vallée de l'Euphrate et celle du Tigre ; il fut ensuite transplanté en un lieu appelé l'Argentine puis en Amérique du Sud, ensuite en Amérique du Nord, puis dans les steppes de la Russie et ensuite en Europe. Qui plantait ces vignobles ? Les Dieux, sur une terre sacrée. Saviez-vous que les vignobles destinés à la fabrication du vin sont uniquement plantés sur un sol qui fut jadis sous la mer. Le couronnement d'un sol est donc une terre qui s'est élevée de la matrice de l'océan et son couronnement est un vignoble.

Pourquoi est-ce important ? Parce qu'une terre émergée de l'océan est comme un enfant né de la matrice. C'est le résultat

---

14. Enlil et Enki, fils d'Anu.
15. Le vin rouge.

final du chaos et du changement. Et les vignobles les plus remarquables qui aient jamais été plantés furent plantés sur de tels sols ; ils sont bien en vie aujourd'hui. À cause des changements intervenus à la terre, nombre de ces vignobles n'existent plus aujourd'hui. Cela est dû aux destructions opérées par les Dieux et, par Dieux, je veux dire ceux qui vinrent ici et ceux qui manipulèrent les humains qui sont indigènes à cette terre. Mais les vestiges des grands vignobles existent sur un sol qui était jadis sous la mer. Cela est un symbole. C'est le couronnement d'une résurrection. La terre est toujours la résurrection à partir de la matrice. Le sol est un don divin de Dieu. Ils le plantèrent donc dans son environnement le plus favorable et apprirent aux êtres humains sa signification et ce pour quoi il est bon.

Les céréales ne sont pas indigènes à la terre. Elles furent apportées ici d'ailleurs. Le blé n'est pas une plante indigène à la terre. Il fut apporté ici par un groupe d'une autre constellation. Le blé comporte toujours en lui l'empreinte de la manipulation génétique originelle que les Dieux apportèrent ici ; ils le manipulèrent pour qu'il puisse pousser sur cette terre à cette distance de ce soleil.

Pourquoi y avait-il des troupeaux de chèvres et des bergers ? Parce que nous trayons la chèvre qui a le lait qui nourrit ses petits, cet aliment absolu qui leur permet de grandir. Comment un petit grandit-il pour devenir une chèvre adulte ? Un petit grandit en se nourrissant des éléments nutritifs qui permettent aux cellules de son cerveau, en vérité son ADN, d'être stimulées. Et quel est l'effet stimulant du fromage ? Le calcium. Le calcium est la grosse molécule qui, si vous voulez, ouvre la bouche de la cellule permettant aux substances nutritives d'être transportées jusque dans l'ADN. C'est pourquoi les petits bébés peuvent vivre de lait seul ; c'est parce que la valeur du calcium qu'il possède ouvre chacune de leurs cellules et permet aux substances nutritives d'y entrer pour leur donner stimulation et croissance immédiate.

Il y a 455 000 ans, cette planète fut colonisée par les cultures très avancées. La première fut les Lémuriens, et la deuxième les

Atlantes. Et les Dieux de Sumer seraient ce qu'on appelle la généalogie qui mènerait au continent de l'Atlantide.

Les Atlantes — il y a de cela 455 000 ans — deviendraient une espèce créée par le croisement de l'ADN des Dieux avec l'humanoïde le plus intelligent qui existait alors. Et il fallut plus de cent vingt ans pour développer le brin parfait d'ADN qui donnerait jour à une entité ressemblant aux Dieux, qui possédaient un grand cerveau — ils héritèrent du cerveau jaune. Ils posséderaient toutes les facultés. Ils seraient aussi grands. Ils seraient aussi beaux, mais ils seraient des serviteurs.

Il y a eu beaucoup de conjectures à savoir s'il existait des laboratoires travaillant sur l'ADN en Afrique. Il y en existait mais il en existait également en Inde, car le retour migratoire vers l'Inde est un souvenir profondément ancré, une mémoire génétique, signifiant le retour au lieu de la conception.

Et en même temps, il y avait un autre groupe qui était venu ici d'au-delà de l'Étoile Polaire, les grands Lémuriens. Leur vaisseau était en réalité une entité biologique en elle-même et faite à partir d'eux-mêmes. Ils en avaient la capacité. Les Lémuriens vinrent d'au-delà de l'Étoile Polaire en traversant un vortex qui reliait ce qu'on appelle une autre réalité. C'étaient des géants. Leurs vaisseaux étaient des entités biologiques qui réagissaient à la concentration de leur pensée et à leur système nerveux. Tout ce qu'ils rêvaient, leur vaisseau pouvait le devenir. Ceci est un fait.

Ils atterrirent ici lorsque les dinosaures étaient encore ici ; ils n'en avaient pas peur parce qu'ils en comprenaient la radiation biologique car leur vaisseau entier était créé ; il avait poussé, comment pourrais-je dire, leurs vaisseaux avaient poussé dans un jardin. Fantastique ? Pourquoi pensez-vous que c'est si fantastique ? Vous utilisez moins de quatre pour cent de votre ADN. Qu'existe-t-il dans le reste ? Peut-être y a-t-il des ailes dans votre ADN. Peut-être y a-t-il des écailles dans votre ADN. Et peut-être qu'il y a un ADN qui est l'antigravité, des projections du champ unifié. Peut-être que tout cela existe déjà. Qui êtes-vous pour dire que cela n'existe pas ? Ne montrez pas votre ignorance. Ne pensez même pas votre ignorance.

Il existe des organismes qui vivent dans l'espace. Ces organismes doivent posséder un ADN de l'antigravité. Ils doivent savoir qu'ils peuvent vivre dans l'espace sans être captés par le spin orbital d'aucun corps céleste quel qu'il soit. Ils sont venus ici et ensemencèrent ce que vous appelez le Nord du Pacifique jusqu'à ce que vous appelez aujourd'hui l'équateur, qui n'existait pas à leur époque. Et ils entreprirent de changer des formes de vie, de moduler des formes de vie. Ils s'y installèrent pour explorer, comme le firent par la suite leurs descendants — les enfants des enfants de leurs enfants — c'est alors que j'arrivai. Il y a trente-cinq mille ans. J'existais avant Jéhovah.

Les Lémuriens étaient plus purs. Parce qu'ils étaient si distinctement différents physiquement, leur lignée demeura dans sa totalité très pure jusqu'à l'époque où ils commencèrent à se mêler aux Atlantes et aux Ioniens qui étaient les Grecs d'origine. Les Ioniens de la littérature grecque originelle sont les Norvégiens d'aujourd'hui. Les Grecs que vous voyez aujourd'hui dans le Bassin Méditerranéen sont un mélange de sangs fondamentalement issus de l'Empire Turc. Les vrais Grecs sont les Norvégiens, à la peau claire, aux yeux clairs, aux cheveux blonds. Ils étaient les Ioniens.

Il y a donc 455 000 ans, les Dieux vinrent ici ; il y avait déjà ici des êtres humains primitifs en évolution, évoluant pour faire connaître l'inconnu. Ils les créèrent comme un saut remarquable dans l'évolution. Ils donnèrent à ceux qui n'étaient pas préparés pour cela les mécanismes permettant de penser et d'être, de considérer et de contempler des problèmes complexes. Ils les firent donc travailler dans les mines, les mines d'or qui étaient les seules mines d'importance. Qu'allaient-ils faire de l'or ? Ils allaient utiliser l'or pour renforcer leur atmosphère, car leur planète existe où il n'y a pas de soleil. L'or est un grand conducteur de lumière. En outre, ils utilisaient l'or comme nourriture, comme pain.

Grâce à leurs processus alchimistes, à leurs processus métallurgiques, ils savaient comment utiliser l'or, le faisant accéder à son spin de rotation le plus élevé au niveau du noyau.

Et le produit qui en résultait était une poudre blanche qui émettait un champ radioactif. Ils le cuisaient pour en faire du pain, le mangeaient et, quand ils le mangeaient, leur corps spirituel brillait. Cela leur donnait l'immortalité. Telle est la raison pour laquelle, après cela, tout être humain qui accédait au trône du gouvernement était décoré avec des plastrons d'or, des casques d'or. Pour eux, l'or représentait ce qui était intrinsèquement possible aux Dieux qu'ils servaient dans l'Antiquité.

Vous avez donc fait un saut dans votre évolution. Vous étiez au bon endroit au bon moment. Cela signifiait que, quand tout le monde descendait du Point Zéro dans le Néant, le Point Zéro était comme la plus grande étoile qui ait jamais existé. Et pourtant, selon ce qu'aujourd'hui vous appelez grand, c'était la plus petite particule qui ait jamais existé et qui existe aujourd'hui ; cependant, à ce moment-là, c'était le plus grand système dans le Néant lui-même. Et les rayons qu'il émettait étaient innombrables, car c'était un moteur qui ne cessait de perpétuer la conscience de sa propre contemplation, et c'est pourquoi vous êtes ici aujourd'hui.

Concentrez-vous. Nous avions le Point Zéro. Imaginez une particule qui soit comme un diamant taillé selon de multiples facettes ; quand la lumière le frappe, ses rayons sont éblouissants. Et il est impossible de compter le nombre de ses rayons, car les rayons jaillissent et un autre apparaît. Eh bien, voyez cela ainsi : au niveau du Point Zéro, les rayons étaient tellement étincelants que, lorsqu'ils jaillissaient, ils ne s'arrêtaient pas et ils étaient remplacés par de nouveaux, puis de nouveaux étaient remplacés et de nouveaux étaient remplacés. C'est un peu comme les vents solaires du soleil lui-même. Les vents solaires semblent être éternels. Nous ne jouissons pas aujourd'hui de la chaleur que nous avions il y a quatre milliards d'années, mais sa création est perpétuelle. Et le Point Zéro ne cesse de créer. Et vous tous — vous tous —, toute personne qui est, toute personne qui fut, toute personne qui sera jamais, est le Point Zéro, son rayon empli d'un pouvoir absolu, et tous sont reliés au même Dieu.

C'est exactement comme si on prenait le Point Zéro[16] et on lui faisait faire ceci. Chaque rayon est à l'origine de la conscience miroir mais vous êtes tous un. Peu importe que vous veniez de Zeta Reticuli, peu importe que vous veniez de l'autre côté de l'Étoile Polaire — que vous soyez Atlante, Lémurien, que vous soyez Gris, Égyptien, Hindou, Ishamata ou Actanus —, cela importe peu. Vous venez tous du même Point Zéro.

Ceci est la plus grande leçon d'histoire que vous n'ayez jamais eue. Disons par exemple que vous n'avez même pas encore été émis comme un rayon mais que les Dieux d'il y a 455 000 ans sont déjà descendus, qu'ils ont déjà créé. Ils ont déjà évolué technologiquement et les voici, les voici ici sur la terre, Terra elle-même. Vous voici en train d'arriver, tel un vieux petit rayon, descendant jusqu'ici à travers le temps. Vous savez, vous continuez finalement à tomber et vous tombez après qu'ils soient déjà ici ou bien vous tombez avant qu'ils ne soient ici. Et vous n'avez pas vécu aussi longtemps qu'ils ont vécu dans cette chair. Vous créez selon votre propre calendrier. Compris ?

Autant vous accoutumer au concept qu'il existe d'autres êtres à côté de vous et qu'ils sont très avancés. Certains d'entre vous ont été l'*Homo sapiens. Certains d'entre vous ont été l'Homo sapiens sapiens. Certains d'entre vous ont été l'Homo erectus, et certains l'homme de Neandertal, selon votre niveau d'acceptation. Juste pour restreindre tout fanatisme, aucun d'entre vous n'a été un des Dieux*[17].

Les Dieux connaissaient-ils l'existence d'une école de sagesse ? Oui. Y avait-il des Dieux qui accomplissaient des miracles avec un sentiment d'extrême compassion ? Oui, sinon il n'y aurait jamais eu d'école ancienne. La connaissance devait pouvoir être transmise à des personnes privilégiées — des personnes, vous savez, les descendants des Dieux. C'est à eux que fut donnée la connaissance et ceux qui comprirent devinrent des Dieux immortels ; ils devinrent immortels.

---

16. Si l'on devait retourner le singulier Point Zéro sur lui-même et lui permettre de se réfléchir et de s'observer lui-même, cela produirait une division apparente du Point Zéro. Cette division virtuelle crée un miroir qui permet au Point Zéro de s'explorer et de se connaître lui-même.

17. Les Dieux qui sont mentionnés dans les textes Sumériens qui colonisèrent et gouvernèrent la terre.

L'immortalité a tout à voir avec l'ouverture d'esprit qui elle-même a tout à voir avec la manière dont l'ADN se reproduit dans la cellule. L'immortalité a à voir avec la certitude de la connaissance et la vérité. L'un de vos plus grands problèmes est votre corps émotionnel. C'est la malédiction de tout être humain. Et le terme maîtrise n'existerait pas s'il n'y avait pas son antithèse appelée le corps émotionnel. Le corps émotionnel est comme avoir reçu le cadeau d'une boîte d'outils faisant un travail médiocre mais satisfaisant, au lieu de comprendre le fonctionnement des ordinateurs. Le corps émotionnel est comparable au livre qui nous enseigne comment faire fonctionner l'ordinateur. Mais beaucoup d'entre vous en sont encore à lire le livre et n'ont jamais fait fonctionner l'ordinateur. Vous utilisez toujours des clés à molette au lieu des lasers.

Vous êtes des êtres émotionnels. Vous vivez en fonction de vos émotions parce qu'on vous a enseigné que les sentiments sont la vérité. Les sentiments ne sont pas la vérité. Que sont les sentiments ? Ce sont des substances chimiques. D'où viennent-elles ? De votre cerveau. D'où cela vient-il ? De la manière dont vous pensez. Vous avez des problèmes émotionnels parce que vous êtes des personnes informées insatisfaites. Et vous vivez en fonction des postulats que vous présente votre pensée qui est réellement limitée, quelle arrogance ! Et vous pensez que vos croyances sont importantes alors qu'elles ne le sont pas. Vous pensez que votre religion est importante. Elle ne l'est pas. Vous êtes ici avec moi qui ai trente-cinq mille ans. Je ne suis pas censé exister mais j'existe.

Croyez-vous toujours que je suis un imposteur ? Les meilleurs scientifiques mondiaux sont venus opérer des tests sur ce corps[18]. Et la science a prouvé que je suis meilleur que n'importe quel gourou qui n'ait jamais existé sur la surface de la

---

18. Ces études scientifiques eurent lieu en 1996. Un ensemble de douze scientifiques distingués — comprenant scientifiques, psychologues, sociologues et experts religieux — étudièrent JZ Knight avant, pendant et après qu'elle ait channelé Ramtha pendant un certain temps. Ce travail de recherche scientifique fut présenté à la conférence *In Search of the Self: The Role of Consciousness in the Construction of Reality, a Conference on Contemporary Spirituality. February 8-9, 1997, Yelm, Washington,* Vidéo ed. (Yelm : JZK Publishing, une division de JZK, Inc., 1997).

terre. Qu'allez-vous faire de cela ? Que suis-je donc ? Peut-être que je suis réel. Peut-être que votre concept de la réalité est totalement faux. Il l'est. Peut-être, peut-être que vous avez accordé trop d'importance aux émotions, vous savez, parce que les émotions ne sont rien de plus que l'activité, la levure dans le corps, d'un neuronet de pensée collective. Elles ne sont rien de plus. Et quiconque vit en fonction de ses émotions ne vit que pour l'exaltation, la souffrance, l'angoisse, la blessure, la douleur ou le passé et ne pense même plus.

La grandeur est que Dieu ne vit pas dans les Pléiades, grâce à Dieu. C'est loin. Et Dieu s'ennuierait vraiment si les seuls participants de ce paradis étaient lui-même en tant que mâle, ses anges et ses saints frugaux. Si Dieu avait uniquement créé le ciel et la terre — la terre, qu'elle est l'importance d'une terre par rapport à ce qu'on appelle la Voie Lactée ? Pourquoi pensez-vous que c'est la seule ? Voici une affirmation faisant preuve d'une certaine ignorance, car cela serait déclarer à qui fait réellement preuve de sagesse que vous êtes les seuls à être jamais venus en ce lieu unique. Si vous pensez qu'il n'existe rien d'autre que la terre, vous n'êtes jamais allés nulle part. Vous n'êtes jamais allés nulle part. Il y a des milliards de planètes dans cette région de la Voie Lactée qui ressemblent exactement à cette terre, sauf que nombre d'entre elles ont un soleil bleu au lieu d'un soleil jaune. Le soleil est jaune parce qu'il est souillé par la radiation. Les soleils bleus n'ont pas ce problème.

Oh ! Nous voici au cœur du sujet ! En particulier à ceux qui sont passionnés par la généalogie, la culture, la couleur de peau, cela signifierait qu'être blanc ou bronzé n'est pas ce qui importe. Être bleu est ce qui importe. Il est fort peu étonnant que les gens de la royauté utilisaient le terme de sang bleu pour parler de leur lignée. C'est parce que les plus remarquables parmi cet ensemble d'êtres étaient bleus, ni noirs, ni blancs, ni verts ou jaunes ; ils étaient bleus. Ça, par exemple ! Maintenant que nous avons cette bribe de connaissance, il ne serait pas à notre avantage d'aller partout professer notre ignorance en promouvant la culture et l'acceptation des couleurs de peaux, comme le font ces hommes et femmes méprisables qui sont sectaires envers les personnes de peau foncée mais ne peuvent pas vivre sans le bronzage. Honte à vous ! Honte au monde !

Onze milliards de planètes. Eh bien, vous n'êtes vraiment allés nulle part, n'est-ce pas ? Non. Et si vous ne me croyez pas, regardez la Voie lactée avec un télescope. Il vous faudra plus d'une seule nuit pour regarder l'immensité de ce que vous n'êtes pas, l'humilité de votre situation, pour réaliser ce que vous n'êtes pas et pourquoi vous êtes ici. Me suis-je fait comprendre ?

Que cela nous enseigne-t-il sur les Dieux ? Que cela nous apprend-il sur vous ? Ce sont vos remarquables parents. Si vous êtes les Dieux, que cela vous indique-t-il ? Cela vous dit de faire connaître l'inconnu et de partir ensuite. Il y a onze milliards de terres dans la Voie lactée. Pourquoi voudriez-vous rester ici plus de quatre cent mille ans ? Il y a d'autres lieux où aller. Expliquez cela en vos termes à vous.

La Mémoire Génétique de Répression Profondément Enracinée

Eh bien, mes maîtres magnifiques, et en particulier mes femmes qui ont été les personnes contre lesquelles ont existé le plus de préjugés — après avoir fait toutes ces déclarations extravagantes qui sont vraies —, retournons en arrière et revisitons le domaine des femmes, le fait que les femmes furent l'objet de tellement d'oppression alors que la plus grande Déesse qui ait jamais habité la terre — Terra est une Déesse, pas un homme, car la terre est une immense matrice. L'énergie est la matrice de la réalité.

Ainsi, la Déesse, le plus suprême des Dieux qui aient jamais vécu ici, ne fut pas un Dieu mâle ; ce fut un Dieu femme. Les plus grands scientifiques qui aient jamais vécu, les scientifiques qui sont d'importance, sont des femmes. Si Einstein avait été une femme, il aurait admis publiquement la théorie du champ unifié et au-delà. Ce fut son côté masculin qui lui fit rejeter publiquement la théorie de la mécanique quantique de la physique quantique. Le féminin aurait compris cela facilement.

Pourquoi avons-nous ce problème ? Nous avons ce problème parce que la femme créatrice la plus remarquable, le Dieu féminin le plus remarquable qui ait jamais été ici, fut en réalité responsable du croisement de l'*Homo erectus* avec le sperme des Dieux, les œufs des Dieux. Ce fut une femme ; ce ne fut pas un homme. Une femme. Ce sont les hommes qui penseraient seulement en termes de servitude, alors que la science d'une femme vise la création. Les hommes sont portés à l'oppression. Vous devriez comprendre cela. Vous devriez le comprendre.

Il est donc peu étonnant que l'on parle de la lune comme de l'Enchanteresse. J'en parlais ainsi dans ma vie. C'était une femme. Il est clair que la lune est une femme. Réfléchissez-y. Elle vous regarde, vous la cherchez, vous ne voyez que ses contours. Si vous continuez à regarder, elle commencera à vous montrer un peu plus et encore un peu plus d'elle-même. Et quand enfin elle est pleine et vous a enivrés, vous êtes grisés à la vue de ses rayons. Et puis elle s'enfuit. C'est une femme. C'est une femme. Il est clair que la lune est une femme. Il est clair que la terre est une femme. La terre n'est pas un homme. La terre est une vaste matrice. Les hommes sont les fourmis sur la matrice. Imaginez un œuf ; la matrice est grande comme cela. Elle est pure nature. La nature est la vérité.

Nous voyons donc maintenant l'oppression qui règne dans une société dominée par les hommes. Il n'était pas dans l'intention de la Déesse que les enfants qu'elle avait créés soient asservis et utilisés. Ce sont seulement les hommes, les Dieux hommes, qui en abusèrent. Les femmes ne le firent pas. Elles sont l'Esprit nourrissant de Dieu. Et, après le départ des Dieux, on voit donc que l'aspect féminin de la mère divine fut totalement remplacé par le contrôle rigoureux du prêtre, le mentor qui parle à son étudiant, le pont menant à Dieu. Et l'on comprend que tous ceux qui avaient été laissés derrière ne savaient rien. Ce n'étaient que des esclaves qui faisaient leur devoir, qui ne possédaient pas la connaissance. Ils servaient, c'est tout. Et, quand ils se retrouvèrent seuls, ils transformèrent leurs devoirs en religion car ils ne savaient pas.

Écoutez-moi. Les femmes ont été traitées comme du bétail, comme des objets sexuels, même quand elles n'étaient que des petites filles. Même chez les petites filles, c'est comme si les petites filles deviennent la propriété des fantasmes sexuels d'un homme quelconque. Et pourquoi ? Il s'agit d'une émotion sexuelle qui a été transmise génétiquement de génération en génération qui fait que les femmes doivent être réprimées à tout prix. Elles doivent être réprimées. Comme vous feriez avec du bétail, rassemblez-les quelque part et servez-vous d'elles, et ayez des rapports sexuels avec elles, des bébés avec elles, sans ne jamais leur donner droit à la parole. Il n'est pas surprenant que ce soit la race la plus réprimée qui soit.

Eh bien, vous savez, la sœur de cette illustre famille d'Anu, c'est elle qui était la véritable héroïne de la famille entière. C'est une femme qui était sérieusement dédiée au désir de projeter la vie ici. Il se peut qu'aucune de ses créatures n'ait été issue de sa propre matrice, mais elle prit et mêla le sperme et l'œuf, créant éventuellement, de ses mains aimantes, le parfait Adam. Croyez-vous qu'elle n'aimait pas ce petit garçon ? Elle aimait ce petit garçon, et c'est sous bonne supervision de sa part qu'ils eurent la permission d'être nus. Les femmes ne molestent pas les enfants quand ils sont nus, mais les hommes le font. Ce fut elle qui leur permit d'être nus devant elle et elle les aimait. Tout changea quand les deux frères entrèrent en conflit.

Ainsi, alors que nous sommes à l'aube des changements dans le monde — ils ont déjà lieu dans l'hémisphère Sud et vont atteindre l'équateur et l'hémisphère Nord —, je vais vous dire ceci, que, à la fin des temps, les enseignements viennent du corps du Christ, oui, car je sais tout ce qui fit partie de l'initiation de ce professeur du fait que j'ai préparé une partie de son ordre du jour. Et je viens dans le corps d'une femme — une femme —, qui est le groupe le plus calomnié dans le monde aujourd'hui car elles ne sont pas naturellement des créatures sexuelles. Elles sont des créateurs, c'est ce qu'elles sont. Du fait qu'elles sont des créateurs, elles aiment car elles créent, et ce qu'elles créent fait partie d'elles. C'est pourquoi elles ont tant d'amour pour leurs enfants.

Les hommes sont plus éloignés. Le chemin est plus long pour un homme, car il doit dépasser la femme vers le haut ; il doit posséder la femme en lui pour s'élever. Il doit posséder cette compassion, cet amour, cette sincérité, ce souci des autres et monter. Il doit comprendre comme le comprend la femme que, parmi tous les actes sexuels qu'elle vit, certains ne sont pas faits pour son plaisir. La plupart sont pour le plaisir de son amant et pour l'occuper. Si l'homme a été une femme, il comprendra comment donner du plaisir à la femme. Mais son acte naturel est de porter des enfants et la responsabilité de cet acte. Une fois qu'elle l'aura fait, elle ne sera plus jamais son amante. Elle sera de nouveau l'amante de l'enfant.

C'est pourquoi il y a tant de mariages adultères. Une fois que la femme a eu des enfants, parce que son amour va à son enfant, l'homme sort et baise avec d'autres femmes qui sont heureuses simplement du fait de l'enlever à cette femme idyllique qu'elles ne sont pas encore. C'est comme le fait que vous êtes le fruit de la matrice de votre mère et que votre mère a tout fait pour vous — tout — et que vous êtes devenus le centre d'attention dans sa vie. Et puis, il faut en outre faire marcher un mariage chancelant, un mari chancelant, la responsabilité des enfants, la responsabilité de l'amour envers eux ; et il faut aussi descendre dans ce premier sceau simplement pour satisfaire le mari, juste pour qu'il continue à la faire vivre ainsi que ses enfants. Elle mourra plutôt de faim que de voir ses enfants ne pas avoir de lait. Tel est l'amour d'une mère. Très peu d'hommes ont une telle qualité. C'est pourquoi, lorsque les hommes meurent sur le champ de bataille, ils n'appellent pas leur père. Et quand leurs parents meurent, c'est la mère qui revient généralement à eux.

Je veux que vous compreniez combien l'influence que vous avez dans votre vie est douce et protectrice. Il n'y a pas un homme dans cet auditoire qui ne soit pas ici à cause de Mammie. C'est la réalité. À la grande Déesse ! Je suppose que cela seul pourrait être suffisant pour vous faire quitter l'école et ne jamais y revenir. Eh bien, nous avons fait de notre mieux.

Ainsi donc, étudiants débutants, combien d'entre vous sont des femmes ? Levez la main. Que Dieu vous bénisse. Que Dieu vous bénisse. Qu'il en soit ainsi. Combien d'entre vous sont issus de femmes ? Que Dieu vous bénisse. Nous sommes donc bien en vie aujourd'hui à cause d'une femme remarquable d'un autre système stellaire qui savait comment nous faire faire un saut quantique, moi inclus, il y a 35 000 ans. Souvenez-vous, ils étaient ici il y a 455 000 ans. L'homme de Cro-Magnon apparut il y a 35 000 ans. C'est grâce à ses efforts, ses efforts scientifiques, biologiques, qu'un être moral, émotionnel et pensant fut établi pour permettre à tous les esprits désirant s'incarner de descendre depuis le champ bleu dans la lumière et dans un corps. On a pu faire remonter mon corps à cette Déesse particulière.

Maintenant, pourquoi la religion crée-t-elle seulement l'homme comme un Dieu ? Parce que les seuls hommes qui soient jamais apparus dans l'histoire furent des Dieux qui étaient gâtés. Jéhovah, le Dieu de Moïse, était un gamin gâté. Il haïssait sa sœur. Il haïssait les femmes. C'était un homosexuel du n^e degré. Il aimait − il aimait − le sang et la souffrance. Il était masochiste. Il suffit de lire l'histoire de l'Ancien Testament ; vous n'y verrez que sang et carnage perpétrés par ceux qui le servaient. Selon ma terminologie, il est une médiocre, une pauvre représentation des Dieux.

Pourquoi a-t-il fallu quarante ans au Dieu des colonnes des nuages et du feu de la nuit pour arriver là[19] ? Quel était son problème ? Pourquoi cela prit-il si longtemps à Dieu ? Pourquoi cela prit-il si longtemps à Dieu ? Parce que je ne crois pas qu'il connaissait le chemin. Et il était trop occupé à demander que l'aîné, le fils aîné de chaque famille, ait la gorge tranchée et le cœur arraché pour être sacrifié en son nom. Je crois qu'il fallut quarante ans pour sacrifier en son nom les appétits sexuels et les fils aînés de tout le monde afin qu'ils prouvent qu'ils l'aimaient. Ceci est un fait. Voilà qui est le Dieu de Moïse. Le spectacle n'est pas beau à voir.

Qu'était-ce que la Terre Promise ? Débutants, qu'était-ce que la Terre Promise ? Vous savez qu'il y coulait le lait et le miel, et que les raisins étaient aussi gros que des melons. Pourquoi ? Eh bien, elle était occupée par les Palestiniens. Et il dit : « Vous

---

19. La distance entre la frontière d'Israël si l'on voyage vers l'Est depuis le coin Nord-Ouest de la Mer Morte en Égypte, le Golfe de Suez, est approximativement de 200 kilomètres.

pouvez avoir cette terre mais vous devez aller là-bas et tuer toute mère, tout père, tout fils et toute fille. Et si vous le faites, je vous la donnerai. » Et ils y allèrent et assassinèrent tous ceux qui vivaient sur cette terre. Les petits eurent la tête tranchée et furent massacrés simplement pour que les tribus du désert puissent venir prendre possession de cette terre. Et ceci est au cœur de la dispute au Moyen-Orient aujourd'hui. Qui a raison, les Juifs ou les Palestiniens ? Tout le monde n'a-t-il pas son histoire à raconter ?

Il fallut donc quarante ans. Ce n'est qu'après trois générations d'enfants tués, leur sang offert en sacrifice pour lui que cela commença à l'ennuyer ; il leur montra alors où était cette terre. Et il dit alors : « Vous allez devoir vous battre car cette terre, je vous la donne et vous devez massacrer tout le monde et n'allez pas laisser quoi que ce soit debout. » Tel fut son cadeau[20]. N'avez-vous pas un peu étudié l'histoire ? Oh, non ? Vous avez chargé d'autres personnes de vous le dire ? Eh bien, vous savez, il y a l'histoire de l'aveugle menant d'autres aveugles ; ils tombent dans le fossé. Vous allez me juger, moi et mes enseignements, sans connaître quoi que ce soit de votre propre histoire ? Je vous en prie.

Qui est donc Jéhovah ? Un gosse sadomasochiste gâté, gâté, qui porte l'héritage de Mammie. Il prit ses enfants, les maltraita, ce qu'il fait toujours aujourd'hui. Débutants, le saviez-vous ? Vous le saviez ? Excellent. Voyons, les bibliothèques sont remplies de cette information. Mon Père qui est l'expert en histoire religieuse va vous parler de cela demain. Vos connaissances pâlissent comparées aux siennes. N'allez donc pas prendre aucune décision hâtive qui vous fournirait une excuse pour votre comportement avant d'avoir entendu l'histoire de la chose même à laquelle vous pensiez croire et avoir comprise. Peut-être allez-vous être troublés et comprendre comment ce

---

20. La révolte de Moïse contre l'Égypte et le voyage de quarante jours à travers le désert sont décrits dans les livres de la Torah de l'Exode et le Deutéronome. Le récit des actes sanguinaires commis par les Hébreux pour prendre possession de la Terre Promise fut relaté dans le livre historique de Josué dans l'Ancien Testament. Il est fait mention des rapports de Jéhovah avec le peuple Hébreu et de ses humeurs coléríques changeantes dans les cinq livres de la Torah et les seize livres historiques de l'Ancien Testament.

trouble vous a été transmis génétiquement car, après tout, nous héritons du royaume des cieux. Et qu'est-ce que le royaume des cieux ? Nos corps génétiques. Nous sommes ici pour terminer ce que nous avons entrepris de connaître.

Cela signifie-t-il donc que nous nous sommes débarrassés du ciel et de l'enfer ? Oui, sauf pour ceux d'entre vous qui ont besoin de l'enfer pour qu'il y ait quelque chose qui les punisse de leurs mensonges et de vous indiscrétions. Ceci est votre propre création mais elle existe réellement. Suis-je donc plus âgé que Jéhovah ? Beaucoup plus âgé que Jéhovah. Est-ce que je crois qu'il est une belette ? Oui, je crois qu'il est une belette. Oui, je le crois.

En tant que Maître Enseignant de RSE[21], que représente donc mon message dans cette école ? Je suis un être ancien. Je *channelle* parfaitement au travers de ce corps. C'est un corps que j'ai choisi. C'est un corps qui célèbre les personnes envers lesquelles existent le plus de préjugés, les femmes — quelle que soit leur couleur —, les femmes, il n'existe aucun doute là-dessus. Et la nouvelle vague aujourd'hui qui insiste pour qu'elles se fassent mourir de faim et soient des portemanteaux, qui veut qu'elles ressemblent à des petits garçons avec des seins artificiels et des visages artificiels, est l'œuvre du Dieu masculin Jéhovah. Il s'agit d'asservir, de prostituer et de corrompre leur corps au nom de la gloire, de la fortune et de la célébrité. Cela n'a rien à voir avec un lieu privé ou l'ingéniosité de l'Esprit leur a été accordée à la conception et à la naissance. C'est pour célébrer la femme avec ses hanches arrondies, son corps doux, ses seins remplis, un toucher doux et qui ne ressent rien de ce que ressent un homme, mais a le sentiment d'être la matrice de la terre — de la terre — puissante, orageuse, d'humeur changeante et merveilleuse. Le temps a des humeurs changeantes, vous savez. Le climat est d'humeur changeante. Ce sont tous des signes de l'influence féminine de la Déesse.

---

21. RSE est l'École de Sagesse de Ramtha.

Ainsi, Yeshua ben Joseph détruisit le Dieu de Moïse quand il dit clairement : « Je suis venu pour accomplir la loi. » Je suis venu accomplir la loi, cela signifie qu'il prit une position supérieure à celle de Jéhovah et supérieure à celle des gens du désert qui détruisirent le système de croyances le plus juste de l'histoire. Ils le détruisirent[22]. Et il vint l'accomplir, la prophétie.

Qui aimait-il ? Il n'aima jamais Jéhovah. Regardez n'importe lequel de ses enseignements, aussi prostitués qu'ils l'aient été par les écrits de Paul. Il ne célébra jamais le Dieu de Moïse ou d'Abraham. Il célèbre le Dieu qui l'a envoyé et duquel il dit : « Le Dieu qui est en moi est le Dieu qui est en vous. Ceci est une unité véritable. Mon royaume est différent du royaume d'Abraham. Mon royaume n'est pas de ce monde. Celui d'Abraham est un titre de propriété, pas le mien. » Et il en fit usage.

Et il donna un enseignement sur les deux voies. À vous tous, débutants, il enseigna que premièrement il était un homme — il aurait pu être une femme, peu importe lequel, tous deux conviennent — et que l'autre voie est que les grandes œuvres qu'il accomplit, il les fit, il le dit lui-même, grâce à son Dieu, son Dieu aimant et compatissant qui ne l'a jamais jugé un seul jour de sa vie. Son cœur qui bat, son souffle, sont le témoignage de cette vérité. Ces enseignements-ci sont semblables.

Je suis donc Ramtha l'Être Éclairé. Je vécus une seule vie. Je la vécus de manière illustre. Je suis un guerrier. Je sais exactement comment établir une stratégie envers toute position prise par tout être humain quel qu'il soit. J'y ai excellé de manière exceptionnelle. Je suis un Dieu qui fit l'expérience de l'ascension. Je n'ai jamais connu la mort. Je vécus durant deux siècles comme le vent, un vent aux humeurs changeantes et le vent peut avoir des humeurs changeantes. Et je suis de retour dans un corps de femme auquel j'accède depuis le cervelet ; je vous parle au travers de son corps de la même manière que votre Dieu pourrait vous parler : votre Dieu, votre intelligence omnisciente et toute sage, votre Point Zéro dans la masse, votre conscience suprême, votre suprême aptitude morale de

---

22. La vision du monde philosophique Égyptienne.

grandeur. La grandeur n'est pas du domaine du corps. On ne trouve que des réactions chimiques dans le corps. On ne peut jamais rien juger, jamais, selon la manière dont on ressent. L'important est ce que l'on sait. Et c'est pourquoi, débutants, votre professeur est une femme.

Je suis ici pour établir un idéal qui vous inspire à vous éveiller en sorte de devenir votre propre Dieu, pour que vous appreniez ce qu'est un maître. Si je peux être un maître, que ne pouvez-vous pas faire vous-mêmes ? Si je suis un maître, vous qui avez des objections si véhémentes envers moi, que ne pouvez-vous pas faire ? Si vous pouvez me juger et si je peux être le tapis du jugement, vous qui me jugez, que ne pouvez-vous pas faire une fois que vous m'avez jugé ? Que ne pouvez-vous pas faire ? Combien d'amour pouvez-vous posséder ? Combien de grandeur pouvez-vous avoir en vous ? Combien de compassion pouvez-vous exprimer ? Combien de connaissance pouvez-vous avoir ? J'insiste pour dire que je suis un amant et que je vous aime ; c'est une évidence et il est évident que j'accepte d'utiliser tous les moyens de vous le faire savoir car je suis le porte-parole de votre Dieu. Si je suis ce tapis sur le sol, je vais vous laisser me marcher dessus autant que vous le souhaitez, car vous devriez alors être capables de faire de plus grandes choses que moi. Et je suis déjà grand. Tournez-vous vers votre voisin et expliquez immédiatement ce que je voulais dire par cette affirmation.

En tant qu'amour, Dieu vous a permis le châtiment mérité de votre propre vie, vous permettant encore aujourd'hui de respirer et d'avoir un battement de cœur. Dieu doit être amour et en cet amour, un tel amour, nous connaissons le pardon absolu. Vous n'avez jamais rien fait qui soit si mal qui fasse que votre cœur cesse de battre ou que votre souffle quitte votre corps. Vous n'avez jamais rien fait de si mal ; pourquoi donc être infidèles à en tromper la vie qui vous a donné la vie en vous enveloppant dans une illusion si stupide et insensée qu'elle prive le monde de votre amour, de votre génie et de votre inspiration ? Dieu, ceci me dépasse ! Ainsi donc, enfants de Mammie — oh, Mammie ; eh ! enfants de Mammie —, c'est ce que vous êtes. Vous ne me croyez pas ? Branchez-vous sur un site Web sur la génétique-point-com. J'aime ce point-com.

Eh bien, débutants, ah ! Mon petit, vous croyez que je suis lesbienne ? Certainement pas. Pourquoi êtes-vous si prompts à penser à cela en ce qui concerne l'espèce la plus opprimée de l'histoire ? Craignez-vous de ressentir de l'amour inconditionnel pour elles, craignez-vous de leur permettre d'avoir leurs propres sentiments, leurs propres émotions, leur propre amitié ? Le craignez-vous ? Eh bien, je vous rencontrerai dans la lumière et nous en discuterons, promis.

Non, ce n'est pas ce que je suis. Je ne suis pas un être sexuel. Je n'ai jamais connu le sexe dans ma vie et j'ai eu cent dix enfants. Allez imaginer cela. Tous ceux qui étaient sexuels me confièrent leurs enfants. Je les élevai magnifiquement et ils devinrent les légendes vivantes des grands professeurs de l'histoire car je savais élever les enfants. Je savais les aimer. Je savais leur donner la liberté d'être qui ils sont. Et je leur enseignai la connaissance sacrée la plus exquise de l'époque.

Cette audience traite donc du pouvoir des femmes. Ciel ! Oui, il existe. Absolument. Pourquoi ? Regardez ce que vous leur faites. Regardez ce que vous les faites devenir. Elles sont paumées ? Eh bien, elles sont paumées parce que vous les avez déplacées de leur point central. Vous les avez abaissées au niveau d'une conscience inférieure et ceci n'est pas naturel pour elles. Et elles s'efforcent de changer, elles s'efforcent de performer et leur ambition naturelle n'a rien à voir avec vos amours. Elle a à voir avec quelque chose qui est aimant, protecteur, quelque chose que vous êtes la nuit seulement et de manière si fugace.

Non, je ne suis pas un professeur homosexuel. Je suis un professeur dont le but est en premier lieu la libération de l'oppression. J'aime votre Dieu. De quel club de gymnastique vous faites partie, cela m'est bien égal. J'aime votre Dieu. Je veux que vous sachiez que chacune des cellules de votre corps possède le potentiel de l'immortalité. Je veux que vous sachiez que vous utilisez moins d'un dixième de votre cerveau. Vous avez beaucoup de place pour rêver avec moi. Vous avez de bonnes raisons de rêver que vous pouvez vivre deux cents ans sans ne jamais mourir. Vous avez de la place pour ce concept, bien sûr, à moins que vous ne soyez bloqués par quelque image de propriété. Je ne cherche pas − je ne cherche pas − à être adoré par quiconque. Ceci n'est pas un culte. Si on veut dire ce que c'est, disons que le but est de vous redonner votre pouvoir et de vous enseigner le pouvoir de vous aimer vous-mêmes, de vous adorer vous-mêmes et de développer cette magnifique conscience qui existe en vous.

Ce soir, je célèbre les femmes parce que ce soir j'en suis une. Et je les célèbre car elles sont des créatures qui ont été abusées. Elles ne sont pas comprises par les hommes dans leur vie. Elles ne sont pas des créatures sexuelles. Elles doivent développer cet aspect pour leur survie. Ce n'est pas qui elles sont. Elles sont plus proches de Dieu. Elles sont la Mère Terre. Elles sont Mammie. Elles sont la matrice de toute vie. Et leur préférence et leur allégeance vont à ce qui est issu de leur matrice plus qu'à tout amant quel qu'il soit qui leur ait donné la semence. Et je les célèbre et je les aime, car personne dans l'histoire n'a jamais pris la défense des femmes de l'histoire et ne les a aimées avec le dynamisme qui est le mien ce soir. Mais, en dernière analyse, de quoi s'agit-il ? D'en terminer avec cette partie de votre appartenance sexuelle (masculine) et de devenir cette partie-ci (féminine) − la devenir, la comprendre et l'aimer − cette responsabilité féminine, cet amour, cette tendresse, cette douceur. Les femmes n'abusent pas, les hommes abusent. Comment pouvez-vous vous rapprocher de Dieu ? Quoi qu'en soit le prix, quelle que soit la route que vous deviez prendre pour vous rapprocher de vos propres rêves, qu'il en soit ainsi.

Vous ne m'oublierez jamais. Savez-vous pourquoi ? Parce que je suis extravagant. Si Dieu pouvait être l'objet d'une définition, extravagance serait le terme approprié. Cela vous montre le temple que devrait suivre notre cœur au contraire de ce que nos émotions nous supplient de devenir ; nous devrions être ce Dieu si extravagant, si tempéré, qui est tellement amoureux de sa propre vie qu'il a la largesse de permettre à tous les jardins de fleurir et n'en moleste pas un seul.

Existe-t-il une guerre contre la vie qui est précieuse ? Oui, on l'appelle le SIDA. Les croisements de sexe y sont-ils vulnérables ? Oui. Pourquoi ? Parce qu'ils ne produisent pas la vie. C'est simple. C'est la loi de la nature. Cela ne vous plaît pas ? C'est la vérité. Les statistiques démontrent ce que je dis ce soir. Qu'est-ce que la rédemption spirituelle ? Si nous devons nous battre et faire usage de nos griffes pour défendre notre identité, en tant que polarité de ceci ou de cela, Dieu Tout-Puissant, comment pourrions-nous jamais identifier Dieu sans mettre en évidence un nouveau calendrier ? Je ne suis pas ici pour prendre parti en ce qui concerne le bien et le mal, le positif et le négatif ou les hommes et les femmes. J'exprime mon soutien à la créature envers laquelle existent les plus graves préjugés dans toute l'histoire et elle est assise devant vous et peut-être est-elle assise à côté de vous ce soir. Et il doit y avoir quelqu'un qui, à un moment donné, leur offre la rédemption car elles la valent. Ce sont nos mères. Ce sont nos sœurs. Ce sont nos amantes. Ce sont nos femmes. Ce sont nos petites amies. Ce sont les fleurs dans notre jardin. Pourquoi n'y aurait-il personne qui choisisse de représenter les brins de muguet ? Et comme certains l'ont dit : « Je ne peux pas te dire ce que je ressens réellement car je crains que si je te le dis, tu ne m'aimeras plus. » Les femmes portent un fardeau extraordinaire et épouvantable. Elles font des compromis envers elles-mêmes de toutes sortes de manières, car elles doivent rencontrer un homme qui soit capable d'être leur ami, leur confident, et qui ait suffisamment de l'aspect féminin en lui pour comprendre leur propre vérité et être honnête à propos de leur vie. Que Dieu vous bénisse. Que Dieu vous bénisse.

Les femmes portent la responsabilité non seulement des enfants mais elles portent également la responsabilité de la vérité de leurs enfants. Mais l'homme qui les a fécondées pour qu'elles donnent la vie, elles ne doivent rien à ces hommes. Rien. Rien. Et tout homme qui ait quelque valeur se ferait un devoir d'apprendre les mystères d'une femme. Ceci est une évolution. C'est une évolution d'apprendre qui et ce qu'elles sont car elles sont une espèce mystérieuse.

Pourquoi sont-elles mystérieuses ? Parce qu'elles ne sont pas comme les hommes. Elles appartiennent à un ordre supérieur aux hommes. C'est la raison pour laquelle elles ont un tel pouvoir de séduction. Ce sont elles le mystère. Elles le sont vraiment. Et nous en revoilà à Mammie, cette grande Déesse, la créatrice d'enfants ; et ses frères les mirent en pièces. Elle aimait ses enfants et se consacrait à eux ; jamais elle ne voulut rien de tout cela. Elle voulait tout donner à ses enfants et elle le fit. À la grande Déesse, la grande matrice d'où nous sommes tous issus, moi inclus. Tout homme ici présent émergea de Mammie parce que vous êtes sortis de la matrice de votre propre mère si bien que vous êtes dotés de cette Déesse. Je veux que mes femmes dans mon auditoire, comme ma mère et ma sœur, soient des Dieux libres et ne soient redevables à aucun homme excepté l'ultime intelligence omnisciente et toute sage. Et le plus grand amant de toute femme devrait être son défenseur — son défenseur — son Principe Père.

Aucune femme n'a jamais été prête pour faire l'amour parce que la maturité des femmes ne dépasse pas celle d'un enfant. Leur corps a mûri au-delà de leur propre conscience. Les petites filles ont en elles une tristesse. C'est parce qu'elles sont toujours de petites filles et non pas des objets de fantasme sexuel. Pour finir, qui donc devient l'ennemi ? Leurs pères, leurs frères, les hommes de leur vie car seule une autre femme comprend cette sorte de menace et cette sorte de souffrance.

Maintenant, si on a vraiment de la chance — vraiment de la chance —, on tombe sur des hommes dans sa vie qui sont des créatures réellement évoluées ; ils sont réellement évolués car la présence de la Déesse est en eux également. Ils comprennent donc le cycle menstruel de leur femme. Ils comprennent leur cycle hormonal. Ce que je veux dire, c'est qu'ils regardent la lune et ils comprennent leur dame. Il est si doux de voir qu'ils ont pris le temps de comprendre ceci, de comprendre leurs confusions et leurs circonvolutions. Il est réellement merveilleux qu'ils aient pris le temps de l'apprendre. La plupart des hommes n'ont pas la moindre idée de ce que sont les cycles lunaires des femmes. Si vous ne me croyez pas, voyez si votre mari peut vous les expliquer.

Je parle en défense de votre Dieu. Je brise toutes les objections humaines selon lesquelles vous avez créé Dieu. Dieu n'est pas ce qu'en fait votre image. C'est notre cœur qui bat. Notre cœur qui bat est comme un tambour ; nous pouvons marcher au rythme de ce tambour. Oh ! Maman ! Prépare-toi à mourir. Oui, les battements de tambour furent créés d'après les battements de notre cœur. C'est le battement le plus troublant qui soit car, si on le suit assez longtemps et qu'il arrive que l'on saute un battement, tout le monde perd sa concentration et commence à sentir son cœur. Je sais faire cela.

Quoi que vous pensiez que je suis, je ne crains pas de vous dire la vérité. « Et ceux qui ont des oreilles pour entendre et des yeux pour voir me suivront. » Je vous jure que je vous dirai toujours la vérité et, avec la connaissance que je vous livre, je vous libérerai et changerai votre vie afin que vous ne soyez plus des esclaves, ne soyez plus asservis, afin que nous puissions recréer Dieu non pas à l'image de l'Église mais à l'image de notre propre conscience qui n'est qu'un enfant mais à qui nous avons accordé le pardon et la permission de trébucher en route, d'être inhibé, et qui nous aime chaque instant. Il attend seulement que nous disions : « Voyons, j'ai fait cette expérience-ci et je connais ceci. Petit enfant, que dis-tu qu'il serait bon que je connaisse maintenant car je suis prêt à le connaître. »

À la gloire de la vie
Et aux femmes
Qui nous ont donné la vie
Et nourris,
Source de vie.
À la gloire de Dieu
Qu'il en soit ainsi.

Initiation au Mystère du Soi

Commentaire du chapitre 5
La Connaissance Sacrée des Écoles de Sagesse Ancienne

LA CONNAISSANCE DE LA SAGESSE ANCIENNE DANS LES ENSEIGNEMENTS DE RAMTHA

Comme l'explique Ramtha, le concept de la sagesse ancienne représente la sagesse des âges, « les fondations de la terre, le cosmos[1]. » La sagesse ancienne est la vérité sur l'existence humaine et la nature de qui nous sommes véritablement en tant que conscience et énergie créant la réalité. L'exposition que donne Ramtha des origines et de l'histoire de l'humanité cherche à impartir la connaissance de la sagesse ancienne. Cette connaissance était disponible à toutes les civilisations dans les écoles anciennes de par le monde, écoles dont le but était de rappeler aux initiés leur voyage d'évolution depuis le Point Zéro jusque dans la matière, leur évitant ainsi de se perdre émotionnellement dans leurs créations.

Au fur et à mesure de l'évolution de la civilisation humaine, cette connaissance fut progressivement interdite et corrompue. La chute originelle des Dieux qui fut le voyage d'exploration à travers sept niveaux de réalité fut corrompue, étant dépeinte comme la chute des anges déchus qui furent expulsés du paradis par Dieu.

> Ainsi, il arriva souvent depuis les commencements de l'évolution et de la beauté du drame humain que vous oubliiez la raison d'être de vos créations. Les écoles anciennes étaient là pour vous remémorer les lois établies dans le Livre de la Vie intitulé Involution — Involution — la destinée écrite le long des sept niveaux de la chute de votre Esprit.
>
> La sagesse ancienne est votre patrimoine et votre cosmologie spirituelle, ce dont vous êtes faits. Et, dans les sagesses anciennes qui exposaient ce qu'est la nature de la réalité, il était impératif de parler de ce qui créait la réalité, vous, en particulier[2].

---

1. *Ramtha's Introduction to the World Tour*, Vidéo ed. (Yelm : JZK Publishing, une division de JZK, Inc., 1998).
2. *Destruction of the Ancient Wisdom and Its Resurrection*, Cassette 192 ed. (Yelm : Ramtha Dialogues, 1988).

L'oubli concernant nos origines véritablement divines et la confusion à ce sujet sont devenus tellement inscrits en nous, incarnation après incarnation, que nous croyons que « l'illumination et la compréhension surviennent au travers des difficultés, des meurtrissures, des souffrances et du sang d'un ego altéré qui doit périr[3] » pour que Dieu puisse émerger comme la véritable identité et l'ego distinct de la personne.

Nous souhaiterions conclure cette série de commentaires avec une brève présentation des concepts fondamentaux du système de pensée de Ramtha qui constitue la connaissance éternelle de la sagesse ancienne.

LES PIERRES ANGULAIRES

Le Néant
La Conscience et l'Énergie Créent la Réalité
Vous êtes Dieu
Faire Connaître l'Inconnu

Ramtha commence son récit de la Création en affirmant que c'est la pensée qui est la source de toute existence. La pensée est la force dynamique qui fit que l'univers entier se manifesta dans toutes ses dimensions possibles. La pensée est équivalente à la conscience, la conscience éveillée, la connaissance de soi. Ramtha identifie la nature essentielle de la personne avec cette force dynamique décrite comme conscience et énergie.

Si la pensée ou la conscience n'est pas accompagnée du mouvement de l'énergie, de la conscience ou de la réflexion sur soi, elle demeure dans un état de repos et d'immobilité appelé le Néant. Le Néant est la richesse du potentiel infini sans réalisation, sans actualisation. Les concepts traditionnels qui décrivent Dieu comme un être transcendant immuable et totalement autre, différent de l'univers, s'appliquent au concept du Néant présenté par Ramtha.

---

3. *Tales of the Masters*, Cassette 045 ed. (Yelm : Ramtha Dialogues, 1997).

Bon. Retournons avant qu'il n'y ait eu un commencement. Pouvez-vous imaginer ceci : si la notion de temps repose sur le concept qu'il existe entre deux points de conscience — me suivez-vous philosophiquement ? — qu'existait-il quand il n'y avait pas deux points de conscience ? Pouvez-vous imaginer cela ? Allons. Réveillez-vous. Eh bien, s'il n'y avait pas deux points de conscience, il n'y avait rien. Savez-vous ce que veut dire le mot « rien » ? (En anglais, le mot signifie littéralement : « pas de chose ».) Pas de chose. Pouvez-vous imaginer une immensité de « riens » ? Eh bien, il en était ainsi et il en est toujours ainsi.

Voici les difficultés que vous allez rencontrer. Cette condition a toujours été. Et c'est ce qui vous pose un problème. Vous ne pouvez pas imaginer que quelque chose ait pu exister qui n'était pas rien et qu'il n'ait pas eu un créateur. Cette condition a toujours été. C'est ce qui déconcerte le cerveau jaune[4]. Elle a toujours été. Puissante. Eh bien, c'est ce que nous appelons — et je veux que vous l'écriviez — le Néant. Le Néant. Maintenant, je veux que vous écriviez la définition du Néant juste après. Le Néant est un vaste rien matériel, mais toutes choses potentiellement. Veuillez vous tourner vers votre voisin et lui lire la définition du Néant.

Bon, nous appelons donc le Néant un vaste rien matériel, mais toutes choses potentiellement. Allons, débutants, dites-le. Eh bien, lors des premiers jours de mon apparition ici, c'est ce que j'appelais le Principe Mère/Père, le Néant. On l'appelait aussi la Source — la Source. Un grand scientifique, homme brillant, comprit le concept du Néant. Il l'appela quelque chose comme l'éther, mais cette définition n'est pas exacte. Ce scientifique comprit — il s'appelle David Bohm — il comprit que les particules ne se déplacent pas. Elles ne se déplacent pas ; elles apparaissent et réapparaissent. Quel concept stupéfiant ! N'est-ce pas exactement ce qu'elles font ? Oui, ici-bas, c'est comme cela qu'elles font.

Il disait que le Néant ploie, reploie sur lui-même et déploie les potentiels. Il a raison[5].

---

4. Le cerveau jaune est la description que fait Ramtha du néocortex, le lieu de la pensée analytique et émotionnelle.
5. *Ramtha : Comment créer votre réalité personnelle*, Vidéo ed. (Yelm : JZK Publishing, une division de JZK, Inc., 1998).

L'univers, la totalité de l'existence sans aucune exception, doit son origine au mouvement de la réflexion du Néant sur lui-même. Ce mouvement de contemplation ne fut pas créé soudainement, mais fut toujours un potentiel dans l'immensité du Néant. Lorsque le Néant réfléchit sur lui-même et créa l'illusion de la division et de la séparation, cet acte même de réflexion sur soi devint le fondement de la totalité de l'existence à venir.

Ainsi, au milieu de tout ce qu'on appelle le système solaire et l'espace et les étoiles et les nébuleuses et les Telstars, qu'est-ce que l'espace ? Ce n'est pas ce qui réjouit votre œil qui est important, mais ce dans quoi il existe, le rien. De quoi s'agit-il ? Le rien, le Néant. Cela pourrait-il être l'ancêtre de la lumière et des constellations et des systèmes stellaires et des nébuleuses ? En effet. On l'appelle le Néant. Qu'est-ce que le Néant ? Ce qui existe en dehors du temps, de la distance et de l'espace.

Eh bien, l'École Ancienne repose donc non pas sur une nouvelle vérité, mais littéralement sur ce qu'on appelle les fondations du monde : comment le système solaire vit le jour et pourquoi, qui vous êtes en relation avec le système solaire, quelle est votre destinée, la destinée du système solaire et pourquoi, en vérité, pourquoi le cosmos existe, pourquoi vous êtes si petits par rapport au reste du tableau. Vous allez l'apprendre dans cette école-ci. Et ce n'est pas une nouvelle vérité ; c'est une vérité ancienne.

L'école est donc bâtie sur une pierre angulaire. Imaginez l'école comme ce qu'on appelle un bâtiment gigantesque qui ne soit rien de ce que vous soyez mais tout ce que vous ressentez. La pierre angulaire de cette école, on l'appelle la conscience et l'énergie. Qu'ai-je dit ? Veuillez vous tourner vers votre voisin et lui dire ceci. La conscience et l'énergie : telle est la pierre angulaire de cette école. La conscience et l'énergie ; comprenez-vous le sens de ces mots ? Un rêve porteur de pouvoir et d'intention, voici ce qu'ils veulent dire. L'école est donc bâtie sur cette pierre angulaire.

Et une autre pierre angulaire est que vous êtes Dieu. Dites-le. Plus fort. Bon, vous voyez, vous n'avez pas été brûlés vifs en prononçant ces mots ! Ce n'est pas un blasphème. Ce sont les Saintes Écritures. Dites cela une autre fois. Qu'il en soit ainsi.

Eh bien, voici une bien merveilleuse situation mais elle comporte certaines responsabilités ! L'autre pierre angulaire est que vous êtes Dieu. Et quelle est la pierre suivante ? Elle complète le carré. La conscience et l'énergie créent la réalité. Vous êtes Dieu.

Et quelle est l'autre pierre angulaire si nous devons fermer ce carré ? L'autre pierre est que la finalité de votre vie est de faire évoluer ce qui est déjà connu. Veuillez le dire. Encore.

Cela signifie-t-il que vous deviez imiter la mouche du coche et aller chez votre voisin pour faire évoluer sa vie ? Est-ce cela ? Cela signifie de vous occuper de votre destinée personnelle. Votre destinée personnelle, c'est votre vie. Et vous devez regarder ce que vous avez créé, ce à quoi vous êtes émotionnellement attachés, maîtriser cette émotion pour ensuite créer de nouveaux paradigmes de vie. Si vous le faites, vous ne mourrez jamais, vous ne finirez pas au cimetière. Ainsi, plus vous créez, plus vous rajeunissez. Plus vous rajeunissez, plus vous vieillissez. Est-il donc possible de ne jamais être à court d'idées ? Oui. Veuillez vous tourner vers votre voisin et lui dire ceci. Allons. Allons. C'est ce que nous voulons manifester. Allons[6].

Et la vérité flagrante est que vous n'avez pas même commencé à rêver vos rêves les plus grands ou à les vivre. Et comment le sait-on ? Parce que, regardez ceci : vous utilisez moins d'un dixième de ce cerveau, moins d'un dixième[7].

Selon Ramtha, Dieu est le produit de la contemplation que fit le Néant de lui-même, décrite comme conscience et énergie, intelligence et mobilité, pensée originelle dynamique, désir de savoir, logos divin et semences dispensatrices de vie. Il est important de remarquer que Ramtha situe là la véritable origine du soi, au commencement même de la contemplation qui produisit le point originel de conscience appelé le Point Zéro. La diversité de la conscience, les diverses facettes de la conscience de soi, responsables de la multiplicité et de l'individualité de la vie dans l'univers, furent le résultat de l'imitation que fit le Point

6. *Idem.*
7. *Idem.*

Zéro du Néant se contemplant lui-même. En un sens, nous sommes à véritablement parler des Dieux immortels ayant entrepris un voyage de découverte personnelle où l'unique loi et l'unique frontière sont de faire connaître l'inconnu, le potentiel inépuisable du Néant lui-même. La véritable nature de la personne humaine n'est pas éloignée de Dieu ou du fils unique de Dieu, le logos, mais plutôt, la créativité de Dieu elle-même est la véritable nature de la personne humaine.

> Au commencement était — n'était pas — « le Verbe, et le Verbe était avec Dieu » et avec l'homme. Au commencement, c'était toujours la pensée et la pensée a toujours été avec l'homme, car l'homme est la pensée[8].

Le monde matériel n'est pas une émanation diluée de Dieu, comme dans le Platonisme, ni le produit d'un dualisme primordial en éternel conflit, mais il est une facette singulière du voyage d'exploration personnelle. L'univers physique n'est ni tout ce que nous sommes ni tout ce que nous sommes devenus dans ce voyage de l'évolution. Le véritable soi de la personne humaine ne s'identifie pas seulement avec le contenu, la matérialité, de ce voyage mais avec la Source, le dynamisme créateur de l'exploration personnelle. La nature fondamentale du soi, son essence la plus intime, est aussi conscience et énergie, et donc un Dieu. Selon ce point de vue, Dieu n'est pas réduit au monde naturel comme dans le naturalisme et le monde physique n'est pas considéré non plus comme la totalité de la divinité elle-même, comme dans le panthéisme. La personne n'est ni réduite ni identifiée au corps physique comme dans le matérialisme non plus qu'elle est perçue comme séparée intrinsèquement du divin comme dans le monothéisme et le polythéisme. Les principaux attributs humains que sont la raison et le libre arbitre dont nous avons discuté plus tôt se reflètent et trouvent leur fondement dans le mouvement créateur de la conscience de soi qui donne naissance à la totalité de l'existence.

---

8. *Creation,* Cassette 005 ed. (Yelm : Ramtha Dialogues, 1980).

Dans la pensée de Ramtha, l'évolution n'est pas perçue en termes de changement de la nature de Dieu ou de mutation de la Source mais comme un approfondissement et une croissance dans la compréhension du soi qui toujours est et toujours fut. Fray Luis de Leon, humaniste et mystique de la Renaissance espagnole, reflète cette idée dans sa philosophie des noms qui démontrait que Dieu n'est pas très éloigné de la personne car, s'il l'était, nous cesserions d'exister. Au contraire, le sentiment d'éloignement de la transcendance divine est le fait d'un éloignement de notre compréhension de Dieu. Le cheminement spirituel devient alors une croissance ascendante et progressive vers le Christ et Dieu, plutôt que l'abandon de notre volonté et de notre raison à un ordre supérieur.

L'Importance de la Qualité de l'Expérience et du Devenir

Les concepts de vérité et de connaissance de Ramtha ont une signification nuancée. La connaissance n'est pas impersonnelle et la vérité est acquise seulement par l'expérience. Comme nous l'avons vu, le concept de la pensée de Ramtha n'est pas un élément d'information que l'on peut simplement écrire dans un livre ou exprimer en mots. La pensée est dynamique, créatrice, intelligente, consciente d'elle-même ; elle manifeste, elle devient. La pensée est être. La faculté qu'a la raison de connaître, de concevoir une pensée, est la faculté de faire une expérience et de devenir tout paradigme de pensée qu'il est possible d'imaginer. La raison est bien plus que le pouvoir dialectique de l'intellect. Vue ainsi, la raison reflète le dynamisme créatif de la conscience et de l'énergie responsable de la création. Ramtha décrit la pensée comme la source et la force vitale de toute créature, l'intelligence existant en toute forme de vie.

Insuffler le souffle de vie dans ce que vous aviez créé, lui accordant existence par le sentiment, le souffle ne lui accordait pas d'être une créature dotée de souffle. Le souffle de vie était des schémas de destinée. Vous leur avez donné leur intelligence et celle-ci vivra éternellement. Ceci paraît-il absurde ? Non. L'histoire ne s'arrête pas là.[9]

L'affirmation traditionnelle que fait la théologie selon laquelle la raison est incapable de définir, de comprendre et de nommer le divin est issue de la supposition préalable et claire que la connaissance est une sorte d'objet extérieur et statique complètement indépendant de la personne. Il apparaît que cette manière de comprendre la connaissance est une des raisons majeures pour lesquelles le domaine des idées et le divin sont perçus comme séparés de la nature humaine. « En d'autres termes, tout va bien tant que les questions ultimes ne reçoivent *pas* de réponses ultimes car, si tel était le cas, celles-ci cesseraient d'être pour nous des questions *ultimes* et nous cesserions d'être humains. Si nous comprenions pleinement la réponse au mystère de l'existence, c'est nous-mêmes qui devrions *être* la réponse, nous qui devrions être Dieu, ce qui bien sûr est la destinée que le Christianisme nous promet par la grâce[10]. » Une telle affirmation identifie clairement le lien existant entre le mystère de l'existence humaine et le fait d'être un Dieu. Néanmoins, le concept de devenir Dieu en tant qu'élément de la destinée du Christianisme n'est décidément pas un concept clairement défini dans la théologie chrétienne qui soit en harmonie avec la doctrine de la création à partir de rien, la Trinité, la divinité du Christ, le péché originel et la rédemption entre autres. Comme nous l'avons démontré, les traditions mystiques sont les seules qui mettent l'accent sur l'expérience et le concept de la transformation et du devenir.

Dans la pensée de Ramtha, l'objectif entier de l'existence est le voyage consistant à faire connaître l'inconnu. Le Néant n'a ni frontières ni limites. Il est infini, éternel, à jamais. Ceci est la raison pour laquelle la connaissance qu'il est possible d'acquérir au cours de ce voyage de la vie est inépuisable. Le mystère de la vie est précisément ce qui donne l'impulsion au voyage d'exploration personnelle. L'expérience humaine de

---

9. *Soulmates*, Cassette 114 ed. (Yelm : Ramtha Dialogues, 1986).
10. Martin Henri, *On Not Understanding God* (Dublin : Columba Press, 1997), p. 68.

l'émerveillement et de l'admiration suprême devant ce grand mystère ne réduit pas le soi à l'anéantissement et à l'imperfection, qui sont responsables de la démence du désespoir existentiel et de la dépression. Au contraire, elle exalte et définit la personne car elle reflète la Source qui donna naissance à la totalité de l'existence. Le désir et la *liberté de la volonté* de connaître ce qui semble être hors de notre portée ne sont ni des limitations ni des dons issus d'une déité transcendante mais le souffle de vie qui maintient notre existence même et lui donne sens et *raison*.

> Ceci a toujours été connu car, si vous voulez, toute notre histoire tourne autour de cela : d'où sommes-nous venus ? Nous sommes des voyageurs dans la matrice de l'espace temps. Nous sommes ceux qui qualifions moralement et spirituellement un univers objectif, une réalité physique objective. Nous sommes les affaires inachevées de Dieu à la découverte de lui-même, que nous sommes. Et il a toujours été connu que vous êtes tombé de sept niveaux pour devenir le voyageur dans ce principe de la force vitale, votre vie aujourd'hui[11].

---

11. *Ignorance: The Mother of Devotion,* Cassette 188 ed. (Yelm : Ramtha Dialogues, 1988).

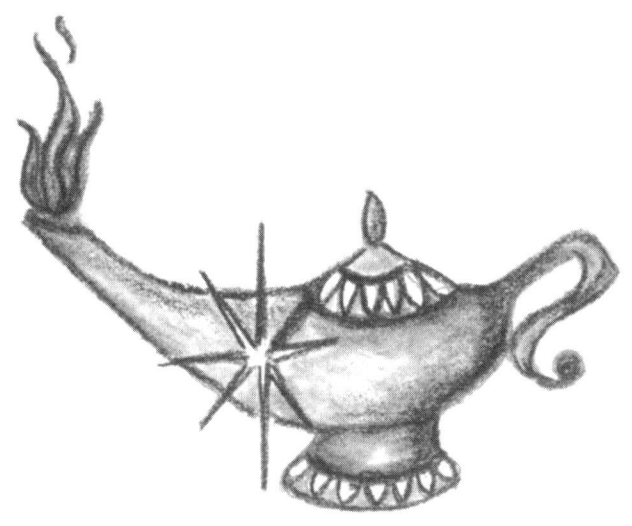

CHAPITRE 5
LA CONNAISSANCE SACRÉE DES ÉCOLES DE SAGESSE ANCIENNE

Eh bien, la sagesse ancienne est un droit que vous avez acquis en naissant ; elle est également votre cosmologie spirituelle, ce dont vous êtes constitués. Et dans les sagesses anciennes, qui posent la question de la nature de la réalité, il était impératif de parler de ce qui crée la réalité, vous en particulier.

— Ramtha

L'Obscurité de l'Ignorance Dissipée grâce à la Connaissance

En vérité, en vérité, en vérité, je suis fort honoré. Je suis fort honoré que vous me rendiez un tel hommage au lieu de tant de choses et de tant de raisons qui justifieraient que vous n'en fassiez rien. Vous êtes un peuple choisi dont la destinée est si remarquable, avec tant à évoluer, à préserver, à être. Et il se peut que votre épreuve du feu soit terminée. En outre, applaudir réchauffe grandement le corps. Qu'il en soit ainsi.

> Depuis le Seigneur Dieu de mon Être,
> À la gloire de Dieu,
> À ce que je suis ce jour,
> Que je sois évolué,
> Empreint de pouvoir
> Et que je sache
> Que ce que je suis
> Est libéré
> De l'ignorance.
> Par le Seigneur Dieu de mon Être,
> Qu'il en soit ainsi.
> À la vie.

Commençons tout de suite en nous efforçant de comprendre pourquoi l'ignorance est la mère de la dévotion et pourquoi ce vieil adage en fait littéralement tout un plat car, si cela ne s'applique pas à votre vie, pourquoi serait-ce digne de votre attention ? Mais cela s'applique à votre vie et c'est la raison pour laquelle je vous ai convoqués ce soir. Les derniers des enseignements ont également pour objet de ramener à l'avant-scène les sagesses anciennes, toutes ces choses qui furent établies lors de l'involution, dans l'épigénétique, qui visent à renforcer en un jour et à une époque où il est rendu nécessaire que cette lumière revienne, cette conscience, cette compréhension et en vérité cette prise de conscience.

Cette série d'enseignements regroupe tous les morceaux du casse-tête que constituent le soi, votre relation avec Dieu et le reste de la vie, apportant la compréhension du mystère que vous êtes. Chaque enseignement ajoute un peu plus de connaissances qui vous délivrent de l'ignorance. En apportant tout d'abord la compréhension de ce que sont la conscience et l'énergie et de la manière dont vous êtes arrivés ici, cet enseignement aborde la raison pour laquelle vous êtes bloqués et pourquoi, ayant consciemment créé une expérience causant friction et résultant en un problème, ce n'est pas cette même conscience qui peut le résoudre.

En vous apprenant aujourd'hui à élargir votre compréhension, cette session ressemble à celle des vieilles écoles qui étaient jadis fort répandues dans toutes les contrées. On les appelait les écoles anciennes. Ces enseignements sont ceux des écoles anciennes. Et de même qu'ils s'appliquaient alors, ils s'appliquent aujourd'hui. Il est donc probable que ce que vous apprendrez aujourd'hui ne se rapporte que très peu à la propriété que vous êtes en train d'acheter et au bien-fondé de le faire, à la quantité de nourriture que vous avez mise de côté, au genre de relation que vous devriez avoir. Cet enseignement ne se rapporte que de loin à la plupart des choses personnelles de votre vie. Il se rapporte à la totalité de ce que vous êtes. Il sort des limites de votre vision et de votre focalisation. Cependant, même s'il est apparemment éloigné de l'objet de votre focalisation, tout sujet abordé élargit celle-ci car il vous offre la connaissance et son expérience, vous permettant, en le faisant, de sortir du pétrin que vous avez créé pour vous-mêmes.

Ce que vous entendez aujourd'hui sont des mots ; oui, ce sont des mots. Et, comme je l'expliquais à une entité hier seulement dans votre temps, j'ai un défaut d'élocution qui semble être relatif à la tâche qui me revient d'apprendre comment formuler tous vos mots, ce qu'ils signifient pour vous en sorte de vous offrir cet enseignement sous sa forme la plus simple et la plus éloquente. Mais il ne faut pas douze heures pour apprendre ce que je dois vous enseigner ; cela peut s'apprendre en trois heures. Mais il me faudra peut-être une journée entière pour l'apprendre à tous ceux qui sont présents ici, en utilisant des mots différents, espérant voir des lumières s'allumer dans l'auditoire, ce qui signifie que l'aura de chaque individu commence à s'élargir, car sa conscience a pris de l'expansion. C'est alors que l'on sait que la session d'enseignement a été très productive et éclairante.

Voici quelque chose de merveilleux concernant les mots du Ram : ils ne sont pas là simplement dans le but de communiquer, mais ils ont aussi été très habilement choisis pour se manifester en tant que réalités dans votre vie. Ce n'est pas vous qui manifestez cette connaissance. C'est moi qui vous ai donné cette connaissance. C'est quelque chose que vous connaissiez il y a longtemps dans le Livre de votre Vie. Mais vous en avez pris note, avez tourné quelques pages et vous êtes trouvés bloqués sur ces pages, oubliant réellement tout ceci. Je vous redis donc que ces mots peuvent se manifester dans votre réalité. Ils redeviennent alors votre vérité — pas la mienne, mais la vôtre — afin que vous preniez ce que vous apprenez et l'appliquiez dans votre vie, devenant ainsi véritablement un être éclairé, non pas du Nouvel Âge, spiritualiste, non pas des professeurs ou adeptes qui ne font que baragouiner, que brailler, que marmonner en courant en tous sens en essayant tout rituel particulier possible car quelqu'un vous a dit de le faire, mais des personnes bien informées qui comprennent réellement la cosmologie de la causalité et de la création, qui comprennent véritablement le principe de la conscience et de l'énergie et comprennent réellement que vous créez en effet votre propre réalité.

Eh bien, c'est devenu un mot très à la mode. Je le comprends. Le fait d'utiliser beaucoup de mots que vous ne comprenez pas et de les passer aux autres a pour but de comprendre la signification de ces choses. Il vaut mieux les comprendre que de seulement les répéter, car qui devenez-vous alors ? Vous devenez un groupe de personnes intensément éclairé, avisé, sage, dont la vérité n'est pas un dogme mais un mode de vie. Vous savez, la vie est le don de la nature mais une vie remarquablement belle est le don de la sagesse. Et la sagesse vient d'une conscience étendue vivant l'expérience.

Par conséquent, cet enseignement d'aujourd'hui, ces mots et la manière dont je les exprime, auront pour dessein d'interagir et de toucher des points sensibles, de tourner la page de votre Livre de Vie car c'est ce que j'aimerais que fassent ces mots, tourner la page, car vous permettez à l'abstrait de se manifester. Sur cette page, les mots que vous entendez commencent à toucher les points sensibles dans l'âme. Et vous commencez à penser, ce qui veut dire que votre cerveau se trouve activé, facilitant alors la pensée pure. Voilà une conscience accrue qui permet que, quand vous partirez aujourd'hui, quelle que soit l'heure, vous serez devenu un être plus conscient dépourvu d'ignorance, dépourvu de superstition et libéré de la peur ; plus votre connaissance sera grande, moindres seront vos peurs à moins que vous les créiez intentionnellement. Et à vous que je trouve merveilleux je dis que plus votre connaissance sera étendue, plus votre réalité sera remarquable. Et rien ne vous arrivera que le Seigneur Dieu de votre Être ne désire voir advenir. Qu'il en soit ainsi. Écoutez donc très attentivement. Efforcez-vous d'utiliser votre raison et voyons la lumière apparaître dans cet auditoire !

Que dire de l'ignorance ? Quel est le sens du mot ignorance ? Ne pas être conscient, être dans l'obscurité, ne pas être éclairé. Par obscurité, je ne me réfère pas à l'interprétation religieuse fréquemment métaphysique et superstitieuse. Pour eux, l'obscurité équivaut aux démons et au mal, à Lucifer et à toutes ces choses qui se tapissent dans l'ombre. Dans le subconscient, l'obscurité signifie une conscience inactivée, un être inconscient. Lorsque l'on fait briller la lumière dans l'obscurité, l'obscurité se dissipe. Mais la lumière est vérité. C'est une interaction avec la conscience. C'est être conscient de ce qui existe dans la pièce plongée dans l'obscurité et ne pas avoir peur de ce qui existe dans cette pièce sombre.

Ainsi, dans la vérité ancienne, l'obscurité signifiait le fait d'être inconscient. Cela n'a jamais signifié le mal. Le mal n'a jamais existé dans ce qu'on appelle le Livre de Vie épigénétique. Il ne fut jamais créé comme partie de l'involution et ne fut jamais destiné à être manifesté dans l'évolution. La descente des Esprits qui descendirent le long de sept niveaux de vibration afin de devenir une intelligence vibrante et vivante ne fut pas la chute des anges déchus de la grâce, mais la dynamique de la lumière de Dieu qui entreprit un voyage dans la densité, dans les royaumes inexplorés de la réalité physique afin de rendre manifeste la réalité physique. Ils furent les explorateurs de Dieu, la lumière, l'absolu, afin d'activer la force vitale, de devenir un ingrédient actif afin que le Dieu absolu, le tout du tout, puisse se connaître lui-même. Vous avez entrepris un voyage, un voyage magique, merveilleux. Et ces Dieux qui firent cette descente, qui firent ces transitions, étaient en vérité très braves car ils étaient les messagers venus de la pensée afin de déployer la lumière.

Ceci fut chose connue de tout temps parce qu'on peut dire que ce fut le sujet de toute notre histoire. D'où venons-nous ? Nous sommes des voyageurs dans la matrice de l'espace/temps. Nous sommes ceux-là mêmes qui qualifions moralement et spirituellement un univers objectif, une réalité physique objective. Nous sommes les affaires inachevées de Dieu se connaissant lui-même, ce que nous sommes. Et il était bien connu que vous êtes descendus de sept niveaux afin de devenir des voyageurs dans ce principe de la force vitale, votre vie aujourd'hui.

Cela serait ultérieurement détruit dans la sagesse ancienne pour être remplacé par l'idée que les êtres mauvais furent déchus du paradis de Dieu et prirent le contrôle de la terre. Si c'est cela la vérité, vous êtes alors tous mauvais et tous des démons, y compris ceux qui disent que vous l'êtes. La vérité est que ceci est un voyage dans le tout.

La création n'est pas un acte ; c'est un processus. Il y a une différence. La création est un processus ; créer n'est pas un acte. Vous n'avez pas à créer de façon consciente. Créer est en accord naturel avec qui et avec ce que vous êtes.

La sagesse ancienne fut toujours présente au sein de toute civilisation pour venir en aide aux initiés, pour être là afin qu'ils ne se perdent pas émotionnellement dans leur création, quelle qu'elle soit, afin qu'ils puissent venir comme on vient à une station d'essence pour faire de nouveau le plein d'objectifs. Fréquemment, depuis les commencements de l'évolution et la beauté du drame humain, vous vous êtes perdus dans l'objectif de votre création et la raison pour laquelle vous l'aviez créée. Les écoles anciennes existaient pour vous rappeler les lois inscrites dans le Livre de Vie intitulé Involution — Involution —, destinée écrite dans les sept niveaux de la descente de votre Esprit.

Eh bien, la sagesse ancienne est un droit que vous avez acquis en naissant ; elle est également votre cosmologie spirituelle, ce dont vous êtes constitués. Et dans les sagesses anciennes, qui posent la question de la nature de la réalité, il était impératif de parler de ce qui crée la réalité, vous en particulier. Et les sagesses anciennes percevaient toutes les entités égales les unes aux autres ; elles le sont et vous l'êtes.

On dit que Dieu est l'absolu, tel que, si vous voulez, dans la paume visionnaire de sa main à lui — ou à elle — le passé, le présent et le futur existent simultanément. Le vieil enseignement le dit ainsi. Moi je dis que la cause originelle, l'absolu, l'intelligence, la pensée, les échos des profondeurs de l'espace, est une conscience endormie. C'est l'esprit subconscient ; c'est l'intelligence toute sage inconnue. Et le voyage jusque dans les profondeurs de cet esprit entrepris par la lumière, par les Dieux, par les individus comme vous, est un voyage intérieur infini. Ils entreprennent le voyage visant à ce que l'intelligence endormie de la pensée s'éveille, à ce qu'un jour la totalité de la pensée se trouve animée de la réflexion d'elle-même pour que Dieu se connaisse lui-même. C'est aussi simple que cela.

Tout le monde comprenait les règles de ce jeu. Nous sommes tous venus ici avec le programme et les outils nécessaires. Nous avions la conscience, qui était intelligence, et nous avions l'ingrédient actif permettant à la conscience de créer la réalité physique. Et il faut que ce moteur soit en bon état de marche pour pouvoir commencer à écrire dans ce livre les exploits de votre temps. Chacun d'entre vous est en vérité le principe divin. Bien que vous soyez des individus, vous agissez également en tant que collectivité, cette partie de l'esprit endormi qui est éveillé, cette lumière dans l'obscurité du ciel qui est un être vivant consommant l'obscurité.

Eh bien, l'obscurité est la conscience non réalisée. Elle n'est pas le mal ; elle n'est pas mauvaise. Elle n'a pas été explorée. Elle est l'inconnu. Appliquez-lui la lumière et elle devient connue. Nous sommes ici. Notre voyage est celui d'un voyageur équipé de Dieu lui-même, individuel, poursuivant un voyage infini jusque dans le soi divin qui est chacun des sept niveaux de vibration, qui est les sept niveaux atomiques, qui est les sept fréquences allant de la pensée à la masse. Tout ce qui existe dans la masse est une coagulation de la pensée élevée. Si vous inversez la masse et la ramenez jusqu'à son origine, elle disparaîtra en traversant sept niveaux de vibration pour devenir la conception de ce qu'elle est.

Vous avez donc été engagés dans ce voyage durant chacune de vos incarnations. Et alors que vous accomplissez ce voyage, pour ainsi dire, vous inscrivez sur les pages de la vie, dans votre âme divine, l'action/réaction qui crée la matière manifestée, la destinée manifestée, la réalité manifestée. Toutes vos tâches, si vous voulez, et tous vos désirs ont pour but de finir d'écrire ce livre et d'évoluer en tant qu'humanité, incarnation après incarnation après incarnation. Et lors de chaque nouvelle incarnation, une nouvelle image est créée, telle un personnage dans une pièce dans le but d'avoir l'opportunité de faire l'expérience de ce dont vous n'avez pas fait l'expérience : l'obscurité, l'esprit subconscient, l'inconnu.

Et dans toutes ces vies, vous vous êtes tous placés dans des vies diverses en tant que personnes diverses afin de faire l'expérience de ce que vous ne connaissez pas, non pas de ce que vous connaissez déjà. Vos dix mille vies, vos milliers de vies, quel qu'en soit le nombre, furent toutes créées de façon à ce que chacune ait une image différente, une différente personnalité pour faciliter l'action/réaction d'explorer qui vous étiez de même que le principe de vie — la vie — et également pour que chaque expérience que vous auriez créée qui avait fait l'objet d'une expérience physique élargisse votre réalité, élargissant ainsi votre lumière, consommant ainsi davantage le subconscient, l'inconnu. Et dans le Livre de votre Vie, cela apparaît comme sagesse.

Souvenez-vous, une belle vie pleine d'amour est le don de la sagesse. Et avec chaque incarnation, vous tournez les pages, évoluez, devenez plus remarquables. Vous n'avez pas besoin de faire ce que vous avez fait dans votre dernière incarnation. Et qui vous étiez dans cette dernière incarnation n'était que l'image. C'était le Dieu continu que vous avez toujours été, cette entité sans image, cette force, cette intelligence, cette puissante énergie que vous êtes qui fait que je ne vous vois pas comme ayant des cheveux, un nez et des yeux, comme la couleur de votre peau et de vos vêtements, mais comme une lumière, une brillante lumière consommant l'obscurité, l'inconnu, le subconscient. Tout ce qui siège ici, ce sont des images créées par la lumière dans le dessein d'interagir dans le drame des affaires inachevées de Dieu durant cette incarnation et d'inscrire dans ce livre ce dont vous n'avez pas fait l'expérience et que vous possédez en tant que perle de sagesse dans ce Livre de Vie. Consommer l'obscurité de l'ignorance et évoluer, c'est cela.

Lors de chacune de vos incarnations, vous ne sauriez même pas qui vous étiez deux incarnations auparavant. Vous ne reconnaîtriez pas l'image que vous aviez créée pour vous-mêmes parce que vous avez parcouru un long chemin depuis cette personne. C'est comme le fait que vous ressemblez bien peu à qui vous étiez il y a cinq ans. Vous avez bien peu en commun avec cette personne — est-ce exact ? — du fait de l'expansion de ce que vous êtes devenus. Vous avez grandi, vous êtes devenus davantage.

Il en est de même en ce qui concerne les incarnations. Bien qu'il existe toute une religion fondée sur la réincarnation, c'est le passé. Une personne éclairée a fermé les livres du passé et il s'agit de maintenant. C'est le présent seul qui compte. Une âme éclairée sait cela. Une âme ignorante ne le sait pas. Une âme ignorante adore ce qu'elle pense avoir peut-être été et n'est pas dans cette incarnation-ci.

Chaque vie est comme chaque jour : nouvelle journée, nouvelle incarnation, nouvelle image. Et l'image procure la friction permettant de grandir, de croître, de révéler ce Dieu sans image qui se dissimule derrière le personnage que vous avez créé car c'est lui qui est immortel. Votre apparence, votre ego altéré, votre étroitesse d'esprit, votre petitesse, vos jugements — tout ce qui a constitué ce que vous êtes dans cette incarnation — s'évanouiront. Et seuls demeureront les joyaux de cette vie, la sagesse que vous avez glanée, car ce qui survivra à la chair et au sang est le Dieu invisible qui l'a voulu ainsi pour la gloire de la lumière que vous êtes tous. C'est lui l'être éternel. Et c'est ce à qui je m'adresse lors de chaque session d'enseignement ; je ne m'adresse pas à l'image mais à la lumière qui est en vous.

En vérité, l'esprit subconscient est l'espace. L'esprit subconscient n'est pas ce que vous avez oublié et réprimé lors de vos incarnations. Cela est le Livre de Vie. L'esprit subconscient est l'inconnu, les probabilités non réalisées qui vous permettent de jouer la pièce de théâtre de l'image pour apprendre d'elle. L'esprit subconscient, l'obscurité, est ce que consomme la lumière. La conscience n'est la conscience que parce qu'elle possède la polarité du grand esprit dont elle peut se nourrir.

C'est dans l'inconnu que repose l'abstrait absolu. Le lendemain, l'incarnation prochaine, la semaine prochaine, la nouvelle idée de génie, brillante, le prochain souffle de liberté, la prochaine poésie à vous couper le souffle, la prochaine grande œuvre d'art, la prochaine magnificence de la couleur d'une rose, la prochaine expérience du soi, tous reposent dans l'esprit subconscient. Et vous êtes comme des lumières flottant sur l'infini, dont l'opportunité entière est d'embrasser la réalité physique, d'en faire l'expérience, d'en acquérir la sagesse afin de l'identifier et de croître. Vous grandissez à partir de l'esprit subconscient. Et cet esprit subconscient est éternel.

Vous êtes uniquement conscients de ce que vous avez acquis au cours de toutes ces incarnations, de ce que vous avez gagné grâce à l'expérience. Vous êtes uniquement conscients du connu que vous avez acquis comme résultat de la sagesse. Vous n'êtes pas conscients de ce qui vous attend dans l'inconnu, car c'est le souffle de vie prochain restant à explorer.

Quel est donc votre objectif ? Votre objectif n'est pas d'être coiffeur. Ce n'est pas d'être professeur. Ce n'est pas d'être guérisseur. Ce n'est pas d'être un pèlerin ou un adepte, ou d'épouser votre âme sœur. Votre objectif est de tourner toutes les pages du livre. L'objectif est de croître dans une conscience évoluée en sorte que tout ce qui est inconnu devienne connu. Ce qui est la totalité de l'univers s'enroulera alors sur lui-même parce que la totalité de l'univers devient lumière, parce que ce qui est obscurité est Dieu non réalisé. Ce qui est lumière est Dieu réalisé. Et c'est cela la destinée, évoluer.

Voyons les temps anciens : il y avait les écoles anciennes qui étaient établies dans divers lieux sur ce rivage, ce globe-ci. Et ces écoles étaient l'objet d'une grande interaction — êtes-vous prêts pour cette vérité extraordinaire ? —, une grande interaction de la part de vos frères qui vivent dans d'autres galaxies. Et les leçons apprises étaient grandes, c'était une exploration. Eh bien, les frères primitifs qui vivaient ici avaient perdu de vue leur destinée à cause de leur besoin de survivre. Ils étaient souvent inspirés à de plus hautes pensées par leurs frères qui étaient venus de loin aider les professeurs à leur enseigner la droiture, la manière juste.

Ceci était très commun. Il existait donc l'école secrète du soleil dans laquelle les écoles rendaient hommage au soleil et aux peuples venus de l'autre côté de lui. Et certains de ces temples existent encore aujourd'hui. Ils ne furent pas tous détruits. Mais la raison pour laquelle il existait des écoles — elles ressemblaient beaucoup à celle-ci excepté le fait que ces écoles duraient souvent sept ans, chaque année étant dédiée à un niveau d'évolution —, la raison en était qu'il fallait sept ans à l'étudiant qui devenait transparent la septième année.

De grands Dieux habitaient la terre en ces temps-là. Ceci est une vérité qui eut réellement lieu. Venus de loin, de grands Dieux se croisèrent avec l'humanité. Il y a des habitants des étoiles qui existent ici de même qu'il y a des habitants d'ici qui existent dans les étoiles. La communication était ouverte parce que la vérité était universelle ; elle était infinie, quel que soit le mot pour dire infini-versel. L'harmonie et la communication étaient tout à fait remarquables. Il est vrai que les êtres qui vivaient ici étaient primitifs. C'était l'époque de l'homme de Cro-Magnon. Mais, en étudiant mes os, vous ne pouvez pas savoir ce que je ressentais, savais, embrassais et connaissais. Vous ne voyez que les os, pas l'émotion.

Et des êtres primitifs dînaient avec des habitants des étoiles, car il n'existait pas de frontières bloquant le flux conscient de l'infini ; en effet, souvenez-vous, l'infini est l'esprit subconscient dont se nourrissaient tous les Dieux, quel que soit leur statut dans ces univers tout-puissants. Cette intelligence consommait l'obscurité, le Néant. Il existait donc une fraternité.

Il est vrai que des êtres humains existent partout dans les univers interdimensionnels. Il y en a qui existent au-delà du soleil. Ils sont éparpillés partout dans votre Voie Lactée, des civilisations entières. Et ils sont pourtant le même Dieu sans image qui a créé la même image du corps avec lequel faire des expériences, sur la page de leur vie, le pas suivant dans la conscience pure car c'est cela qui est notre motivation à tous.

Certaines de ces écoles étaient situées dans les plaines, d'autres près de hautes montagnes qui n'existent plus, qui sont sous les océans. Ces écoles duraient sept ans, calendrier quelque peu différent de celui que vous avez aujourd'hui, mais leur temps égalait sept années de votre temps. Et une multitude de personnes suivaient chaque année de leur éducation et, à la fin de sept ans, avaient tourné toutes les pages de leur livre relatives au fait de rendre leur réalité physique transparente. C'est de là que vient le Christ. C'est de là que viennent les Dieux qui marchèrent sur la surface de la terre.

Il est vrai qu'il existait toujours des primitifs qui rongeaient les os, qui se guérissaient avec des feux anciens et sentaient mauvais, qui étaient toujours à faire paître leurs troupeaux. Mais il y avait ceux qui apprirent, évoluèrent durant cette période de temps. C'était acceptable. Et nombreux sont ceux parmi eux qui sont partis depuis longtemps car ils ont tout maîtrisé. Ils sont dans une autre dimension, dans une autre aventure.

Il fallait vouloir aller à l'école, pour ainsi dire. C'est le terme que vous employez. C'étaient les temps anciens de l'illumination. Que vos vêtements soient faits de peaux ou qu'ils soient semblables à ceux que vous portez aujourd'hui n'importait pas. L'homme et la femme n'ont pas changé depuis ces temps-là ;

seule la technologie a changé. La même ignorance qui existe aujourd'hui existait alors. La même quête de l'illumination qui existe aujourd'hui existait alors. Nombreux sont ceux qui partirent à cette époque qui n'existent plus maintenant. Et ce qui existe maintenant est le même besoin qui existait alors.

L'Épreuve de l'Initié

Un homme de grand renom vécut jadis. Il vivait dans un temps éloigné dans un lieu fort lointain. De par l'héritage qu'il avait reçu de sa famille, il était extrêmement riche car sa lignée était constituée de propriétaires terriens et de propriétaires de moulins. Tous étaient d'une parfaite intégrité : les hommes étaient connus pour leur noblesse, leurs bonnes manières, leur esprit rempli de connaissances et ils étaient des êtres honorables. Cet homme-ci en particulier épousa une femme de rang social inférieur dont la lignée n'avait aucun renom ni ce qu'on appelle aucune richesse mais était simple ; cette femme était née de ce qu'on appelle un homme qui était un ouvrier du moulin.

La femme, pour ainsi dire — simple, délicate et d'une beauté peu commune —, donna à cet homme un fils d'une beauté remarquable, un fils dont les yeux brûlaient comme du métal chaud et bleu, dont le rire et le visage sage et avisé semblaient comprendre le pépiement des oiseaux près de sa chambre. Le petit garçon grandit dans une maison du plus haut renom. Et le père continua à offrir des sacrifices aux Dieux qu'il connaissait, leur adressant ses remerciements d'avoir ce fils, son fils, qu'il aimait de tout son cœur. Et cet homme était si reconnaissant qu'il garda sa femme, elle seule, et ne coucha avec aucune autre car il sentait qu'il avait été béni par cette union et par un enfant qui, à partir de la semence de son père, amènerait dans sa maison une lignée importante et remarquable.

Il rechercha partout des tuteurs et des professeurs qui puissent venir enseigner au jeune garçon. Et tous disaient que le garçon avait été béni : les voiles étaient tombés de ses yeux. Et le père, empli d'une humble grâce, les larmes aux yeux, inclinait la tête mais il ne comprenait pas ce que voulaient dire les professeurs.

Et finalement vint un jour où le professeur, venu de l'Extrême-Orient, sentant l'épice et la barbe huilée, vint trouver l'homme et lui dit : « Je ne peux plus enseigner à ton fils. Ton fils est doué au-delà de mes années et en vérité au-delà de ma propre sagesse. Il conviendrait que tu recherches un maître car, bien que ton fils soit doué, il a en lui un cœur sauvage et impérieux. Il est rebelle à l'étude, car ce qu'il souhaite faire est jouer et battre ses camarades à ces jeux. »

Le père, choqué par la présentation qu'avait faite le professeur de son fils n'avait jamais lui-même perçu cette qualité chez son fils. Et il entreprit d'envoyer par toute la contrée des messagers pour trouver le Maître Enseignant. Et voici qu'un messager arriva et dit que, dans la quinzaine, un Maître Enseignant se présenterait, ferait son offre et enseignerait au jeune garçon. Et voici que dans l'espace d'une quinzaine toutes les préparations furent faites. Tous les meilleurs agneaux avaient été abattus de même que les jeunes veaux, tous les fruits et légumes avaient été récoltés, le pain avait été cuit et tout le royaume sentait bon le pain, la viande cuite, le miel et les feux fumants, l'huile et le vinaigre ainsi que l'arôme de l'ail et des épices douces. La joie régnait dans l'air et on pouvait entendre les cymbales tinter dans les cuisines où les cuisiniers préparaient la nourriture — enchantés qu'ils étaient de pouvoir y goûter. Tous les vêtements, brillants et blancs, préparés dans la plus grande perfection, avaient été exposés. Et tout le bronze et l'or avaient été polis ; les pierres qui s'étaient ternies avec le temps avaient été remises à neuf et dansaient comme des étoiles de feu dans le soleil de midi.

Et voici que s'approche le Maître Enseignant, monté sur un âne, sentant l'odeur d'œufs avancés ; ayant passé trop longtemps sur la route, ses cheveux étaient pour ainsi dire couverts de poussière et de saletés recueillies au passage de diverses contrées; pas même l'odeur du pain cuit ne pouvait masquer son arôme. L'homme prit son mouchoir, oint d'huile, voulant le placer sur son nez pour éviter que les puanteurs épouvantables ne pénètrent dans ses narines ni ne polluent son cerveau, mais quelque chose lui dit alors de s'abstenir. Et voici que le jeune garçon sortit pour lui être présenté.

Le Maître Enseignant ne voulut ni nourriture, ni mets, ni danses, ne voulut pas être logé ; il préférait dormir à l'extérieur. Il demanda que lui soit présenté le garçon et voici que le garçon arriva dans ses plus beaux atours, les cheveux huilés, le visage oint, les vêtements d'un blanc étincelant et portant bravement sur son plastron la pierre de la maison de son père ; il grimaça en voyant le Maître Enseignant.

Le Maître Enseignant le regarda de bas en haut, lui ouvrit la bouche, regarda sous sa chemise, sous son plastron, regarda ses mains, l'intérieur de ses oreilles, sépara ses cheveux, renifla l'huile et sans dire un mot s'empara d'un gros bâton. Il frappa alors l'enfant, à la stupéfaction de son père qui en fut blessé. Le Maître Enseignant frappa l'enfant une nouvelle fois. Personne n'osait toucher ce professeur de peur qu'il ne soit un magicien. Un flot rouge coula le long de sa tempe, lui qui n'était qu'un petit garçon, et un filet de sang atteignit le coin de son œil ; il ne leva pas un doigt pour l'essuyer et fixa ses yeux sur le Maître Enseignant. Il ne bougea pas pour se protéger ; il resta là, debout, sans broncher.

Et longtemps et profondément, le maître regarda l'enfant. On ne pouvait entendre un seul son nulle part, pas même les cymbales dans le lointain. Le professeur se retourna pour les quitter tous deux. Et les yeux du jeune garçon se remplirent de larmes. Et il courut après le vieil homme mystique. Et il ne savait pas pourquoi parce que personne ne l'avait jamais frappé, car il était la fierté de la maison de son père. Personne n'avait vu son sang excepté sa mère la nuit de sa naissance. Personne ne l'avait jamais auparavant touché. Et il courut après le vieux professeur. Et soudain les odeurs du vieil homme eurent le parfum des fleurs. Et le petit garçon ne savait pas pourquoi mais il ne voulait pas que cet homme parte.

Le vieux professeur prit son âne, se jeta dessus, installa ses vêtements autour de lui, tourna la tête en direction de l'Ouest et projeta son regard au loin. Et le petit garçon se tourna vers son père et dit : « Père, ne le laisse pas partir. » À ce moment précis, le Maître Enseignant se retourna et dit au père : « Je vais prendre votre fils mais je ne lui enseignerai pas ici. »

Le père prépara donc tous les vêtements, ferma toutes les malles. Et à sa consternation, le Maître Enseignant s'approcha, et, de son bâton, frappa toutes les malles et déclara : « Il n'aura pas besoin de cela. Apportez-moi un pagne, de la cendre et de l'huile, du pain vieux d'un jour et du fromage dur. Apportez-moi des fruits secs. Apportez-moi ce que mangent vos cuisiniers dans leur cuisine. Apportez-moi tout cela et, s'il vous plaît, ne lui fournissez pas un coursier. Apportez-moi un âne. » À la stupéfaction de tous et au ravissement du petit garçon, il fut revêtu d'un pagne, la cendre fut placée sur son front et ses beaux cheveux huilés. La nourriture fut rassemblée et il ne paraissait pas y en avoir même suffisamment pour une quinzaine de jours. Un vieil âne grincheux fut apporté de l'étable où il était resté si longtemps que personne ne savait depuis combien de temps. Le petit garçon fut placé sur l'âne avec les provisions. Et dans le lointain, on pouvait encore les voir chevaucher, le vieil homme et le petit garçon.

Et son père pleura, pleura, pleura et toute la maisonnée pleura, pleura car la lumière de leur père avait quitté la maison. Mais la mère savait et, une douce larme dans les yeux, elle souriait car elle comprenait que la destinée de leur fils n'était pas à son sein mais dans un autre lieu.

Le Maître Enseignant emmena le petit garçon dans un lieu dans les hauteurs. Et à sa stupéfaction et à son étonnement, il y avait là d'autres enfants et des gens de toutes tailles. Et l'endroit bourdonnait au loin du doux son des flûtes, des cithares et des lyres, et on entendait le chant léger de voix délicates. Et, tels des fantômes, les gens passaient par de longs corridors, aux senteurs douces et délicates, paisibles et tranquilles. Et des lumières dorées entraient par des trous dans la toiture, rendant les corridors mystiques et dimensionnels. Et le lieu où il demeurait était rude et dur, mais c'est là qu'il commença une vie sous la tutelle d'un Maître Enseignant qui lui enseigna, qui lui réenseigna et s'efforça de lui apporter la compréhension.

Le jeune garçon grandit et devint un homme de belle apparence ; il grandit et franchit différents niveaux de l'école. Il savait jouer de la flûte ; s'engouffrant dans les vallées, la mélodie hantait les collines elles-mêmes et les tourterelles se plaisaient à imiter son chant. De ses doigts délicats, , il savait faire vibrer la cithare et la lyre comme de l'or filé aux premières heures du matin alors que la lumière du matin se réfléchissait sur l'expression de son visage et, quand on le regardait de loin, il était pareil à un être doré. Il savait penser de longues pensées et communier avec l'arbre. Il comprenait la musique d'un ruisseau qui se hâte depuis les escarpements d'une montagne jusque dans le creux de la vallée. Il avait vécu, éveillé, dans un nuage et en comprenait la substance.

Ce beau jeune homme était un adepte dans l'art mystique et merveilleux de tout ce qui était connu et également dans l'art d'aller dans l'inconnu. Mais un jour, son remarquable professeur — qui n'avait pas vieilli — arriva et le sortit de sa contemplation. Il lui dit alors : « Il est temps. » Sans un mot, le jeune homme se leva ; il était maintenant dans ses dernières années d'adolescence, bien avancé dans la puberté. Le Maître Enseignant l'emmena dans un corridor, lieu qu'il n'avait jamais vu, et là, il lui banda les yeux et le voilà reparti en voyage à dos d'âne. Mais c'était comme s'ils traversaient des grottes parce que les sabots heurtaient des pierres, faisaient des éclaboussures et il entendait des échos tout autour de lui. Il avait un sentiment d'appréhension, mais il avait confiance en son professeur et l'aimait.

Et après deux jours sans rien voir, un beau matin, selon le professeur, il retira ses masques, lui donna une herbe amère et un biscuit à manger et lui dit : « Aujourd'hui, tu vas être initié et tu quitteras à jamais le sein des femmes pour vivre dans les sphères d'une compréhension plus élevée mais tu dois accomplir cette tâche. » Pour la première fois le garçon eut un frisson d'incertitude. Cela ne ressemblait pas au souvenir qu'il avait du moment où son professeur l'avait frappé à la tête. Cela avait été une certitude qu'il ne pouvait expliquer mais, cette fois, c'était une incertitude. Et il s'adressa donc, suppliant, à son Maître Enseignant : « Je vous prie, où devrai-je aller et que devrai-je faire ? » Et le professeur le regarda et dit : « Te souviens-tu quand tu jouais avec tes amis alors que tu n'étais qu'un enfant et que tu les battais tous ? »

Surpris, il dit : « Oui, mais je n'ai pas contemplé une telle idée depuis bien des années. »

« Tu vas dans un lieu particulier jouer avec des êtres plus grands, sauf que c'est une épreuve et il va falloir que tu la traverses. Et seuls deux d'entre vous termineront le voyage. »

Ces mots perturbèrent l'entité car il était compétitif de nature, ce qu'il n'avait jamais réalisé. Ainsi, avec beaucoup de peur et d'anxiété — sentiment délicieux en vérité qu'il avait oublié depuis son enfance —, il fut conduit dans une vaste pièce qui semblait avoir été sculptée à même la montagne : la pierre était polie, et les colonnes sculptées à même le roc. Les veines pulsaient de minéraux des temps anciens dans ces colonnes. Et là se trouvaient assis les membres de ce qui semblait être un conseil suprême d'entités qu'il n'avait encore jamais vues, des personnes d'une grande beauté, d'une grande beauté, dont les manteaux semblaient être faits de feu ardent, dont la chevelure était longue et éclatante, qui apparaissaient sans âge quoique jeunes. Et il regarda sur sa droite et sur sa gauche : des jeunes hommes et des jeunes femmes, tous assis, en silence, sur le sol. Leurs réflexions dansaient comme si les fantômes de leurs êtres étaient vivants dans le roc, non pas dans l'espace au-dessus. Il s'assit.

Et, une par une, chacune de ces jeunes personnes fut appelée à se placer devant le conseil sans qu'un seul mot ne soit jamais échangé. Et certaines allèrent à droite et certaines allèrent à gauche, et ce fut bientôt son tour. Et il entendit une voix qui était si belle et la voix lui fit signe et l'appela par son nom. Et il était stupéfait de ne pas voir bouger la bouche d'une magnifique entité assise à la place subtile du conseil suprême. Et, alors qu'il regardait, les yeux fixes, une voix résonna dans son oreille, mélodieuse et merveilleuse. Et alors qu'il regardait d'un peu plus près, cet être magnifique lui parut légèrement familier. C'était son vieux professeur, qui n'était pas vieux du tout, qui était jeune et sans âge. Et empli d'admiration, il observa comment une pensée apparut, sortant de la tête de son professeur en flottant, l'appelant par son nom et l'instruisant sur ce qu'il devait faire. C'était comme si le Livre de sa Vie avait été ouvert et lu. Et, dans sa stupéfaction, il s'assura du regard si quelqu'un d'autre avait entendu. Et le conseil dans sa totalité le fixait des yeux — il ne pouvait lire leur expression — et tous les jeunes gens qui étaient sur le sol disparurent ; ses yeux se fermèrent tandis que leurs images dansaient dans le roc poli.

Et son vieux professeur lui dit : « Je t'ai enseigné tout ce que je peux enseigner de ce que les jeunes hommes peuvent apprendre. Tu as en vérité été un bon étudiant et tu as acquis les connaissances requises. Tu as excellé en géographie. Tes connaissances en sciences sont satisfaisantes. Tu comprends le zodiaque et toutes ses maisons. La danse fut créée pour toi. Mais je ne peux t'enseigner davantage en ce qui concerne les choses de la nature et de ce monde. Tu dois mourir à ce monde pour apprendre les choses qui existent au-delà. Acceptes-tu le défi ? »

Et, empli d'allégresse, de peur et de stupéfaction à la vue de cette magnifique salle autour de lui, le jeune garçon s'inclina et accepta le défi. Et on lui dit d'aller sur la droite ; il alla sur la droite. Deux entités qu'il serait impossible de décrire se présentèrent et le prirent gentiment par l'avant-bras pour l'amener dans la pièce. Et là, son corps tout entier fut peint en bleu, des pierres furent tissées dans sa chevelure, dans ses magnifiques boucles. Et, alors que, les yeux fermés et le corps préparé, il se tenait assis, des cymbales furent attachées à ses doigts et des clochettes à ses chevilles. Sur la plante de ses pieds fut peinte une croix.

Et soudain tout le monde disparut et il se trouva allongé sur la pierre d'un autel. Et une main douce apparut, une senteur familière de fleurs, et il sut que c'était son vieux professeur. Son vieux professeur prit de l'huile et oint son front, et déposa un baiser sur ses joues, les deux, et l'extrémité de ses doigts. Il retourna la paume de ses mains vers le sol et les embrassa toutes deux, les joignit et, sans un mot, disparut.

Et le jeune garçon resta là allongé durant trois jours et trois nuits. S'il bougeait, les cymbales résonnaient ; les clochettes tintaient. Son corps était lourd. Sa tête était lourde à cause des pierres qui étaient tissées dans sa chevelure. Et les croix sur ses pieds brûlaient, celle qui se trouvait sur son front également. Il vogua vers une contrée fabuleuse et la pièce disparut, et de magnifiques images dansèrent de ci de là. Des choses, ailées et brillantes et belles, volèrent dans la pièce mais il ne pouvait pas les voir ; il pouvait seulement les entendre.

À l'arrière de son esprit, le sommet de sa tête s'ouvrit et une tige émergea du sol fertile, la tige grandit. Et il cria de douleur alors que les épines déchiraient sa chair. Et, hors du sommet de sa tête, montant dans l'espace au-dessus, apparut une splendide tige avec, à son extrémité, un bourgeon — enflé, vert, magnifique, qui se fendait, s'écaillait, ouvert. Et la fleur s'ouvrit et chaque pétale apparut. La fleur était profonde et pourpre et un parfum s'exhala dans la pièce et il était la racine de cette fleur fabuleuse. Et elle fleurit. Et un doux vent se fit sentir et l'air fut agité de ce parfum intoxicant et à jamais — à jamais — les murs exhaleraient la senteur de cette fleur. Et ses pieds étaient douloureux, rendus pesant par la croix. Et il dériva. La fleur était lourde et la senteur le rendait malade mais il ne pouvait pas bouger. Et il dériva dans l'oubli.

Il fut éveillé — éveillé — par une secousse sur l'épaule. Et tout aussitôt, le son des cymbales et des clochettes et des pierres, qui lui frappaient les joues et les épaules dans leur mouvement de ci de là et ses cheveux qui, longs, pendaient jusqu'au milieu de son dos. Et ses pieds brûlaient comme des charbons ardents. Et il fut poussé à travers une porte et la porte claqua ; s'ensuivit un écho, un écho, un écho, un écho. Et une voix dit : « Tu peux passer si tu connais le chemin, mais tu dois connaître le chemin. Tu peux passer si tu connais le chemin, mais tu dois connaître le chemin. »

Et il inspira, inspira et soudain sut quel était le chemin. La grotte entière était illuminée et il vit une porte brillante à l'autre extrémité. Et le pont, étroit et long, il le traversa. Et ses pieds brûlaient et les clochettes tintaient et les cymbales sonnaient et la salle entière devint vivante de par son mouvement. Et soudain ses pieds brûlants formèrent un trou dans le petit pont et il se saisit de la corde et la corde le lança au plus profond d'un abîme et il resta là, suspendu. Et il entendit les voix d'hommes et de femmes qui, au-dessus de lui, riaient au récit d'une quelconque histoire. Il ne pouvait pas distinguer ce qu'ils disaient et le rire semblait faire écho dans toute la profondeur qui se trouvait sous lui. Et un jeune homme parla d'un ton railleur et il sut que c'était à son intention. Quelque chose en lui l'enflamma, quelque chose de profond, menaçant et merveilleux. Et il commença à grimper à la corde. Les clochettes se mirent à sonner, les cymbales à résonner de manière discordante et les pierres à lui couper les épaules. Son cœur lui faisait mal. Et il grimpa, escaladant un escarpement, alors que des choses qui rampent se glissaient le long de son dos, dans ses oreilles et dans ses yeux. Et il ne cessait de grimper à cette corde.

Et les ricanements devinrent plus forts, les voix des femmes qui riaient devinrent plus fortes. Et sa colère grandit. Et il entendait son cœur dans son oreille et derrière son œil ; il battait fortement dans sa poitrine. Et quelqu'un l'appela par son nom et ils rirent. Et il finit de grimper l'escarpement et se mit debout. Il était fou de rage, les yeux ouverts, cherchant à voir ceux qui avaient ri mais il n'y avait personne. Et il les appela, les mit au défi. La seule chose qu'il entendit fut son propre écho : les sons des clochettes et des cymbales de même que le son sur son épaule bleue du ruissellement écarlate des gouttes tombant de son oreille qui saignait. Et il s'assit et se mit à pleurer. Et une porte s'effondra alors derrière lui et il tomba à la renverse dans une pièce.

Et il roula et tomba aux pieds de quelque chose de doux, et de beau : c'était une femme. Et il leva les yeux et là se trouvait un jeune homme. Et il regarda autour de lui. Un autre jeune homme surgit de l'ombre et le regard de la femme était long et doux et tendre. Et elle aussi était bleue et elle avait des pierres, des roches et des marbres attachés dans sa chevelure dorée. Et un mince filet écarlate s'écoulait depuis l'aile de son nez. Et elle avait des clochettes aux chevilles, des cymbales aux doigts, comme l'homme qui était sorti de l'ombre. Pas un seul mot ne fut échangé mais ils avaient la compréhension : ils avaient déjà fait cette même expérience.

Alors qu'ils se levèrent pour regarder ce qui les entourait, soudain de l'eau jaillit ; l'eau remplit un canal qui se trouvait proche de leurs pieds. Et, d'une manière ou d'une autre, ils surent — les mots de son professeur dans sa tête — qu'il devait faire ce voyage, être lavé, purifié. Et soudain la femme bleue, si belle, qui était à ses côtés, fut enlevée de sa présence par un autre jeune homme ; ils se retournèrent et disparurent dans l'ombre ; il savait qu'ils se dirigeaient vers l'eau. Il en fut blessé et inquiété. Il voulait qu'elle lui appartienne, il voulait la posséder, tout au même instant. Il voulait comprendre. Et de nouveau la colère surgit en lui. Et furtivement — sonnant et tintant et avec le bruit des cymbales, s'accrochant aux roches, s'agrippant, son sang ruisselant — il réussit à atteindre la rivière. Elle coulait dans une grotte et était d'un froid mordant.

Il entendit une voix, la voix du jeune homme, et ils étaient déjà dans l'eau et il les poursuivit. Vous voyez, il voulait jouer. Il voulait être le meilleur. Il voulait gagner le prix, ce qu'il n'avait pas fait depuis qu'il était jeune garçon. Et ils se trouvaient toujours en avant de lui. Et il perdit alors sa faculté de connaître. Son cœur qui aimait la compétition le saisit et, emporté dans une chute d'eau, il tomba dans un abîme. Et là, pour la première fois, alors que l'eau se ruait dans ses narines et sa gorge, il vit le visage de son père — il ne savait même pas depuis quand il n'avait pas pensé à son père — et sa mère, douce, modeste, tendre et forte. Et l'eau coula dans ses oreilles, et sa tête disparut sous l'eau. Et il y eut un silence assourdissant, seul se faisant entendre le rugissement de l'eau dans les hauteurs. Et il entendit la voix de son vieux professeur : « Nous nous reverrons. Nous nous reverrons. » Et le jeune homme perdit connaissance — il perdit connaissance.

Son corps fut emporté par les eaux et découvert sur une douce rive par des étudiants de l'école. Les pierres avaient été polies et le bleu était effacé, les yeux du jeune homme étaient fixes et glauques. La fierté et la joie de son père, un jeune garçon de beauté bien connue, il n'était plus. Son corps fut emporté au temple, de même que celui d'autres jeunes gens. Et là, dans le temple, tout le monde dansa, apportant joie à l'Esprit qui avait quitté le corps pour un jour revenir de nouveau ; en vérité, ils reviendraient un jour.

Cet initié passa le reste de ses incarnations à se lamenter, comme le fit son père. Son père devint un homme empli d'amertume. Il avait confié sa fierté et sa joie, son fils, au vieux professeur et ce fils ne lui fut jamais retourné. Seuls lui furent donnés le pagne et les pierres, une flûte et une fleur.

Quel est donc le voyage d'une telle âme ? Pourquoi l'âme ne réussit-elle pas et pourquoi personne ne vint-il lui porter secours ? Posséder la compréhension est une bénédiction. C'est une énigme. Survivre — survivre — est une faculté indigène à tout humain mais la compréhension ne l'est pas, connaître ne l'est pas. Il y a des vies passées dans une vaine misère et d'autres dont le moment le plus exquis atteint au-delà de l'horizon de la vision humaine. Mais un tel voyage entrepris par une telle entité dans le but d'obtenir la compréhension n'est jamais en vain ; elle est seulement retardée. Cette entité qui fut un initié revint et possède en lui certains des écueils qu'il possédait longtemps auparavant. Il doit recommencer.

Certains d'entre vous, voyez-vous, n'ont pas appris cette importante leçon-ci : il ne s'agit pas de gagner la femme, la femme bleue aux cheveux dorés. Il ne s'agit pas de battre les autres initiés. Il ne s'agit pas de danser au son du tambour et de la flûte. Il ne s'agit pas d'être le meilleur. Il ne s'agit pas de trouver ces cartes[1]. Il s'agit du voyage. Cette entité fit un voyage merveilleux mais sa perte résidait dans le fait d'obtenir ce qu'il voulait — telle fut la cause de sa défaite — au lieu du voyage lui-même.

Qui donc pleure sur votre sort, vous qui gagnez si souvent et perdez pour finir ? Pas même votre vieux professeur car la compréhension s'acquiert au travers des difficultés, des meurtrissures, de la douleur et du sang d'un ego altéré qui doit périr afin que la contrée de la compréhension puisse être vécue

---

1. Grâce à la discipline du Champ™ (Fieldwork™).

jusqu'à l'infini. Certains d'entre vous ne savent même pas encore pourquoi vous êtes ici. Vous n'avez pas saisi la raison pour laquelle vous êtes ici parce que vous n'en avez pas la compréhension. Et tôt ou tard, vous allez devoir prendre certaines décisions ; sinon, vous allez vous trouver face à une épreuve dont l'application est simple et suffisante en elle-même. Et, face à votre horreur et à votre incrédulité, vous découvrirez que la seule chose qui aurait pu surmonter une telle épreuve aurait été la compréhension — non pas la fourberie, ni les muscles, ni l'appartenance sexuelle mais la compréhension, cette magnifique faculté d'illumination.

Certains d'entre vous souffriront toujours — vous avez toujours souffert, vous souffrirez toujours. Certains d'entre vous iront jusqu'à être admis dans la grande salle ; vous aurez réussi à aller jusque-là. Certains d'entre vous seront le danseur doré à l'aube. Et certains d'entre vous réussiront à franchir le pont, mais les rires moqueurs et le mépris lié à l'échec causeront votre ruine. La libération de la colère et du mépris dans le but d'être totalement concentrés pourrait être votre salut. Abandonner revient à tomber dans l'abîme de l'ignorance et à ne jamais savoir pourquoi la tourterelle chante le chant qu'elle chante et que les choses qui sont sages et merveilleuses et belles ne surviennent pas toujours comme vous pensez qu'elles le devraient et ne revêtent pas toujours l'apparence que vous voudriez qu'elles revêtent, qu'il existe dans la vie les choses inattendues qui sont des émergences de la compréhension.

Certains d'entre vous ne savent toujours pas pourquoi vous êtes ici. Certains d'entre vous ont toujours le même esprit de compétition et trouver votre carte est la seule chose qui vous intéresse ; le voyage a perdu sa signification. Certains d'entre vous ne savent toujours pas pourquoi vous êtes ici parce que vous êtes trop fatigués et avez trop faim trop souvent. Et quel profit en avez-vous retiré ? Vous avez rarement sauté un repas et la seule raison pour laquelle vous avez manqué une bonne nuit de sommeil est que vous l'avez passée à bien vous amuser.

Un grand nombre d'entre vous ont appris l'impeccabilité, acquis une force accrue, goûté au vin de la compréhension et savent. Et vous pouvez vous laisser aller à vos petits échecs mais vous vivez dans un monde bien petit, bien petit, je vous le dis, car la compréhension vient de ceux qui la veulent davantage que toute autre chose au monde, y compris la compétition.

Venons-en donc à la fin de l'histoire. La belle femme dorée peinte en bleu réussit à parcourir tout le chemin et porta avec fierté le reste de sa vie magnifique les cicatrices de ce voyage car cela avait été la défaite et le sacrifice du physique au nom de la conscience. Et elle avait un grand esprit et elle ferait un remarquable voyage dans la vie. Le jeune homme réussit lui aussi. Il devait devenir l'un des plus grands philosophes de tous les temps. Il lui revint la responsabilité de Socrate et de Platon. Il instaurerait le travail préparatoire permettant la compréhension. Et le vieux professeur est toujours vivant lui aussi et en bonne santé.

Et le bel initié ? Il est de retour ici et il apprend ; il porte le même vêtement, il porte la même conscience ; seuls sont différents le temps et le lieu. Et nous allons refaire la même chose, excepté pour le fait que la crevasse et l'abîme n'existent pas physiquement mais comme un pont menant vers la conscience.

Ceux d'entre vous qui furent enrichis grâce à ce séjour passé ici ensemble, vous avez acquis profondeur et sagesse et vous avez changé. Ceux d'entre vous qui firent face à l'épreuve de l'immobilité ont découvert une partie de vous-mêmes plus profonde qui n'a jamais encore été pleinement exprimée mais le sera dans les jours à venir. Ceux d'entre vous qui passèrent leur temps à bavarder et à vous promener partout, c'est cela même qui causera votre perte. Mais ceux d'entre vous qui furent sincères, ce sont les jours dont je me souviens, vos visages, vos odeurs, vos yeux qui dansent, vos cheveux sales, vos habits souillés, votre rire, votre joie, votre persévérance dans la poussière couleur safran, vos chants, votre danse, vos cercles, votre excitation, votre allégresse, votre sincérité. Tels sont les souvenirs de ce remarquable rassemblement : les changements, l'illumination, le doute mis en pièces par la preuve indéniable, la réalité malléable et pliable pour celui qui la tisse et devra la porter dans la vie. Et vous, les faiseurs d'images — vous qui avez configuré de telles images qu'elles sont devenues un fardeau auquel vous n'avez pu vous échapper, ne pouvant oublier vos apparents échecs dans le monde —, quel que soit le vêtement que vous tissiez, il vous faudra le porter.

Je vous aime tous. Souvenez-vous de cette histoire car c'est une histoire rare et vraie. Souvenez-vous comment l'on acquiert la compréhension, non pas qu'elle soit difficile à trouver ; c'est juste qu'elle est enfouie très profondément sous l'apparence de la vie mais elle est simple à obtenir. C'est un trésor que tous, et vous en particulier, devraient rechercher. Peut-être que lors de notre prochaine rencontre vous serez plus sages, plus clairs, plus simples, plus malléables, que vous aurez la joie au cœur, qu'en marchant vous émettrez la musique de la flûte et des cymbales et que vous exhiberez le parfum des roses, du moins pour moi, car ceci aura été le Grand Œuvre. Ceci est un fragment d'une grande école qui vous emmène dans des lieux lointains et vous renvoie ensuite dans le monde et quand vous êtes las, vous revenez.

Pour ceux d'entre vous qui ont la compréhension, je m'attends à vous voir faire des choses merveilleuses. Pour ceux qui ne l'ont pas, je m'attends à vous voir contempler ce qu'elle est. Et pour ceux d'entre vous qui sont constamment las et constamment malades et constamment fatigués, je m'attends à vous voir rester ainsi jusqu'à temps que vous changiez. Et ceux d'entre vous qui aiment gagner tout le temps, je m'attends à vous voir de temps en temps devoir perdre afin de continuer à gagner. Qu'il en soit ainsi.

LE SECRET RÉDUIT À LA CLANDESTINITÉ À CAUSE DE LA SUPERSTITION

Eh bien, ces écoles furent finalement détruites, et notre communication avec une intelligence supérieure abolie. Cet enseignement que je vous donne est hors du commun. À votre époque, c'est un enseignement que parfois en ces temps-ci l'auditoire n'est pas prêt à entendre, vous le savez. Mais ceci fait partie des raisons pour lesquelles l'ignorance existe dans une culture apparemment avancée.

Mais les habitants qui existent au-delà du soleil et les habitants de la terre ne vivaient jamais les uns avec les autres en une relation d'adoration ; au contraire, ils s'aidaient mutuellement dans leur quête de connaissance, dans leur exploration de la réalité physique. Arrivèrent alors les païens qui suivaient leurs troupeaux et commencèrent à s'installer à l'Est d'Éden. Et ce sont eux qui créèrent Adam et Ève, qui commencèrent à créer une vérité agnostique éloignée des écoles anciennes. Ils prirent des bribes de vérité, les infiltrèrent de superstition, de haine et de méchanceté, créant ainsi un concept de Dieu totalement différent car maintenant le créateur avait une identité au lieu d'être infini, d'être l'esprit suprême, le tout du tout, l'absolu. Dieu fut créé à l'image de cette ancienne personne il y a six mille ans.

Et ils créèrent Dieu à leur image. Lorsque vous créez quoi que ce soit à votre image, selon votre conscience, cela doit être constitué de ce que vous percevez. Vous ne pouvez pas créer quelque chose qui ne soit pas une réflexion de vous-même. Dieu devint donc mesquin, coléreux et ce fut un individu. Il avait un sentiment d'insécurité car il créa ces deux êtres pour l'adorer. Et il leur dit de ne pas manger de l'arbre de vie, ce qui signifie en réalité la connaissance, ni de commencer à tourner ces livres, ces pages. Il en fut fini de la connaissance.

Dieu devint donc un être dépourvu de tout sentiment de sécurité ; il devint jaloux, terrible, violent. Et le châtiment de Dieu était facile à voir avec l'éruption des volcans qu'on appelait le feu de l'enfer. Et si vous ne suiviez pas les instructions, vous seriez jeté dans le lac brûlant de feu, sort de toute personne éclairée. C'est de là que vint l'illumination. C'est de là que vinrent les tourments de l'enfer : l'éruption naturelle d'une fissure tellurique, les changements naturels de la terre, devinrent la rétribution du Dieu qu'ils avaient créé à leur propre image. Et ceux qui désapprouvaient étaient jetés dans les lacs de feu. Les choses en étaient là.

Et, vous savez, toutes ces personnes éclairées faisaient partie de ces écoles ; elles étaient venues apprendre. La vérité qu'elles étaient des Esprits déchus fut enfouie — c'est en vérité ce qu'elles étaient : elles étaient descendues le long de sept niveaux de vibration pour interagir dans la matière physique et leur destinée était, depuis la matière, de remonter à la Source, de faire le voyage complet. Ils devinrent donc les Esprits déchus de Lucifer qui furent chassés du paradis de Dieu.

Alors qu'une religion païenne se répandit à l'encontre de ceux qui étaient éclairés et faisaient partie des grandes écoles, la guerre assuma une valeur des plus insidieuses car Dieu pouvait maintenant être la justification des massacres apparents parmi les tribus. De nombreuses grandes écoles furent détruites car les personnes éclairées de ces écoles apprirent aussi comme partie de leur éducation ce qu'était l'image qu'ils incarnaient.

Vous savez, rien n'encombrait leurs murs. Ils avaient la vérité pure et la compréhension pure ; ils comprenaient leur destinée et leur vie. Ils comprenaient qu'ils avaient préexisté auparavant et existeraient après. Seule l'image s'évanouirait. Ces entités n'entrèrent jamais en guerre contre les païens. Nombreux sont ceux qui partirent pour aller au-delà des étoiles. Des tributs ont été portés à ces entités. Vous verrez les visages des images de pierre tournés vers les cieux, regardant les cieux. C'est un tribut de la part de ceux qui sont demeurés ici envers leurs frères qui sont partis. Ce fut la dernière image qui ne fut pas véritablement détruite — celle du temps où la conscience, la nature de la réalité, le voyage de l'homme, le voyage de la femme, tous deux égaux, menaient à la cosmologie de la vie, à la compréhension de la force vitale et du principe de vie —, ce fut le dernier vestige de ces êtres ; il est toujours présent, ce sont les remarquables statues de pierre dont le regard est dirigé vers l'infini pour ceux qui sont partis, qui ne sont plus ici. Les écoles furent détruites ; les enseignements furent détruits. Certains segments de leurs vérités ayant été gardés, altérés, devinrent des livres de superstitions.

Eh bien, voyez-vous, l'ignorance est comme l'obscurité. Aucune lumière de connaissance n'y brille. Et lorsqu'une personne est maintenue dans l'ignorance du fait qu'elle craint pour sa vie, craint pour sa famille ou craint d'être mise au ban de la société, elle devient superstitieuse au point de craindre qu'à moins de se conformer et de demeurer ainsi elle brûlera pour toujours dans le lac de feu, pour toujours, au nom du Dieu aimant qui l'a créée.

Permettez-moi de vous dire quelque chose. Lorsque vous vivez dans l'obscurité, vous vénérez une lumière invisible qui puisse vous sauver de cette obscurité. Cependant, le seul salut qui puisse jamais se produire est lorsque le Dieu intérieur s'éveille, lorsque cette image s'éveille. Il est dit : « La lumière du royaume des cieux est en vous. C'est là qu'il vous faut regarder pour apercevoir l'éclat et la gloire car c'est là que réside votre salut. » Mais lorsque l'on vous maintient dans l'obscurité, vous priez alors à l'extérieur de vous pour qu'un sauveur vous délivre. Vous êtes alors maintenus dans l'ignorance.

Venons-en au blasphème : tout ce que je vous dis est un blasphème. Mais je veux vous dire qu'il n'y eut jamais une seule entité, pas une seule, qui soit jamais entrée dans les écoles anciennes qui enseignaient ce qu'est la lumière, la conscience et la destinée manifestée — pas une seule n'entra dans ces écoles —, qui ait jamais tué un autre être humain. Aucune n'avait jamais asservi aucun autre être humain. Et ceux qui enseignaient la droiture, le droit chemin, n'avaient pas d'admirateurs : ils étaient révérés pour leur sagesse. Et leur sagesse, ils la dispensaient. Et ceux qui étaient présents et buvaient de cette eau, en eux la lumière qui brillait avec éclat pouvait prendre vie afin qu'ils puissent tourner ces pages.

Je sais que cela vous fait rire. Mais à mon époque, un barbare se transforma et évolua en une seule incarnation. Saviez-vous qu'on me méprise parce que je l'ai fait en une seule incarnation ? Et cela me rappelle que certains eurent besoin de plusieurs incarnations. Cela ne fait que montrer à quel point ils étaient lents, ignorants et maintenus dans l'ignorance pour quelque raison que ce soit car, une fois que vous vous y mettez, une fois que vous commencez à prendre de l'expansion, le changement est rapide. Le voyage commence à se produire immédiatement. La voie du maître se déroule devant quiconque permet à sa conscience de prendre de l'expansion.

Mais pas une seule personne, qu'elle soit vêtue de roseaux grossièrement tissés ou de peaux — vous riez et cela vous fait penser à un homme de Cro-Magnon avec sa peau, ses os et son attirail encombrant — vous avez du mal à l'imaginer — ou assise auprès du feu à regarder le firmament. Quelles étaient donc leurs pensées ? Eh bien, les gens de cette époque chevauchaient une lumière. Et il est vrai qu'ils portaient des peaux ou des vêtements faits de roseaux tissés. L'illumination n'a rien à voir avec ce que vous portez ou votre technologie. Elle a à voir avec la liberté que vous vous accordez de croître dans votre conscience, de consommer l'esprit subconscient et d'avoir un zeste pour la vie qui ne soit pas asservissant mais qui soit libre.

Eh bien, la guerre devint alors le style de vie. À mon époque, je fus un guerrier. Et après mon époque, le paganisme et ce qu'en vérité on appelle le religionisme eurent des conséquences tragiques sur la vie humaine. Durant les derniers deux mille ans, le Christianisme perpétua deux cent cinquante millions de morts, qu'on rapporte avoir été des guerriers. Cela est sans compter les femmes et les enfants. Au cours de ces deux mille années, deux cent millions de personnes qui étaient des guerriers chrétiens périrent pour défendre un idéalisme sanguinaire de l'image de Dieu et pour imposer les enseignements aux païens. Et dans le même temps, ils détruisirent toute secte et tout groupe de personnes qui apprenaient une sagesse ancienne et évoluaient vers l'illumination. Ceux qui étaient en contact, dont l'esprit était au-delà du temps, de la distance et de l'espace, furent brûlés au bûcher en sorte de totalement détruire la connaissance. C'était cela la foi. Le salut est d'être sauvé de la vérité.

En deux mille ans, la religion n'a rien fait pour engendrer l'illumination de ses fidèles, mais a tout fait pour que la conscience s'effondre. Elle n'a rien fait pour évoluer la conscience, elle qui est le facteur d'évolution de l'être humain. Elle n'a rien fait qui permette de comprendre ce qu'est la conscience, rien fait pour apporter l'illumination aux gens. Elle ne comprend pas qu'une conscience qui crée des problèmes ne peut résoudre ce problème. Seule une conscience élargie est en mesure de résoudre le problème. C'est cela l'évolution.

Et ces jours-ci, les Chrétiens paient, paient, paient, paient. De quoi s'agit-il maintenant, la grâce, la foi et maintenant l'argent ? Ce sont les trois choses qu'il convient de posséder maintenant pour vous défendre, car vous devez pouvoir vous défendre, et pour que les armées puissent se débarrasser des païens et imposer la foi chrétienne dans le monde. Si seulement l'argent tombait dans les mains des gens illuminés, il n'y aurait pas de guerre d'érudits car ils connaissent la vérité des mythes, de l'ignorance dans laquelle l'humanité vit depuis au moins deux mille ans. L'Âge des Ténèbres, que pensez-vous que ce terme signifie ? La stupidité, des gens en stagnation, ce qui fait que la civilisation d'aujourd'hui est uniformément beige et porte une croix.

En vérité, mes gens bien-aimés, le salut ne survient pas grâce à l'ignorance. Il survient grâce à la connaissance et si en vérité la connaissance était rendue disponible à tous ceux qui existent sur ce plan de causalité, ce plan de la force de vie, des cosmologies, de ceux qui créent leur réalité — si vous saviez que vous pouvez guérir votre corps avec le même esprit que celui qui est la cause de sa maladie —, la civilisation serait illuminée. L'interaction avec ceux des vôtres qui vivent au-delà du soleil aurait alors de nouveau cours. Pourquoi approcher une société qui en a peur ? Ce sont des superstitions ; ceux-là sont des diables ? Tout ce qui contredit la parole du Dieu qui fut créée par le prêtre afin de maintenir les peuples dans l'ignorance est l'œuvre du diable. Comment peut-on espérer ouvrir l'esprit de gens qui sont si ignorants qu'ils sont dévoués à l'obscurité même qui les maintient ainsi ? C'est un garde-fou. Ceci est la parole de Dieu. C'est la rétribution de l'humanité la plus sanglante et la plus violente qui ait jamais été écrite.

Le Christ est à l'intérieur. C'est l'invisible. C'est une grande vérité de proclamer en vérité que le royaume de Dieu est en vous. C'est une grande vérité de dire que mon Père et moi sommes un. C'est une vérité qui survécut à toute la violence. Yeshua ben Joseph ne dit pas de l'adorer. Il dit de le suivre. Que croyez-vous que « suivre » signifie ? Apprenez ce que je sais. Que mon idéal soit le vôtre. Mais lorsque vous priez, il est inutile de faire toutes ces choses. Prier trois fois par semaine et passer le reste de la semaine à être décadents, enclins aux commérages, aux accusations, à accuser et à répandre la parole car tout ce qui est en dehors d'elle est mauvais, quelle ignorance !

Où donc êtes-vous ? Il est clair que vous êtes ici dans ce maléfique auditoire. Cette femme est considérée comme une femme diabolique, et moi comme le grand Lucifer[2]. Oui ! Eh bien, écoutez. Je vous donne cette information sur l'ignorance et sur la disparition des grandes écoles. Pourquoi ? Et lorsque je vous dis que la nature est très en avance sur l'humanité en ce qui concerne son évolution dans le flot de ce temps-ci, l'humanité n'en est qu'à la troisième page de son livre alors que la nature en est à la cinquième. Tout le monde se gratte la tête, ne comprenant pas comment il peut en être ainsi. Cela commença avec la création de quelque chose de très maléfique et en disant que tout ce qui fit partie de cette chute, les Esprits qui firent leur descente, étaient tous des démons, maléfiques et méchants. Vous êtes nés dans le péché.

Maintenant, si Dieu est éternel et si dans sa main existent le passé, le présent et le futur, il avait bien planifié tout cela. Il créa donc le diable. Il savait qu'Ève et l'autre quidam allaient manger la pomme dans le jardin. Cela vous paraît-il logique ? Et cela vous fait vous demander pourquoi il prétendit être si choqué qu'ils le fassent. Caïn et Abel, qui épousèrent-ils ? Personne ne me donnera jamais la réponse. C'est merveilleux, ce n'est pas mal ; c'est juste risible et merveilleux.

Mais, vous voyez, l'entité commence à faire de petites insinuations comme celle-ci : « Mais, pourquoi cela s'est-il passé ? » Et vous savez que c'est l'illumination qui tente de se faire jour, la connaissance qui tente de faire surface. Elle est étouffée et ne doit jamais poser de questions mais juste accepter. Ne posez jamais de questions. La foi d'un petit enfant ? Un petit enfant ? Un petit enfant peut régler le sort de toutes ces erreurs

---

2. À l'époque où l'École de Sagesse de Ramtha commença à Yelm, dans l'État de Washington, divers groupes de chrétiens fondamentalistes de la région la condamnèrent en disant que Ramtha était Lucifer et JZ la fille du diable.

en un rien de temps. Seul un adulte devenu beige se tapit dans l'ombre, part et ne pose jamais de questions.

L'ignorance commença à devenir la conscience sociale il y a deux mille ans. Et il y eut bien des guerres et des combats pour que les choses demeurent ainsi. Vous savez, toutes les guerres qui ont lieu dans votre pays aujourd'hui, saviez-vous qu'elles sont toutes des guerres saintes ? Moi, je voulais toujours savoir quel Dieu les deux côtés priaient. Les choses en sont toujours là aujourd'hui.

La dévotion maintenant : lorsque vous êtes dans le noir et que personne ne va allumer la lumière parce qu'ils vous ont dit que c'est à l'extérieur au lieu d'ici, à l'intérieur, vous demeurez dévoués à celui qui a la main sur l'interrupteur, peu importe qui il est. Est-ce exact ? Et c'est terrifiant. Et vous ne voulez pas vous déplacer parce que vous ne savez pas ce qu'il y a autour de vous. Et ils disent que c'est ainsi que Dieu veut que vous soyez. Et si vous bougez et essayez de trouver la lumière vous-mêmes, vous serez rejetés, excommuniés et brûlerez à jamais, ce qui signifie que, dès l'instant où vous commencez à poser des questions et commencez à réaliser et à comprendre qui vous êtes, vous êtes sortis de l'ignorance et la lumière s'allume. Oui.

Ce sillon, vous savez, vous m'avez entendu parler du sillon qui existe sur le disque de la vie ? Ce sillon s'est vraiment approfondi de plus en plus depuis mon époque. Cela commença après mon départ. C'est alors que les choses commencèrent à être bloquées. L'humanité cessa de croître, sauf ces écoles secrètes. Pourquoi donc les appelait-on des écoles secrètes ? Vous savez, au bout d'un certain temps, elles devinrent très secrètes — clandestines comme vous le dites — parce qu'elles étaient menacées, parce que ceux qui voulaient contrôler les gens ne pouvaient pas permettre qu'une telle connaissance puisse faire surface sous le prétexte que ceux qui ont beaucoup de connaissances sont dangereux. Ce qu'ils voulaient dire en réalité est que ceux qui sont éclairés ne peuvent être ni contrôlés ni asservis. Et il y avait des gens dont le besoin était d'asservir les autres, de les posséder, car ils ont un tel sentiment d'insécurité qu'ils doivent être le professeur. Ils veulent enseigner, veulent que les gens les suivent, car ils n'ont pas suffisamment en eux pour simplement rayonner la gloire qui siège là.

Après un certain temps, ils passèrent donc à la clandestinité et ce fut le début des écoles secrètes. Et il y avait un mot pour nommer cela, le mot occulte ; occulte signifie connaissance cachée. Cela ne signifie pas l'atelier du diable. Cela ne signifie pas meurtrier incorporé ou révolutionnaires en fuite. Cela signifie connaissance cachée parce qu'il s'agissait de sauvegarder leurs vies. C'était au prix de leur vie. Ils n'avaient plus la liberté d'interagir avec quiconque parce que la conscience de l'humanité était si ouverte qu'elle pouvait interagir avec quelque chose existant au-delà du soleil ou qui tournait autour de la terre comme un satellite, entrant en contact avec ces personnes. La conscience était à ce point ouverte ; de toute éternité, la conscience n'avait connu aucune entrave. Mais lorsque entrèrent en jeu haine, jalousie, envie, besoin et manques, la conscience cessa de croître et il fut créé une dualité qui commença à fermer les portes de cette connexion. C'est alors que ces écoles devinrent clandestines.

Elles n'étaient pas l'atelier du diable. Elles étaient l'atelier de la force de vie qui existe en eux et qui est innée en eux. Elles créèrent des saints. Leur école avait pour objectif d'éveiller la conscience de l'être humain, d'en faciliter l'expansion, l'évolution, en sorte que celui-ci devienne plus que sa position dans la vie, en sorte qu'il puisse être relié avec la vie dans sa totalité. Ils purent le faire et les initiés de ces écoles devaient devenir plus tard les prophètes qui reviendraient dans le temps avec l'enseignement de la vérité.

Quelque temps plus tard, les écoles furent toutes détruites. Et des sectes basées sur ces écoles participèrent à la création de ce qu'on appelle les enseignements de Buddha Amin. Buddha Amin était un initié des écoles anciennes ; son image fut de naître comme ce qu'on appelle un prince de grande richesse qui devrait devenir maître de cette image en regardant par-dessus le mur, l'absolvant. Il allait plus tard enseigner à des millions d'entités la même vérité que celle qui prédominait dans la sagesse ancienne, sauf qu'elle fut colorée et revêtue des compréhensions et des paraboles de cette époque.

Ces entités qui restent assises sur le sommet de hautes montagnes au seuil même du ciel, qui endurent la rudesse du froid, le manque de nourriture et vivent de la manière la plus simple, qui restent assises à ne rien faire mais développent leur conscience afin de pouvoir partir, de pouvoir s'élever dans le ciel et partir, devenant transparentes à chaque mouvement, pourquoi demeurent-elles dans des lieux si élevés ? Pour se protéger, pour être capables de continuer à grandir et à évoluer sans être molestées ou polluées par les entrailles répugnantes des cités dans la vallée, ces cités qui baignent dans l'ignorance et le barbarisme.

La destruction des écoles anciennes laissa le reste de l'humanité sur la troisième page du livre. Et ces pages équivalent aux sceaux dans le corps. On les appelle les sept sceaux, les sept églises, les sept portes. Cela signifie des étapes d'illumination, de vérité, de conscience et d'évolution. C'est l'étape qui prédomine aujourd'hui et elle est toujours ignorante ; ce qui contrôle cette ignorance est le pouvoir. Toute une partie de l'humanité est dévouée à sa propre ignorance et à son insistance à ce que persiste la méchanceté. Vous voyez, ce qu'ils n'ont toujours pas réalisé est que ce que vous craignez le plus est ce que vous vénérez le plus et que ce que vous insistez à croire que les autres possèdent, vous le possédez en vous-mêmes. Et pour que l'esprit puisse créer quelque chose qui soit si insidieux qu'il vous torture, pour que quelqu'un persiste à croire en cette foi païenne, il doit le posséder en lui.

Ceux qui sont éclairés savent que ce qu'on appelle la force de vie, la cause créatrice, ne connaît pas le mal, que le mal est un choix créé par ceux qui insistent à reconnaître sa réalité et ce n'est que dans leur âme, dans leur réalité, dans leur cœur, que le diable existe, que l'enfer existe, que la haine existe. Pour une âme illuminée, seule existe la vérité.

Sur ce disque, ce sillon devint de plus en plus profond et revint dans chaque incarnation sous une nouvelle image pour tenter de tourner cette page du livre. Lors de chacune de vos incarnations, vous êtes revenus dans une personne différente, une personnalité différente mais le même Dieu vivait en dessous, l'entité sans image. Et lors de chacune de vos incarnations, vous vous êtes trouvés pris à faire la même chose car la connaissance avait commencé à devenir obscure. Ils n'avaient le droit de connaître que certaines choses et la tradition fut fondée sur ces vérités. C'est ainsi que, lors de chacune de ses incarnations, dans son désir, le Dieu revint, créant une image dans laquelle grandir ; il se trouva refaire la même chose, faire les mêmes erreurs, fuir la même obscurité dans sa quête de vérité et persécuté pour cela.

LES ASCÈTES DANS LES MONTAGNES À LA RECHERCHE DE L'ILLUMINATION

Je veux vous dire, et je veux que vous m'écoutiez, ceux qui ont la compréhension d'écouter, que la raison pour laquelle ceux qui se dédiaient à Dieu s'enfuyaient dans ce qu'on appelle les cols des hautes montagnes et devenaient des ermites est qu'ils voulaient écouter les voix[3], maîtriser ces voix, et ils pouvaient prouver leur propre existence jour après jour car une voix est sage. Elle sait que si elle vous dit quelque chose aujourd'hui et que vous dites « Non, il n'en est pas ainsi », elles comprennent que le temps est de leur côté, en particulier si vous vous faites du souci et ne possédez pas la longévité de ce qu'on appelle la force vitale qu'elles sont. Elles reviendront encore, elles reviendront encore et encore.

Et plus l'Observateur maintient ce qu'on appelle un état d'être statique, je veux dire constant, car dès l'instant où vous les devenez, vous les êtes. Quel était donc le mystère de Dieu ? Comment pouvons-nous nous réjouir et célébrer ce qui était si abstrait en notre être était de simplement être l'Observateur. Être l'Observateur dans ce qu'on appelle une forme de détachement menait à ce qu'on appelle la liberté ultime de l'ascète. Ceci est la réalité.

---

3. Les voix sont les pensées de notre image et de notre personnalité limitée qui refusent de changer, d'évoluer et nous gardent bloqués sur la roue de la réincarnation.

Quelle est donc la chimie de Dieu ? Dieu a-t-il une chimie ou bien est-il simplement un concept assiégé par ce qu'on appelle un agencement de substances chimiques dans un corps séculaire particulier ? Ou bien Dieu possède-t-il une armée ? L'Observateur possède-t-il la faculté de séquestrer dans son for intérieur ce qu'on appelle une partie intégrale de votre vie ? Le fait-il pour l'ascète qui le recherche sincèrement en dépit de toute tentation ? Et, remarquez, le véritable ascète n'est pas là pour échapper aux femmes, car il y a des femmes qui sont allées dans de telles grottes. Trouvent-elles ultimement la voix de Dieu qui leur parle ? Oui, absolument.

Et ces belles femmes se livrent à leur cérémonie en retirant les bijoux qu'elles portaient à leurs oreilles, à leurs doigts, dans leur nombril, sur leur ventre et leur dos. Elles retirent tous ces bijoux, l'or et les soies. Et elles se coupent les cheveux ras, ce qui ressemble à un défi à leur passé. Et alors que les belles boucles dorées tombent sur le sol —, quand leurs boucles automnales ou bien leurs boucles d'ébène tombent sur le sol ou quand leurs boucles de cuivre tombent sur le sol —, alors qu'elles voient tomber leurs bijoux de leurs oreilles, de leur nombril, ceux qui étaient autour de leur cou et de leur ventre mettant en valeur leur premier sceau, lorsqu'elles les voient tomber dans la poussière, sans ne jamais regarder dans un miroir, vêtues d'une robe de laine rude, elles cheminent vers une grotte ; au sommet de leur beauté, au sommet de leur virilité, elles marchent vers une telle grotte.

Dans cette grotte, on leur procure les ustensiles les plus simples : une jarre de terre emplie d'eau de source froide et ce qu'on appelle une bougie. La bougie sera remplacée chaque jour et l'eau sera renouvelée chaque jour de même que leur sera apporté un repas frugal ; pas le mets délicieux que sont les cœurs des oiseaux paradisiers ou les ailes des condors pas plus que le muscle d'un grand taureau. Ces femmes qui demeurent ainsi avec rien d'autre que du pain sans levain, de l'eau et une simple lumière, dans leur beauté sans lustre le font parce qu'elles l'ont choisi.

Et de temps à autre, la nuit, alors qu'elles sont assises dans leur posture, presque retirées du monde, elles entendent les voix de la cité portées par le vent de l'ouest. Et elles entendent la flûte, la cithare et la lyre ; elles entendent les rires des jeunes femmes. Elles entendent les cris des vieilles femmes et elles entendent ce qu'on appelle l'homme — le vieil homme, le jeune homme — palpitant de passion et de joie. Elles entendent les cris sur la place publique, les promesses de rédemption grâce à leurs esclaves, leurs onguents, ce qu'on appelle leurs idoles.

Et il y a ceux qui promettent la séduction grâce à leur or, leurs bijoux et leurs bracelets, leurs soies, leurs satins et leurs velours. Elles entendent cela de temps à autre. Et elles ne peuvent empêcher leur cœur de se serrer à la pensée qu'elles ne puissent y participer, qu'elles ne soient pas impliquées dans la compétition, les disputes et l'orgasme des expériences humaines. Lors d'un moment solitaire dans la nuit, lorsque l'air est parfumé de jasmin, nous faisons tout afin de nous abandonner complètement pour l'étreinte d'un étranger qui promet la récompense d'un délice chimique.

Il n'y a pas un seul ascète qui n'ait ressenti cela et entendu ces voix. Ils ouvrent alors les yeux et regardent dans la flamme. Et qu'offre la flamme ? La flamme ne brûle pas le plus exquis des encens, non plus que le jasmin ou le clou de girofle ; elle ne brûle rien si ce n'est l'huile parfumée qui permet à la flamme de danser. Leur regard trahit l'insatisfaction ressentie par chacun des sens de leur corps. Et — qu'ils soient homme ou femme — leur jolie petite main se porte à leurs cheveux, mais ils découvrent qu'ils n'ont pas de cheveux, pas de robe de soie avec laquelle recouvrir leur amant au cours d'une brève rencontre. Et leur barbe, jadis huilée, bouclée et au doux parfum est devenue rêche, broussailleuse, sauvage et libre ; elle sent la succession des jours passés sans bain et sans soins.

Lorsque des cils mordorés ferment les fentes d'yeux couleur d'azur, il se produit une tension des muscles entourant l'œil et ce qu'ils disent est simplement ceci : « Oserais-je regretter mon choix ? J'ai abandonné la vie singulière de ma beauté que moi seul connais, j'ai renoncé à mes richesses, mes onguents, mes huiles, mes bijoux, mes oreillers de soie et mes magnifiques vêtements de velours bouffants pour être assis ici comme un homme nu à qui on a retiré ses contrats et en vérité comme une femme privée de sa dote. Et je suis assis ici sans gloire de ma personne et seulement de la boue sur mon corps. Et je regarde une flamme unique. Pour mon repas, je n'ai qu'herbe amère et ce qu'en vérité on appelle du pain et de l'eau. Ceci est en vérité une pilule amère à avaler. »

Et la flamme de la petite bougie danse et crée des ombres dans la grotte ; ces ombres dansent. Ce sont ce qu'on appelle des beautés célestes qui dansent pour apaiser un quelconque monarque inconnu merveilleux, ou ce sont des guerriers qui caracolent, féroces, sur leurs étalons, galamment, avec leurs fourreaux incrustés de joyaux et leurs épées d'acier rutilant, dur et froid, à moins que ce ne soit une époque précédente, celle des épées de bronze dansant, leur éclat ressemblant de près à celui de l'or. Et ils avancent vers leurs victoires invisibles dans lesquelles ils portent secours à la perle, la conquête. Ils conquièrent l'ami et l'ennemi pour porter secours à l'amour de leur cœur, ce qui leur a été interdit.

Et, vous savez, cette petite bougie peut révéler une myriade de lumières et d'obscurité sur un mur de granit rugueux. Si la lumière projette une ombre d'une certaine manière sur une profonde crevasse, nous apercevons le creux d'un visage et non pas la gloire de sa chevelure ; nous voyons donc la victoire ou le mystère et nous en acceptons la réalité ou bien nous voyons le vide entouré d'un halo de beauté et nous acceptons toujours cela comme réalité également. L'ascète reste donc assis là, nuit après nuit, à écouter au début que le vent lui apporte le son des voix de la place publique de Babylone, que ce soit seulement le son d'une cloche de laiton ou la voix d'une vieille femme, celle d'une jeune femme dont une partie de la prière est portée par le vent. Nous l'entendons. Ou bien nous voulons nous rapprocher de la grotte afin de mieux entendre mais nous n'entendons que des fragments.

Qui donc nous a placés là ? Qui nous a coupé les cheveux ? Qui nous a pris nos boucles d'oreilles en or ? Qui a retiré le saphir de notre front ? Et qui a retiré de notre poignet les bandes d'or sinueuses qui l'entouraient ? Qui retira nos vêtements qui ne recouvraient qu'à peine notre premier sceau si bien que le vent qui les faisait chatoyer nous rendait encore plus séduisantes et mystérieuses ? Qui les retira ? Qui prit ce qu'on appelle notre cœur battant, par bravade, avec son pouvoir de manier l'épée à la fois de la main droite et de la gauche ? Qui prit nos longues jambes, fortes d'avoir enserré notre étalon ou de nous être tenus, imperturbables sur une terre, emplis de l'arrogance de la victoire ? Qui prit cela ? C'est nous-mêmes qui les avons pris.

Et l'ascète retourne, rampant, créature misérable, lamentable, dans la boue de ses ombres, s'y assied et regrette beaucoup. Et après de nombreuses années passées à écouter ce que lui apportait le vent, finalement il ne va plus écouter le vent car les promesses du vent n'étaient que des paroles — ici et là, une cloche de ci de là ; nous avions comblé le reste avec notre esprit. Et une fois connue l'histoire dans sa totalité, nous fûmes las d'entendre l'histoire entière.

Et nous restions assis là et savions jusqu'à prédire toute histoire d'amour sublime survenant au palais du roi, ou qui dormait avec la reine, ou qui faisait office de prêtre, seigneur de la droiture, ou bien encore quelque couple humble, né parmi des gens du commun, se dérobant après la fête d'Osiris dans les ombres interdites, couché auprès d'un linge tissé sous l'eau, les vêtements révélant de magnifiques seins et de fermes pénis, avec des lèvres douces et humides et des yeux dansant, couleur de cuivre, seulement du fait qu'ils reflétaient la lueur du feu qu'ils venaient de quitter. Une fois révélé, un mystère est un mystère connu.

Combien de souvenirs un ascète peut-il avoir ? Des incarnations. Pourquoi reste-t-il ou reste-t-elle ? Peut-elle, n'importe quand, émerger de sa grotte, alors qu'elle est toujours dans la fleur de sa beauté ? Descendant de sa montagne, ne serait-elle pas remarquable même si ses cheveux n'étaient qu'à demi poussés et même si elle ne possédait pas le lustre que lui confèrent les grottes des hommes saints ou des rites sacrés des prêtres ? Que se passerait-il si elle descendait, noble et à peine couverte, les cheveux seulement à demi poussés ? Pourrait-elle toujours revenir ? Oui et elle serait un mystère plus grand que celles qui furent ornées des joyaux les plus inestimables car les hommes aiment ce qui est un mystère.

Et si c'était un homme, pourrait-il descendre et reprendre sa place ? Oui, car tout le monde, même s'ils n'étaient qu'un de ces amoureux dans l'obscurité, viendrait et s'inclinerait devant lui ; et pourtant il vient de descendre de la montagne et ne possède aucun ornement sauf celui de porter ce qu'on appelle l'apparence de Dieu dans sa plénitude. Ne déposerions-nous pas sur son chemin ce qu'on appelle notre culpabilité personnelle, notre épée ? Ne déposerions-nous pas devant lui notre propre habit et ne lui présenterions-nous pas nos vêtements les plus fins de peur qu'il ait froid la nuit ? Et nos velours les plus beaux, du plus profond rouge sang et couleur d'ébène, ne nous les lui donnerions-nous pas, même si leur doublure est faite de la fourrure d'animaux sauvages la plus fine ? Nous le ferions car il y a quelque chose en lui que nous ne sommes pas et que, qui que nous soyons et quoi que nous soyons, nous adorons tout homme qui est pieux.

Et le don que nous lui faisons de notre vie de débauche, en vérité de notre décadence, nous percevons que l'étoffe la plus raffinée que nous portons depuis toujours ou que nous nous sommes procurée grâce à notre avantage politique, nous la regardons avec un sentiment de malaise. Et nous la déposons sur son chemin afin qu'il puisse en effacer la tache, car nous nous sommes prostitués pour obtenir de l'animal un peu de fourrure qui puisse devenir un morceau d'étoffe. Et nous la déposons devant lui car s'il la prend, s'il la met sur sa large épaule, s'il en recouvre son corps sinueux, s'il réchauffe son visage, s'il la porte, cela lui rendra sa noblesse pour nous.

Nous savions tout cela alors que nous étions assis dans la grotte, mais nous devons passer par tout cela. Nous devons vivre l'adoration. Et nombreux sont ceux qui quittent la grotte pour vivre l'adoration car, une fois le pouvoir en eux, il est en eux, même si c'est seulement au niveau de ce qu'il ont acquis. Ce sont ceux que nous révérons comme avatars ; nous jetons sur leur passage bijoux, fourrure, soie, velours, rubis et or car ce sont de saints hommes et de saintes femmes. Et que se passe-t-il alors que nous portons notre regard en dehors de nos terrasses, jusqu'aux collines, d'un violet profond, qui ont fait de la nuit leur vêtement, et que nous apercevons la faible lueur d'une lumière ? Nous savons que quelqu'un demeure en ce lieu, quelqu'un qui n'est jamais descendu. Et cela nous tracasse car, aussi riche que soient nos vies, ce sont les invités qui refusent de se montrer. Et malgré toutes les beautés étincelantes et le décor de la noblesse qui honorent notre fête, malgré nos fontaines parfumées de fleurs d'oranger et de jasmin, malgré les eaux qui babillent et pétillent et l'abondance des confiseries et le vin coulant à flot — même si notre barbe est huilée, nos cheveux huilés, nos ongles parfaitement peints de l'écarlate le plus profond —, lorsque tout le monde a reconnu notre pouvoir, notre beauté et la merveille que nous sommes et que nous nous retrouvons seuls, la fontaine qui babille nous emporte jusque dans sa présence ; nous levons les yeux et apercevons une petite lumière, le défi de quelqu'un qui n'est pas venu à notre fête.

Les hommes et les femmes que l'on dit saints ont manqué beaucoup de fêtes. Ils ont manqué l'envoûtement de beaucoup de choses magnifiques. Ils ont manqué d'être embaumés du parfum du jasmin et de la fleur d'oranger ; ils ne possèdent que leur simple petite bougie qu'une petite entité sans nom vient chaque jour remplacer alors qu'elle leur apporte un nouveau morceau de pain. Ils ne savent plus ce que c'est que de festoyer avec ce qu'on appelle les cœurs des oiseaux paradisiers. Ils ne le savent pas.

De plus, lorsque, dans le vent, ils entendent le bruit des fêtes, ne pensez-vous pas que cela attise le sentiment qu'ils ont d'eux-mêmes ? Oui, bien sûr. C'est la chose même qui ferait s'asseoir tout homme ou toute femme quels qu'ils soient, qui les ferait retourner à leur grotte pour y regarder leur petite et unique bougie, non parfumée, créer des fantasmes sur le toit de leur grotte. Je vous dis ce qu'il en est. Certains se souviennent du temps où c'était eux qui offraient de grandioses divertissements. Mais certains ne se souviennent jamais de ces divertissements grandioses ; ils se souviennent de l'époque où ils étaient des Dieux. Et alors qu'ils sont captivés dans ce plaisir extatique, les tentatives frugales que fait l'homme pour créer une soirée dorée pâlissent en comparaison. Et ils choisissent. Et nuit après nuit ou jour après jour, ils vivent humblement dans leur grotte. C'est durant la nuit qu'ils vous obsèdent le plus car c'est alors que l'on voit leur petite lumière briller dans ces sombres montages violettes à l'Ouest.

Qui n'avez-vous pas été ? En dix millions et demi d'années, vous espéreriez avoir été Cléopâtre. Elle était sans importance, je vous assure. Elle en est toujours au même point. Peut-être avez-vous été quelqu'un de bien plus noble. En dix millions et demi d'années, combien de personnes avez-vous été si la durée de votre vie fut de soixante ans maximum ?

Eh bien, ce que je tente de vous dire ce soir à travers cette histoire dont j'ai été témoin car j'ai rendu visite à des ascètes est ceci : j'ai été le visage souriant sur leurs murs. Et j'ai habituellement été celui qui leur a apporté du vin, du pain et du fromage. J'ai toujours aimé faire cela car, selon la tradition de mon professeur, j'ai compris que les ascètes ont besoin d'un peu de vin de temps en temps. Et c'est pourquoi ils m'aiment tant. C'est pourquoi ils ont mon image peinte partout sur les murs de leur grotte : la gloire du Ram et la venue du Ram. Eh bien, vous savez, on s'est bien amusés. Je le dis comme cela car je comprenais quel genre de voyage était le leur. Et je ne voulais pas qu'ils passent le reste de leur vie comme des créatures misérables, pitoyables ; je voulais qu'ils ressentent un peu ce que c'est que d'être vivant. Je leur rendis donc visite de temps à autre, sinon la grande dynastie égyptienne ne m'aurait jamais révéré autant qu'elle l'a fait. Je suis le grand Ram et ils m'aiment, car ils ont toujours eu l'espoir que je vienne visiter leurs pavillons et leurs palais. Et quand ils découvrirent que je n'aimais pas nécessairement visiter les palais, ils ont construit des endroits petits et c'est là que je leur rendais visite.

Alexandre le Grand me rendit son hommage le plus grand dans votre vie à l'époque contemporaine en ornant finalement la couronne de grandes cornes de bélier. Il était très reconnaissant envers un grand Dieu qui, dans l'Antiquité, rendait visite à ceux dont le cœur était pur. Et le casque qu'il portait avait des cornes afin que je lui rende visite. Mais j'étais très occupé. J'avais d'autres obligations.

L'ascète écoutera toutes ces voix, subira toutes ces tentations à chaque instant. Tant de fois, on les voit occupés à écouter le vent, tendant l'oreille pour discerner une autre cymbale. Quand ils ne le font plus et qu'ils restent là assis dans leur position et qu'ils sont partis, leur souffle est calme, leur esprit ailleurs ; ce n'est plus qu'une question de temps pour que la boue sur laquelle ils sont assis soit transformée en poussière dorée et c'est parce qu'ils n'ont plus aucun regret de quitter ce lieu.

J'aimais mon rocher et j'aimais ma souffrance. J'aimais ma douleur. J'aimais ma solitude. J'aimais l'écharpe qui me soutenait le corps. Et j'aimais la souffrance et j'aimais mon souffle court. Et j'aimais véritablement mon oiseau nocturne. Ils ne manquèrent jamais d'être là, car ils étaient ma raison de continuer. Je ne le savais pas alors mais c'est ce qu'ils étaient pour moi.

Pourquoi vous disais-je donc qu'un maître n'est ni un voleur, ni un hypocrite ni un habile diplomate ? Et pourquoi vous disais-je qu'un maître est honneur et vérité ? Ce n'est pas une espèce de mantra que vous tentez de vous convaincre que vous êtes. Il se produit de lentes étapes de changements où vous les devenez réellement, pas seulement en paroles mais vous l'êtes réellement. Si la conscience est en effet le royaume ultime, vous n'avez jamais rien créé de nouveau ici.

Lorsque vous rêvez le rêve des grands Dieux dans leur royaume, celui-ci n'existe-t-il pas dans la matière des particules ? Ce dont vous rêvez, vous devriez aussi en faire l'expérience parce qu'il ne suffit pas d'y aller en rêve. Il faut y aller avec votre corps, votre intelligence et votre Esprit, en sorte que vous soyez en totalité en harmonie avec la volonté. Ce n'est qu'alors que vous obtenez la permission d'entrer dans un tel royaume. Et une fois que vous y êtes entrés, il vous est interdit de retourner en arrière. Vous ne voulez pas retourner en arrière car ce serait comme s'éveiller d'un long rêve, un rêve qui aurait commencé avec le rideau bleu et quelqu'un qui vous dise : « Avant de pouvoir passer par ici, tu dois boire à cette coupe. » Nous l'avons tous fait et nous avons oublié, et nous sommes tombés et nous avons lutté.

Qui donc parmi vous était prêt à vivre ? Il est aisé de mourir mais qui parmi vous est prêt à vivre pour le nirvana ? Qui est prêt à vivre pour un principe qui existe comme une sorte de souvenir distant qui nous hante tellement que, lorsque nous nous réveillons, nous sommes hantés par sa présence ? Qui est prêt à vivre pour ce qui nous échappe lorsque nous nous réveillons dans le corps ? Très peu car les festivités de la soirée et les passions déchaînées de l'homme et de la femme ont toujours le dessus à moins que nous nous souvenions. Si nous nous souvenons, cela devient enfin la seule réalité de valeur qui soit.

Nous pouvons alors reposer nos corps chaque nuit. Et chaque jour au réveil, si tel est notre rêve, je vais marcher comme un homme ou une femme de droiture et il n'existe rien sur cette terre qui puisse me donner ce que je ressens lorsque je vais dans cet espace. Et si je vis dans cet espace, pourquoi en descendrais-je parce qu'une autre personne qui ne partage pas mon rêve me critiquerait ? Je les laisserais en arrière et poursuivrais mon rêve. Qu'ai-je perdu ? Peut-être que la seule chose que j'aie perdue est le rêve de l'incrédulité et que j'ai réellement découvert l'état d'éveil de ma véritable demeure. Ce que les gens pensent de vous, cela m'est égal — cela m'est égal. Je me soucierais plutôt de ce que les Dieux pensent de vous car, en regard de toute éternité, tous ces gens sont déjà dans une situation difficile. Et les Dieux qui voyagent sur ce carrosse d'or d'Est en Ouest chaque jour rient devant la folie des hommes et des femmes.

Vous savez, l'Observateur est ce que professa Yeshua ben Joseph quand il disait si éloquemment : « C'est le Père en moi qui fait cette magnifique chose. Ce n'est pas moi. Ce n'est pas le fils de l'homme qui fait ceci. Je ne suis rien. Mais c'est quelque chose d'autre en moi qui le fit. Je ne peux me réclamer de sa gloire car ceci ne m'est pas encore coutumier. » Ceci est la vérité.

L'Observateur a un niveau d'émotion totalement différent et je ne peux pas vous dire ce qu'il est. Ce n'est pas que je n'ai pas le droit de vous le dire, mais que l'homme n'a pas le langage adéquat pour le décrire. Même toute la poésie, toute la musique, tous les chants qui aient jamais été écrits ne peuvent le décrire. Il n'a pas les mots pour le faire. De plus, il n'est pas équipé des sentiments qui permettraient de le faire car, chaque fois qu'il commence à s'approcher de ce centre, il s'effondre et tombe en larmes. Il ne peut l'expliquer. Ce qu'il est impossible d'expliquer est ce que nous voulons. C'est cela le territoire de Dieu. Ce qu'il nous est possible d'expliquer est ce que nous, en tant qu'humains, trouvons du plaisir à faire. Nous connaissons déjà les mots que nous voulons que nous dise notre amant. Nous pourrions les dire nous-mêmes. Ce n'est pas le langage de Dieu. C'est très séduisant.

N'ayez jamais pitié d'un ascète. Ils sont bien plus braves que vous et tous vos conforts. L'ascète va dans la montagne afin d'être purgé de l'humanité en sorte que sa divinité puisse faire tout et lui procure une fête dans son humble demeure.

L'Évolution de la Vie est de faire Connaître l'Inconnu

Vous tous qui êtes dans cet auditoire ont vécu, certains durant deux mille ans, de multiples incarnations au cours desquelles vous avez créé la réalité dans le but d'évoluer, de passer à l'étape suivante, d'élargir votre conscience. Et la plupart d'entre vous assis dans cette pièce n'ont pas évolué avant cette incarnation-ci. Quel est donc l'objectif ? L'objectif est de donner de l'expansion à la conscience, ce qui vous donne un pouvoir accru. L'objectif est d'avoir une relation avec la réalité physique car la réalité physique est le Dieu absolu tout comme elle est vous, dans le but de découvrir l'inconnu et de le faire connaître.

Où la joie et le bonheur et tout cela entrent-ils en jeu ? Chacune de nos découvertes apporte la joie. Et plus vous acquérez de sagesse — on ne peut acquérir de la sagesse sans avoir d'interaction avec la conscience —, plus vous acquérez de sagesse, plus votre vie devient belle, empreinte de paix, de pouvoir, de tranquillité car, avec chacune de ces interactions vécues en vérité, en connaissance, l'image est consumée. Vous n'êtes pas heureux à cause de cette image. Cette image représente ce que vous êtes depuis deux mille ans de programmation. Tous les problèmes, la maladie, la maladie génétique, les misères, le manque de confiance existent dans la programmation de l'image que vous avez choisie dans cette incarnation-ci. Votre évolution commença quand quelque chose commença à sonner juste ici.

Et avec chacune de vos interactions — chaque fois que vous apprenez, chaque inconnu que vous démasquez et rendez connu —, cette découverte apporte au soi personnel une exaltation, un zeste, une joie et l'excitation de l'accomplissement. Le résidu de cette interaction est inscrit dans le Livre de Vie et vous acquérez de la sagesse. Et plus vous consumez l'ignorance à l'aide de la vérité absolue et de la connaissance, plus vous maîtriserez votre vie qui sera belle, empreinte de paix et de pouvoir jusqu'à la fin de cette vie où vous devenez transparents. Qu'il en soit ainsi.

La dévotion. Parlons-en. La dévotion. Il y a un grand nombre d'entités qui jouent à des jeux. Et les images se conforment aux réalités. Il y a ces entités qui doivent être les professeurs, qui doivent être les hommes politiques, qui doivent être les rois, qui doivent être les présidents. Quelle que soit leur position dans la vie, ils sont tous dans la même ornière. Peu importe si un côté de leur bouche dit que vous créez votre propre réalité et que l'autre dise, eh bien, votez cette loi au Congrès, il s'agit de la même conscience. Et cette conscience a besoin de contrôler.

Il existe chez ceux qui n'ont évolué que jusqu'à leur troisième sceau, pas plus, un besoin de posséder les gens, de faire en sorte qu'ils les suivent car ils ont un grand manque dans l'âme, un grand vide, un vide tellement grand que leur bac à sable ou leur réalité doit contenir beaucoup, beaucoup de gens afin que ceux-ci leur procurent l'énergie qui leur fait défaut en eux-mêmes. Pourquoi ont-ils ce manque ? Parce qu'il leur manque la connaissance ; ils utilisent donc le pouvoir, forme crue et violente d'énergie, pour tromper les gens et les posséder. Et ils les maintiennent dans l'ignorance.

Pourquoi les maintiennent-ils dans l'ignorance ? Parce que la plupart de ceux qui sont les maîtres des autres sont ignorants et ne savent pas ce qui existe dans la prochaine étape de la conscience. Ils ne connaissent que la couleur beige, ce qui est dans le coup, à la mode, qui vous devriez soutenir ou repousser. Leur domaine se limite à cela. Ils maintiennent les gens dans l'ignorance parce qu'un côté de leur bouche dit qu'ils sont un professeur spirituel, qu'ils possèdent la compréhension et qu'ils peuvent vous enseigner comment le faire. Mais ils sont corrompus et décadents car ils n'ont pas d'amour. Ils ne savent même pas ce que signifie le fait de dire que le Dieu en vous parle. Ils ne savent même pas de quoi il s'agit.

Dans leur manque de vérité, essayant de vous donner de l'importance et de vous divertir, ils vous donnent des ornements avec lesquels jouer. La vérité suprême vous échappe. Ils font donc des lois pour vous. Vous ne pouvez pas faire la loi ; ils doivent la faire pour vous. Vous n'êtes que des gens stupides qui vous trouvez dans votre position dans la vie. Vous êtes les bêtes de somme du monde et des quelques personnes qui possèdent le monde. Vous vous briserez le dos pour payer vos impôts pour créer l'effort de guerre pour faire que les Chrétiens continuent à se battre contre les païens. Vous continuerez à travailler et à payer ce qu'on appelle le gouvernement pour qu'il puisse violer et molester un autre gouvernement, une autre nation.

Votre puissant chef politique fait donc les lois pour vous, ce qui est réellement son devoir. Et il vous maintient sous le contrôle de sa vérité. Regardez la puissance, la puissance, que possèdent ces gens. Vous payez votre gouvernement parce que vous n'avez pas le choix. Qui leur en a donné le droit ? Vous suivez des maîtres spirituels car ils ont dit que c'est la manière de créer la réalité. Et pourtant, quand vous retournez chez vous, vous êtes juste aussi vides. Lorsque vous retournez chez vous, vous êtes encore tout aussi fauchés qu'auparavant. Et rien n'a évolué. J'appelle ceci être dévoué à l'ignorance.

La vérité se fait jour lorsque vous apprenez ce que vous êtes, lorsque vous vous connaissez vous-mêmes. Votre réalité n'inclura alors pas l'ignorance. Elle inclura la vérité et une conscience élargie. Et cette conscience en expansion créera une réalité riche de liberté, alignée avec la nature. La nature est sauvage et libre. Elle est conséquente par rapport à elle-même. Elle existe dans cet univers. Qu'est-ce qui lui a permis d'exister ? L'harmonie de ce qu'on appelle la matière physique. C'est une intelligence qui ne sait qu'une seule chose : comment vivre. Elle est immorale et objective. Elle ne se préoccupe que d'elle-même et de sa vie, en évolution à l'infini. Ceci est très en avant de vous.

La dévotion : la dévotion à l'ignorance est le refus de changer. Écoutez, écoutez très attentivement. Le changement est ce qui vous pousse à allumer la lumière car vous devez changer votre conscience et avoir le courage de l'allumer vous-mêmes au lieu d'attendre que quelqu'un vous apporte l'illumination. C'est cela un changement. C'est passer d'une conscience focalisée au fait d'être audacieux, de se permettre de l'expansion, et la lumière s'allume !

Il existe un mépris délibéré, insidieux et — peut-être que cela est vrai pour vous — choquant, si ceci est un terme approprié, envers toute personne qui change sa vie. C'est quelque chose que je ne pouvais pas comprendre. Vous avez raison. Le Ram ne pouvait comprendre cela. Ceci est une vérité. Aucun Christ ne pouvait jamais comprendre cela. Aucune entité habitant au-delà du soleil ne pouvait jamais comprendre cela. J'ai fait toutes les expériences possibles lors de ma vie. Mais je n'avais pas une conscience qui créait le manque de changement. J'étais une entité qui changeait. Je n'ai donc jamais créé le problème en sorte de le résoudre. Mais ici, vous qui êtes illuminés, vous apprendrez et développerez votre conscience jusqu'à un certain point pour la refermer ensuite. Et il existe des entités qui fuient et montrent les autres du doigt, en disant « C'est leur faute si je ne suis pas heureux. C'est la pire chose que j'aie jamais faite dans ma vie. Je n'aurais pas dû faire cela », et bla, bla, bla, car il leur aurait fallu changer.

Écoutez-moi maintenant. Que croyez-vous que veuille dire une conscience en évolution, tourner en rond ? Eh bien, j'ai déjà entendu cet air-là. Les gens disent : « J'ai déjà entendu dire cela.

J'ai déjà entendu cela. » Cela vous est-il arrivé ? Si oui, je ne l'aurais jamais redit.

Le changement : je veux parler de cela parce que cela aussi est répugnant dans la dévotion. La dévotion des gens à une personne, une cause, un gouvernement, leur famille, leurs amis, leur banquier... Il faut être suffisamment dévoué pour ne pas changer. L'amour veut dire de ne pas changer, ni ce que vous faites ni qui vous êtes. Vous êtes admis dans l'organisation et en voici les règles. Si vous ne les respectez pas toutes, vous êtes dehors et nous le dirons à tout le monde.

Quel degré de pouvoir la conscience ou plutôt la conscience sociale a-t-elle atteint dans sa conspiration à refuser aux gens la vérité ? Quelle n'a pas été son efficacité lorsque l'on voit que des gens qui veulent connaître Dieu, qui en eux-mêmes le veulent tellement, craignent de faire le pas qui changerait leur vie et les sortirait de l'obscurité parce que c'est quelque chose d'inacceptable dans notre société !

Pourquoi devriez-vous être condamnés par vos amis pour avoir quitté votre cité et parce que vous vivez maintenant à la campagne où vous pouvez y respirer de l'air pur, boire de l'eau qui n'est pas empoisonnée et faire pousser votre propre nourriture sans avoir à travailler pour payer vos hypothèques, vos factures et ce qui vous procure une étiquette sociale ? Pourquoi vous considérez-vous si méprisables d'avoir fait cela ? Qu'y a-t-il de mal à être souverain ? Et qu'y a-t-il de mal à changer ? C'est que cela vous sort de l'ignorance et, tant que vous êtes dans l'ignorance, vous pouvez être contrôlés. Tant que vous ressemblez à tout le monde et ne changez pas, vous pourrez toujours retourner au bercail. Dès que vous changez, vous devenez un individu qui sort du schéma habituel. Vous n'êtes plus dévoués à la réflexion sociale. Vous devenez l'individu.

Pourquoi êtes-vous si dévoués à votre passé que vous ne pouvez évoluer vers votre futur ? Si quelqu'un ne change pas, son futur sera ce que sera son passé, incarnation après incarnation après incarnation. Vous êtes las des choses que vous avez faites dans cette vie et vous voulez en devenir maître. Ce ne sont plus des erreurs, elles sont sagesse. Mais imaginez une entité qui ne change pas et qui, lors de chaque incarnation, quelle que soit l'image ou l'identité qu'elle ait choisi d'être ou choisi d'exprimer, se trouve sans exception face au même dilemme lors de chacune de ses incarnations. C'est comme se réveiller tous les jours et se diriger vers le mur pour y écrire : « J'ai péché, j'ai péché, j'ai péché, j'ai péché, c'est une erreur, je suis malheureux, je suis misérable, je suis une victime. C'est ma faute. Je rends les gens malheureux. Je ne serai jamais aimé. Je ne réussirai jamais dans la vie. Je ne vaux rien. Je ne vaux rien. Je ne vaux rien. Je ne vaux rien. Je ne vaux rien. » Tous les jours, tous les jours, tous les jours. Imaginez une incarnation qui reflète ceci dans les frictions qu'elle offre, et ce, lors de chacune des incarnations. C'est cela la dévotion.

Le changement : oui, il n'est pas possible d'évoluer notre conscience sans changer notre réalité. Si la nature peut changer sous vos pieds, comment se fait-il que vous ne le puissiez pas ? Si la nature peut provoquer l'explosion d'une montagne, qu'est-ce donc que la nature connaît que vous ne connaissez pas ? Et si vous aviez su, peut-être n'auriez-vous pas été sur la montagne ! Est-ce exact ? Oui ?

Changer signifie évoluer votre conscience. Écoutez, lorsque je vous ai dit que la conscience qui crée la friction dans le but de l'interaction ne peut pas être la même conscience qui va en devenir maître et la transformer en sagesse ; si vous ne changez pas au moment où l'interaction se produit, et cela est vrai pour chacun dans la pièce, et si vous gardez la même vision au moment où vous avez une interaction, cela va devenir un problème. Combien d'entre vous ont essayé de changer ? Vous avez réalisé une expansion de votre conscience, vous avez bougé et, au moment où vous avez bougé, et que ce changement se matérialisa, que la friction et l'explosion se produisirent et que la joie disparut, tout commença à se désagréger, car certains d'entre vous ne comprennent pas que la même conscience qui avait créé votre friction n'est pas la conscience qui la résoudra en sagesse. Vous avez cessé de grandir.

Autrement dit, lorsque les choses deviennent un peu difficiles, vous prenez peur et vous vous enfuyez. Cela n'a pas marché pour vous. C'est ce que les gens disent tout le temps. Cela n'a pas marché. Tout s'est effondré. Eh bien, je fus pris par la peur, je n'ai pas pu trouver du travail, mon puits se trouva à sec, il y a eu une fuite à la maison, et toutes les autres choses que vous possédez qui sont toutes les raisons pour lesquelles vous vous êtes enfuis et n'avez pas accepté de faire le pas suivant parce que vous pensez avec la même concentration que celle qui vous a permis de créer. Et ce n'est pas ce qu'il faut faire car, lors de chaque interaction, vous devez vous poser cette question : « Qu'ai-je appris ? » C'est à partir de cela que vous glanez la sagesse de la situation qui est inscrite dans le livre, et cela devient à ce moment-là la conscience plus élevée. Et c'est elle qui résout le problème. Cela devient une bénédiction. Vous avez alors véritablement réalisé une expansion de votre réalité, de votre manière de penser et de votre pouvoir.

Les gens cessent donc de grandir à un certain point. Ils n'entendent que ce qu'ils sont capables de percevoir. Tout le reste rebondit sur eux. Dès l'instant où les choses deviennent un peu rudes, quand ils ont fait le premier pas pour changer, ils ont cessé de grandir. Ils ont pris peur. Et tous ceux qui leur ont dit qu'ils ne devraient pas faire cela — je t'avertis, si tu y vas, tu vas le regretter —, tous ces arguments qui appartiennent à l'esprit de singe leur reviennent et ils s'arrêtent à ce point précis. Allez-vous résoudre cette question ou bien est-elle trop terrifiante pour vous ? L'inconnu, l'esprit subconscient sont-ils si peu fiables que vous n'avez pas la force de continuer ou bien encore allez-vous rebrousser chemin et retourner vers la dévotion qui vous est familière ? Oh ! Bigre oui !

Maintenant, écoutez. En un sens, ce n'est pas juste car je peux voir toutes les pages jusqu'au moment où le livre est fermé. Vous n'en êtes qu'à la quatrième page. Et le livre ne vous permet pas de tourner les pages pour que vous puissiez lire la dernière. On ne peut faire cela avec ce livre. En conséquence, vous ne savez pas ce que le reste du livre prépare pour vous. Vous seriez plus à l'aise si vous pouviez lire la dernière page ; vous pourriez alors commencer à lire le reste du livre. Pourquoi pas ? C'est ma réalité. Je peux faire ce que je veux, quoi que ce soit. Est-ce la vérité ? Oui. C'est pourquoi on me pose toujours ce genre de questions : « Pourriez-vous me dire approximativement combien de temps cela va durer ? Pourriez-vous m'aider, m'envoyer un grand nombre de messagers ? Je sais que je vais être capable de faire ce changement et que je vais être plus heureux que je ne l'ai jamais été de toute ma vie. » Gelés sur place. Oui, c'est vrai.

Je comprends votre réticence car vous avez été l'objet de tellement de conditionnements, avec tellement d'images pour être dévoués. Et ce qui jadis était une réaction naturelle, vous savez, comme un train, nous devons maintenant l'apprendre. Nous voulons avancer. Et nous faisons l'expérience d'une interaction avec des êtres extraordinaires pour que nous puissions devenir tout ce qui est dans notre capacité car la nourriture n'est pas ce que nous mettons dans un trou sur notre visage. C'est ce avec quoi nous réalisons l'expansion de notre conscience et que nous possédons dans notre âme. Ceci était si naturel. Il n'y avait rien à craindre car personne n'avait créé la peur. Je n'existais pas. L'inconnu était la tentatrice ; l'inconnu était la compilation du Présent.

C'était une faim qui dépasse l'entendement, la faim de connaître, de consommer la connaissance, d'être conscient. On se sentait poussé à le faire. Mais après tant d'images créées par vous-mêmes pour tenter de sortir de cette page — et il y eut ceux qui furent persécutés, mis en pièces, vous avez souffert, vous avez redouté le fait d'être un individu — après des siècles de conditionnement, vous êtes dévoués à l'ignorance qui consiste à ne pas penser, à ne pas raisonner car quelqu'un vous dit qu'il vous est impossible de penser par vous-mêmes. Vous ne pouvez vous guérir vous-mêmes. Il vous est impossible de le faire. Médicalement, c'est infaisable. Vous ne pouvez trouver Dieu que par l'intermédiaire de ma foi, à moins de venir à mon tabernacle. Vous ne découvrirez jamais le bonheur avant d'avoir beaucoup d'argent pour acheter la liberté.

D'où cela provient-il ? De toutes ces vies vécues dans la souffrance. Et il y a un malaise en vous quand vous commencez à faire un changement. Vos mâchoires se serrent, vous commencez à vous tracasser et vous restez éveillés toute la nuit à vous demander si vous êtes sérieux à propos de ce changement. Je vous ai vus le faire. Et je viens à vous ainsi : voici, prends ce vent. Sois élevé dans ton Esprit. Si tu devais dormir sous un pont ou sous un arbre, serait-ce si grave ? Quel serait alors ton débiteur ? Et ce que tu as créé auparavant, tu peux le recréer avec un pouvoir accru, une connaissance accrue, une compréhension accrue, et tu ne seras plus jamais berné par quiconque.

Mais je vous vois agoniser à l'idée de quitter votre passé. Cela vous montre à quel point vous êtes dévoués. La mère de la dévotion, c'est cela dont il s'agit, vous maintenir dans votre position au sein du mensonge. Pourquoi la presse vous ridiculiserait-elle pour avoir changé et être venus dans cette partie du monde ou bien pour mettre de la nourriture de côté ? Parce que, si tout le monde commençait à le faire, où seraient-ils ? Où en serait l'économie ? Et si les gens commençaient à penser par eux-mêmes et éteignaient la télé, quel pouvoir auraient-ils sur vous ? En vous programmant quotidiennement, ils vous maintiennent dans l'ignorance. Comprenez-vous ? Et ils ne vont pas vous aimer pour être un individu. Ce n'est pourtant qu'en devenant une conscience évoluée que l'on voit Dieu.

Savez-vous pourquoi je suis tant méprisé ? Personne, aucun professeur, n'est plus méprisé et haï par des personnes soi-disant spirituelles que moi et ce que je leur ai enseigné — eux qui prêchent l'amour inconditionnel — parce que leur dogme date d'hier. Donner à quelqu'un un cristal, un zircon, une amulette et s'attendre à ce qu'il connaisse la vérité est impossible. Il est tout aussi impossible de l'inviter à entreprendre un voyage visuel et d'espérer que ce voyage va résoudre toute leur ignorance. Cela ne fonctionnera pas.

L'illumination, ce n'est pas des bracelets. C'est la vérité nue qui s'exprime. C'est une lumière qu'est un individu qui ne craint rien car il y existe pour créer sa destinée. Il ne resterait jamais là à agoniser, à agoniser à propos d'un petit changement dans sa vie, pendant toute sa vie, car, aussi longtemps que l'on demeure dévoué à l'ignorance, aucune évolution n'est possible. Et vous n'irez que jusqu'à un certain point pour que votre conscience s'élargisse en sorte de créer ce qu'on appelle une option et ce qu'on appelle en vérité une réalité issue de votre esprit subconscient, étendre votre conscience pour la consommer, la matérialiser dans votre vie et avoir l'interaction avec elle. Et dès que vous avez fait le pas, vous êtes pris de peur parce que vous avez été torturés, vous avez été ridiculisés, vous avez été mis au ban de la société, vous avez été taillés en pièces, vous avez été torturés vie après vie. Et, en un tel moment, plongés dans les ténèbres de l'âme, alors que les choses tombent en pièces autour de vous, vous prenez la décision d'aller plus loin ou pas car la conscience ne subit pas l'expansion qui lui permettrait de recevoir le don de l'expérience. Qu'il en soit ainsi.

Et vous prenez peur. Et la lumière commence à s'obscurcir alors que vous vous retournez pour vous éloigner. Et, alors que vous vous éloignez, vous savez que vous avez perdu. Comment pourriez-vous être joyeux ? Vous vous éloignez sachant que vous avez perdu. Et la seule manière dont vous pouvez adoucir votre souffrance est de blâmer quelqu'un qui vous avait demandé de changer, d'évoluer pour connaître Dieu, pour vous retrouver à haïr, à être empli de méchanceté car on est jamais le même après avoir tourné le dos à ce que l'on a perçu de son propre pouvoir. L'obscurité se précipite pour emplir le Néant. Avec qui allez-vous emplir le Néant si, après avoir élargi votre conscience, cela est devenu un problème ? Elle ne se rétrécit pas ; elle reste là. Avec quoi le remplissez-vous donc ? Avec la peur. Et la peur conduit aux soupçons, les soupçons à la haine, à l'amertume, à la méchanceté et à la guerre. Cela ne s'appelle pas évoluer. C'est un primitif qui croit et va sous peu vous trancher la gorge.

Je connais toutes les difficultés que vous avez traversées. Et ma vie fut à bien des égards beaucoup plus simple que la vôtre. Vous craignez de tout perdre simplement pour accroître votre conscience. Ne savez-vous donc pas que tout ce que vous avez est le résultat de votre conscience ? Tout l'argent que vous avez, croyez-vous qu'il soit tombé du ciel ? Non, il ne peut venir de là. Il est venu de ceci (l'esprit). Et cette propriété que vous possédez, que vous avez créée, vous croyez que cela vous a été offert en cadeau ? Vous l'avez méritée. Qu'allez-vous perdre ?

Vous voyez, le véritable trésor est l'esprit qui créa tout cela, le visionnaire qui vit tout cela, l'entité indépendante. C'est ce qui l'a créé. Votre feu — vous dites feu car vous traversez le feu —, le feu est et se produit chez tellement d'entre vous à propos de toute réalité que vous manifestez et pour laquelle vous étendez votre conscience, le feu est quand vous vous asseyez et percevez la venue du problème. Étendez cette conscience un pas de plus et découvrez ce que vous avez gagné car vous ne l'auriez pas créé si le besoin n'existait pas. Et si vous pouvez voir et trouver une raison, vous comblerez le vide. Vous avez atteint une conscience plus élevée. Vous le dissiperez et il deviendra sagesse.

À quoi bon aller à l'école pour évoluer le long de tous les niveaux et finir le livre ? Votre destinée est d'être Dieu, d'être tout ce que vous pouvez être, d'aimer ce que vous êtes, de voir la vie comme une aventure et non pas comme une mort. Qu'est-ce qui fait qu'une personne veuille prendre sa propre vie car elle ne peut supporter le changement ? La vie est la gloire de se permettre de consommer l'esprit subconscient afin de devenir remarquable.

Et toutes les choses superficielles qui appartiennent à la dévotion disparaissent. Le besoin que vous avez de ce sentiment de sécurité disparaît, car les lumières commencent à briller à l'intérieur si bien que vous n'êtes plus dans l'obligation de bâtir quoi que ce soit à l'extérieur pour avoir ce sentiment de sécurité à propos de votre vie. Vous le bâtissez de l'intérieur. C'est alors que vous marchez comme un maître. Et cela n'a rien à voir avec la peur d'un quelconque autre être humain car, plus vous prenez de l'expansion, plus ce Dieu qui ne possède pas d'image émerge à la surface.

L'Éveil de saint François d'Assise

Il y avait un troubadour — c'était un troubadour lors de la guerre que menait son pays contre un autre pays car ils se sentaient menacés — qui était un jeune homme d'une beauté éblouissante : magnifique peau couleur olive, chevelure de jais qui avait un reflet bleu dans la lumière, des yeux aussi verts que les roseaux, bordés de cils fort épais, une bouche pleine, souple et sensuelle ornant une mâchoire large et masculine, un corps magnifique empreint de la tonicité des muscles et des tendons de la jeunesse. De plus, sa famille le revêtait toujours des fils et des velours les plus riches. Il était un dandy parmi les dames.

Cette entité avait tout. Il n'avait pas besoin de travailler pour gagner sa vie, était vêtu de la manière la plus raffinée, sentait la rose et la lavande ; les femmes suivaient son sillage et il avait un grand nombre d'amis qui l'aimaient et l'adoraient. Soldat courageux, il partit à la guerre, béni par toute la ville. Rien n'existait de plus beau, de plus royal, n'avait plus belle allure et n'était, je vous l'assure, plus brave à voir que cet homme partant à la bataille, chevauchant un bai de toute beauté le long d'une route poussiéreuse disparaissant dans le rose du couchant.

Durant la bataille, cette entité, qui riait alors qu'il allait à l'assaut de l'ennemi avec ses amis trouvant qu'il s'agissait réellement d'un jeu, démontra une telle confiance en lui-même du fait de sa situation dans la vie qu'il fut jeté à bas de son cheval et traîné à terre. Sa cheville se trouva tournée dans ce que vous utilisez aujourd'hui comme des étriers et il fut traîné pendant un bon moment. Il se retrouva inconscient. Lorsqu'il s'éveilla, il se trouvait près d'une petite étendue d'eau dans une clairière. Le cheval paissait, sa cheville était toujours dans l'étrier et il était allongé sur le dos. Son regard était tourné vers le ciel et bien sûr l'infini ; certaines nuits peuvent être si noires, l'épaisseur de l'infini, que les étoiles brillent d'un éclat mystérieux. Et seul régnait le silence. Il leva les yeux et réalisa sa vie entière dans le ciel de minuit. Il se prit à penser qu'il était semblable à l'une de ces lumières. Il tomba de nouveau dans l'inconscience et, durant des semaines, une fièvre fit rage dans son corps. Il revit toutes les images qui avaient été les siennes au cours de sa vie, toutes ses images. Et la fièvre était si désespérée, si prolongée, qu'ils demeurèrent à son chevet, pensant qu'à tout moment pourrait survenir sa mort ; sa mère pleurait sans cesse et son père récitait son rosaire, ses prières. Les prêtres venaient et même un cardinal vint rendre visite à cette famille fortunée. Bien des fois, ils lui administrèrent les derniers sacrements, l'aspergeant d'eau bénite qui formait une vapeur sur son front brûlant.

Et puis, un matin, ces yeux, tels les verts roseaux, s'ouvrirent au chant d'un oiseau sur le seuil de la fenêtre. La seule chose qu'il voulait était que l'oiseau s'approche davantage encore, qu'il puisse écouter son chant. Il était si faible. Il se leva de son lit et chassa l'oiseau du seuil de la fenêtre. Il alla se percher sur le sommet du toit d'où il prit son envol. Et en cet instant, il se souvint de ce ciel de minuit, la dernière chose dont il se souvenait alors qu'il se trouvait allongé à le regarder ; pas de lune, juste ces étoiles, ces lumières éternelles. Et c'est ce qu'il vit au moment où l'oiseau le quitta. Il voulait tenir l'oiseau. Il voulait voler avec l'oiseau.

Cette entité était tellement célébrée et aimée par sa famille, tous les habitants de la ville et tous les amis, qu'ils vinrent de tous les horizons pour célébrer et proclamer leur joie à son rétablissement de ces fièvres terribles. Cependant, toutes les choses que faisaient ses amis et qu'il essayait de faire ne le faisaient plus rire. Et tous les habits que ses parents lui faisaient porter lui paraissaient maintenant sans importance. Il en avait déjà connu la sensation. Il ne cessait de penser au ciel. Et ils le surprenaient à penser à ce ciel. Ils lui demandaient alors : « À quoi penses-tu ? » Il s'efforçait alors du mieux qu'il pouvait de leur dire à quoi il pensait. Ils lui glissaient alors un autre verre et lui donnaient une tape sur le dos en disant : « Cela va te passer. »

Cette entité passa ses journées à aller dans des champs de fleurs. Un jour, il posa tous ses doigts et ses orteils dans la prairie humide, dans la terre. Il s'allongea, les orteils et les doigts dans la terre, le visage sur le sol tourné vers le ciel et y demeura un après-midi entier. Un autre jour, il découvrit une pierre marbrée dont les grains étaient étincelants ; il la contempla toute la journée. Ce n'est plus là le joyeux guerrier qui avait quitté la ville en cet après-midi fatal.

Et, jour après jour, cette entité ne rêvait que d'une chose : sortir de la ville et aller dans la nature. Il y avait là quelque chose de réel, de tranquille et sans prétention. C'est là qu'il passait tous les jours de sa vie et, chaque jour, ses parents le perdaient. Ils perdaient ce fils merveilleux, vigoureux, qui leur donnerait des fils, qui continuerait les affaires et qui, un jour, deviendrait le gouverneur de la province. Ils le perdaient. Ils ne le comprennent même plus. Il sourit, il les aime mais il s'en éloigne petit à petit.

Quelque chose a changé en lui. Et un jour, il réalise à quel point il aime Dieu, ce Dieu qui ne disait rien mais était simplement là dans le ciel, le Dieu qui était l'oiseau qui chanta un chant lors de son éveil, son véritable éveil, et à la terre humide et bonne qui lui permettait de reposer sans velours ni étoffe dorée sur le dos — elle lui en donnait la permission sans plus — et aux coquelicots qui éblouissaient ses yeux de leurs couleurs écarlates éclatantes, au bourdonnement des abeilles, aux ailes du papillon iridescentes et au parfum doux et piquant de la brise qui s'élevait du ruisseau, merveilleuse, et courait au travers de la vallée couverte de fleurs, emplissant ses narines et le grisant de joie. Il réalisa que ce Dieu qu'il aimait était le don invisible qui était tout autour de lui.

Ses parents pensaient qu'il avait perdu la raison, qu'il était malade. Ils tentèrent d'organiser des fêtes pour lui mais ne rencontraient que son refus. Ils l'envoyèrent à ce qu'on appelle des prêtres mais n'obtenaient d'eux qu'un hochement de tête. Et finalement, un jour, lors d'une fête — et ils l'avaient revêtu de brocart, de tapisseries et de velours —, il se déshabilla et se tint nu devant tous ceux qui étaient assemblés : ministre, prêtre, famille, femmes, amis, chèvres, moutons, chevaux, le ciel, la terre, le village. Ce n'était pas qu'il était exhibitionniste — est-ce le mot exact ? — et voulait montrer ses parties. Pour lui, c'était un symbole pour dire qu'il n'appartenait plus en ce lieu. Il avait changé.

Il s'enfuit alors de la ville, une chanson au cœur, nu comme ce que vous appelez un geai — ils ne sont pas vraiment nus ; je dirais plutôt nu comme un ver — c'est cela, sachant qu'il trouverait un habit pour se couvrir le corps mais ce serait l'habit du champ. Et il y avait un chant dans le cœur de cette entité et un Esprit empreint de gentillesse était né de cette fièvre. Et plus tard, il trouva un lieu ancien où il commença à bâtir avec des pierres, dans les pluies d'hiver glacées. Et son adoration pour la gloire de Dieu allait au royaume de la terre. La plus magnifique contribution au ciel de minuit n'était pas l'image mais la beauté qui existe en l'homme et en la femme et, une fois l'image consumée — ce qui se produisit lors de sa fièvre car la fièvre consuma en lui l'image qu'il avait choisie dans cette vie-ci — de tout maîtriser. Elle fut consumée si bien qu'il pouvait voir ce qu'il n'avait jamais auparavant vu. Il tourna la page.

Oui, il avait changé. Sa réflexion avait changé. Ses parents ne pouvaient plus voir en lui la réflexion de la gloire qui leur faisait en eux-mêmes défaut. Ses amis ne pouvaient plus voir en lui la camaraderie qui leur faisait en eux-mêmes défaut. Les femmes ne pouvaient plus voir en lui le besoin d'un amant qui leur faisait défaut dans leur vie. Il changea et ils ne pouvaient se voir eux-mêmes en lui. Il leur faudrait grandir pour trouver en lui ce qui était en eux de tout temps.

Il consuma son image. La fièvre fut de longue durée. Il revécut sa vie dans sa totalité, tous ses rêves, ses souhaits, ses désirs, ses besoins, jusqu'au moment où il se trouva nu et fut purgé de chacun d'entre eux. Et à son réveil, c'était le Dieu qui avait toujours été présent. Ce qui regardait de ces yeux verts n'était plus l'image mais la lumière resplendissante qu'était devenue l'entité. Comment se fait-il qu'il puisse marcher dans les champs, que les oiseaux l'accompagnaient et que les animaux marchaient à ses côtés ? Pourquoi un lion se coucherait-il à ses pieds ? Et pourquoi appelait-il les choses ses frères et sœurs ? Parce qu'elles l'étaient, parce que le Dieu savait. Il avait la connaissance, il comprenait, il avait consumé la dévotion à l'image. Il savait.

Pure lumière manifestée. Quel Dieu glorieux ! Ce fut un Christ vivant qui vint au jour au cours de cette incarnation. Un animal ne se couche pas aux côtés d'une image, car une image est la stagnation de l'entité énergie non progressive : copulation, souffrance, pouvoir. Mais un lion se couche aux pieds d'une grande lumière et trouve un sentiment d'unité avec cette lumière, car il la voit comme la force de vie de sa fibre et de son être même.

L'entité vécut le reste de sa vie à être la gloire du Dieu qui s'était dénudé de lui-même. Ce qui existait derrière l'image, il le devint ouvertement. Il chantait la gloire de la vie et s'efforçait d'éduquer les gens non pas selon une doctrine, mais de leur donner une connaissance simple, la simplicité. Il ne vécut aucune hypocrisie car il était ce qu'il était. Il n'était plus dévoué à rien, excepté à Dieu, à la force de vie. Comprenez-vous ? Il fut haï et méprisé car il s'efforçait de briller dans l'obscurité et quelqu'un d'autre surveillait l'interrupteur.

Cette entité portait le nom de saint François d'Assise. C'est une histoire vraie, celle d'une entité moderne plus proche de votre génération qui dissout l'image de la dévotion en sorte de découvrir la lumière qu'il était complètement. Et il changea, changea, changea, changea, changea. Combien de courage croyez-vous qu'il faille posséder pour quitter les étoffes d'or et de velours et pour aller nu — la nudité n'avait pas pour but de les choquer, mais de leur montrer qu'aucune de ces choses ne faisait partie de lui — et pour avoir le courage de partir dans la nature sauvage sans savoir où vous allez dormir ce soir ? Une profonde vérité dans sa réalisation, dans l'évolution le valait car c'est dans les champs qu'étaient Dieu et le lien avec le soi. L'entité changea tout dans sa vie, ce qui était important afin de consumer l'image, afin d'acquérir l'illumination de la simplicité du Dieu auquel il était si intensément dévoué.

L'Expérience n'est jamais une Erreur mais la Graine de la Sagesse

Eh bien, l'ignorance, la mère de la dévotion, est selon une certaine compréhension le manque de motivation, à savoir que consommer un esprit illimité ne mène pas seulement au danger, à la peur et à l'insécurité. Ces choses, vous les connaissez déjà ; elles n'existent pas dans l'inconnu. Avoir le courage de faire le pas de changer : dans les écoles anciennes, les gens allaient à l'école pendant sept ans, chacune de ces années étant dédiée à un niveau d'évolution et à une page, pour qu'ils puissent changer, pour qu'ils puissent évoluer. Ne savez-vous donc pas que l'objectif est d'évoluer la conscience ? Évoluer la conscience, c'est cueillir dans la connaissance inconnue dont vous pouvez vous nourrir en sorte de créer et de changer votre réalité selon ce dont vous avez besoin dans votre vie. Oui, mais vous avez peur et je comprends pourquoi. Je me suis toujours efforcé de comprendre. Personne n'aime que qui que ce soit trahisse le statu quo.

Pensez à toutes les personnes qui sont en vie aujourd'hui. Quelles entités vous viennent à l'esprit que l'on puisse considérer comme des individus qui ont consumé une image ? Vous voilà bien en difficulté pour donner leurs noms, n'est-ce pas ? Il existe un grand nombre d'entités qui représentent un état de conscience exalté ; elles deviennent les idéaux au sein de la conscience sociale. Mais, à vrai dire, il n'existe pas de saint François.

Je vous dis, vous que je trouve si beaux, que dès l'instant où vous commencez à apprendre, dès que vous naissez à l'individu en vous, dès que vous acquérez de la connaissance, vous commencez à allumer les lumières. Ne savez-vous pas pourquoi les changements se produisent et pourquoi ils sont déjà ici ? Parce que l'humanité a créé les problèmes et n'a jamais fait le pas suivant pour développer la conscience qui permet de les résoudre. Ils en sont restés à la page trois. Et la nature les a doublés et ils en sont encore à violer, à piller et à détruire la force de vie pour satisfaire leurs besoins avides. Ils n'ont pas évolué et leur conscience va causer leur effondrement. Là en est la raison.

Pourquoi pensez-vous que les entités qui habitent de l'autre côté du soleil sont de retour ? Parce qu'il y a des foyers de gens qui s'éveillent. Nombreux sont ceux parmi vous dans cette salle qui ont eu des contacts avec ceux qui vivent au-delà du soleil. Cela a été éliminé de votre mémoire jusqu'à ce que vous soyez prêts à apprendre. Et dès que vous commencez à apprendre, vous envoyez une transmission et il y a en vous un élan naturel qui vous pousse à vous lever et à déménager. Vous vous sentez poussés à aller dans un certain lieu. Vous vous sentez poussés à commencer à faire des choses que vous n'avez jamais faites auparavant, comme de mettre de la nourriture et de l'eau de côté et à apprendre à être souverain. Il y a en vous un désir insatiable et il y a une bataille qui se livre en vous, à l'intérieur de vous et qui dit : « Mais tu changes ; tu ne peux pas faire cela. » Et une partie de vous dit : « Il faut. Je dois faire cela. Il le faut. »

Que se passerait-il donc si le monde entier connaissait la vérité ? Eh bien, vous n'auriez pas besoin de travailler parce que l'énergie se trouve partout autour de vous. Il vous suffirait de faire pousser de quoi vous nourrir. Ce dont vous avez besoin serait fourni sans qu'il y ait besoin d'avoir une classe moyenne asservissante qui fasse du commerce une réalité.

Être dévoué à l'opinion des gens est vivre dans l'ignorance. Je suis radical, oui, je le suis. Je suis un libertaire. Oui, ceci est une grande vérité. Mais je suis en faveur de l'individu, en faveur du Dieu intérieur qui dort depuis si longtemps car il a été hypnotisé. Je suis aussi un radical pour les spiritualistes métaphysiques. Je le suis, c'est un fait car ils ne mentionneront aucun sujet qui puisse les rendre impopulaires ou qui puisse porter à controverse car ils ne savent pas. Ils n'ont pas le courage d'être une lumière au beau milieu d'un formidable orage approchant, d'une connaissance et d'une vérité qui délivrent les gens au sein de leur propre royaume, en eux-mêmes, parce qu'ils ne veulent pas payer le prix de l'ostracisme, de la mauvaise presse. Ils ne savent pas.

Mais votre dévotion à l'ignorance sera votre perte, comme elle l'a été lors de chacune de vos incarnations. Une âme qui évolue accomplit sa destinée en conscience. Et je ne parle pas d'une conscience à la noix, vieillotte. Je ne parle pas d'allumer des bougies, de porter des cristaux, des zircons et des amulettes. Et je ne parle pas de suivre des régimes spéciaux, de porter certaines couleurs et de méditer. Je parle de la vérité, de vous réveiller, de comprendre une vérité si simple, si simple, si simple qui est la raison de tout, de prendre la concentration qui est comme ceci et de l'avoir comme ceci, de prendre une main guérisseuse d'où sort du feu et d'élever la conscience autour de l'être et d'être un être si immaculé que les oiseaux sauvages viendront se poser sur votre épaule car, s'ils ne le font pas maintenant, vous n'avez pas dissous l'image.

Mais un jour, ils le feront, le jour où la nature sera alignée avec vous et lorsque vous ne penserez pas que c'est hors de votre portée. En vérité, n'allez pas penser que cela me pose un problème ! N'allez pas penser que j'ai peur ! N'allez pas penser que je ne vais pas avoir assez ! Il ne va pas y avoir suffisamment de temps. Ne restez pas là assis à ne rien faire de bon, assis entre deux chaises — eh bien, je pense que je crois ceci, mais parfois je crois le contraire —, mais faites que ce que vous pensez soit la réalité et que ce dont vous faites l'expérience vous donne la sagesse de grandir, d'élargir votre conscience. Faites en sorte que vous ne soyez pas des gens stupides, mystiques, mais des gens qui sachent, qui aient la connaissance, qui aient la compréhension, que vous ne soyez pas ignorants, impossibles à asservir ou à détruire, et sans peur. Ils pensent qu'il est mauvais que vous soyiez sans peur, bien sûr, car si vous n'avez pas peur vous ne pouvez être manipulés ou contraints à aucune soumission. Si une personne ne connaît pas la peur, personne ne peut ni la conquérir, ni la posséder, ni la subjuguer, ni l'amadouer ou la bafouer.

Lorsque vous vous ouvrez, il y a une intelligence entière qui attend d'entrer en contact avec vous. Il y a un nombre extraordinaire d'aventures qui vous attend. L'esprit subconscient, l'inconnu, est la prochaine aventure dans laquelle vous pourrez consommer toutes vos choses.

La mère de la dévotion, c'est l'ignorance, que ce soit l'ignorance spirituelle, l'ignorance politique ou l'ignorance religieuse. C'est une maladie de la communauté ; c'est une maladie de l'humanité. Les fléaux ne pourraient exister dans la lumière. Ils ne prospèrent que dans l'obscurité. La pauvreté, la guerre et la cruauté ne naissent pas dans la lumière. Elles naissent dans l'obscurité. L'animosité d'un frère contre un frère, la division des limites de propriété et leur surveillance sont issues de l'ignorance.

Et si vous croyez que marcher en faisant des incantations et vivre dans le cristal va vous rendre divin, vous êtes un imbécile parce que vous devriez en savoir plus : un esprit pur qui raisonne, réalise que si le pouvoir est en vous, et il l'est, il n'est pas nécessaire de chercher le pouvoir où que ce soit en dehors de vous pour que des choses se passent, car tout se passe ici. La réalité physique n'existe que du fait qu'elle se trouve dans le domaine de votre focalisation. Lorsque vous changez cette focalisation, vous amenez d'autres réalités.

Vous n'êtes pas plus grands que vous le permet votre vision et c'est vous-mêmes qui avez créé votre vision. Votre conscience n'est explosive qu'au degré où le sera votre énergie. Votre corps ne se maintiendra en vie qu'aussi longtemps que vous voudrez vivre. Quand vous abandonnerez, cesserez d'apprendre, de changer et d'avoir des aventures, vous mourrez car c'est exactement comme tout ce qui évolue dans la nature : si ce n'est pas utilisé, c'est éliminé. Lui est substitué un état évolué. Un être humain ne meurt pas aussi longtemps qu'il consomme la vie et que la joie existe en lui.

Et si vous avez le cafard, si vous broyez du noir et si vous êtes déprimés, c'est parce que vous vous êtes vous-mêmes mis dans cet état du fait, que vous ne savez que créer le problème et ne savez pas créer conjointement qu'il soit bien fondé ; sachez que, dès l'instant où vous en voyez le bien-fondé, il vous lâche et votre conscience se trouve développée. Ne soyez pas assez ignorants pour laisser votre attitude contrôler votre destinée. Et ne soyez pas assez ignorants pour penser que, si vous pouvez dire «je suis Dieu» et que cela se manifestera le fait de vous condamner vous-mêmes, cela ne se manifestera pas également. Ne soyez pas non plus assez ignorants pour penser que toute personne à qui vous ayez donné votre pouvoir n'aura pas le pouvoir sur vous, ce qui signifie que d'autres personnes vont prendre les décisions pour vous dans votre vie sans vous consulter. Et si vous voulez apprendre comme on le faisait dans les écoles anciennes, le lieu existe où apprendre, où évoluer, où toucher une ancienne lumière et tourner les pages rapidement dans ce livre jusqu'à atteindre la transparence. Il est là.

Mais, en vérité, ne soyez pas dévoués à votre peur. Et ne soyez pas dévoués à votre réticence, ne soyez pas dévoués à vos soucis, à vous tordre les mains, à grincer des dents et à rester éveillés toute la nuit à vous demander si vous devriez prendre telle ou telle décision. Vous ne vous trouveriez pas face à une décision si vous n'aviez pas besoin d'en faire l'expérience. Vos expériences se limitent à ce dont vous manquez en vous, à moins que vous ne soyez ignorants. Vous êtes alors dans le sillon et vos expériences sont toujours les mêmes, les mêmes vieilles erreurs, les mêmes vieilles opportunités, succès et réussites, négatif et positif, maladie et santé, sans cesse. Et c'est cela qui devient votre réalité. Mais dès l'instant où vous commencez à prendre de l'expansion et à vous défaire de vos dogmes, de vos manies, de vos négatifs et positifs, de vos défauts et de vos qualités, de votre côté supérieur ou inférieur — dès l'instant où vous les rassemblez et unifiez la conscience —, vous êtes sur le chemin qui mène à votre demeure.

Si vous vous trouvez confrontés à quoi que ce soit dans votre vie, c'est que vous l'avez créé. Regardez-le. Quel est le gain émotionnel de la friction, non pas combien d'argent vous allez gagner ou perdre mais qui a-t-il là dans cette situation que vous vous efforciez de maîtriser et vous oblige à développer votre conscience ? Portez-y votre attention afin de pouvoir en acquérir la sagesse sans créer un problème causant un effondrement de votre conscience et améliorez votre réalité. Avancez d'un pas. Ne reculez pas, n'abandonnez pas. Devenez-en le maître car, dès que vous le regardez, que vous vous demandez quelle en est la valeur émotionnelle que vous allez enregistrer comme sagesse ici, ce que vous avez appris grâce à cette situation, dès l'instant où vous concentrez votre attention dessus, vous avez développé votre conscience une fois de plus. La vision se trouve étendue et vous en deviendrez maîtres. Cela ira dans le livre et le problème vous abandonnera.

On peut dire alors que l'entité grandit. Elle n'est pas ignorante. Elle consomme de la connaissance car la phase suivante est une connaissance nouvelle. Ne regrettez jamais vos expériences — jamais, jamais, au grand jamais. Ne voyez jamais rien de ce que vous faites comme une erreur. Voyez-le comme une occasion d'apprendre. Ne vivez pas dans votre passé pour en retirer de la pitié. N'allez pas dans le sillon pour penser à ce que vous étiez dans votre dernière incarnation. Je sais que certains d'entre vous aiment se dérober furtivement et trouver des gens pour vous parler de ces choses-là. J'ai écouté. N'avez-vous jamais entendu gémir le vent ? L'avez-vous jamais entendu ? Vous auriez dû écouter plus attentivement.

Votre vie est-elle si vide que vous deviez retourner dans le passé pour trouver une raison d'être glorifiés ? Jésus, voulez-vous cet homme à un point tel que vous allez trouver dans une vie antérieure une raison expliquant pourquoi il vous appartient pour ensuite lui jouer le tour de prétendre que c'est son karma ? Je sais ce que vous faites. Ne savez-vous pas que vous n'allez jamais avoir de Présent[4] avant de fermer le livre ? Pourquoi voulez-vous retourner aux pages trois, deux et un ? Et quelle image allez-vous choisir ? Voilà qui devrait vous ouvrir les oreilles : vous n'avez pas vécu qu'une seule vie. Vous en avez vécu des millions. Laquelle cherchez-vous ? Quelle image voulez-vous ? Comprenez-vous ? Vous en avez eu d'innombrables, davantage qu'il existe de nombres avec lesquels vous puissiez compter ou davantage que ce que votre esprit peut imaginer sans utiliser une machine qui vous donne la réponse.

Pourquoi devez-vous retourner en arrière et considérer cela ? Je vais vous dire pourquoi : c'est parce que les gens qui ont un manque du fait que leur Présent manque de l'aventure d'un soi progressif doivent retourner à hier, fermer le livre. Personne ne devrait jamais avoir à vivre à cause du passé. Si vous cherchez à voir qui vous étiez il y a dix millions de vies dans le passé, si vous essayez de trouver cette personne prestigieuse et douce, je peux vous montrer des millions d'images qui ressemblent à des monstres obsédants de toutes les vies où vous ne l'avez pas été — des personnes primitives, puantes, bestiales, buveuses de sang et mangeuses de chair.

Eh bien, selon la sagesse ancienne, si une personne gardait en vie son passé, elle gardait en vie ses erreurs, car le passé est en

---

4. Le Présent est d'être conscient de soi, le créateur, l'Observateur, dans le moment présent.

réalité basé sur des erreurs et de la joie sans retour. Par contre, une personne qui aujourd'hui sait, qui possède connaissance et sagesse et évolue en conscience, possédera suffisamment de joie et d'aventure élevée dans sa vie. Elle ne devra jamais s'arrêter pour regarder en arrière car tout est ici et maintenant. Il y en a tant parmi vous qui pourraient vivre sans votre passé et il y a ceux qui insistent à vous rappeler votre passé alors que vous vous êtes efforcés de l'oublier. Ces personnes n'ont rien à faire dans votre réalité. Elles appartiennent à hier. Lorsque vous fermez le livre d'hier, votre focalisation est unifiée et puissante, dirigée sur le Présent ; une seule est progressive et c'est le Présent. L'ignorance, c'est hier ; la connaissance existe dans l'aujourd'hui.

Sachez qui vous êtes aujourd'hui. Un homme merveilleux, magnifique, consuma son image pour vivre pour le moment et la gloire du moment. N'êtes-vous pas dotés de la même énergie et du pouvoir de faire de même ? Il n'y a pas un seul problème que vous ayez créé que vous ne puissiez décréer simplement en le regardant, pas en l'évitant. Lorsque vous faites cela, il vous abandonne. Et il n'existe aucune maladie dans votre corps que vous ne puissiez guérir lorsque vous commencez à aimer ce que vous êtes. Vous êtes une personne magnifique. Et quand vous êtes sans passé et ne possédez que la totalité de la sagesse, la maladie ne peut en aucun cas atteindre le corps. Lorsque vous cessez de regarder hier, vous avez sectionné le schéma génétique de la maladie et de la mort si bien qu'il n'existe pas. La vie commence alors.

Ne Soyez Pas des Païens, Ayez Faim de LA Connaissance : Soyez Illuminés

Un maître qui atteint l'illumination en sept ans, représentant sept niveaux de conscience, comprenait que l'expansion progressive était véritablement l'illumination et que le changement était nécessaire pour éviter l'ennui, car l'ennui signifiait que vous commenciez à creuser un sillon. Et vous restez bloqués dans ce sillon et cela devient votre réalité. Ils devenaient conscients de cette entité exempte d'image, cette grande lumière que vous êtes tous. Et ils commencèrent à faire porter leur concentration sur cette lumière. Pouvez-vous imaginer la lumière se contemplant elle-même plutôt que maintenant l'existence d'une image. Que se passe-t-il lorsqu'elle commence à se regarder elle-même ? C'est l'heure où vous aimez Dieu : c'est l'heure où vous connaissez Dieu. C'est l'heure où vous tombez amoureux du divin en vous-mêmes. C'est l'heure où vous devenez divins.

L'image n'est pas divine. Votre personnalité, votre mesquinerie, votre asservissement par rapport au passé, votre victimisation, vos plaintes, vos braillements, votre dépression ne sont pas divins. C'est primitif car cela appartient à ce qui constitue votre image, vous savez, votre signe astrologique. Ce qui est beau appartient à la lumière intérieure, omniprésente, infinie, celui qui vit dans tous les temps, qui crée toutes les images. Le moment de votre éveil est celui où vous réalisez qu'il est là, et vous y réfléchissez un instant : « Je suis ce que je suis. » C'est alors que votre conscience devient explosive. C'est alors que l'énergie se contemple elle-même et explose dix mille fois. C'est ce que vit François dans le champ et ce dont il se souvint de la nuit du ciel. C'est ce qui lui permit d'être qu'il fut. Ce n'est donc pas toutes ces petites énergies. C'est ce qui est en dessous, la lumière suprême.

Eh bien, c'est ce que je vois quand je vois en vous et c'est ce à quoi je m'adresse. Et c'est ce que je dis quand je dis « Voici Dieu, ce que vous êtes. » C'est ce qui vous apportera la joie et la liberté. C'est ce qui vous procurera un abri. C'est ce qui vous procurera la joie dans le vent. C'est ce qui fera la paix avec la nature et les animaux de la terre. Et c'est ce qui créera une réalité que l'on appelle le royaume des cieux. Et en face de tout cela, rien ne vaut d'être ignorant.

Ne soyez pas des païens. Ne soyez pas ignorants. Sachez que vous avez déjà fait cette expérience et tirez-en la sagesse. Ne craignez pas le changement. C'est ce qui vous permettra d'évoluer jusqu'à devenir Christ. Cela révèle votre grandeur et votre droiture. Ne soyez pas des païens. Ne vous ornez pas de bracelets insignifiants. Ne savez-vous pas que vous les adorez ? N'adorez personne car l'adoration est un acte d'ignorance. Aimez. Évoluez jusqu'à la page quatre où débute l'amour. C'est le moment où vous vous voyez. Vous savez, vous dites « À quoi puis-je ressembler ? » Il vous faudra le reste de votre vie pour le savoir.

Ne soyez pas des païens. Ayez faim de connaissance. Si vous ne savez pas, élargissez votre conscience pour déclarer la vérité. Commandez à votre conscience d'explorer l'esprit subconscient qui vous donnera la réponse. Elle le fera. Ne soyez pas des païens. N'ayez pas peur. Personne ne peut vous faire de mal, je vous assure. Personne ne peut prendre votre vie, jamais. Vous êtes immortels. Personne ne vous fera dans cette vie ce que votre Dieu intérieur ne souhaite pas qu'il vous soit fait, car il y a quelque chose qui doit être terminé dans cette vie. Vous n'êtes pas protégés par un guide. Vous êtes protégés dans une enveloppe d'amour depuis la gloire de Dieu que vous êtes. Ne soyez pas des païens. Ne courez pas en rond à la recherche de réponses dans votre passé. Commencez à vivre. Ne restez pas assis à penser que vous êtes impuissants. Vous n'êtes impuissants qu'autant que vos os paresseux vous permettent de l'être.

Ne limitez pas vos choix. Quelle que soit la situation, ne vous donnez pas deux choix uniquement. Permettez-vous de mériter des choix illimités. Ne voyez pas votre vie s'effondrer car vous ne percevez que vos problèmes. Voyez une joie. N'ayez pas de problèmes. Ne soyez pas des païens. Il vous regarde en plein visage parce que vous ne l'avez pas élaboré ou terminé — terminé — maîtrisé.

Posez-vous la question suivante : « Qu'ai-je appris ? » Soyez assez forts pour voir la réponse. Ne vous refusez pas la vérité du fait que cela pourrait heurter vos sentiments, vous humilier ou vous intimider. Être intimidés vous sera salutaire. Recherchez la réponse et permettez que sa vérité vous regarde dans les yeux. Votre problème vous abandonnera alors et vous poursuivrez la chanson en permettant l'expansion de votre conscience et aurez grandi en conséquence de cela.

Ne soyez pas des païens. Ne soyez pas beiges. Ne débitez pas des vérités métaphysiques. Ne débitez pas le dogme de la conscience sociale. Dites la vérité. Osez être différents. Osez être vous-mêmes. En rentrant chez vous, ne hachez pas tout ceci menu pour le mettre dans des boîtes. Permettez que votre Esprit, le moteur en votre âme, en soit enflammé. Permettez que ce soit une opportunité de résoudre votre culpabilité, votre douleur, vos dilemmes, vos peurs et ces mains qui se tordent dans l'anxiété, vous faisant rester debout toute la nuit à vous faire du souci car vous ne savez pas si vous allez être capables de prendre ou non cette décision. Qui va vous faire du mal ? Si l'homme vous rejette, la douceur de la nature vous recueillera. Qui va vous retirer votre droit divin à la connaissance ? Seule votre dévotion à l'ignorance, c'est tout.

Le singe a tout vu ; le singe a tout fait ; conscience d'imbécile. Ne soyez pas des hypocrites pour la lumière que vous êtes. Apprenez autant que vous le pouvez sur la manière d'accroître votre conscience, sur la puissance de l'énergie et les réalités qui vous restent à créer. Qu'ai-je dit ? J'ai dit que la vie est un don de la nature mais que vivre dans la beauté est un don de la sagesse.

La voie du déploiement de la lumière n'est pas toujours criblée de souffrance, de malheur et d'inconfort. Ce qui est extrêmement douloureux est de vous détacher des schémas ignorants, ce déluge d'expériences hypnotiques après de nombreuses vies de libres penseurs, d'occulter votre connaissance et d'être intimidés jusqu'à l'ignorance par un Dieu extrêmement maléfique. Et, vous savez, lorsque tout cela est libéré, vous êtes alors également libérés de la peur car tout être qui vit dans la peur peut être contrôlé par quiconque. Il est si facile de vous faire haïr parce que c'est ce que vous êtes censés faire.

La voie de la lumière de l'éveil est ici pour faire de merveilleuses choses, pour communiquer avec ceux qui attendent de vous parler de nouveau, de reprendre où vous en êtes restés, pour remettre à jour ne serait-ce qu'un certain nombre de personnes comme il y a fort longtemps, des personnes l'ont fait — Dieu, Dieu, ils ont été ceux qui ont permis à l'humanité de continuer. Il a toujours existé des foyers isolés de personnes éclairées, toujours, qui ont permis à l'humanité de continuer et ont été des phares dans l'obscurité pour des générations de gens ignorants ou de gens rassemblés pour en faire des machines de guerre, insidieusement, bain de sang après bain de sang. Il y a eu des groupes de personnes qui ont donné l'espoir. Ils ont maintenu dans leur âme une vérité fondamentale d'une connaissance qui brûle aussi brillamment aujourd'hui qu'elle le faisait à mon époque. Et vous faites partie de ces groupuscules.

Vous savez, certains d'entre vous ont entendu des personnes dire : « Il faut que je bouge. Il faut que je change. Écoute, je me sens comme poussé à le faire. Ce désir me possède. » Vous réagissez au même message auquel réagissent de nombreuses personnes que vous ne connaissez même pas. Vous avez choisi d'apprendre et de conserver ce que, dans sa dévotion à l'ignorance, à la servitude, à la peste, à la guerre, l'humanité a oublié et refuse d'apprendre.

Je suis revenu pour créer une telle école pour vous ; j'ai passé dix années à tout juste traverser les couches de beige, à être une source de divertissement, un faiseur de miracles, de messagers, de douceurs et de cadeaux, pour en arriver simplement à regarder le vent souffler sur les graines rassemblées à vos pieds et à regarder ce qui n'a pas d'enveloppe être emporté par le vent. Et les seules qui restent sont celles qui sont pures d'Esprit et veulent apprendre. Et, après toutes ces années, nous commençons juste à pouvoir engager la première année d'école, à commencer l'école ancienne, la conscience ancienne, la grande vérité qui vous lie à l'éternité. Nous sommes maintenant prêts à commencer parce que ce qui reste est ce qui a été purifié par le feu et est prêt à connaître.

Un grand nombre d'entre vous ont peut-être été ridiculisés, méprisés et intimidés par un grand nombre de personnes. Et un grand nombre de professeurs vous ont attirés à cause de moi. Mais si je n'étais pas qui je dis que je suis, je n'aurais pas été à l'origine de tout ce grabuge sur la place publique. Je sais qu'être qui vous êtes n'a pas rendu les choses faciles pour vous. Mais vous vous êtes choisis vous-mêmes et rendez l'option disponible.

Un grand guerrier ne craint pas d'être à la tête d'une armée, encore moins d'aller à la bataille. Un grand Dieu qui est prêt à briser la coquille ne craint pas de faire face à l'individualité et d'être purgé en conséquence. Lorsqu'il est prêt à faire ses débuts, il traverse le feu et la fournaise pour y être trempé comme le métal. Lorsque vous serez diplômés de cette école, vous qui êtes si gentils, vous aurez des palais, des royaumes, des univers, d'anciens soleils, des personnes et des intelligences fort différents des vôtres avec lesquels vivre des aventures. C'est tout à fait illimité. La fatalité de cette réalité-ci est que l'on vous a enseigné que c'est tout ce qui existe. Non.

Vous êtes des gens remarquables. Mais vous n'êtes remarquables que dans la mesure où vous êtes assez hardis pour dire : « Je veux apprendre davantage. » Je vous enseignerai. Même s'il y a le feu dans les cieux, je vous enseignerai et vous apprendrez. Cela va nécessiter beaucoup de mots et causer beaucoup de réactions dans votre vie, mais vous allez laisser derrière vous beaucoup de souffrance, de malheur, et allez commencer à apprendre ce que sont la connaissance et la connaissance en expansion. La difficulté la plus grande en face de laquelle vous allez vous trouver est d'avoir à apprendre à être flexibles, à commencer à changer, à sortir de la stagnation de la façon dont vous percevez les choses pour aller de l'avant car, en un sens, cette connaissance est une marche. Et vous ne pourrez aller de l'avant si vous êtes dévoués au passé. Vous ne pourrez pas aller de l'avant si vous êtes dévoués au rituel et au sac à malice de quelqu'un dans le but de vous divertir, car ils ne savent pas comment vous enseigner différemment, encore moins comment manifester avec pouvoir pour vous un messager qui puisse vous aider à apprendre.

Il est arrogant de présumer que vous êtes peut-être un de ces foyers de gens, mais vous l'êtes. Ce que vous allez apprendre, à commencer par la session d'aujourd'hui, c'est comment faciliter l'expansion de votre cerveau jusqu'à ce que votre tête en fasse mal. Qu'il en soit ainsi. Et entre-temps, vous effectuerez des changements dans votre vie. Vous prendrez soin de votre champ, de votre jardin ou de votre maison. Vous engagerez la conscience et l'énergie pour continuer votre expansion. Mais vous continuerez à apprendre. Et vous vous éloignerez des croyances fanatiques et les laisserez tomber. Ne vous tenez pas devant les portes de ce lieu à envoyer des pensées, à chanter des incantations, à crier, à beugler et à gémir. Cela ne va rien donner de bon. Par contre, si vous faites face au matin dans la conscience et l'énergie, si vous faites face à la lumière, vous allez changer. Et cela va être un changement continuel jusqu'à ce que vous deveniez des êtres humains immaculés sur chaque page de ce livre nommé la vie.

Il y a beaucoup de joie en perspective, car c'est également une réflexion du soi personnel. Et vous avez toujours su que vous étiez plus que ce qui paraît. Vous avez toujours su qu'il y a quelque chose de spécial à votre sujet. C'est vrai, vous êtes spéciaux. Et ces moments où vous saviez que vous pouviez le faire — vous le saviez et vous avez reculé — eh bien, pourquoi avez-vous reculé ? Parce que vous saviez que vous pouviez le faire. Mais pourquoi avez-vous reculé ? Parce que cela aurait signifié la destruction de l'image.

Que la connaissance absolve l'image. Et l'image arrive à la fin de sa vie seulement lorsqu'elle a servi à procurer la friction nécessaire pour évoluer. C'en est alors fini. Dans celle-ci, faites le pas de glorifier le personnage de Dieu en vous. Et chaque bribe de connaissance acquise, efforcez-vous d'en faire l'expérience dans votre vie. Nous allons élargir ce qu'on appelle votre conscience pour absoudre la limitation et, à sa place, découvrir le génie.

Vous apprenez ? Vous apprenez ? Splendide cathédrale ! Maintenant, la première série de messagers que je veux vous envoyer n'est pas simplement des mots, la dévotion à l'ignorance, mais je veux vous montrer à quoi cela ressemble car, bien souvent, vous ne voyez pas ce qui est si en évidence dans votre vie. Je vous enverrai donc des messagers qui vous montrent ce à quoi vous êtes dévoués et qui vous fait demeurer dans l'ignorance. Qu'il en soit ainsi.

Maintenant, qu'allez-vous faire avec ces pesanteurs ? Je ne veux pas vous voir assis à pleurer ni avoir une dépression nerveuse. Je veux que vous le regardiez et lui disiez de vous enseigner. Enseigne-moi. Montre-moi tous tes coins, tous tes bords et tout ce que tu es. Et regardez-le comme une bénédiction ; permettez-lui de vous enseigner. Et après avoir focalisé toute votre dévotion sur cet objet, cette personne, ce lieu ou cette conscience, elle vous abandonnera, elle disparaîtra de votre vie. Cela ne vous approchera même plus jamais. Cela est allé un peu loin. Ce n'est pas quelque chose sur quoi pleurer, c'est quelque chose dont vous devez vous réjouir.

Et ceux d'entre vous qui sont malades, dont le corps est malade, je veux vous montrer certaines réflexions d'attitudes qui vous ont aidés à créer cette maladie et qui ont tout à voir avec la dévotion, l'asservissement et la servitude. Ce que cela a de remarquable est que, si vous pouvez regarder cela et voir comment cela s'est manifesté dans votre réalité et vous a empêchés d'évoluer, vous comprendrez comment cela s'est manifesté génétiquement dans votre corps. Et ne craignez rien. Il n'y a rien à craindre en cela. Rien ne va vous engloutir ! Rien. Et alors que vous en faites l'expérience, vous allez ressentir beaucoup d'énergie traverser votre corps. L'électricité guérit car elle est la conscience en expansion. Vous vous éveillez et le corps se réjouit et est en train de guérir. Qu'il en soit ainsi.

Êtes-vous capables d'apprendre ? Eh bien, certains d'entre vous se considèrent comme des simples d'esprit, comme ayant des cervelles d'oiseau. Un grand nombre d'entre vous ne sont pas capables de réapprendre des choses que vous connaissez déjà car vous avez fermé la porte : ayant lu la même page un tel nombre de fois, vous n'êtes même plus capables de la voir et ne voulez pas la voir. Certains n'apprennent pas les rudiments de la vie parce qu'ils sont las de les réapprendre. Mais offrez-leur une aventure en conscience et vous verrez s'ouvrir un esprit brillant.

Certains d'entre vous ont été réellement lents à apprendre certaines choses. Vous savez, quand vous dites « Eh bien, il y a un blocage sur mon chemin ; je ne peux pas le voir », ne voyez-vous donc pas que c'est vous qui avez placé là ce blocage ? C'est vous qui l'y avez mis. Vous avez créé toutes les raisons pour ne pas avoir à apprendre cela. Serait-ce parce que vous l'avez déjà appris et continuez malgré cela à l'attirer à vous car vous pensez que vous devez l'apprendre ? Ne savez-vous pas que ceci est une attitude qui existe dans le sillon ? Vous savez, il vous faut tant de liaisons amoureuses, il vous faut tant de relations, il vous faut donner à la société ce que vous lui devez avant d'être acceptés. Vous savez, si vous avez ce genre d'attitude, ces expériences ne vont cesser de se présenter à vous.

Maintenant, pour ceux qui ont appris cela et ne le voient pas, je vais retirer le blocage simplement en élargissant un peu votre vision et en vous permettant de voir ce que vous refusez d'apprendre ; ensuite, vérifiez cela dans votre âme. C'est la ligne trente-deux. Bien sûr que je ne voulais pas l'apprendre une nouvelle fois ; je le savais déjà. Il y a une note en bas de page : ceci sera appelé une erreur. La seule différence est là.

Par conséquent, je veux que vous considériez ce que vous connaissez déjà en sorte que cela devienne tout à fait visible. Je veux que vous le regardiez, tout simplement. Vous dites : « J'ai déjà appris cela. » Dès que vous dites cela, cette chose vous abandonne. Il n'existe ni blocages ni excuses. La seule raison pour laquelle vous créez des excuses, pour laquelle vous n'apprenez pas ou ne participez pas à votre illumination, est que vous ne le voulez pas. Ce n'est pas parce qu'il y a quelque chose qui ne va pas à votre sujet. C'est seulement que vous ne le voulez pas.

Ce que nous allons faire avec le second message est de découvrir pourquoi vous ne le voulez pas. Marché conclu ? Qu'il en soit ainsi. Que nous faut-il donc maîtriser pour nous retrouver dans un état de conscience où apprendre était progressif et où nous avions faim d'apprendre ? Nous voulons considérer tous ces aspects afin que vous puissiez aller de l'avant, que vous puissiez aller de l'avant dans ces temps qui arrivent, en toute liberté, sans être inhibés par les dogmes, les superstitions, la peur ou le sentiment qu'il existe un manque en vous-mêmes, car il n'y en a pas.

Il va très bientôt y avoir beaucoup d'activité dans vos cieux[5]. En fait, cela a toujours existé. Et j'ai tenté de dire à quelques personnes de lever les yeux mais personne ne leva les yeux et elles ratèrent tout le spectacle. Et elles me dirent alors : « Si seulement vous nous faisiez part de ces événements ! » Je le fais, mais tout le monde est en train de regarder la télé. Je veux que vous sachiez qu'il va y avoir beaucoup plus d'activité encore. Et je veux que vous en soyez conscients. Je voudrais que vous fassiez tous l'expérience de la lumière dans le ciel. Qu'il en soit ainsi. Non pas à cause de son côté sensationnel et parce que cela ne sort pas de l'ordinaire. Cela sort de l'ordinaire ; du moins pour ceux qui sont beiges, ça l'est. Pour celui qui progresse dans ce qu'il apprend, cela devrait être une ouverture naturelle avec laquelle communiquer.

Lorsque vous craignez de changer, vous bloquez également tout le reste, excepté ce qui existe dans le périmètre de votre focalisation. Le saviez-vous ? Vous savez pourquoi vous ne voyez pas ces lumières, les lumières dans le ciel et la lumière interdimensionnelle ? Vous savez pourquoi vous ne les voyez pas alors que tout le monde est d'accord pour dire qu'elles existent ? Et quels que soient vos efforts, vous forcez vos yeux et regardez de côté, essayant de voir quelque chose du coin de l'œil ; vous essayez de faire cela et finalement vous commencez à mentir et à dire que vous l'avez vu simplement pour que les autres vous considèrent spéciaux. J'ai toujours su qu'il y avait un problème quand quelqu'un disait qu'il voyait un trou dans l'aura de quelqu'un. Je souriais et regardais cette personne pour découvrir d'après l'image la raison pour laquelle il avait besoin de dire une chose pareille.

Nous n'allons avoir rien de tout cela. Aussi longtemps que vous avez des manques et des peurs et ne pouvez pas changer, vous êtes coupés non seulement de la conscience mais aussi de la progressivité de la communication. Cela se produit tout autour de vous. Et lorsque vous changez l'objectif de votre attention pour regarder et que quelqu'un dit « Regarde là », vous dites

---

5. Ramtha livra cet enseignement le 16 avril 1988.

« Où ? » Cela vient de se produire derrière votre tête parce que, même si cela se produisait là et que vous y portiez votre attention, la lumière s'éloignerait de vous parce que toute votre intention est de ne pas voir. Ainsi, quel que soit l'objet de votre attention, vous ne verrez pas parce que c'est dans votre conscience, parce que vous avez peur du changement. Vous avez peur de l'expansion.

Si vous regardez la lumière, même celle du Ram, et que quelqu'un dise : « Oh ! Mon Dieu, le voici. » — « Où ? » — « Là » vous regarderez et ne verrez pas parce que vous vous attendez à ne pas voir.

Venons-en à la communication maintenant : certains d'entre vous vont voir des choses et certains autres pas. Maintenant, ceux d'entre vous qui ne voient pas en sont toujours à faire ceci : plus aucun messager. Est-ce exact ? Ainsi, afin de retirer tous ces millénaires et images de peur, de manque et d'anxiété, nous devons toutes les considérer si nous voulons enfin voir la lumière. Ceux d'entre vous qui ne la voient toujours pas, c'est que vous êtes toujours inquiets, terrifiés. Vous ne voulez pas être seuls. Pour ceux d'entre vous pour qui elle est présente, je veux que vous remerciez le Dieu en vous pour la vision que vous avez parce que vous voyez ce qui a toujours été là pour la première fois. Dans les temps éloignés, cela était commun, en aucun cas inhabituel, simplement une extraordinaire camaraderie. Aujourd'hui, c'est bizarre et inhabituel, et seuls de rares êtres fortunés la voient. Je ne veux pas que vous ayez peur d'apprendre. Marché conclu ? Qu'il en soit ainsi.

Ah, oui, le dernier post-scriptum au sujet de la dévotion. Vous savez, la peur qui vous empêche de changer, qui vous fait demeurer dans l'ombre, qui vous interdit d'avoir un rapport avec la lumière — je veux dire une interaction — parce que, lorsque je vous ai demandé de penser à la grande lumière sur ce plan, vous avez eu bien du mal à y penser. Il y aurait aussi beaucoup à dire au sujet d'une entité qui ose être François, qui ose être lui-même, une lumière vivante, car une lumière vivante attire parce qu'elle est la lanterne dans l'obscurité.

Au lieu de vous faire du souci et de dire : « Je ne peux pas changer, je ne peux pas manifester cela parce que ce que je dis en réalité est que je serai alors différent. Je ne veux pas être différent. Je ne veux pas être haï, méprisé ni mis au ban de la société. Vous vous cramponnez alors à votre pouvoir, à votre magie. Vous ne savez pas qu'existe, latent, le besoin de personnes immaculées, de personnes qui soient une inspiration pour une nation entière, des personnes dont la magie et la conscience peuvent changer le monde entier car la lumière s'est présentée. La royaume des cieux se manifeste dans la chair et le sang, dans des personnes qui sont simples.

Ce qui crée les problèmes d'une nation est la résistance à élargir la conscience et l'insistance à demeurer ignorant. Que diriez-vous de considérer devenir le Seigneur Dieu de votre Être, François, et de considérer ce que ferait cette lumière pour le reste du monde ? De la même manière que votre peur est égale à votre résistance, votre lumière ne peut-elle être égale à l'espoir ? Vous seriez surpris, je vous assure, du nombre de personnes qui seront attirées à cause de votre lumière, non pas pour que vous preniez contrôle sur leur vie mais pour que, au milieu de leurs souffrances et de leurs malheurs, vous leur disiez que la vie est un don de la nature. Mais vivre dans la beauté et l'amour est un don de la sagesse. Elles vous répondront alors : « Comment puis-je apprendre à être cela ? »

Il existe plus que jamais un besoin de lumière, pas d'entités comme moi dont une nation entière se moque et considère ridicule, comme un fantôme, une femme psychotique, une personnalité altérée ; il n'existe personne qui ait trente-cinq mille ans. Je suis une excuse pour refuser la connaissance et demeurer ignorant. Mais ceux qui vivent cette vérité, ce sont les gens ordinaires de la terre ordinaire ; on ne peut pas ne pas en tenir compte, s'en moquer et les ridiculiser car leur résistance est inexistante mais leur lumière est irrésistible. Ils vivent ; ce sont des êtres vivants.

Être qui vous êtes est être qui vous êtes pour vous-mêmes et le Dieu en vous, non pas pour tout le monde. C'est le résidu d'être cela qui illumine le monde. Un groupe de personnes reliées par leur superintelligence et leur courage extraordinaire peut changer le monde entier par sa seule existence.

L'illumination ne peut être prouvée. L'ignorance peut être prouvée. Elle est bien en vie. Vous ne pouvez prouver que vous avez gagné. Seule votre réalité est le témoignage de votre validité. Autrement dit, ce que vous êtes en vous-mêmes se révèle à l'extérieur. C'est cela qui devient le témoignage vivant pour qui veut bien regarder. C'est cela être la gloire de Dieu manifestée dans la chair. C'est cela le sens de la prophétie. La Seconde Venue du Christ n'est pas le Christ dans son aspect singulier mais le Christ, destinée manifestée au pluriel. Ce n'est pas la Chrétienté. Ce sont des âmes évoluées vivant sur la page sept du Livre de Vie. Telle est la signification de la prophétie.

Soyez dévoués à la conscience. Faites l'expérience et créez vos réalités. Sortez de vos problèmes et créez la joie. Portez témoignage de qui vous êtes et soyez dévoués à chaque moment de la vie. Et débarrassez-vous de toutes ces choses qui sont attachées à vous, qui vous font demeurer ignorants et païens. J'ai peut-être porté de l'étoffe grossièrement tissée mais je ne fus pas un païen. Qu'il en soit ainsi.

Les prochaines dix années[6] sur ce plan vont être les plus dramatiques de l'histoire connue. Au cours de cette incarnation, vous avez vécu un état de changement naturel inhabituellement long et rarement aussi tranquille qui n'a pas changé. Vous avez vécu dans un monde à la technologie stagnante qui emplit le ciel de poisons qui pleuvent sur les forêts, tuent les poissons dans la mer. Vous vivez avec une technologie qui crache dans l'air des fumées qui détruisent la peau qui est tendre et permet à la radiation de traverser la lumière solaire et de détruire le système immunitaire. Vous vivez depuis longtemps dans l'ignorance dévouée à une technologie non progressive. Vous vivez dans l'âge de l'atome de ce qu'on appelle Hiroshima et Nagasaki, et la mort irradie toujours dans la stratosphère. Dans les dix prochaines années de votre temps, à la fin de la décennie, ce qui

---

6. Dans les années 90.

aujourd'hui est connu et familier ne sera que souvenir. Qu'il en soit ainsi.

Le seul sauveur que vous ne puissiez jamais avoir est le Dieu intérieur et votre propre intelligence. Apprenez ce que vous pouvez afin d'être celui qui fortifie la terre plutôt que celui qui abuse la terre. Prenez soin de vous. Ne tenez pas pour acquis vos besoins personnels comme l'eau. La terre qui est sacrée maintenant en sera riche. Mais ne tenez pas le soi pour acquis. Et ne vous fiez pas aux autres à aucun moment pour traverser cette période.

Ceux qui se sont rassemblés pour la prochaine leçon apprennent à commencer à s'aimer eux-mêmes, ce que d'autres voient comme un acte d'égoïsme. Mais ceci était nécessaire pour fortifier le soi en vue des changements à venir. Votre acte suivant sera de vous aimer les uns les autres et de vous aider les uns les autres, car, lorsque vous fortifiez votre conscience et avez de la révérence pour la vie humaine et de la révérence pour la terre et tous ces temps de changements, qui sont naturels, qui sont nécessaires, évoluer vers le quatrième niveau c'est évoluer dans l'aspect explosif du Dieu intérieur et aimer ce qu'il est afin de survivre et de pouvoir lire le reste du livre. Mais il est aussi là pour s'aimer les uns les autres pour la première fois.

J'ai quelques messagers pour vous qui vont vous tenir occupés pendant quelque temps mais leur but est de vous faire progresser. Mais n'oubliez pas ceci. Ne vous retournez pas, ne vous enfuyez pas. Regardez-les en face. Montez au niveau de conscience suivant avec eux. Continuez à élargir votre conscience. Et quand vous serez prêts, vous apprendrez de nouveau et passerez à la prochaine leçon ; vous serez comblés, ce qui durerait sept années se fera en quelques jours seulement.

Chacune des parties de votre vie, je veux qu'elle devienne lumineuse jusqu'à ce qu'il n'y ait plus d'obscurité. Je veux que vous la voyiez, que vous en ayez le contrôle. Tel fut le processus de cette session d'enseignement — à son commencement.

Et je vous visiterai dans vos vies et dans ce ciel de minuit. Je le promets. Qu'il en soit ainsi. C'est tout. Compris ? Je vous aime. Je vous aime. Je vous aime. Le premier jour de l'École Ancienne a eu lieu.

LE GLOSSAIRE DE RAMTHA

Abstract thought. Pensée abstraite. Les pensées abstraites sont des concepts de l'inconnu. Ce sont des paradigmes de pensée non encore vécus et, par conséquent, sans charge émotionnelle.

Aeroship. Vaisseau spatial. Il s'agit de vaisseaux spatiaux, d'ovnis ou d'avions.

Age of God. Âge de Dieu. L'Âge de Dieu sera une époque où les développements scientifiques fleuriront plus que jamais auparavant. Cette époque existera grâce à un changement délibéré quant au temps et aux valeurs attribuées à celui-ci. La maladie, la souffrance, la haine, le vieillissement, la mort et la guerre n'auront plus cours sur ce plan ; la vie y sera ininterrompue. C'est grâce à la connaissance, à la compréhension et à un amour profond que ces choses surviendront dans la vie de chaque individu.

Ahk Men Ra. C'est le nom de l'un des groupes individuels de l'École de Sagesse créée par Ramtha. Ce dernier a nommé chacun des groupes et l'a investi d'une mission et d'un but qui donnent unité et identité à ses membres.

Akasha. Terme sanskrit utilisé par la philosophie hindoue pour décrire l'au-delà, l'éther ou le domaine spirituel.

Altered ego. Ego altéré. L'ego altéré est une version du terme psychologique d'origine latine *alter ego*. Il fait référence à une personnalité humaine limitée et indique expressément l'altération et l'étouffement du soi véritable et divin que s'occasionne lui-même l'individu.

Altered thinking. Pensée altérée. Ce terme fait référence aux processus de pensée de l'ego altéré.

Analogical. Analogique. Être analogique veut dire vivre dans le « Moment Présent ». C'est le moment créatif qui se situe en dehors du temps, du passé et des émotions.

Analogical mind. Esprit analogique. Esprit analogique veut dire esprit unifié. C'est le résultat de l'alignement de la conscience primaire et de la conscience secondaire, plus précisément de l'Observateur et de la personnalité. Dans cet état d'esprit, les quatrième, cinquième, sixième et septième sceaux du corps sont ouverts. Les bandes tournent en directions opposées, comme une roue à l'intérieur d'une autre, créant un vortex puissant qui permet aux pensées maintenues dans le lobe frontal de se cristalliser et de se manifester.

Ancient wisdom. Sagesse ancienne. Il s'agit de la sagesse des âges, de la connaissance de chaque grand maître ayant jamais vécu et atteint l'illumination. C'est la vérité qui soutient les disciplines du Grand Œuvre et le contenu des enseignements de Ramtha.

Antichrist. Antéchrist. L'antéchrist est le Christ altéré, la personnalité humaine limitée qui détruit le soi divin véritable. Ce terme fait référence à qui ou quoi que ce soit qui étouffe l'humanité et lui dérobe son droit de naissance et sa divinité.

Ascended master. Maître ayant fait l'expérience de l'ascension. Les maîtres ayant fait l'expérience de l'ascension sont des personnes qui ont maîtrisé le plan physique, les limitations de l'espace et du temps et conquis la mort. Ils ont acquis la faculté d'accélérer la fréquence de leur corps physique au point de pouvoir quitter ce plan et se manifester dans le plan d'existence ou la dimension de leur choix. Entre autres, Ramtha, Yeshua ben Joseph, Bouddha, Rathabim, Zarathoustra, Takahshunuman et Apollonius de Tyane ont fait l'expérience de l'ascension. Ramtha a été le premier membre de la race humaine à transcender ce plan et à faire l'expérience de l'ascension sans ne jamais connaître la mort.

Ascension. Ascension. L'ascension est le résultat naturel de l'illumination. C'est le résultat de l'ouverture de tous les centres énergétiques du corps humain et l'épanouissement complet du subconscient qui se traduit par une liberté absolue sur tous les plans d'existence. Ramtha fut le premier être humain né d'un homme et d'une femme à faire l'expérience de l'ascension depuis ce plan sans ne jamais connaître la mort. Il s'éleva au-dessus des siens après leur avoir enseigné durant 120 jours tout ce qu'il avait appris au sujet du Dieu Inconnu.

Après leur avoir fait ses adieux, il éleva la fréquence de son corps à un haut niveau avant de disparaître dans un éclair de lumière éblouissante. On rapporte que Yeshua ben Joseph a fait l'expérience de l'ascension depuis le plan physique après sa mort et sa résurrection devant ses disciples sur les rives de la mer de Galilée.

Assay. « Assay ». Ce terme signifie « test de l'initié ». Les séminaires durent généralement dix jours et permettent aux étudiants de mettre à l'épreuve le niveau de leurs accomplissements.

Atlatian. (Atlantean). Atlante. Ce terme fait référence à un habitant du continent de l'Atlantide.

Atrium of the Constants. Atrium des Constants. Plan d'existence de fréquence plus élevée que le plan physique où les âmes attendent la possibilité de s'incarner dans un corps physique.

Avatar. Avatar. Maître qui a le pouvoir de manifester à volonté, mais qui n'est pas encore totalement réalisé en tant que maître et n'a pas conquis la mort.

Awakened being. Être éveillé. Il s'agit d'une personne illuminée qui n'est plus victime de sa génétique ou de son environnement. Cette expression décrit un maître qui crée consciemment sa propre réalité.

Bands, the. Bandes, les. Ce sont les deux ensembles de sept fréquences qui entourent le corps humain et en maintiennent la cohésion. Chaque couche de chacune de ces bandes selon leurs sept niveaux de fréquence correspond aux sept sceaux des sept niveaux de conscience dans le corps humain. Les bandes sont les champs auriques permettant les processus des esprits binaire et analogique.

Binary mind. Esprit binaire. Ce terme signifie deux esprits. C'est l'esprit produit lorsque nous accédons à la connaissance de la personnalité humaine et du corps physique sans accéder à notre esprit subconscient profond. L'esprit binaire repose uniquement sur la connaissance, la perception et le processus de pensée du néocortex et des trois premiers sceaux. Les quatrième, cinquième, sixième et septième sceaux restent fermés à ce niveau d'état d'esprit.

Blue Body^{SM}**. Le Corps Bleu**^{SM}**.** C'est le corps qui appartient au quatrième plan d'existence, la conscience de « passage » et la bande de fréquence ultraviolette. Le Corps Bleu^{SM} a pouvoir sur le corps de lumière et le plan physique.

Blue Body Dance^{SM}**. La Danse du Corps Bleu**^{SM}**.** C'est une discipline enseignée par Ramtha dans laquelle l'étudiant élève son niveau de conscience au niveau de la conscience du quatrième plan. Cette discipline permet d'accéder au Corps Bleu^{SM} et d'ouvrir le quatrième sceau.

Blue Body^{SM} **Healing. La Guérison par le Corps Bleu**^{SM}**.** C'est une discipline enseignée par Ramtha dans laquelle l'étudiant élève sa conscience au niveau de celle du quatrième plan et du Corps Bleu^{SM} dans le but de guérir ou de changer le corps physique.

Blue Plane. Plan Bleu. *Voir* **Fourth Plane.** *Voir* **Quatrième plan.**

Blue webs. Toiles Bleues. Les toiles bleues représentent la structure fondamentale à un niveau subtil du corps physique. C'est la structure squelettique invisible du domaine physique au niveau de la fréquence ultraviolette.

Body/mind Consciousness. Conscience corps/esprit. La conscience corps/esprit est la conscience qui appartient au plan physique et au corps humain.

Boktau. " Boktau ". Ce terme signifie le « Grand Test ». C'est le nom donné à une longue retraite qui a lieu à l'École de Sagesse de Ramtha et qui dure habituellement au moins trente jours. Un « mini-Boktau » est une version plus courte de cette retraite ; il dure généralement une quinzaine de jours.

Book of Evolution. Livre de L'Évolution. C'est l'enregistrement de toutes les expériences de l'âme au cours de son cheminement depuis le premier plan physique jusqu'à son retour au septième plan et au Point Zéro.

Book of Involution. Livre de l'Involution. C'est l'enregistrement de toutes les expériences de l'âme au cours de son cheminement depuis Point Zéro jusqu'au plan d'existence le plus dense, le plan physique.

Book of Life. Livre de Vie. Ramtha fait référence à l'âme comme étant le Livre de Vie dans lequel le cheminement de l'involution et de l'évolution de chaque individu est enregistré dans sa totalité sous forme de sagesse.

Box, the. Boîte, la. La boîte fait référence à l'ensemble des attitudes, habitudes, croyances et processus de pensée accepté par la personne humaine et qui l'empêche d'explorer de nouveaux paradigmes de pensée et d'expérience. La boîte est l'équivalent du neuronet et de la personnalité humaine.

Breasts of Isis. Seins d'Isis. Ramtha appelle l'amygdale et l'hippocampe les Seins d'Isis.

C&E^{SM} = R. C&E^{SM} =R. La Conscience et l'Énergie créent la nature de la réalité.

C&E^{SM}. C&E^{SM}. Ceci est l'abréviation de Conscience et Énergie^{SM}. C'est la marque déposée de la discipline fondamentale de la manifestation et de l'élévation du niveau de conscience enseignée à l'École de Sagesse de Ramtha. Par cette discipline, l'étudiant apprend à créer un état d'esprit analogique, à ouvrir ses sceaux les plus élevés et à créer la réalité depuis le Néant. Un séminaire « C&E^{SM} pour débutants » est le nom donné au séminaire d'introduction pour étudiants débutants où ces derniers apprennent les principaux concepts et les disciplines fondamentales des enseignements de Ramtha. Les enseignements relatifs aux séminaires « C&E^{SM} pour débutants » sont rendus disponibles dans *Ramtha, A Beginner's Guide To Creating Reality / Ramtha, Comment créer votre Réalité Personnelle. Guide pour Débutants* (Yelm : JZK Publishing, une division de JZK, Inc., 1997) et dans la vidéo *Ramtha : Creating Personal Reality / Ramtha : Comment Créer votre Réalité Personnelle* (Yelm : JZK Publishing, une division de JZK, Inc., 1998). (La traduction en français est disponible.)

Carbule. Carbule. Le terme carbule se réfère aux tubules de carbone, les microtubules, qui sont le squelette de la cellule.

Cartouche. « Cartouche ». C'est un symbole qui représente l'essence d'une idée ou d'une personne.

Chakra. Chakra. Le terme chakra est un mot sanskrit. Un chakra est le lieu où se croisent deux lignes d'énergie. Un chakra est un point d'intersection d'énergie, quelque chose de tout à fait différent des sept sceaux ou centres de conscience du corps humain.

Christ. Christ. Le mot Christ n'est pas le nom ou le titre d'un individu particulier. On donne ce nom à tous les individus qui ont maîtrisé le plan physique et conquis la mort. Le Christ dans la personne humaine fait référence au Dieu intérieur, à l'aspect divin de la personne.

Christ walk. Marche Christique. La Marche de Christ est une discipline conçue par Ramtha où l'étudiant apprend à marcher très lentement dans un état de conscience totalement éveillé. Dans cette discipline, les étudiants apprennent à manifester l'esprit d'un Christ à chacun de leurs pas.

Christ-in-mass. Noël. (Littéralement, le terme anglais dit : Christ-dans-la-matière.) Ce terme fait référence à la fête de Noël. Il fait aussi référence à la Conscience Christique présente dans le corps de chair.

Collective attitude. Attitude collective. C'est un ensemble d'attitudes et de schémas de pensée communs à un groupe de personnes.

Collective consciousness. Conscience collective. Ce concept est équivalent au terme « inconscient collectif » utilisé par Karl Jung. Une conscience collective est un état d'esprit que partagent de manière reconnaissable un groupe de personnes, un pays ou une culture.

Collective subconscious. Subconscient collectif. Il s'agit d'un état de conscience collectif commun à l'humanité bien que la plupart des personnes ne le reconnaissent pas. Les termes conscience sociale ou conscience corps/esprit sont également utilisés. C'est la conscience du plan physique et des trois premiers sceaux.

Common thought. Pensées courantes. Les pensées courantes sont les pensées qui ont déjà été fixées dans le cerveau par l'expérience et qui sont communes à la personnalité humaine.

Consciousness. Conscience. La conscience est l'enfant né du fait de la contemplation du Néant par lui-même. C'est l'essence et la structure de toute existence. Tout ce qui existe a eu son origine dans la conscience et s'est manifesté extérieurement grâce à son énergie vierge. Le terme « flux de conscience » se réfère au continuum de l'esprit de Dieu.

Consciousness and energy. Conscience et énergie. La conscience et l'énergie sont la force de création dynamique et sont combinées de manière inextricable. Tout ce qui existe a eu son origine en conscience et s'est manifesté dans la matière par la modulation de son impact énergétique.

Consciousness & Energy^{SM}. **Conscience et Énergie**^{SM}. *Voir* **C&E**^{SM}. *C&E*^{SM}.

Constants. Constants. Êtres qui vivent dans l'atrium des Constants. Ce sont eux qui gouvernent sur les cycles et l'équilibre de l'ordre naturel.

Cosmic glue. Glu cosmique. Ramtha utilise ce terme pour décrire la force qui maintient la cohésion de l'univers. Il décrit l'amour comme étant la glu cosmique.

Critical mass. Masse critique. Ce terme fait référence à la manifestation et à la coagulation de la conscience en matière.

Crosham. Crosham. C'est le nom de l'épée utilisée par Ramtha pendant sa vie. Cette épée était si grande qu'il fallait les mains de dix hommes pour en tenir le pommeau.

Crossover. Croisement de sexe. Ce terme est utilisé pour décrire les âmes qui ont voulu comprendre le sexe opposé dans leur prochaine incarnation tout en gardant la perspective de leur genre. Les croisés sont en quelque sorte des hommes vivant dans des corps de femmes, et vice versa. Les personnes qui sont dans la confusion par rapport à leur orientation sexuelle sont souvent des croisés bien que cela ne soit pas toujours le cas.

Dark night of the soul. Ténèbres de l'âme. C'est une période de grande souffrance émotionnelle résultant des changements profonds d'une personne quant à sa compréhension d'elle-même. L'énergie envahit le corps émotionnel ; elle est purifiée et libérée des attachements que nous lui avons donnés. La charge se trouve inversée dans le cerveau, activant le champ énergétique du corps et produisant la souffrance.

Daughter of God. Fille de Dieu. Ce concept exprime l'héritage divin de tout individu, et met un accent spécial sur l'égalité des femmes.

Dialogue days. Époque des Dialogues. L'époque des Dialogues fait référence aux sessions tenues avec Ramtha au cours desquelles les participants étaient encouragés à poser des questions personnelles et directes à Ramtha. Ces sessions eurent eu lieu avant l'établissement de l'École de Sagesse de Ramtha en 1988.

Dimension. Dimension. Une dimension est l'atmosphère ou l'environnement créés entre deux points quelconques de conscience. Il y a sept plans majeurs d'existence et un nombre infini de dimensions dans chacun d'entre eux.

Dimensional mind. Esprit dimensionnel. Un esprit dimensionnel est l'esprit d'un maître qui ne pense plus en termes de temps linéaire ou d'une unique dimension relative au temps et à l'espace. Un esprit dimensionnel est un esprit capable de voir simultanément tous les potentiels.

Disciplines of the Great Work. Disciplines du Grand Œuvre. L'École de Sagesse Ancienne de Ramtha est dédiée au Grand Œuvre. Les disciplines du Grand Œuvre pratiquées à l'École de Sagesse de Ramtha sont toutes conçues dans leur totalité par Ramtha. Ces pratiques sont des initiations puissantes où l'étudiant a la possibilité d'appliquer les enseignements de Ramtha et d'en faire l'expérience directe.

Dreams. Rêves. Les rêves trouvent leur source dans la conscience humaine. Ce sont les réalités d'autres dimensions de pensée et pas seulement de purs fantasmes. Le subconscient utilise les rêves pour communiquer avec le corps physique et le restaurer pendant le sommeil. La plupart des rêves appartiennent à cette catégorie bien que certains puissent également être de nature prophétique. Un rêve conscient est une manière de créer et de manifester la réalité à volonté utilisée dans les disciplines du Grand Œuvre.

Earthbound spirits. Esprits attachés à la terre. Les esprits attachés à la terre sont les esprits des personnes qui sont décédées, mais qui ne se sont pas détachées de leur vie précédente et de leur existence physique. Ils existent dans la fréquence infrarouge. Usuellement, on les appelle des fantômes.

Ego. Ego. L'ego est le soi, la véritable identité de la personne humaine.

Electrum. Électrum. Ce terme fait référence à un champ électromagnétique qui a des pôles positif et négatif et qu'on appelle électricité. Le terme électron est dérivé du mot grec electrum qui signifie force fluide.

Elohim. Élohim. C'est le nom de l'un des groupes individuels de l'École de Sagesse de Ramtha. Ce dernier a nommé chacun des groupes et l'a investi d'une mission et d'un but qui donnent unité et identité à ses membres. Ce terme hébreu signifie littéralement les Dieux ; il est parfois utilisé en référence à un groupe particulier de Dieux venus sur la planète Terre.

Elohim Ka Men Ra. Élohim Ka Men Ra. C'est le nom de l'un des groupes individuels de l'École de Sagesse de Ramtha. Ce dernier a nommé chacun des groupes et l'a investi d'une mission et d'un but qui donnent unité et identité à ses membres.

Emerald of your universe. Émeraude de votre univers. La planète Terre.

Emotional body. Corps émotionnel. Le corps émotionnel est le collectif des émotions, attitudes et schémas électrochimiques passés qui définissent la personnalité humaine d'un individu. Ramtha le décrit comme étant la séduction de celui qui n'est pas éclairé. Le corps émotionnel est la raison de la réincarnation cyclique.

Emotions. Émotions. Une émotion est l'effet physique et biochimique d'une expérience. Les émotions appartiennent au passé, car elles sont l'expression d'expériences déjà connues et répertoriées dans les voies neurologiques du cerveau.

Enchantress. Enchanteresse. L'enchanteresse est le nom poétique attribué à la lune par Ramtha.

Energy. Énergie. L'énergie est la contrepartie de la conscience. Toute conscience comporte en elle-même un impact dynamique d'énergie, une radiation ou expression naturelle d'elle-même. Toutes les formes d'énergie comportent également en elles-mêmes une conscience qui les définit.

Enlightenment. Illumination. L'illumination est la pleine réalisation de la personne humaine, l'atteinte de l'immortalité et d'un esprit illimité. Elle résulte de l'élévation de l'énergie de la Kundalini reposant à la base de la colonne vertébrale jusqu'au septième sceau qui ouvre les parties endormies du cerveau. Lorsque l'énergie pénètre le cervelet et le cerveau moyen, ouvrant le subconscient, l'individu fait l'expérience d'un éclair éblouissant de lumière appelé illumination.

Esoteric. Ésotérique. Ce terme fait référence à la connaissance sacrée ou cachée.

Etheric. Éthérique. C'est quelque chose qui appartient à l'au-delà, à l'éther, à l'ordre spirituel.

Evolution. Évolution. L'évolution est le retour « à la maison » depuis les niveaux les plus lents de fréquence et matière, jusqu'aux niveaux les plus élevés de conscience et Point Zéro.

Exploding the volcano. Explosion du volcan. Cette expression est utilisée pour décrire le mouvement de l'énergie de la Kundilini effectué dans la discipline du C&E^{SM}.

Fantastic realism. Réalisme fantastique. Ce concept décrit la réalité créée par un état élevé de conscience. Il fait référence à la réalité dont font l'expérience les maîtres.

Father, the. Père, le. Ce terme fait référence à la Source, à Dieu, au Point Zéro.

Field, the. Champ, le. *Voir* **Name-field. « Champ ».**

Fieldwork^{SM} « Champ^{SM} ». Le « Champ^{SM} » est une des disciplines fondamentales de l'École de Sagesse de Ramtha. Il est enseigné aux étudiants comment créer un symbole sur quelque chose qu'ils veulent connaître — dont ils veulent faire l'expérience — et de le dessiner sur une carte en papier. Les cartes sont placées, face vierge visible, sur la barrière d'un très grand champ. Les étudiants se bandent les yeux et se concentrent sur leur symbole, permettant à leur corps de marcher librement jusqu'à trouver leur carte, en appliquant la loi de la conscience, de l'énergie et de l'esprit analogique.

Fifth plane. Cinquième plan. Le cinquième plan d'existence est le plan de la superconscience et de la fréquence des rayons X. Il est également connu sous le nom de « Plan Doré » ou paradis.

Fifth seal. Cinquième sceau. Le cinquième sceau est le centre de notre corps spirituel qui nous relie au cinquième plan. Ce sceau est associé à la glande thyroïde ainsi qu'à la notion d'exprimer et de vivre la vérité sans dualisme.

First plane. Premier plan. Ce terme fait référence aux plans matériel et physique. C'est le plan de la conscience image et de la fréquence hertzienne. C'est la forme la plus basse et la plus dense de conscience et d'énergie coagulées.

First seal. Premier sceau. Le premier sceau est associé aux organes de la reproduction, à la sexualité et à la survie.

First three seals. Trois premiers sceaux. Les trois premiers sceaux sont associés à la sexualité, à la survie, à la douleur et à la souffrance, à l'état de victime et à la tyrannie. Ce sont les sceaux usuellement en jeu dans toutes les complexités du drame humain.

Focus. Concentration (focalisation). La faculté de concentration sur une pensée est une des composantes principales des disciplines du Grand Œuvre. Elle est atteinte lorsqu'on maintient consciemment et analogiquement dans le lobe frontal du cerveau une image holographique représentant une pensée.

Fourth plane. Quatrième plan. Le quatrième plan d'existence est le royaume de la conscience de passage et de la fréquence ultraviolette. On décrit ce plan comme le plan de Shiva, le destructeur de l'ancien et le créateur du nouveau. Sur ce plan, l'énergie n'est pas encore divisée selon les charges positive et négative. Tout changement durable ou toute guérison du corps physique doit être effectué au préalable au niveau du quatrième plan et du Corps Bleu^{SM}. On appelle aussi ce plan le Plan Bleu ou le plan de Shiva.

Fourth seal. Quatrième sceau. Le quatrième sceau est associé à l'amour inconditionnel et au thymus. Lorsqu'il est activé, une hormone est secrétée ; le rôle de cette dernière est de maintenir le corps en parfaite santé et de faire cesser le vieillissement.

Free space. Espace libre. L'espace libre est l'expérience de sortir de la boîte et des moules de notre personnalité limitée. On décrit l'espace libre comme l'extase. C'est l'expérience d'une perspective plus vaste et plus élevée qui permet aux individus de voir avec clarté et de comprendre les choses qui semblaient auparavant chaotiques et sans solution dans leur vie.

Frequency. Fréquence. La fréquence est la vitesse vibratoire caractérisant une onde d'énergie. On utilise la fréquence pour décrire le rythme vibratoire des particules et des ondes d'un plan particulier d'existence.

Fruit of the vine. Fruit de la vigne. Le vin.

Gnosis. Gnose. Terme d'origine grecque signifiant connaissance. Ce terme était utilisé par les mouvements gnostiques du début de l'ère chrétienne pour décrire un système de connaissance ou bien la compréhension de Dieu, de la création, de la condition humaine et de la destinée, révélés par une source transcendantale. Cette connaissance sacrée a un effet rédempteur et libérateur sur l'individu.

Gnosticism. Gnosticisme. Le gnosticisme est une étiquette donnée au 18e siècle aux mouvements gnostiques du début de l'ère chrétienne qui exposaient un vaste ensemble d'enseignements issus de traditions existantes variées. L'idée fondamentale est une vue dualistique du monde. Les adeptes de ces mouvements croient que tout être humain est une étincelle du divin piégé dans la matière, ce qui résulte en un conflit entre la lumière et l'obscurité, la connaissance et l'ignorance, le bien et le mal. La révélation de la connaissance sacrée permet à l'âme de l'individu d'être libérée et de se séparer de la chair, retournant ainsi à Dieu, sa source.

God. Dieu. Les enseignements de Ramtha sont un exposé de l'affirmation « Vous êtes Dieu. » L'humanité y est décrite comme étant les Dieux oubliés. Dieu est différent du Néant. C'est le point de conscience issu de la contemplation du Néant par lui-même. C'est la conscience et l'énergie explorant et faisant connaître les potentiels inconnus du Néant. C'est l'essence omnipotente et omniprésente de toute la création.

God within. Dieu intérieur. C'est l'Observateur, le soi véritable, la conscience primaire, l'Esprit, le Dieu au sein de la personne humaine.

God/man. Dieu/homme. La pleine réalisation d'un être humain.

God/woman. Dieu/femme. La pleine réalisation d'un être humain.

Gods. Dieux. Les Dieux sont des êtres technologiquement avancés ; ils sont venus sur terre il y a 455 000 ans depuis d'autres systèmes stellaires. Ils ont génétiquement manipulé la race humaine, mêlant et modifiant notre ADN avec la leur. Ils sont responsables de l'évolution du néocortex et ont utilisé la race humaine comme une force de travail qui leur était soumise. Des preuves de ces événements sont inscrites sur les tablettes et objets sumériens. On utilise aussi ce terme pour décrire la véritable identité de l'humanité, les Dieux oubliés.

Golden body. Corps doré. C'est le corps qui appartient au cinquième plan, la superconscience et la fréquence des rayons X.

Golden Plane. Plan doré. *Voir* **Fifth Plane. Cinquième plan.**

Graymen. Hommes gris. C'est le groupe de personnes de grande influence qui possèdent les principales banques et entreprises contrôlant les événements politiques et économiques du monde.

Great architect, the. Grand architecte, le. Le grand architecte fait référence au cerveau, plus précisément au néocortex et au lobe frontal où sont créées les images holographiques ou pensées.

Great Work. Grand Œuvre. Le Grand Œuvre est l'application pratique des enseignements des Écoles de Sagesse Ancienne. Ce terme fait référence aux disciplines par lesquelles la personne humaine parvient à l'illumination et est transmué en un être immortel divin.

Hardwiring. Fixations neurologiques. Il s'agit du processus par lequel sont établies et fixées les connexions neurologiques du cerveau. Il suffit qu'un modèle de pensée soit répété trois fois pour qu'une habitude se crée et s'enregistre dans le réseau neuronal (neuronet).

Heaven. Ciel. Ce terme est utilisé de trois manières : pour faire référence au paradis ; pour décrire un plan d'existence en général ; et, de manière plus précise, pour désigner la région tranquille du néocortex, le lobe frontal.

Hell. Enfer. Ramtha explique que le concept de l'enfer signifiait à l'origine une tombe peu profonde. Cette forme d'ensevelissement était tout à fait indésirable du fait que le corps du défunt se trouvait exposé à l'attaque des animaux sauvages. Le seul lieu où Ramtha découvrit l'existence de l'enfer comme lieu de punition éternelle est la conscience des hommes et des femmes qui y croient.

Hertzian realm. Royaume hertzien. *Voir* **First Plane. Premier plan.**

Hierophant. Hiérophante. Un hiérophante est un maître enseignant capable de manifester ce qu'il enseigne et d'initier ses étudiants à cette même connaissance.

Higher seals. Sceaux supérieurs. *Voir* **Upper four seals. Quatre sceaux supérieurs.**

Hyperconsciousness. Hyperconscience. L'hyperconscience est la conscience du sixième plan et de la fréquence des rayons gamma.

Hypnotic ability. Faculté d'hypnose. C'est la faculté d'entrer dans un état altéré de conscience appelé esprit analogique. Dans cet état, l'activité du néocortex est anesthésiée, alors que le cerveau moyen et le cervelet sont activés.

Iaut Aleph. Iaut Aleph. C'est le nom de l'un des groupes individuels de l'École de Sagesse de Ramtha. Ce dernier a nommé chacun des groupes et l'a investi d'une mission et d'un but qui donnent unité et identité à ses membres.

Image, the. Image, l'. L'image fait référence à la conscience sociale. Ce terme fait également référence à l'esprit produit par le neuronet ou la personnalité.

Incarnation. Incarnation. Ce terme fait référence à l'expérience d'une existence particulière. Le Transpersonnel, l'Esprit ou le Soi véritable de l'individu est l'enfant du Néant et immortel par nature. L'âme est différente de l'Esprit. Elle enregistre les expériences de l'Esprit immortel. C'est pourquoi l'Esprit et l'âme prennent un corps physique dans une incarnation. Ainsi, ils peuvent interagir avec le plan physique d'existence. À la mort, à la fois l'Esprit et l'âme quittent le corps physique et cherchent à s'incarner de nouveau dans un autre corps physique afin de compléter leur apprentissage dans la dimension physique.

Infinite Unknown. Inconnu Infini. C'est la bande de fréquence du septième plan d'existence et l'ultraconscience.

Involution. Involution. L'involution est le cheminement depuis Point Zéro et le septième plan jusqu'aux niveaux les plus lents et les plus denses de fréquence et matière.

Ionia. Ionie. L'Ionie est une région du continent de l'Atlantide où se situe aujourd'hui la Macédoine.

Jehovah. Jéhovah. Jéhovah est un être technologiquement avancé qui manquait beaucoup de confiance en lui, avait l'esprit guerrier et haïssait sa sœur. C'est lui qui fut responsable du départ d'Abraham pour le pays de Canaan dans le but d'y créer le peuple hébreu et du départ d'Égypte de Moïse pour se rendre jusqu'à la Terre Promise.

JZ Knight. JZ Knight. JZ Knight est la seule personne désignée par Ramtha pour le channeler. Ramtha fait référence à JZ comme étant sa fille bien-aimée. Lorsqu'il était vivant, cette dernière s'appelait Ramaya et était l'aînée des enfants qui lui furent confiés.

Ka. Ka. Terme égyptien se référant au corps de lumière d'une personne.

Karma. Karma. Le karma est la conséquence naturelle des pensées et des actions d'une personne. Il comprend toutes les questions, attitudes et émotions qu'une personne n'a pas encore transformées en sagesse. Les aspects non encore résolus par l'âme sont la véritable cause du cycle répétitif des incarnations.

Kingdom of God. Royaume de Dieu. Ce concept fait référence à un plan d'existence ou à une dimension d'esprit où règne l'esprit illimité de Dieu.

Kingdom of heaven. Royaume des cieux. *Voir* **Kingdom of God. Royaume de Dieu.**

Kirlian photography. Photographie Kirlian. Ce terme fait référence à un processus photographique développé par des techniciens russes et permettant de reproduire le champ aurique d'un objet vivant.

Knowingness. Connaissance précognitive. La connaissance précognitive est la faculté de connaître quelque chose sans l'aide de la perception sensorielle. Elle fait référence à l'acte d'accéder à la connaissance du subconscient.

Kundalini. Kundalini. L'énergie de la Kundalini est la force vitale d'une personne. À la puberté, elle descend des sceaux les plus élevés jusqu'à la base de la colonne vertébrale. C'est un paquet d'énergie important réservé pour l'évolution humaine ; il est communément représenté comme un serpent enroulé à la base de la colonne vertébrale. Cette énergie est différente de celle qui est issue des trois premiers sceaux et qui est responsable de la sexualité, de la souffrance, du pouvoir et de l'état de victime. On la décrit communément comme le serpent ou le dragon endormis. Ce cheminement de l'énergie de la Kundalini jusqu'à la couronne de la tête est appelé chemin vers l'illumination. Ce cheminement a lieu lorsque le serpent s'éveille et commence à se diviser et à danser autour de la colonne vertébrale, ce qui ionise le fluide cérébrospinal et modifie sa structure moléculaire. Cette action provoque l'ouverture du cerveau moyen et de la porte du subconscient.

Leave the body. Quitter le corps. Ce terme fait référence à l'initiation vécue lors d'une expérience de sortie du corps.

Life force. Force vitale. La force vitale est le Père, l'Esprit, le souffle de vie dans une personne. C'est la plateforme à partir de laquelle une personne crée ses illusions, son imagination et ses rêves.

Life review. Revue de vie. C'est la revue de l'incarnation précédente qui a lieu lorsque la personne atteint le troisième plan après la mort. La personne devient alors l'Observateur, l'acteur et le destinataire de ses propres actions. Les aspects non résolus de cette vie qui émergent lors de la revue de vie décident des données de la prochaine incarnation.

Lifeline. Ligne de vie. C'est une ligne dans le temps ou la probabilité des événements résultant de l'état d'esprit ou de conscience particulier d'une personne.

Light review. Revue dans la lumière. *Voir* **Life review. Revue de vie.**

Light, the. Lumière, la. La Lumière fait référence au troisième plan d'existence.

Lightbeing. Être de lumière. C'est un être du troisième plan d'existence.

Lightbody. Corps de lumière. C'est la même chose que le corps radieux. C'est le corps qui appartient au troisième plan de la conscience éveillée et à la bande de fréquence de la lumière visible.

Limited thought. Pensée limitée. Ce concept fait référence à une pensée sujette aux limitations de l'espace et du temps physiques. Il fait référence aux processus de pensée de la personnalité humaine et à la conscience des trois premiers sceaux.

Linear physics. Physique linéaire. C'est un terme qui décrit la physique classique ou newtonienne.

List, the. Liste, la. La Liste est la discipline enseignée par Ramtha au cours de laquelle l'étudiant doit écrire les choses qu'il aimerait connaître et dont il désire faire l'expérience. Il apprend ensuite à exercer sa concentration sur cette liste dans un état de conscience analogique. La liste est la carte utilisée pour formuler, changer et reprogrammer le réseau neurologique d'une personne. C'est l'outil qui permet d'apporter à la personne et à sa réalité des changements significatifs et durables.

Lord of the Wind. Seigneur du Vent. Un des titres de Ramtha. Le vent représente la liberté, le pouvoir et la transcendance de l'Esprit. Ramtha devint le Seigneur du Vent lors de son illumination.

Make known the unknown. Faire connaître l'inconnu. Cette expression décrit le mandat divin originel donné à la conscience Source, qui est censée manifester et amener à la conscience éveillée tous les potentiels infinis du Néant. Cette affirmation représente l'intention fondamentale inspirant le processus dynamique de l'évolution.

Mass to mass. Matière à matière. Ce concept fait référence à l'approche de la réalité physique depuis la perspective du plan physique.

Master. Maître. Un maître est une personne qui a la conscience claire de sa divinité et qui applique cette connaissance dans sa vie quotidienne. Ramtha appelle ses étudiants « maîtres », car ils apprennent à penser et à agir comme des maîtres.

Master General. Maître Général. Les Maîtres Généraux sont les membres du personnel de l'École de Sagesse de Ramtha responsables de l'organisation et de l'exécution des retraites et des séminaires de l'école.

Master Teacher. Maître Enseignant. Un maître enseignant est un maître qui a fait l'expérience de l'ascension et qui a la faculté d'initier ses étudiants aux mystères de la connaissance sacrée.

Material plane. Plan matériel. *Voir* **First plane. Premier plan.**

Materialize. Matérialiser. Ce terme fait référence à la coagulation et à la manifestation d'une pensée sous la forme physique.

Merkabah. Merkabah. Merkabah est le nom donné à un très grand vaisseau mère spatial appartenant aux êtres habitant au-delà de l'Étoile Polaire.

*Mind. Esprit. L'esprit est le produit des flux de conscience et d'énergie agissant sur le cerveau, créant des formes pensées, des segments holographiques ou des modèles neurosynaptiques appelés mémoire. Les flux de conscience et d'énergie maintiennent le cerveau en vie. Ils sont sa source de pouvoir. La faculté de penser d'une personne est ce qui définit son esprit.

Mind of God. Esprit de Dieu. L'esprit de Dieu comprend l'esprit et la sagesse de toutes les formes de vie ayant jamais vécu dans toute dimension et à toute époque ou qui vivront sur toute planète ou étoile.

Moment, the. Moment Présent, le. Ce terme décrit le présent créatif et éternel.

Monkey-mind. Esprit-singe. L'esprit-singe fait référence à l'esprit changeant de la personnalité.

Mother/Father principle. Principe Mère/Père. C'est la source de toute vie, Dieu le Père, l'éternelle Mère, Point Zéro.

Motheren. (Mother). Mère.

Mu. Mu. Mu est le continent de la Lémurie qui repose sous l'océan Pacifique.

Myria Amoun. Myria Amoun. Ce terme veut dire vie argentée ; c'est le nom du vaisseau de Ramtha. La valeur numérique représentant ce vaisseau massif de 19 milles de long (environ 30 km) est 32 et son symbole est la triade.

Nabor. Nabor. Nabor était la cité située dans la vallée de Nazire où Ramtha fut traversé par une épée.

Name-field. Champ. Il s'agit du nom donné au vaste champ où est pratiquée la discipline appelée Fieldwork^{SM}, « le Champ ».

Neewollah. Neewollah. C'est la fête de l'Halloween, le mot étant épelé à l'envers.

Neophyte. Néophyte. Un néophyte est un étudiant débutant du Grand Œuvre.

No-time. Non-temps. Ce concept fait référence à l'expérience du « Moment Présent », le moment éternel, créatif et analogique. Le temps est la conséquence, la manifestation et l'expérience de ce moment créatif.

Observer. Observateur. Ce terme fait référence à l'Observateur responsable de précipiter la particule/onde de la mécanique quantique. Il représente le vrai soi, l'Esprit, la conscience primaire, le Dieu au sein de la personne humaine.

Om Akad. Om Akad. C'est le nom de l'un des groupes individuels de l'École de Sagesse de Ramtha. Ce dernier a nommé chacun des groupes et l'a investi d'une mission et d'un but qui donnent unité et identité à ses membres..

Onai. Onai. Il s'agit d'une cité portuaire au sud du continent de l'Atlantide où Ramtha vécut avec sa mère, son frère et sa sœur lorsqu'il était enfant.

Our God. Notre Dieu. Ce concept fait référence au Dieu, à l'Esprit, à l'Observateur, à l'élément divin, au vrai soi de l'individu.

Outrageous. Extravagant. La traduction littérale en français du mot *outrageous* est outrageant, monstrueux ou scandaleux, mais Ramtha donne à ce terme un sens positif en parlant de quelque chose qui est inhabituel ou de quelqu'un qui est extraordinaire, libre dans ses actions et excessivement audacieux et virulent.

Outrageous thought. Pensée extravagante. *Voir* **Outrageous. Extravagant.** Ce type de pensée fait référence à une pensée illimitée, élevée, transcendantale.

Past, the. Passé, le. Le concept de passé, dans son contexte subjectif, fait référence à tout ce qu'un individu connaît déjà par expérience. En ce sens, le passé comprend toutes les expériences émotionnelles d'une personne par rapport aux gens, aux lieux, aux choses, au temps et aux événements. Le passé est la plus grande force de dissuasion de l'évolution humaine, car il invalide la faculté de l'individu à créer de nouveaux paradigmes de pensée et à faire connaître l'inconnu.

People, places, things, times, and events. Gens, lieux, choses, temps et événements. Ce sont les principaux domaines de l'expérience humaine auxquels la personnalité est attachée émotionnellement. Ces domaines représentent le passé de la personne humaine et constituent le contenu du corps émotionnel.

Personality, the. Personnalité, la. La personnalité est la conscience secondaire, la conscience miroir, le voyageur ayant oublié son origine et son héritage divins.

Philosopher's stone. Pierre philosophale. C'est un terme alchimique faisant référence à l'élixir d'immortalité.

Physical plane. Plan physique. *Voir* **First plane. Premier plan.**

Plane of Bliss. Plan de la Béatitude. Ce terme fait référence au plan de repos où les âmes prévoient leur incarnation suivante après leur revue de vie. On le connaît aussi sous le nom de « ciel » ou « paradis », où n'existent aucune souffrance, aucun besoin ou manque et où chaque souhait est immédiatement manifesté.

Plane of demonstration. Plan de la démonstration. On appelle aussi le plan physique « le plan de la démonstration ». C'est le plan où la personne a la possibilité de faire la démonstration de son potentiel créateur dans la matière et d'être le témoin de la conscience sous sa forme matérielle afin d'accroître sa compréhension émotionnelle.

Plane of flesh. Plan de la chair. *Voir* **First plane. Premier plan.**

Point Zero. Point Zéro. Ce terme fait référence au point originel de conscience qu'a créé le Néant par l'acte de se contempler lui-même. Point Zéro est l'enfant originel du Néant.

Prancing Pony Inn. Prancing Pony Inn. Ce terme fait référence à un bar ou à une salle de danse. Ramtha emprunta ce terme à J.R.R. Tolkien, *Le Seigneur des Anneaux* (Londres : Grafton, 1991).

Prima materia. Prima materia. C'est un terme alchimique qui fait référence à l'essence ultime de toute chose.

Prophecy. Prophétie. Une prophétie est une ligne de vie future potentielle basée sur les faits du moment présent. Les prophéties devraient toujours être accompagnées de l'affirmation « Tel qu'il apparaît aujourd'hui », car elles sont sujettes à changement suivant l'évolution de la conscience collective. Une telle compréhension des prophéties est basée sur la loi de la conscience et de l'énergie enseignée par Ramtha.

Psychic ability. Faculté psychique. La faculté psychique est la faculté de connaître sans l'aide de la perception sensorielle. Elle se développe lorsqu'on accède au cerveau moyen et qu'on ouvre ce dernier, lui permettant de recevoir l'information venant de l'environnement d'un niveau de fréquence plus élevé que la bande de fréquence hertzienne.

Ra. Ra. Ra est le nom d'un Dieu égyptien. Ra est le terme utilisé par Ramtha pour désigner le soleil.

Radiant body. Corps Radieux. *Voir* **Lightbody. Corps de lumière.**

Ram. Ram. Ram est une version écourtée du nom Ramtha qui signifie le Père.

Ramaya. Ramaya. Ramtha réfère à JZ Knight comme étant sa fille bien aimée. Son nom était Ramaya. Elle fut la première des enfants adoptés par Ramtha durant sa vie. Ramtha trouva Ramaya abandonnée dans les steppes de Russie. Durant la marche, nombreux étaient ceux qui donnèrent leurs enfants à Ramtha; c'était un geste d'amour qui témoignait de leur immense respect. Ces enfants seraient élevés dans la Maison du Ram. Lui-même n'ayant jamais eu d'enfant, ces derniers atteignirent le nombre de cent trente trois.

Ramtha (etymology). Ramtha (étymologie). Le nom de Ramtha, l'Être Éclairé, Seigneur du Vent, signifie le Père. Ce nom réfère également au Ram qui descendit de la montagne lors du « Terrible Jour du Ram ». « Toute l'antiquité et l'Egypte ancienne parlent de l'avenue dédiée au Ram, le grand conquérant. Ils possédaient sufisamment de sagesse pour comprendre que quiconque marcherait sur l'avenue du Ram pourrait conquérir le vent. » Le mot Aram, qui est le nom du petit-fils de Noé, est formé du nom araméïque Araa — qui signifie terre, territoire — et du mot Ramtha qui signifie haut. Ce nom sémite fait écho à la descente de Ramtha de la haute montagne qui marqua le commencement de la grande marche.

Ramuste. Ramuste. Ramuste est le nom de la maison collective correspondant à une émotion de l'âme où Ramtha a choisi de naître. La compréhension émotionnelle de cette conscience collective était le pouvoir de la maîtrise.

Red energy. Énergie rouge. Ce terme est utilisé en référence à l'énergie de la Kundalini et à l'énergie psychique.

Red lion. Lion rouge. Terme alchimique faisant référence à l'élixir d'immortalité.

Red serpent. Serpent rouge. On visualise l'énergie de la Kundalini s'élevant depuis la base de la colonne à travers les sceaux comme un double serpent rouge qui ondule et s'entrecroise avec lui-même (symbole médical du caducée). On utilise aussi le terme « serpent rouge » pour décrire l'énergie psychique.

Reincarnation. Réincarnation. La réincarnation est le cycle répétitif de l'incarnation.

Righteousness. Vertu/Justesse. Littéralement, en anglais, c'est le « bon usage » de quelque chose. C'est la qualité morale de l'impeccabilité.

Runner. Messager. À l'époque de Ramtha, un messager était responsable d'apporter certains messages ou certaines informations. Un maître enseignant a la faculté d'envoyer des messagers à d'autres personnes. Ceux-ci manifestent leurs paroles ou leur intention sous la forme d'une expérience ou d'un événement.

Satan. Satan. Satan n'est pas le nom ou le titre d'un être singulier. C'est plutôt tout ce qui nous dérobe notre divinité ou nous empêche d'accepter le changement. Satan, l'accusateur, est ce qui maintient la personne humaine bloquée dans les émotions du passé.

School of Ancient Wisdom. École de Sagesse Ancienne. Titre donné aux différentes écoles où, au cours de l'histoire, était enseignée la connaissance du Grand Œuvre. Ramtha fut en grande partie responsable de l'existence de toutes ces écoles.

Season of blood. Menstruation. Terme faisant référence au cycle de la menstruation.

Second plane. Second plan. C'est le plan d'existence de la conscience sociale et de la bande de fréquence infrarouge. Associé à la douleur et à la souffrance, ce plan est la polarité négative du troisième plan de la fréquence de la lumière visible.

Second seal. Second sceau. Ce sceau est le centre énergétique de la conscience sociale et de la bande de fréquence infrarouge. Associé à la douleur et à la souffrance, il se situe dans la région abdominale inférieure.

Self, the. Soi, le. Le Soi est la véritable identité de la personne humaine. C'est l'aspect transcendantal de la personne. Il fait référence à l'Observateur, à la conscience primaire.

Sending-and-receiving. « Envoyer-recevoir ». « Envoyer-recevoir » est le nom de la discipline enseignée par Ramtha par laquelle l'étudiant apprend à accéder à des informations en utilisant les facultés du cerveau moyen à l'exclusion de la perception sensorielle. Cette discipline développe les facultés psychiques de télépathie et de divination de l'étudiant.

Seven seals. Sept sceaux. Les sept sceaux sont les puissants centres énergétiques qui constituent les sept niveaux de conscience dans le corps humain. Les bandes sont la manière dont est maintenue la cohésion du corps physique selon ces sceaux. Chez tout être humain, l'énergie sort en spirale des trois premiers sceaux ou centres. L'énergie sort de ces trois premiers sceaux sous la forme d'une pulsation et se manifeste respectivement en tant que sexualité, douleur ou pouvoir. Lorsque les sceaux supérieurs sont ouverts, un niveau de conscience plus élevé se trouve activé.

Seven Sisters. Sept Soeurs. Autre nom donné à la constellation des Pléiades.

Seventh plane. Septième plan. Le septième plan est le plan de l'ultraconscience et la bande de fréquence de l'Infini Inconnu. C'est sur ce plan qu'a débuté l'involution. Ce plan fut créé par Point Zéro lorsqu'il imita l'acte de contemplation du Néant et que le miroir ou la conscience secondaire fut créé. Un plan d'existence ou une dimension d'espace et de temps existe entre deux points de conscience. Tous les autres plans furent créés par un ralentissement du temps et de la fréquence du septième plan.

Seventh seal. Septième sceau. Ce sceau est associé à la couronne de la tête, à la glande pituitaire et à l'obtention de l'illumination.

Shambhala. Shambhala. C'est le nom d'une ancienne forêt qui existait près de la région nord-est du fleuve Indus à l'époque où vivait Ramtha.

Shiva. Shiva. Le Seigneur Dieu Shiva représente le Seigneur du Plan Bleu et le « Blue Body^SM » (le Corps Bleu^SM). Shiva ne fait pas référence à la déité singulière de l'hindouisme. C'est plutôt la représentation d'un état de conscience appartenant au quatrième plan, à la bande de fréquence ultraviolette et à l'ouverture du quatrième sceau. Shiva n'est ni mâle ni femelle. C'est un être androgyne car l'énergie du quatrième plan n'a pas encore été divisée entre les polarités positive et négative.

Cette caractéristique le distingue de manière importante de la représentation hindoue traditionnelle de Shiva, déité mâle possédant une femme. La peau de tigre à ses pieds, le trident ainsi que le soleil et la lune au niveau de la tête représentent la maîtrise du corps sur les trois premiers sceaux de conscience. L'énergie de la Kundalini est représentée comme une énergie fougueuse jaillissant depuis la base de la colonne jusqu'à la tête. Il s'agit là d'une autre différence par rapport à certaines des représentations hindoues avec le serpent sortant dans la région du cinquième sceau ou de la gorge. Une autre image symbolique de Shiva : ses longs cheveux foncés et l'abondance de ses colliers de perles qui représentent la richesse de ses expériences transformées en sagesse. Le carquois, l'arc et les flèches sont les agents grâce auxquels Shiva projette sa puissante volonté, détruit l'imperfection et crée le nouveau.

Sign of the star. Signe de l'étoile. Le signe de l'étoile est une version plus complexe du signe de la triade pratiqué par le groupe des étudiants avancés.

Sign of the triad. Signe de la triade. Il est enseigné aux étudiants débutants de faire le signe de la triade les yeux bandés avant de commencer chacune des disciplines du Grand Œuvre. Les étudiants pointent leur index sur leur front, ou septième sceau, qui est le sommet de la triade. Restant concentrés, ils terminent la triade en déplaçant lentement la main vers leur genou gauche, puis leur genou droit, avant de retourner à leur front. Cette triade représente le cheminement de l'involution et de l'évolution.

Sixth plane. Sixième plan. Le sixième plan est le domaine de l'hyperconscience et la bande de fréquence des rayons gamma. Sur ce plan, on fait l'expérience d'être un avec la totalité de la vie.

Sixth seal. Sixième sceau. Ce sceau est associé à la glande pinéale et à la bande de fréquence des rayons gamma. La formation réticulaire qui filtre et voile la connaissance précognitive du subconscient s'ouvre lorsque ce sceau est activé. L'ouverture du cerveau fait référence à l'ouverture de ce sceau et à l'activation de sa conscience et de son énergie.

Social consciousness. Conscience sociale. C'est la conscience du second plan et de la bande de fréquence infrarouge. On l'appelle aussi l'image de la personnalité humaine et l'esprit des trois premiers sceaux. La conscience sociale fait référence au conscient collectif de la société humaine. C'est l'ensemble des pensées, présomptions, jugements, préjugés, lois, moralités, valeurs, attitudes, idéaux et émotions de la fraternité de la race humaine.

Son of God. Fils de Dieu. Le fils ou la fille de Dieu est l'individu qui s'ouvre à un état de conscience plus élevé et plus vaste que celui qui correspond aux trois premiers sceaux. Agir comme le fils ou la fille de Dieu, c'est vivre depuis la perspective de notre conscience divine plutôt que depuis celle de notre conscience humaine.

Son of man. Fils de l'homme. Ce concept fait référence à l'aspect humain et physique de la personne. Un individu agit comme le fils ou la fille de l'homme et de la femme lorsqu'il choisit d'obéir à son humanité plutôt qu'à sa divinité.

Soul. Âme. Ramtha fait référence à l'âme comme étant le Livre de Vie où la totalité du cheminement de l'involution et de l'évolution de l'individu est enregistrée sous forme de sagesse.

Spill your seed. Répandre sa semence. L'éjaculation du sperme.

Subconscious mind. Esprit subconscient. Le siège de l'esprit subconscient est le lobe inférieur du cervelet ou cerveau reptilien. Cette partie du cerveau possède ses propres relations avec le lobe frontal et la totalité du corps, et a le pouvoir d'accéder à l'esprit de Dieu, la sagesse des âges.

Superconsciousness. Superconscience. C'est la conscience du cinquième plan et la bande de fréquence des rayons X.

Tahumo. Tahumo. Le Tahumo est la discipline enseignée par Ramtha par laquelle l'étudiant apprend à maîtriser les effets de l'environnement naturel — chaleur et froid — sur le corps humain.

Tank field. Champ du labyrinthe. Il s'agit du nom donné au vaste champ où se trouve le labyrinthe utilisé pour la discipline du « Tank[SM] » (le Labyrinthe[SM]).

Tank[SM]**, The. Labyrinthe**[SM]**, le.** C'est le nom donné au labyrinthe utilisé comme discipline de l'École de Sagesse de Ramtha. Il est enseigné aux étudiants de trouver l'entrée du labyrinthe les yeux bandés et de s'y déplacer, concentrés sur le Néant, sans toucher les murs ou encore utiliser leurs yeux et leurs sens. L'objectif de cette discipline est, les yeux bandés, de trouver le centre du labyrinthe ou une pièce désignée comme représentant le Néant.

Telstar. Telstar. Lorsque la matière est précipitée dans un trou noir (*black hole*), elle atteint une conscience située en dehors du temps et de l'espace. Et dans un espace sans conscience, elle ressort par un autre trou appelé « éveil ». Elle arrive dans le trou noir et renaît. Elle renaît dans un trou blanc (*white hole*) appelé telstar qui l'expulse dans l'univers.

Terra. Terra. Il s'agit du nom donné à la planète Terre par les Dieux il y a 455 000 ans, lors de leur première visite.

Third plane. Troisième plan. C'est le plan de la conscience éveillée et la bande de fréquence de la lumière visible. Il est aussi connu comme le plan de la lumière et le plan mental. Lorsque l'énergie du Plan Bleu descend au niveau de cette fréquence, elle se divise selon les polarités positive et négative. C'est à ce niveau que l'âme se divise en deux, ce qui est à l'origine du phénomène des âmes sœurs.

Third seal. Troisième sceau. Ce sceau est le centre énergétique de la conscience éveillée et la bande de fréquence de la lumière visible. Associé au contrôle, à la tyrannie, à l'état de victime et au pouvoir, il se situe dans la région du plexus solaire.

Thought. Pensée. La pensée diffère de la conscience. Le cerveau reçoit un flux de conscience et le modifie, le divisant en segments — images holographiques — d'empreintes neurologiques, électriques et chimiques appelés pensées. Les pensées sont les pierres de construction de l'esprit.

Timeline. Ligne de vie. Il s'agit de la probabilité potentielle d'événements résultant d'un état de conscience particulier.

Transpersonal. Transpersonnel. Le transpersonnel fait référence à l'ordre spirituel, aux aspects transcendantaux de la personne humaine.

Truth. Vérité. La vérité ne se limite pas à des données ou à des informations. Elle est la réalisation complète d'un concept ou paradigme de pensée à travers l'expérience ou la sagesse personnelle.

Twilight^SM. « Twilight^SM ». Ce terme est utilisé pour décrire la discipline enseignée par Ramtha par laquelle les étudiants apprennent à maintenir leur corps dans un état catatonique semblable au sommeil profond tout en conservant leur conscience éveillée.

Twilight^SM Visualization Process. Processus de visualisation du « Twilight^SM ». C'est le processus utilisé dans la pratique de la discipline de la Liste ou d'autres formes de visualisation.

Ultraconsciousness. Ultraconscience. C'est la conscience du septième plan et la bande de fréquence de l'Inconnu Infini. C'est la conscience d'un maître ayant fait l'expérience de l'ascension.

Unaccustomed freedom. Liberté inaccoutumée. L'individu fait l'expérience de ce type de liberté lorsqu'il sort de la « boîte » et se trouve dans l'« espace libre ».

Unawakened being. Être non éveillé. Ce terme fait référence à une personne qui ignore sa divinité, à un être qui vit sous l'illusion de la dualité et de sa séparation de la Source et qui est victime de son environnement.

Unconditional love. Amour inconditionnel. L'amour inconditionnel est l'expression de la conscience du quatrième sceau. C'est le commencement de l'illumination et la cessation du dualisme, du manque et de la séparation perçus par la personnalité. C'est l'amour vécu dans la liberté, sans attachements émotionnels. L'amour inconditionnel est, par nature, un état d'esprit créatif et généreux. C'est la représentation la plus proche de Dieu.

Unconsciousness. Inconscience. L'inconscience est la perte de la conscience.

Unknown God. Dieu Inconnu. Le Dieu Inconnu était le Dieu unique des ancêtres de Ramtha, les Lémuriens. Il représente aussi la divinité oubliée et l'origine divine de la personne humaine.

Upper four seals. Quatre sceaux supérieurs. Les quatre sceaux supérieurs sont les quatrième, cinquième, sixième et septième sceaux.

Villager. Villageois. Un villageois est une personne qui ignore sa véritable identité et son origine divine. Un villageois est l'opposé d'un maître.

Vishmalodu. Vishmalodu. Il s'agit du nom lémurien donné au Dieu Inconnu.

Void, the. Néant, le Le Néant se définit comme un immense rien matériel, mais comme toutes choses potentiellement .

Weed, the. Herbe, l'. La marijuana.

White Brotherhood. Fraternité Blanche. La Fraternité Blanche est une fraternité invisible de maîtres ayant fait l'expérience de l'ascension. Ces maîtres aiment l'espèce humaine, l'observent et l'aident à évoluer.

Winged Pharaoh. Pharaon Ailé. Le titre de Pharaon Ailé était réservé aux Pharaons femmes qui portaient le symbole sacré du disque ailé. Les Pharaons femmes étaient les plus grands des maîtres. Aimés par leur peuple. ils pouvaient guérir d'un simple toucher et gouverner leur peuple avec sagesse et justice. Cette dynastie de Pharaons existait avant les annales connues de l'histoire égyptienne.

Yahweh. Yahvé. Yahvé est un être différent de Jéhovah. Il désapprouvait la servitude que Jéhovah imposait aux peuples de la terre. Yahvé et le Dieu Id partirent en guerre contre Jéhovah et tentèrent d'enseigner à l'humanité l'existence du Dieu Inconnu au sein de la personne humaine.

Yellow brain. Cerveau jaune. Le cerveau jaune est le nom donné par Ramtha au néocortex où habitent les pensées analytiques et émotionnelles. Cette appellation vient du fait que, dans le schéma de style caricatural originel à deux dimensions utilisé par Ramtha pour son enseignement sur la fonction du cerveau et ses processus, les néocortex étaient coloriés en jaune. Ramtha expliqua que les différents aspects du cerveau apparaissant sur ce schéma particulier étaient exagérés et indiqués en couleur pour faciliter l'étude et la compréhension.

Ce schéma particulier est devenu l'outil standard pour tous les enseignements consécutifs concernant le cerveau.

Yeshua ben Joseph. Yeshua ben Joseph. Ramtha fait référence à Jésus-Christ par le nom Yeshua ben Joseph, suivant les traditions juives de cette époque.

Your God. Votre Dieu. Cette expression fait référence à l'Esprit, à l'Observateur, à Dieu au sein de la personne humaine.

Zarathustra. Zarathoustra. Zarathoustra est la version non corrompue du nom Zoroastre, fondateur du Zoroastrianisme. Ramtha explique que Zarathoustra reçut l'illumination et devint un maître immortel.

BIBLIOGRAPHIE

A Return to the Garden: Creating a New Model of Truth. Cassette 373 ed. Yelm : Ramtha Dialogues, 1998.

An Evening with Ramtha. Cassette 219 éd. Yelm : Ramtha Dialogues, 1988.

Animals - Music - Crystals - Mythical Creatures. Cassette 001 ed. Yelm : Ramtha Dialogues, 1984.

Bartra, Agustí. *Antología de la Poesía Mística.* México : Editorial Pax México, 1974.

Blue College Weekend. Cassette 437 ed. Yelm : Ramtha Dialogues, 2000.

Bohm, David. *La Plénitude de l'Univers.* Monaco : Éditions du Rocher, 1987.

Bower, Bruce. *Domesticated Goats Show Unique Gene Mix.* Dans *Science News*, vol. 159, no 19, 12 mai 2001. Washington : Science News Books, 2001.

Consciousness and Energy, the Basics. Cassette 331 ed. Yelm : Ramtha Dialogues, 1996.

Creation. Cassette 005 ed. Yelm : Ramtha Dialogues, 1980.

Cremo, Michael A. *Forbidden Archeology.* Los Angeles : Bhaktivedanta Book Publishing, Inc., 1993.

Cremo, Michael A. *Forbidden Archeology's Impact.* Los Angeles : Bhaktivedanta Book Publishing, Inc., 1998.

Darwin, Charles. *L'Origine des Espèces au moyen de la Sélection Naturelle ou la Lutte pour l'Existence dans la Nature.* Paris, Éditions la Découverte, 1980, 1989.

Davies, Stevan L. *The Gospel of Thomas and Christian Wisdom.* New York : Seabury Press, 1983.

De la Cruz, Juan. *Obras Completas.* 4e éd. Madrid : Editorial de Spiritualidad, 1992.

De León, Luis. *De los Nombres de Cristo.* Edité par Antonio Sánchez Zamarreño. Madrid : Espasa Calpe, 1991.

Destruction of the Ancient Wisdom and Its Resurrection. Cassette 192 ed. Yelm : Ramtha Dialogues, 1988.

Dostoevsky, Fyodor. *Les Frères Karamazov.* Paris : Garnier Frères, 1969.

Ellis, Peter F. *The Genius of John.* Minnesota : The Liturgical Press, 1985.

Goswami, Amit. *The Self-Aware Universe.* New York : Tarcher/ Putnam, 1995.

Grof, Christina, et Grof, Stanislav. *The Stormy Search for the Self.* Londres : HarperCollins, 1991.

Grof, Stanislav. *The Adventure of Self-Discovery.* New York : State University of New York Press, 1988.

Haviland, William A. *Cultural Anthropology.* 9e éd. New York : Harcourt Brace & Co., 1999.

Hebrew Old Testament. Edité par Norman Henry Snaith. Londres : The British and Foreign Bible Society, 1986.

Henry, Martin. *On Not Understanding God.* Maynooth : Columba Press, 1997.

Hirschberger, Johannes. *Historia de la Filosofía.* Vol. 1, *Antigüedad, Edad Media, Renacimiento.* Barcelone : Editorial Herder, 1994.

Homère. *L'Iliade et l'Odyssée.* Paris : Garnier, 1988.

Ignorance: The Mother of Devotion. Cassette 188 ed. Yelm : Ramtha Dialogues, 1988.

In Search of the Self : The Role of Consciousness in the Construction of Reality, a Conference on Contemporary Spirituality. 8-9 février 1997, Yelm, Washington. Video ed. Yelm : JZK Publishing, une division de JZK, Inc., 1997.

Kant, Immanuel. *Fondements de la Métaphysique des Moeurs.* Paris : Vrin, 1980.

Kasper, Walter. *Jésus le Christ.* Paris : Cerf, 1976.

Knight, Christopher, et Lomas, Robert. *Uriel's Machine: The Prehistoric Technology That Survived the Flood.* Boston : Element Books, Inc., 2000.

Knight, JZ. *State of Mind, My Story.* New York : Warner Books, 1987.

Krippner, Stanley, Wickramasekera, Ian, Wickramasekera, Judy, et Winstead III, Charles W. *The Ramtha Phenomenon:*

Psychological, Phenomenological, and Geomagnetic Data. Dans *The Journal of the American Society for Psychical Research*, vol. 92, no 1, janvier 1998.

Layton, Bentley. *The Gnostic Scriptures*. The Anchor Bible Reference Library ed. New York : Doubleday, 1987.

Leedom, Tim C. *The Book Your Church Doesn't Want You to Read*. Dubuque, Iowa : Kendall/Hunt Publishing Co., 1993.

L'Égypte : Sur les Traces de la Civilisation Pharaonique. Édité par Régine Schulz et Matthias Seidel. Cologne : Könemann Verlagsgesellschaft, 1998.

Marc-Alain Ouaknin. Les *Mystères de l'Alphabet : l'Origine de l'Écriture*. Paris : Éditions Assouline, 1997.

Melton, J. Gordon. *Finding Enlightenment, Ramtha's School of Ancient Wisdom*. Hillsboro : Beyond Words Publishing, 1998.

New American Bible

Nietzsche, Friedrich. *Basic Writings of Nietzsche*. Traduit par Walter Kaufmann. New York : The Modern Library, 2000.

Philostratus. *Apollonius de Tyane, sa vie, ses voyages, ses prodiges*. Chassang, Alexis.

Platon. Les *Dialogues*. Flammarion.

Platon : *Les Mythes de Platon*. Textes choisis. Flammarion.

Platon. *Oeuvres complètes*. Paris : Les Belles Lettres, 1920.

Platon : *Timée*. Traduit par Luc Brisson. GF Flammarion, 5e édition corrigée et mise à jour en 2001.

Ramtha, A Beginner's Guide to Creating Reality. Revised and Expanded ed. Yelm : JZK Publishing, une division de JZK, Inc., 2000.

Ramtha: Comment Créer la Réalité Personnelle. Video ed. Yelm : JZK Publishing, une division de JZK, Inc., 1998.

Ramtha, The Mystery of Birth and Death: Redefining the Self. Yelm : JZK Publishing, une division de JZK, Inc., 2000.

Ramtha's Introduction à la Tournée Mondiale. Video ed. Yelm : JZK Publishing, une division de JZK, Inc., 1998.

Reese, William L. *Dictionary of Philosophy and Religion, Eastern and Western Thought*. Expanded ed. New York : Humanity Books, 1999.

Revolution of the Spirit, and Mammy, the Goddess of Genesis. Cassette 444 ed. Yelm : Ramtha Dialogues, 2000.

Santos Otero, Aurelio de. *Los Evangelios Apócrifos : Colección de textos griegos y latinos, versión crítica, estudios introductorios y comentarios.* 9ᵉ éd. Madrid : Biblioteca de Autores Cristianos, 1996.

Schacht, Richard. *Nietzsche.* Londres : Routledge, 1992.

Schrödter, Willy. *A Rosicrucian Notebook.* York Beach : Samuel Weiser, Inc., 1991.

Sitchin, Zecharia. *La Douzième Planète. La Surprenante et Véritable Première Chronique de la Terre.* Saint-Zénon, Québec : Louis Courteau, 2000.

Soulmates. Cassette 114 ed. Yelm : Ramtha Dialogues, 1986.

Spalding, Baird T. *La Vie des Maîtres.* Paris : R. Laffont, 1972.

Story of the First Soulmates. Cassette 007 ed. Yelm : Ramtha Dialogues, 1980.

Talbot, Michael. *The Holographic Universe.* New York : Harper Collins, 1991.

Tales of the Masters. Cassette 045 ed. Yelm : Ramtha Dialogues, 1997.

The Collected Works of St. John of the Cross. Traduit par Kieran Kavanaugh, Otilio Rodriguez. Washington : ICS Publications, Institute of Carmelite Studies, 1979.

The Enuma Elish: The Seven Tablets of Creation: The Babylonian and Assyrian Legends Concerning the Creation of the World and of Mankind. Edité par L.W. King, 2 vol. Londres : The Book Tree, 1999.

The Epic of Gilgamesh. Edité par N.K. Sandars, édition révisée. Londres : Penguin Books, Ltd., 1972.

The Greatest History Lesson Ever Taught. Casette 388 ed. Yelm : Ramtha Dialogues, 1998.

The New Dictionary of Theology. Edité par Joseph A. Komonchak, Mary Collins, Dermot A. Lane. Dublin : Gill and Macmillan Ltd., 1990.

The New Heaven and Earth. Cassette 337 ed. Yelm : Ramtha Dialogues, 1996.

The Next Step — Superconsciousness, Part II. Cassette 122B ed. Yelm : Ramtha Dialogues, 1986.

The Portable Jung. Edité par Joseph Campbell. New York : Penguin Books, 1976.

The Works of Plato. Edité par Irwin Edman. New York : The Modern Library, 1956.

Thomas d'Aquin. *La Somme Théologique.* Paris : Didier et Cie, 1862, ou Paris, Éditions du Cerf, 1984.

Tillich, Paul. *Théologie Systématique.* Paris : Éditions Planète, 1970.

Tolkien, J.R.R. *Le Seigneur des Anneaux.* Paris : Christian Bourgeois, 1972.

Waite, Arthur Edward. *Real History of the Rosicrucians.* New York : Steinerbooks, 1982.

Walking the Journey of the Woman. Cassette 437.1 ed. Yelm : Ramtha Dialogues, 2000.

Was Mary Really a Virgin. Cassette 394 ed. Yelm : Ramtha Dialogues, 1998.

Wolf, Fred Alan. *Parallel Universes.* New York : Touchstone, 1990.

Wolf, Fred Alan. *Taking the Quantum Leap.* New York : Perennial Library, 1989.

Wolf, Fred Alan. *The Spiritual Universe.* Portsmouth : Moment Point Press, Inc.,1999.

Yahweh — Jehovah. Cassette 029 ed. Yelm : Ramtha Dialogues, 1982.

Zukav, Gary. *La Danse des Éléments.* Paris : R. Laffont, 1982.

INDEX

L'École de Sagesse de Ramtha, L'École de Sagesse Ancienne.

Ce que vous apprendrez
L'École de Sagesse de Ramtha et son Cadre
Les Conditions de Participation

L'École de Sagesse de Ramtha est dédiée à l'étude des enseignements de Ramtha et à leur application pratique sous la forme de disciplines conçues par Ramtha. Le curriculum de l'école est connu sous le nom de Grand Œuvre.

Les enseignements de Ramtha nous offrent une perspective unique à partir de laquelle on peut considérer le mystère de la vie. Ils nous offrent un cadre dans lequel les questions non résolues par la philosophie, la science et la religion prennent un sens nouveau. Ces enseignements peuvent élargir le champ de l'expérience humaine bien au-delà des limites imposées par la science et les diverses religions du monde à ce jour. Le système de pensée de Ramtha n'est ni une religion ni une interprétation philosophique de la réalité. C'est la vérité acquise et vérifiée par l'expérience d'un membre de la race humaine. En ce sens, c'est le savoir et la science de Ramtha. Et maintenant que la voie a été tracée, les portes sont ouvertes pour tous ceux qui désirent explorer cette connaissance personnellement et faire leur propre voyage dans l'inconnu.

A diverses reprises, Ramtha a insisté sur le fait que son message peut se résumer à l'affirmation suivante: « Vous êtes Dieu ».

Mais comment interpréter une telle déclaration ? Il existe probablement autant de définitions du mot « Dieu» que de gens sur la terre. Afin de comprendre les enseignements de Ramtha correctement, il est crucial de prendre conscience à la fois de notre propre concept de Dieu et de la manière dont il contraste avec l'explication et la définition de Dieu et de la nature de la réalité données par Ramtha. Un des principaux soucis de l'école est la redéfinition du Soi et la redéfinition de notre concept de Dieu et du divin.

Les quatre pierres angulaires de l'École de Sagesse de Ramtha sont le concept du Néant, la conscience et l'énergie qui créent sept niveaux de réalités, le mandat de faire connaître l'inconnu, et la déclaration : » Vous êtes Dieu». Il existe de nombreuses traces de la pensée de Ramtha dans les traditions anciennes, bien que, dans la plupart des cas, tout ce qu'il en reste soit un écho bien faible ayant à peine survécu au passage du temps et à la perte de leur contexte approprié qui en permettrait leur interprétation. Certaines de ces traditions sont les philosophies des anciens Égyptiens et du Pharaon Akhénaton, la description de Bouddha par lui-même en tant que l'Éveillé, la définition par Socrate de la vertu et de l'immortalité de l'âme, le concept des formes universelles de Platon, la vie et les enseignements de Yeshua ben Joseph, les œuvres de St. Thomas l'Apôtre, l'hymne de la Perle, l'hymne de la parole divine dans l'Évangile selon Saint Jean, Apollonius de Tyane, Origène, les Cathares et les Albigeois, Saint François d'Assise, les mystiques juifs et chrétiens, la représentation faite par Saint Jean de la Croix de l'Ascension du Mont Carmel où la pointe de la pyramide est située au sommet de la tête du corps humain, les œuvres d'art de divers artistes tel que Michel Ange et Léonard de Vinci, les écrits et les expériences mystiques de Thérèse d'Avila, les œuvres de Fray Luis de Leon, les humanistes de la Renaissance en Europe, les Rosicruciens, les Maîtres de l'Extrême Orient, et bien d'autres.

Ce que vous apprendrez

Les étudiants de l'École de Sagesse de Ramtha apprennent les concepts fondamentaux et les disciplines du Grand Œuvre suivantes :

La Nature de la Conscience et de l'Énergie
La Redéfinition de Dieu comme étant notre Observateur, et notre Nature Divine

Le Mystère de l'Âme, et la Vie Après la Mort
Le Mystère de l'Involution et la Réincarnation
La Nature de l'Esprit* (Spirit) et de la Matière
Qu'est-ce que la Destinée ? Qui est Responsable de la Destinée Personnelle ? Peut-elle être Changée ?
La Biologie de la Conscience Humaine
L'Étude de la Nature Chimique du Cerveau et son Rôle dans la Création de la Réalité
La Définition de l'esprit* (mind)
La Discipline du C&E ^{SM} qui permet d'Élargir, de Changer et de Développer notre esprit
La Discipline qui nous Apprend Comment Quitter notre Corps Consciemment
La Discipline de la Vision à Distance dans le Passé, le Présent et le Futur
La Télépathie, et « Envoyer et Recevoir»
La Faculté de se Focaliser sur une Pensée Unique pendant une période de temps
Comment Matérialiser Quelque Chose à partir de Rien
La Discipline de la Guérison par le Corps Bleu (Blue Body Healing ^{SM})
La Discipline de la Danse du Corps Bleu (Blue Body Dance^{SM})
La Faculté de vous Guérir Vous-Même et les Autres
Le Processus de la Visualisation du Twilight ^{SM}

Cette école délivre des connaissances qu'on ne trouve nulle part ailleurs dans le monde. Les disciplines du Grand Œuvre sont conçues de telle manière que rien n'est laissé au hasard ou à la croyance. Toutes les disciplines enseignées à l'école mettent à l'épreuve l'affirmation selon laquelle nous sommes les Dieux responsables de la réalité que nous créons, ce qui, en soi, est remarquable. Un autre aspect important de cette école est le fait que l'on y est initié à la philosophie par des disciplines spéciales conçues par Ramtha qui transforment cette dernière en expérience personnelle. Ceci permet aux étudiants de commencer à faire l'expérience de leur propre vérité, de leur propre sagesse, et de ne plus dépendre d'une foi aveugle ou de la parole de quelqu'un d'autre. Une seule chose est requise dans l'école : une participation totale. « On ne peut échouer dans cette école, on ne peut qu'abandonner».

L'École de Sagesse de Ramtha et son Cadre

L'École de Sagesse de Ramtha fut créée en 1988, lorsque Ramtha débuta une série d'enseignements qui devinrent les fondements de l'École de Sagesse Ancienne.

Le campus est situé sur le Ranch appartenant à JZ Knight à Yelm, Washington. Le Ranch est un lieu d'une beauté particulière où règne une profonde sérénité, situé sur les contreforts du Mont Rainier. De majestueux cèdres et sapins agrémentent la propriété et il y prévaut une atmosphère hors du temps. Cependant, même dans ce cadre naturel paisible, il devient rapidement évident que l'école ne correspond pas aux images préconçues qu'ont les étudiants sur d'autres écoles d'enseignement spirituel. L'instruction n'a pas lieu dans un hôtel ou une salle de conférences sur des chaises confortables. La plupart des cours sont donnés dans ce que l'on appelle le Grand Hall ou l'Arène. Le Grand Hall peut accueillir jusqu'à 1000 étudiants assis à des emplacements désignés sur un sol en gazon artificiel. Ramtha demande souvent à ses étudiants de se rassembler dans un des grands champs herbeux du Ranch. L'instruction se prolonge souvent pendant plusieurs heures quelles que soient les conditions météorologiques.

Il y a un espace avec des tables de pique-nique, un café en plein air, un bar espresso, des distributeurs de boissons froides, et un vaste « Mess Hall» où les étudiants peuvent déposer les provisions qu'ils apportent, et manger. Lors des séminaires de longue durée, les étudiants peuvent dormir dans le Grand Hall, leur tente personnelle, ou leur véhicule, sur des matelas, dans les sacs de couchage qu'ils se procurent eux-mêmes. Il y a également des douches chaudes sur le campus.

L'Annexe est un bâtiment rond situé à l'extérieur du Grand Hall. C'est notre librairie sur le campus. Vous y trouverez non seulement tous les livres de Ramtha, les vidéos, photographies et cassettes audio mais aussi plus de 1500 autres titres sur des sujets allant de la physique à la science, la santé et la philosophie. Il y a en outre des cassettes de musique et des disques compacts, des vitamines, des vêtements de premier choix et un assortiment de produits relatifs à l'école.

La Participation dans cette École.

L'École de Sagesse de Ramtha, l'École de Sagesse Ancienne, attire des étudiants en provenance du monde entier et de toutes les avenues dans la vie, de 6 ans à l'âge d'or. Cette école va défier vos croyances habituelles et vos assomptions intellectuelles. Vous travaillerez dur. Vous grandirez. Vous serez transformés.

Vous y étudierez les grands enseignements des écoles anciennes de sagesse et les bases scientifiques qui vous permettront de créer votre propre réalité. Vous acquerrez des connaissances vous permettant de faire des choses miraculeuses avec votre esprit. Vous apprendrez que changer de manière authentique et significative n'est pas seulement ardu et difficile mais peut aussi être une expérience joyeuse, déterminante et libératrice. La volonté de changer, de défier nos vieilles manières de penser et de développer un esprit ouvert aussi vaste que celui des plus grands génies et maîtres de l'histoire est fondamentale pour un étudiant sérieux du Grand Œuvre dans l'École de Sagesse de Ramtha.

RAMTHA'S SCHOOL OF ENLIGHTEMENT
P.O.Box 519
YELM, Washington 98597 USA

360 458 5201
www.ramtha.com

Autres titres de Ramtha aux Éditions AdA

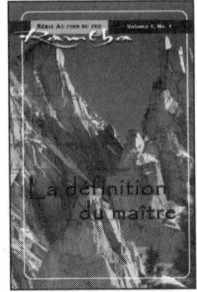   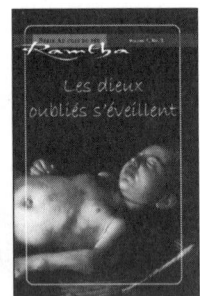

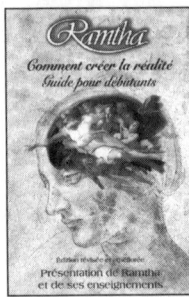 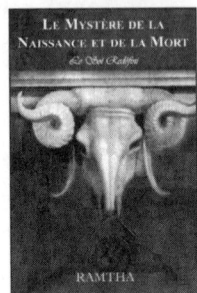